“十三五”国家重点出版物出版规划项目
当代中国创新创业前沿丛书
总主编 **樊丽明**

Entrepreneurship

创业管理

刘志阳 李 斌 任荣伟 桑大伟 编 著

上海财经大学出版社

图书在版编目(CIP)数据

创业管理 / 刘志阳等编著．—上海：上海财经大学出版社，2016.11
(当代中国创新创业前沿丛书)
ISBN 978 - 7 - 5642 - 2576 - 6/F.2576

Ⅰ.①创…　Ⅱ.①刘…　Ⅲ.①企业管理—创业—研究　Ⅳ.①F272.2

中国版本图书馆 CIP 数据核字(2016)第 260083 号

□ 责任编辑　张美芳
□ 封面设计　张克瑶

CHUANGYE GUANLI
创　业　管　理

刘志阳　李　斌　任荣伟　桑大伟　编著

上海财经大学出版社出版发行
(上海市中山北一路 369 号　邮编 200083)
网　　址：http://www.sufep.com
电子邮箱：webmaster@sufep.com
全国新华书店经销
上海华教印务有限公司印刷装订
2016 年 11 月第 1 版　2023 年 3 月第 4 次印刷

787mm×1092mm　1/16　18.25 印张　421 千字
印数：9 001—10 000　定价：45.00 元

当代中国创新创业前沿丛书编委会

代 序

创新创业教育是高教综合改革的突破口

上海财经大学校长　樊丽明

正在积极建设全球科创中心的上海，已将全面推进创新创业教育正式提上议程。在当前新的背景下，如何正确认识创新创业教育的实质，把握高校创新创业教育国际趋势，根据高校自身实际推进创新创业教育的不断深入，是高校面临的重要课题。

创新教育由来已久。“创业教育”概念的正式提出源自1998年联合国教科文组织发表的《21世纪的高等教育：展望与行动世界宣言》，该文认为创业教育将是21世纪青年除学术教育和职业教育外的第三本教育护照。

在“大众创业、万众创新”的大背景下，创新创业教育不仅成为国内高校教育教学的必备内容，而且成为中国高等教育综合改革的突破口。

一、正在建设科创中心的上海，亟须提高创新创业教育水平

美国管理学大师汤姆·彼得斯(Tom Peters)曾说：“差距已经消失，要么创新，要么死亡。”新常态下中国经济可持续发展的关键在于创新驱动，上海作为全国改革开放的排头兵和创新发展的先行者，正在加快建设具有全球影响力的科技创新中心，探索一条具有时代特征、中国特色、上海特点的创新驱动发展新路。

自2014年5月习近平总书记提出将上海建设成为“全球科技创新中心”的战略以来，上海市一直致力于把握科技进步大方向、产业变革大趋势、集聚人才大举措，并取得令人瞩目的成果。

目前，全市从事科技活动的人员超过20万，其中中国科学院、中国工程院院士165位，占全国总数的11%。在沪外资研发中心达到300多家，其中世界500强企业研发机构120多家，分别占全国总数的1/4和1/3。在沪高校各类国家重点学科数、高端人才数以及创新群体、创新团队的总量均位居全国第二。

在创业方面，上海2015年新设企业25.43万户，同比增长13.1%；新增注册资本3.11万亿元，同比增长67.6%。平均下来，相当于上海每天诞生1 087户企业。“阿里巴巴云创客”“腾讯众创空间”等知名品牌也正式落户上海，成为助推上海建设全球科创中心

队伍中的重要成员。

在科创中心建设取得巨大突破的同时，上海应有一种警醒意识，直面“科创”短板，解决相关问题。日前，中国人民大学发布《中国城市创业指数(2015)报告》，上海的创业总指数位居北京、广州、深圳、宁波、苏州、珠海之后，仅列第七。一些专家表示，在鼓励创业、支持创业、宽容失败的社会氛围中，在国际化、市场化、法治化的营商环境下，上海尚未跟上国际创业型城市的步伐。

除此之外，创新创业教育供给不足也在一定程度上抑制了上海创新创业人才的涌现。据上海零点发布的《上海大学生创业现状调研报告 2015》指出，上海大学生综合创业指数得分达到 60.8 分，略高于分界线 50 分，虽然学生创业热情高涨，但其中真正选择去搜集信息、学习知识、培养自身能力并且积极寻找合适机会的人数不到 10%。上海高校林立，高教资源丰富，这里既不乏精英教育，也有达到一定水准的职业教育，目前亟待提高的正是创新创业教育。

作为科创中心的知识源头、创新创业人才的培养场所和创新成果的诞生地，高校的创新创业教育是创意转化为现实价值的纽带，是引导市场资源配置的信号，更是驱动社会发展的重要引擎。万丈高楼平地起，没有良好的创新创业教育，难以维持创新创业浪潮的持续推进，也就难以实现“创新中国”的伟大梦想。上海建设全球科创中心，创新创业教育必须成为有力的助推器。

二、领先的创新创业教育并非“模式化”，而是“特色化”

从世界范围看，欧美大学已经走在创新创业教育的前沿，并在摸索的过程中形成了自己的特色教育模式。

美国是最早开展创新创业教育的国家，迄今已逾 60 年。其中，百森商学院(Babson College)是全美创业教育排名第一的学校。该校追求卓越的创新创业精神一直贯穿于其发展轨迹。百森不仅重视创业课程教育，而且关注创业实践。在创业课程方面，它将创业思维和行动融入课程中。本科生和研究生，不管他们的方向如何，都将学习到创业技术作为基础。选择创业作为方向的学生还会学习关于可行性分析和创业计划的核心课程。在创业实践方面，学校开展多样化的活动帮助学生提高实践能力，如“加速器”、暑期创业项目、商业大赛和杰出企业家协会等。其中最有特色的“加速器”项目，不仅在校本科生、研究生均可参加，每一环节均可得到教师顾问的支持，而且通过“加速器”的多环节学习训练，可以提高学生的创业能力。

美国另一所创业型大学——斯坦福大学——则十分注重营造校园的创业氛围。学校各类创业中心、创客空间和校企合作交相辉映，使在校生得到了大量创业机会，并可积累创业经历。学校的创业文化还表现在鼓励教授创业。所有教授均可申请两年的“创业假期”。走出校园的教授更能看清社会的真正需求，帮助学生更好地结合实际、发现问题。斯坦福大学开放式的创新创业教育，还体现于学科间的深入合作交流。其创业教学和研究主要分散在商学院、工学院、医学院、法学院和教育学院中，而校内所有的创业相关研究中心或项目、学生协会、技术授权办公室等联合组建了斯坦福创业网络（简称 SEN），目的是连接斯坦福的所有创业“社区”（community）。这个组织为所有的斯坦福“社区”服务，包括各院系的同学、教师、员工和校友；它还努力帮助各院系师生与硅谷的其他创业“社区”建立联系。

英国政府于 1987 年发起的“高等教育创业”计划（EHE）旨在培养大学生的可迁移性创业能力。创业教育队伍中的佼佼者——谢菲尔德大学认为，“创业能力”并非指创业学或者商业技能，而是指学生急需的一系列成熟并起作用的技巧，使他们能在当今全球经济中选择领域并成为领域内出色的领导者。谢菲尔德大学非常重视学生的创业教育参与度与体验感。例如，学校开展的“领导能力大挑战”是一个像游戏一样的创业活动，要求小组成员必须选择担任一个领导角色以帮助团队达到既定目标。无论小组活动成功与否，他们都有机会反思如何才能成为一个好的领导并且团队成员如何对领导做出有效反应。该校一直将创新创业教育根植于现实，设法使在校生校园活动与不断发展变化的商业活动尽可能联系起来，让学生认识商业组织和经营管理。

从世界范围看，这三所大学已经走在创新创业教育前沿，并在摸索的过程中形成了各自的特色教育模式。百森商学院重视创业课程与创业实践的结合，斯坦福大学重视创业氛围的开展与创业网络的连接，而英国谢菲尔德大学则侧重于学生在创业实践中的感知。三所高校所展现的特色对于国内高校而言，更多的是学习借鉴，而非孰优孰劣。

三、创新创业教育本质不是培育项目，而是对“人”的教育

教育，至少需要明确教育目标、教育内容和教育途径问题。创新创业教育本质是对“人”的教育。欧美高校在创新创业方面的一个共同点在于确立学生的主体地位，其中谢菲尔德大学尤其重视学生在创业教育中的切身体验和主观感知。创新创业教育的核心是“教育”，而“人”不但是出发点也是落脚点，因此，其实质应该是实现对“人”的教育，而非对“项目”的教育。“项目”只是培育创新创业人才的重要载体。“项目”即使失败了，但是创新创业的种子一旦植入年轻学子的心灵，我们相信一定会在恰当的时候开花结果。创新创业教育不仅强调面向个体提供设计思维训练，强调机会识别和开发能力，更强调培养学生在别人犹豫不定的问题上具有洞察力和自信心。正是在这个意义上，我们提倡创新创业教育，是提倡一种培养能力的实践教育，也是提倡一种尊重创新的“宽容失败”的文化，更是提倡一种自我挑战的基于“人”的全面发展的教育。

正如美国普渡大学副校长迪巴·杜塔所表示的，高校创新创业教育往往存在一个重大的疏忽——只关注创业却忽略了创新。事实上，创新教育与创业教育两者在本质上是互相渗透和融合相通的，真正的创业教育必须以创新教育为基础，而创新教育往往以创业教育为载体和实现形式，其核心理念仍然是面向全体学生，结合专业教育，将创新创业教育融入人才培养全过程。两者的差异主要在于创新教育重视的是学生的创新意识和创新

精神的培育，通过激励学生发现问题并多角度思考问题、解决问题从而激发学生的创新欲望，创业教育则更注重培养学生的实践能力，尤其是商业化的运作能力，而不是将创新理念停留在纸面上。

创新创业教育的基本途径是课堂内的课程教学和课堂外的实践锻炼，也就是"第一""第二"课堂。课程教学既要面向全校学生，在专业教育中渗透创意、创新和创业精神，又要通过提供系统解决方案来帮助部分具有强烈创业意愿的学生成为大学生创业的种子选手和创业引领者。课程设计要致力于打破学科间的壁垒且强调综合的、整体的学习方法。课堂外的实践主要为学生提供指导与咨询、资本获得和物理空间这三方面的基础支持。指导与咨询需要学校为创业学生配置导师，解决学生在创业过程中的组织冲突、项目前景和融资问题；资本是创业项目孵化与成长的重要支撑，学校要尽力帮助学生解决在创业的早期阶段所需的初始成本问题；而物理空间则是创业者之间进行交流、学习的平台。

四、财经院校的探索：启动"服务+"创新创业人才培养

在创新创业教育探索中，不同高校应依据自身实际走出各自的特色道路。财经院校学科的最大特色就是"服务"，会计、财务、金融、营销、信息管理等都是服务。我们认为，财经院校可以通过创新创业教育推动"服务+"其他行业的创业实践，通过推动服务创新催生新项目、新模式、新业态、新产业。

上海财经大学正在探索将创新创业教育融入卓越财经人才培养的全过程。在实践中，学校依托创业学院这一重要抓手，积极推动"服务+"创新创业型人才培养，有效增加创新创业型人才供给，提高卓越财经人才培养质量。

经历了一段时间的探索，上海财经大学创新创业教育实践已初显成效。2015 年学校创新创业计划立项 159 个，参与人数达 611 人，占全校本科生人数的 8%。目前，上海财经大学已涌现出一批创新创业"新苗"。"匡时班"作为创业学院特色班，一期学员 47 人，基本上实现人人有项目、个个有目标。这些项目集中在科技服务、金融服务、法律服务、市场服务等方面，目前已有 18 家公司注册，多家获得天使投资。

高校开展创新创业教育需要健全体制机制。结合上海财经大学的实践，我们认为，要进一步深化高校创新创业教育改革，应该继续推进五个层面的工作：

一种协同工作体制机制。要将创新创业教育纳入学校改革方案，形成保障体系。上海财经大学成立了创新创业工作推进领导小组，统筹协调创业学院与教务处、研究生院、学工处等单位。学校还成立了由校内外专家组成的创业学院顾问委员会，负责为创业学院提供外部资源支持，对创业团队予以贴身指导。在校内，由教务部门负责人和教研专家参与的创新创业教学指导委员会主要负责创新创业教学改革咨询、培养方案审核以及教学质量控制等。

一支双导师队伍。在现有基础上继续探索建立面向创新创业学生的导师制度。通过大力推进业界创业导师聘任，推进专职师资招聘，利用外部资源设立创业讲席教授，探索

优秀导师制与项目培养之间的衔接关系。

一批创业基金。上海财经大学每年为创业学院提供专项运行经费，并利用学校教育基金会等平台，多渠道募集创业资金支持学生项目孵化。

一批创客空间和创业实践基地。通过在校内建设创客空间，在校外借助科技园的力量与政府合作打造 6 个产业孵化基地以及在知名企业内部设立创业实践基地，为优秀创业团队提供创业初期的办公场所、创业指导咨询等服务。

一种宽容失败、鼓励创新的校园文化。校园创业文化的培育和引领能从根源上解决创业原动力不足的问题，增强创业活力。

高等教育作为国家发展的重要支撑，理应主动适应经济新常态，为国家实施创新驱动战略提供人才保障和智力支持。在“双创”背景下，大学必须积极回应时代的新要求，将变革创新的企业家精神引入校园，积极构建创业型大学的发展新模式，推动创新创业教育的大力发展，这是高教改革迈出的重要步伐。

前 言

改革开放至今，中国曾经历过三次创业浪潮：第一次创业浪潮产生于20世纪80年代，借着改革开放的东风，创业企业如雨后春笋般涌现；第二次创业浪潮产生于20世纪90年代，社会主义市场经济体制改革带动了"全民下海"创业；21世纪初以来的互联网风暴席卷全国，信息技术高速发展，形成了以信息技术为特征的第三次创业浪潮。

近年来，创业环境发生了显著的变化。一方面，以解决市场供给不足为主要特征的大量模仿型的创业模式开始走到尽头；另一方面，互联网技术的日益成熟正深刻地改变目前的经济形态和服务方式，新的创业形式层出不穷。面对变化，中国从国家层面制定了"大众创业、万众创新"的战略，作为应对中国经济新常态的新引擎之一。全社会逐步形成了鼓励创新创业的氛围，标志着第四次创业浪潮的到来。

第四次创业浪潮的最大特征首先是"互联网+"，基于互联网思维的"跨界""颠覆"与"连接"，产生了大量的新型创业机会；其次是创业型社会，早在1985年，德鲁克就预言经济体系发生了从"管理型经济"向以创新为重要特征的"创业型经济"的转型改变，而当下分享经济、创客空间等新形态的诞生，预示着创业企业边界的瓦解以及创业生态和创业网络的形成，创业型经济正向创业型社会转变，创业正在逐步成为青年人的生活方式；最后是社会创业的兴起，标志着商业型创业向公益型创业的转变。这些新变化都对已有的创业理论和实践提出了挑战。在这样的背景下，深入研究当前新形势下的创业规律和创业理论，既有助于丰富和扩展已有创业理论的学术价值，更有助于新创企业成长和青年创客的发展。

新版《创业管理》教材的编写正是基于上述理论和实践背景下做出的重要战略行动。本书在第二版《创业管理》以及第一版《创业学》基础上改编而成，作为"当代中国创新创业前沿丛书"之一，已经入选为国家"十三五"规划重点图书。本书逻辑框架如图所示，主要解答了认识创业、创业选择、机会识别、机会开发、企业创建、企业成长六个方面的问题。我们希望本书的出版能够为创业实践、创业教育和创业研究的有识之士提供一本内容全面、逻辑清晰又通俗易懂的创业管理参考书。本书作为高校本科生、职业院校和MBA的创业管理教材，其特色有以下几个：

第一，针对性。从提高创业管理能力出发，针对创业项目产生、创业计划优化、创业团

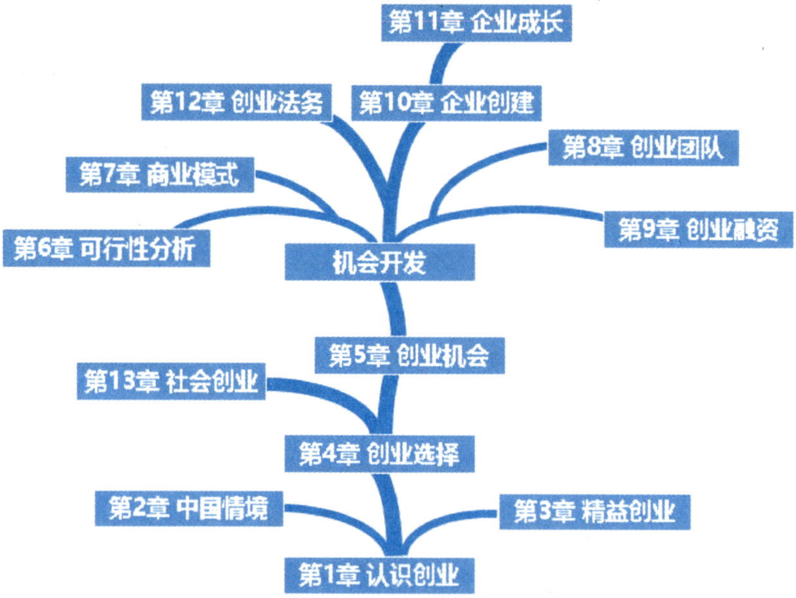

本书逻辑框架

队组建、创业企业经营、创业企业融资等初创阶段可能产生的障碍，配套一系列相关理论和解决方法。

第二，完整性。创新创业教育的关键在于从知识、能力和思维三个层面来培养创客的创新创业核心素养，为此我们开发了《创业管理》《创业修炼》和《创业画布》三本书，分别对应知识、能力和思维的培养。三本书相互配套，旨在打造完整的创新创业核心素养体系。

第三，时效性。本书内容紧密，结合国内外最新的创业动态，注重理论和案例的时效性。教材涵盖了精益创业、社会创业等全新创业思想，增加了最新、最热门的创业企业案例。

第四，多样性。以本书为教材、《创业修炼》为配套训练，我们建设了"创业学"在线精品课程，涵盖了创业理论教育、创业案例分析、创业要素测试、创业模拟等多种内容。

本书由刘志阳提出全书写作大纲，任荣伟（中山大学）和桑大伟（上海交通大学）进行了部分章节的写作，李斌进行最后统稿。具体分工如下：

前　言　刘志阳（上海财经大学）
第 1 章　刘志阳、李斌（上海财经大学）
第 2 章　刘志阳、金仁旻（上海财经大学）
第 3 章　郑刚（浙江大学）
第 4 章　桑大伟（上海交通大学）
第 5 章　李斌、刘志阳（上海财经大学）
第 6 章　周照、刘志阳（上海财经大学）
第 7 章　王琴（上海国家会计学院）、任荣伟（中山大学）
第 8 章　刘志阳（上海财经大学）、刘志超（华南理工大学）
第 9 章　刘志阳（上海财经大学）、何晓斌（复旦大学）

第 10 章　刘志阳、李斌(上海财经大学)、任荣伟(中山大学)

第 11 章　于晓宇(上海大学)、刘志阳(上海财经大学)

第 12 章　李清海(同济大学)、李斌(上海财经大学)

第 13 章　汪忠(湖南大学)、刘志阳(上海财经大学)

本书编写是大量研究同仁的最终成果,在此感谢上海财经大学出版社和黄磊总编的大力支持,感谢樊丽明校长和刘兰娟副校长以及单位所有领导和同事的大力支持。此外,本书的编写也得到了很多专家的建议,在此表示真诚的感谢,他们(按姓氏首字母排序)是:

陈　姚(中国人民大学)
董正英(上海交通大学)
胡　凌(上海财经大学)
梁晓雅(复旦大学)
刘苍劲(广州珠江职业技术学院)
刘彪文(江西财经大学)
林炊利(上海市教委)
李善友(中欧国际工商学院)
林丙辉(台湾中兴大学)
买忆媛(华中科技大学)
倪　宁(上海师范大学)
施瑜玮(蒙特雷国际研究院)
吴满琳(上海理工大学)
王国红(大连理工大学)
王佑镁(温州大学)
王刊良(中国人民大学)
万黎峻(冠生园集团有限公司)
应小陆(上海立信会计金融学院)
杨永华(上海市就业促进中心)
周志伟(香港中文大学)
张玉利(南开大学)
张立艳(天津财经大学)
张文举(西南财经大学)
朱博涌(台湾交通大学)
郑旭煦(重庆工商大学)
董　静(上海财经大学)
葛宝山(吉林大学)
Heidi Neck(百森商学院)
路江涌(北京大学)
刘湘云(广东财经大学)
刘代洋(台湾科技大学)
李小鲁(中国职业技术教育学会)
李吉仁(台湾大学)
林永青(价值中国网)
宁　钟(复旦大学)
任迎伟(西南财经大学)
滕　颖(电子科技大学)
王孝华(中国电商与物流智库)
王　立(内蒙古财经大学)
王永贵(对外经济贸易大学)
邬健辉(大华会计事务所)
徐向龙(华南师范大学)
尤利群(浙江财经大学)
阎海峰(华东理工大学)
张　峥(上海理工大学)
张耀辉(暨南大学)
张　维(天津大学)
朱仁宏(中山大学)
赵　旭(上海交通大学)

当然,本书的编写也有许多不足之处,还望读者提出批评和建议,以便继续完善。

刘志阳

2016 年 11 月于紫竹轩

课程教学大纲

课程简介:

本课程从时代要求出发,总结创业实践的规律和创业教育的经验,广泛汲取中外有关创业理论的精髓,探讨创业活动的一般过程,主要从认识创业、创业选择、机会识别、机会开发、企业创建、企业成长六个方面进行研究,侧重针对创业过程中的困难、障碍和风险提出见解和对策。

教学目的:

通过本课程的学习和互相交流,引导青年创客和学生深刻认识创业是时代的需要,唤起创业意识,激发创业热情;了解创业的基本要素和创业过程;学会分析自身优势和可利用的资源,选择和确定创业方向;掌握创业的技能和方法,主要是提高创业机会识别能力、做好创业策划、控制创业风险等;熟知创业失败的误区,从中吸取教训,远离创业误区;树立社会创业意识,学会利用商业思维来解决社会问题。

前期需要掌握的知识:

管理学、管理经济学、战略管理、市场营销、财务管理等课程相关知识。

教学方法:

本课程的教学方法有别于传统的知识灌输,重在培养学生的创新精神和创业能力,以训练和互动方法为主,主要体现在以下六个方面:

1. 头脑风暴法。引导学生就某一课题自由发表意见,并对其意见的正确性或准确性不进行任何评价,通过同学之间的相互激励引起连锁反应,从而获得大量的信息。经过组合和改进,达到创造性解决问题的目的。

2. 张贴板法。在张贴板上贴上由学生或老师填写的有关讨论或教学内容的卡通纸片,通过添加、移动、拿掉或更换卡通纸片进行讨论,得出结论。

3. 案例法。通过一个个具体案例,引导学生讨论和思考。

4. 角色扮演法。角色扮演给人的行为提供了生动的实例,帮助个人了解他所处的社会环境和社会群体,共同致力于分析社会情境、人际关系,并形成处理这些情况的恰当而民主的方法。

5. 模拟法。模拟一个社会场景,在这些场景中具有与实际相同的功能及工作过程,这种教学有利于学生职业素质的全面提高。

6. 其他教学法。播放在线视频资料，参观考察企业，请创业者、企业家和一线工作专家座谈交流。

教学进度建议：

教学内容	学习要点	课时安排		案例使用建议
		本科	MBA	
第 1 章 认识创业	1.1 创业革命 1.2 创业内涵 1.3 创业要素 1.4 创业过程	2 课时	2 课时	《创业修炼》第 7 章
第 2 章 中国情境	2.1 中国环境 2.2 中国机会 2.3 中国资源 2.4 中国模式	2 课时	2 课时	《创业修炼》第 3、4 章
第 3 章 精益创业	3.1 精益创业思维 3.2 精益创业框架 3.3 最小化可行产品 3.4 精益创业画布	2 课时	2 课时	《创业修炼》第 5 章
第 4 章 创业选择	4.1 创业者特质 4.2 创业能力 4.3 创业伦理 4.4 创业决定	2 课时		《创业修炼》第 2 章
第 5 章 创业机会	5.1 创意开发 5.2 机会界定 5.3 机会来源 5.4 机会识别 5.5 机会筛选	4 课时	4 课时	《创业修炼》第 3 章
第 6 章 可行性分析	6.1 商业可行性分析 6.2 竞争分析 6.3 创业计划撰写 6.4 创业计划陈述	2 课时	2 课时	
第 7 章 商业模式	7.1 商业模式概述 7.2 商业模式内容 7.3 商业模式设计 7.4 商业模式应用	4 课时	2 课时	《创业修炼》第 6 章
第 8 章 创业团队	8.1 团队概述 8.2 团队构成 8.3 团队组建 8.4 团队管理	2 课时	2 课时	《创业修炼》第 8 章

（续表）

教学内容	学 习 要 点	课 时 安 排		案例使用建议
		本科	MBA	
第 9 章 创业融资	9.1 融资决策 9.2 天使投资 9.3 创业投资 9.4 其他融资	2 课时	2 课时	
第 10 章 企业创建	10.1 新创弱性 10.2 合法性获取 10.3 营销管理 10.4 财务管理 10.5 投资者关系管理	2 课时	2 课时	《创业修炼》第 4 章
第 11 章 企业成长	11.1 成长阶段 11.2 成长战略 11.3 成长特点 11.4 企业传承 11.5 创业失败	4 课时	2 课时	《创业修炼》第 9 章
第 12 章 创业法务	12.1 知识产权 12.2 劳动法 12.3 合同法 12.4 财会制度 12.5 法律诉讼 12.6 互联网创业与法律	2 课时		
第 13 章 社会创业	13.1 社会创业 13.2 社会企业 13.3 公益创投	2 课时	2 课时	《创业修炼》第 1 章

说明：

(1) MBA 可以按照 24 课时或 36 课时安排，管理专业本科生和非管理专业本科生可以按照 32 课时安排。具体实施时，教师可以根据学生的情况灵活安排。

(2)《创业修炼》是本教材的配套训练，建议教师作为课堂讨论和课后的自我训练加以综合使用。

目　录

案例目录

第1章
认识创业

关键词

创业革命　创业内涵　创业要素　创业过程

学习目标

学完本章后，你应该能够：

1. 了解创业对于个人和社会的意义；
2. 了解创业的内涵及其本质特点；
3. 知道创业包含哪些基本要素；
4. 知道创业是怎样一个过程。

我们正处在一场静悄悄的大变革中，它是全世界人类创造力和创业精神的胜利。我相信它对21世纪的影响等同或超过19世纪和20世纪的工业革命。

——杰弗里·蒂蒙斯

案例导读

优步：引领交通变革

2010 年，以打车软件闻名的美国优步公司成立，2015 年 6 月市值估算达 182 亿美元，但对公司创始人兼 CEO 特拉维斯·卡拉尼克来说，他还有很多“硬仗”要打，他的“敌人”包括各国的出租车行业、城市监管部门、越来越多的市场竞争对手、公司旗下的签约司机以及每个抱怨优步服务不足的用户。

“好战”掌门人

卡拉尼克也算年少得志，他总是“斗志昂扬”“不服输”，他觉得自己体现的是一种对事业的“激情”。

创立优步的灵感诞生于 2008 年一个雪夜。据说卡拉尼克和坎普在巴黎街头苦等出租车而不得，于是两人愤然决定要开发出一个革命性的打车软件。

那天晚上，卡拉尼克、坎普回到巴黎郊区的寓所，同几个 IT 企业家朋友一起交流创业的想法。说到“随叫随到的出租车服务”，当时其他人觉得这主意并不那么出挑。回到旧金山，卡拉尼克几乎没再想这件事，坎普却念念不忘，甚至出手买下域名 UberCab. com(优步出租车网站)。在他孜孜不倦的劝说下，卡拉尼克终于同意与他合作。2010 年夏天，优步公司在旧金山成立。优步提供的服务契合了 IT 技术进入移动时代的潮流，因而迅速打开市场，但这并不意味着它没有遇到阻力。起初签约车辆屈指可数，员工很少，首轮融资规模也很小。

挡不住的成功

2010 年 8 月，知名天使投资人克里斯·萨卡在“推特”上为优步做了广告。但它真正引起业界注意是在 10 月，旧金山市交通局和加州公共服务委员会同时给优步公司下了禁止运营令，理由之一是公司网站名(UberCab. com)不能使用“出租车”(Cab)一词，因为它没有取得出租车运营许可。

从某种角度而言，禁令正中卡拉尼克下怀。公司的对策是把公司名中的“出租车”字眼去掉，改成 Uber。域名 Uber. com 已经被法国环球音乐集团买下，优步公司用 2% 的公司股份换来这个专属域名，后来用 100 万美元赎回了这部分股权。按照今天的市值，这 2%股份价值数亿美元。

自此，优步声名鹊起，投资纷至沓来。2011 年 2 月，美国基准资本管理公司向优步注入 1 000 万美元，它当时对优步的估值为 6 000 万美元。

占领每一座城市

优步公司在旧金山的办公室名叫“作战室”，这名字恰如其分地体现了卡拉尼克的经营风格。随着优步在全美乃至世界各地开拓新地盘，卡拉尼克陷入一场又一场的“战斗”。旧金山出租车司机协会会长巴里·科伦戈尔德说：“我把他们看作强盗资本家。他们从一开始就是非法运营，不遵守任何规则，进行不正当竞争。他们靠这种方式扩大规模，反正他们有足够的钱漠视规则。”

优步执行的“高峰期附加收费”政策广受用户和媒体诟病。批评越猛烈，卡拉尼克的雄心似乎越高涨。他曾说过，他要让优步占领全球每一座城市。“我们希望传递的要点是，使用优步打车，比自己拥有一辆车更划算。”

（资料来源：根据《安徽日报》2015 年 1 月 12 日文章改编。）

创业，是一个充满诱惑的字眼，它意味着成功、财富、地位和名望；创业，也是一个让人恐惧的字眼，因为它也意味着失败、艰辛、落魄和名誉扫地。就是这样让人充满期待又犹豫不决的两个字，吸引着越来越多的人义无反顾地走上创业之路，收获着披荆斩棘后令人羡慕的果实。然而，创业到底是什么？什么是真正的创业？创业的动因何在？创业有哪几种类型？创业包含哪些要素？创业的过程是怎样的？这些应该是有意创业之士在确定创业之前必须认真思考的问题。本章试图从创业的概念入手，为您打开创业之门，为后续的创业管理学习奠定基础。

1.1 创业革命

1.1.1 创业黄金时代

时势造英雄，创业变革同样需要天时、地利、人和等各方面因素的配合。当这些因素相互碰撞，产生新的火花之时，也就意味着创业革命的来临。随着“大众创业、万众创新”以及“互联网+”的快速推进，中国正迎来一个创业的黄金时代。

(1) 大众创业、万众创新

创业活动对社会经济增长有显著推动作用，中国从国家层面制定了“大众创业、万众创新”的战略，出发点就是希望将其作为应对中国经济新常态的新引擎之一，推动创新创业发展，实现高素质创新创业人士的正确配置。

① 初创企业不断涌现

初创企业是创新的源泉，初创企业数量更是最直观地体现了“大众创业、万众创新”的成果。2015 年，全国新登记市场主体 1 479.8 万户，比 2014 年增长 14.5%；全国新登记企业 443.9 万户，比 2014 年增长 21.6%。在中国，资金匮乏和制度约束等问题一直是阻碍初创企业建立和发展的问题，在“大众创业、万众创新”新态势下，创新创业环境正在得到积极的改善。

② 公司内部创业

在推进“大众创业、万众创新”的过程中，现有企业的创新创业具有举足轻重的地位，不仅表现为大企业可以通过收购中小企业使创新产品快速实现商业化，还表现为大企业本身可以培育、孵化出许多小企业。例如，腾讯、金发科技、达安基因等大型企业围绕全产业链需求，有针对性地创办孵化器和众创空间，孵化培育了大量科技型创业企业并形成集聚效应。

创业视点

腾讯众创空间

2015年4月，腾讯在腾讯开放平台的基础上推出了腾讯众创空间。截至2015年4月，腾讯开放平台上累计收益超1亿元的创业公司已达24家，超1 000万元的达108家，融资额过1亿元的创业公司超过100家，超20家创业公司已经或正在上市进程中。通过众创空间，腾讯力图联合社会资源从软硬件和创业条件打造一个人人可参与、全要素、立体式的项目孵化器。建立之初就已有经纬中国、达晨创投、险峰基金等超20家知名创投机构加入腾讯众创投资联盟，联盟的创业基金规模超过1 000亿元。

截至2015年10月，腾讯已在全国建成25个线下众创空间，总面积超过50万平方米，并在北京、天津、上海建成5万平方米的产业园，打造成为"线上+线下"立体化的孵化加速基地。

(2)"互联网+"新形态

"互联网+"代表一种新的经济形态，即充分发挥互联网在生产要素配置中的优化和集成作用。中国的"互联网+"战略已经进入了全面实施阶段，互联网技术将深刻地改变目前的经济形态和服务方式，催生出更多全新的经济增长点。

① 创业成本降低

"互联网+"新形态下，创业环境出现了两个新变化：第一，互联网技术的应用极大地降低了人们在物质和时间两方面的试错成本；第二，互联网时代的很多产品，真正进入了边际成本趋近于零的时代。在这样的背景下，很多新兴的高估值公司都不再需要依靠行政资源的帮扶，而仅仅依靠市场的力量就能成为世界级的企业；同时，更多的专业化企业能够在某一个极小的细分领域内获得成功，并且把大部分的成本放到企业之外。

② 创业机会增加

"互联网+"新形态下，创新创业的机会在于传统行业互联网化改造，金融、工业、交通、医疗教育等行业都可以互联网化，甚至农业也同样可以互联网化(如图1.1所示)，把互联网技术和传统行业技术更加紧密结合起来，这一结合带来的变化和影响是极其深刻的，"互联网+传统行业"的潜力是巨大的，也有人称之为新一轮工业革命。它的深刻影响有几个方面：一是传统行业的生产方式、组织方式和销售方式等都会发生一些重大变化，效率也会相应大幅度提高；二是新的模式、新的业态都会出现，比如制造业服务化已经成为一个大的发展方向和趋势。

1.1.2 创业企业是经济增长的重要引擎

创业兴起标志着产品创新和科技不断进步。大多数情况下，创业过程包含着一种新的产品或新的服务的诞生，这对于创业是否成功具有关键作用，而从整个经济社会的角度来看，这无疑是产品和服务不断更新与演进的重要推动力。比如亚马逊的横空出世促使

图 1.1 "互联网+"创业机会

人们从线下购买商品的行为转变为线上购买产品的全新体验，人们可以不出家门就能得到所需要的物品，极大地便捷了人们的生活。而这种全新的服务也使得亚马逊短短几年时间就有了对抗沃尔玛的实力和野心。因此我们可以这么说，创业活动是科技成果实现产业化和新发明、新产品孕育与产生的主要形式之一。

在中国，创业活动及创业精神的倡导对经济的快速发展起到了不可估量的作用，也改变了人们对于中小企业和小微企业在经济发展中地位的认识。很长一段时间，人们一直认为大企业创造了整个社会中绝大多数的就业机会、产品和服务，是经济发展的主导力量，都习惯于在体制内就业，创业被认为是"不务正业"。但是，随着越来越多的社会精英在各个领域的创业行动取得成功，尤其是在这些创业财富的刺激下，更多的社会阶层参与到了创业活动中。在《2015～2016 全球创业观察报告》中，中国创业活动指数高于美国、英国、德国、日本等发达国家，这清晰地印证了中国"全民创业"的火热状态。

创业视点

全球创业观察(GEM)

"全球创业观察(GEM)"研究项目是 1999 年在考夫曼基金的赞助下，由美国百森学院(Babson College)和英国伦敦商学院(London Business School)的学者发起和成立的。GEM 每年对约 60 个国家的创业水平进行调查并发布报告，可以从创业活动、创业能力和创业动机指数三个方面看出全球不同国家的创业水平。其中，从创业动机来看，可以把创业者分为生存型创业者和机会型创业者。前者是迫于生存压力不得不选择创业；后者是看到了比目前事业选择更好的机会而去创业。当动机指数低于1时，说明早期阶段创业活动中的大部分创业者受需求驱动创业，这也可以推导出该经济体的经济形势。创业活动主要测量18～64岁的年龄群体中，参与企业创建或运营少于3.5年的个体数量在成年人口中所占的比例，包含新手创业者和新企业所有者。创业能力描述的则是在18～64岁年龄群体中，处于任一创业活动阶段，并相信自己具备了创业所需的技能、知识和经验的人群比例。

根据最新发布的《2015～2016全球创业观察报告》，目前全球各个发展阶段的经济体创业活动都比较活跃，其区别在于创业的产业类别；在创业能力方面，中国、马来西亚和韩国等亚洲国家的成年人认为自身创业能力较低，主要原因在于这些国家的创业教育不够发达，而产业结构的调整又对创业水平要求较高。而在创业动机方面，全球的创业者都往机会驱动型发展，而不是仅仅因为生活所迫而进行创业，在要素驱动和效率驱动型经济体中，69%的创业者属于机会驱动型创业，在创新驱动型经济体中，这一比例达到78%。

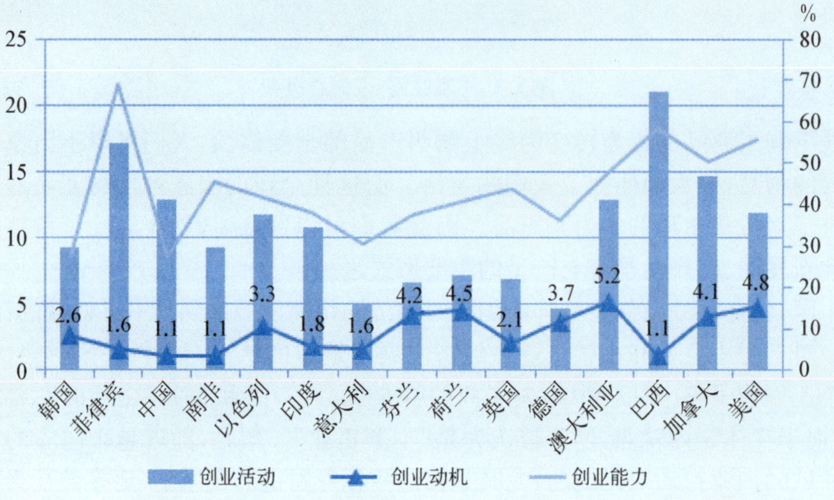

2015～2016主要国家创业动机、创业活动和创业能力

与创业活动相呼应的是中国中小企业和小微企业已有7 000多万家，占全国企业总数的99%以上，如此庞大的数字反映了中小企业已经成为我国经济发展不可或缺的重要力量。数据显示，中国超过60%的国民生产总值(GDP)是由中小企业创造的。同样，也正是这批创业者出身的企业家为社会提供了许多就业机会。据统计，中小企业提供了80%以上的城镇就业岗位。中小企业的迅猛发展使得它们俨然已成为市场经济最活跃的群体，是社会创造财富的主体之一，已成为推动国民经济增长的重要助燃剂。

1.1.3 创业是影响一生的决策

创业对于一个人的意义绝非金钱和财富，也不仅仅是权力、地位和声誉，它带来的是理念的改变、精神层面的提升以及生活方式的改变。当你为一个创意灵机一动而付诸行动之后，你可能想象不到，它将成为影响你一生的决策。

（1）自我实现——创业者的精神支柱

按照马斯洛的层次需求，其中，第五层次是自我实现，即从认识自己升华到实现自己的人生价值。想成为创业者的人，一般自我意识都很强。在他们身上有一种本能、一种冲动、一种超乎寻常的自我意识。一旦环境允许、条件具备，他们就会体现出来，而这种由内心流露出来的自我意识一旦引发，便一发不可收拾。

（2）拥有权力——创业者的生存支点

尼采将权力意志作为人的本性，渴望权力与权力腐败并没有必然的联系，因此，对权力的渴望并不需要隐藏。一般来说，创业的人渴望权力的欲望会更加强烈一些，当然，这以自身的战略眼光和领导能力为前提，以能够服众为前提，以尊重别人为前提。创业是自己实现对别人支配的一个重要途径，能够将自己正确的意识贯穿于整个创业团队当中，通过自己的指挥付诸实施并取得成功，从而得到别人对自己权力的尊重和认可，是每个创业者创业的动因之一。

（3）渴望自由——创业者的生存空间

创业的动因可能还源于对自由的渴望。创业者对自由的渴望在于有一个充分表达和实现自己意志和理想的空间，有一个自由发挥的空间。创业者一般对自由的渴望会比平常人强烈一些，可能会因为不能忍受公司刻板的制度和时间约束而动了创业的念头，这在创业故事里屡见不鲜。自由是创业者最需要的生存空间。

1.2 创业内涵

“创业”一词在中文中最早出现于《孟子 · 惠王下》，“君子创业垂统，为可继也”。这里“创业”的意思是“开创基业”。表达这个意思的另外一个著名出处是《出师表》，“先帝创业未半，而中道崩殂”。所以，在《辞海》中，“创业”被理解为“开创基业”。

“创业”一词在英文中有多种表述方式，涉及创业企业、创业者、创业行为和创业精神等层面。

从创业企业层面看，表示“创业企业”的有“venture”“start-up”“business venture”“new business venture”等。国际上有关创业企业的认定方法还很不统一，有的是从创建时间上判断，认为创业企业是指创建不满 3 年的企业；有的是从企业雇员规模上判断，认为是指少于 50 人规模的企业；也有观点认为是处于早期阶段的企业类型，没有时间或规模的明确界定。

从创业者层面看，表示“创业者”的单词是“entrepreneur”，有两层意思：第一层含义是企业家，我们通常理解为在一个已经成型的企业中负责经营和决策的领导人；第二层含义是创办人，我们通常理解为即将创办新企业或者是刚刚创办新企业的领导人。需要强调的是，那些在成熟企业内部推动公司创业的企业家在本质上也是创业者。

从创业行为层面看，表示“创业行为（创业活动）”的有“venturing”“entrepreneurship”

“business venturing”“corporate venturing”①。有学者提出，创业活动是指“从零开始创建新企业”，即狭义的创业活动概念；也有许多学者指出，创业不仅是新创企业的专利，所有创建活动都可以被理解为创业行为，即广义的创业活动概念。本书倾向于以广义概念来理解和论述创业活动。

从创业精神层面看，表示“创业精神”的单词是“entrepreneurship”，我国学者以前通常把“entrepreneurship”翻译成“企业家精神”，但“企业家精神”的含义比较模糊，我们认为更准确的译法是“创业精神”。

综合上述研究，本书认为，创业是在创业精神驱动下，对创业机会进行识别和开发的活动过程，是创业者主导下的高度综合的不确定管理活动。该创业概念主要强调以下三方面内涵：

1.2.1 创业是机会识别和开发的过程

创业，首先是一种活动过程。作为一个商业领域，创业致力于理解创造新事物（新产品或服务、新市场、新生产过程或原材料、组织现有技术的新方法）的机会是如何出现并被特定个体所发现或创造的，这些人如何运用各种方法去利用或开发它们，然后产生各种结果（Shane 和 Venkataraman，2000）。该定义强调创业包含两个过程：其一是创业机会识别，这是创业的前提；其二是创业机会开发，这是创业者通过组织创业资源旨在创造出新颖的产品、服务或实现其潜在价值。

在机会开发过程中，霍华德·史蒂文森（Howard H. Stevenson）强调了创业作为活动过程与当时其所控制的资源无关。事实上，大多数创业者都经历了“白手起家”或是“空手套白狼”的过程。我国创业比较发达的地区，如晋江、温州等地的绝大多数创业者，在企业创建初期，自身往往没有多少创业资源，但是这并不妨碍这些创业者借用或是整合本地、外地的资源来实现创业目的。所以，资源整合也是机会开发过程中创业者能力的体现，被认为是创业过程的本质特征之一。

1.2.2 创业是创业者创业精神驱动的结果

创业离不开主体，创业者是创业的主体要素。创业过程与创业者的创业精神高度相关，是创业精神的价值体现。阿马·毕哈德认为，创业就是通过奉献必要的时间和努力，承担相应的经济、心理和社会风险，并得到最终的货币报酬、个人满足，自主性地创造出有价值的新东西的过程。

在成熟企业中，组织整体的力量超过了企业家个人的力量。而在企业创建初期，创业者既是企业发展方向的制定者，也是真正的业务实践者。更精确地讲，创业行为本质上就是创业者创业动机、创业品质和创业技能再现的结果。例如，在新东方创建的艰难过程中，最初的参与创建者很多选择了退出，若没有创始人俞敏洪的不懈坚持，也就没有如今全国最大培训机构——新东方的出现。

创业精神很多时候与创新高度相关。创业者在发现和利用机会、负责创造新价值

① 林强、姜彦福、张健：《创业理论及其架构分析》，《经济研究》，2001 年第 9 期。

这一过程中，往往采取的是技术创新、产品创新、原材料创新、市场创新或是组织创新的方式，所以这一创业过程既是价值创造过程，更是创业者发挥创新精神的结果。需要指出的是，很多机会型创业采取的确实是创新的形式，但也有一些创业行为，本身就是一种模仿甚至是复制的行动。但不管如何，这些创业行为都是围绕着顾客价值创造来实施的。

1.2.3 创业是复杂管理和不确定性管理活动

创业是一种管理活动。传统企业管理活动强调计划、组织、领导和控制，是一种标准化、常态化的管理活动。与之相比，创业管理强调的是对机会识别和开发的管理，是一种复杂管理和不确定性的管理。创业管理表现出与传统企业管理不一致的特点(见表1.1)。

表1.1 创业活动的行为逻辑

	企业管理活动逻辑	创业活动逻辑
对未来的认识	预测：把未来看成是过去的延续，可以进行有效的预测	创造：未来是人们主动行动的某种偶然结果，预测是不重要的，要做的是如何创造未来
行为的原因	应该：以利益最大化为标准，通过分析决定应该做什么	能够：做你能够做的，而不是根据预测的结果去做你应该做的
采取行动的出发点	目标：总目标决定子目标，子目标决定了要采取哪些行动	手段：从现有的手段开始，设想能够利用这些手段采取什么行动、实现哪些目标，这些子目标最终结合起来构成了总目标
行动路径的选择	既定承诺：根据对既定目标的承诺来选择行动的路径	偶然性：选择现在的路径是为了使以后能出现更多更好的途径，因此路径可能随时变换
对风险的态度	预期回报：更关心预期回报的大小，寻求能使利益最大化的机会，而不是降低风险	可承受的损失：在可承受的范围内采取行动，不去冒超出自己承受能力的风险
对其他公司的态度	竞争：强调竞争关系，根据需要对顾客和供应商承担有限的责任	伙伴：强调合作，与顾客、供应商甚至潜在的竞争者共同创造未来的价值

资料来源：Stuart Read, Saras D. Sarasvathy. (2005). Knowing What to Do and Doing What You Know: Effectuation as a Form of Entrepreneurial Expertise. *Journal of Private Equity*, 9(1): 45-62.

1.3 创业要素

创业是一项艰苦的事业，也是一个复杂和复合的系统，需要很多的前提、条件、资源和要素。创业需要在充分发挥创业者的个人素质和能力、集合团队人力资本的智慧、有足够的资金支撑和人脉支撑的基础上，通过创业目标的指引，才能完成这样一个过程，可以说，创业者、创业机会、创业资源和创业方式构成了创业的基本要素。这些基本要素对于不同的创业类型和方式来讲并不是完全必备的，它们的作用在不同的创业方式中也是不同的，但是它们构成了一般创业的基本要素。

1.3.1 创业者

创业者是创业的主体要素，是创业概念的发起者，是创业目标的制定者，是创业过程的组织者，也是创业结果的承担者。创业者是推动创业的基本要素，而创业者的个人素质决定了创业的成败，这其中包括创业者的性格、能力、知识结构以及他的精力和时间，即作为一个创业者必须具备一定的特征和素质。

创业者可以分成几种类型：(1) 酝酿者，指正式行动前的创始者，即考虑创建新企业的个体；(2) 初学者，指从没有过创业经历的创业者，即成为一个企业的创始人、继承人或购买者之前没有拥有企业经历的个体；(3) 熟练者，指习惯性创业者，即创业前有拥有企业经历的个体；(4) 持续者，即连续创业的创业者，指在出售或关闭原有企业后，继而继承、建立或购买另一个企业的个体；(5) 拓展者，即组合型创业者，指在保留原有企业的情况下，随后又继承、建立或购买另一个企业的个体。

此外，对创业团队的研究也不可忽视。研究发现，50%的企业是由创业团队创建的，由团队创建的企业通常拥有更多样化的技能和竞争力基础，形成更广泛的社会和企业网络，从而可获得更多的资源。团队还可以增加创业企业的合法性，尤其在融资的时候，但创业团队的动态性还有待进一步探讨。

1.3.2 创业机会

越来越多的创业研究者认为，在创业的所有要素中，创业机会是核心要素。创业关键在于认知到机会且有意愿并真正采取创业行动。然而，机会来自哪里是一个最容易被忽视的问题。机会的认知是一种预先的思考方式，实际上，只有在事后才能检验先前预测的机会是否实现。为什么某些个体能识别机会而其他人却不能，这主要是由于个体之间存在 3 个方面的差异：知识(和信息)差异、认知差异和行为差异。而将专业知识与商业知识结合起来，不仅需要技能、才能、洞察力，还需要既不是太稳定也不是波动过大的外部环境。个体识别机会并搜集信息的程度取决于其人力资本的构成。机会的搜索与识别过程受到决策者认知行为的影响，从而不同类型的创业者识别机会与搜索信息的能力和过程将有所不同。研究还发现，经验并不能增强创业者识别机会的能力；熟练者由于拥有企业的经历，其信息的搜集可能很有限且范围比较窄；初学者由于没有经验，往往会搜索更多的信息，但却因为不熟悉环境，搜集到的信息相对要少一些。

创业机会，又可以分为生存型创业机会和机会型创业机会。生存型创业机会，是指创业者把创业作为其不得不做出的选择，因为所有的其他选择不是没有就是不满意，创业者必须依靠创业为自己的生存和发展谋求出路。机会型创业机会，是指创业活动是一种个体偏好，并将其作为实现某种目标(如实现自我价值、追求理想等)的手段。

1.3.3 创业资源

创业标杆

小米的优质创业资源

小米虽然是一家创业公司，但看看它的人员结构即使是创办初期那也是人才济济，绝对是含着金钥匙出生的高起点。有一个数据说小米的平均年龄是33岁，成熟优质的人才资源意味着人力成本绝对是一般初创公司的三至四倍。要有大产出先要有大投入。

创办小米的雷军曾说过，公司前100名员工的入职都是他亲自面见并沟通过的，组建团队的前半年时间花了至少80%的时间与精力在寻找合适的人选。小米大部分的员工来自谷歌、微软、摩托罗拉、百度、金山、阿里巴巴等大牌公司。

而在招聘渠道上，小米多依赖熟人推荐，这有点像雷军做投资的风格。熟人推荐的模式可以更准确、可靠，降低机会成本。在后期工作中的流动性也会相对较低，而且顾及介绍人的关系，工作也会更努力。对工作所付出的努力一般超过公司支付的薪酬、福利、绩效等。

小米的快速发展显然离不开这些优质人才资源所发挥的作用。雷军在选人用人上选择了一条便捷的通道——捡现成的，优质的人才资源同时也带来了可靠的技术、资金和管理资源。

（资料来源：http://www.qianzhan.com/analyst/detail/220/131114-c6446dc2.html.）

机会一旦被识别并获得相关的信息，下一步就是获取所需的资源并有效组织现有资源。企业的所有者往往就是关键资源的拥有者，也可能是资源获取的关键约束所在。尽管资源对创业的成败至关重要，但仅有资源并不足以获得成功，创业者需要发展其技能，选择竞争策略来更好地利用可获得的资源。当组织采用的策略与可获得的资源相适应时，创业才会成功。

创业资源是企业创立以及成长过程中所需要的各种生产要素和支撑条件。因此，在创业过程中，应当积极拓展创业资源获取渠道，并且创业资源对于创业的重要意义不仅仅局限于单纯的量的积累上，应当看到创业过程还是一个各类创业资源重新整合、获取竞争优势的过程。因此，在创业过程中，不仅仅要广泛地获取创业资源，更要懂得如何使用这些资源。创业之初，创业所需的各项资源往往只能依靠创业者通过自身努力获取，由于新创企业的高度成长性，在其迅速成长扩张的过程中，组织规模很快就发展到一定规模之上，创业者很快就会发现，通过自身努力获取的资源远远不能支撑企业的发展，为了使企业能够继续发展，外部机构给予企业的资源是相当必要的。

为了进一步分析创业资源的特征，可以将创业资源主要分成以下6个维度（见图1.2）：

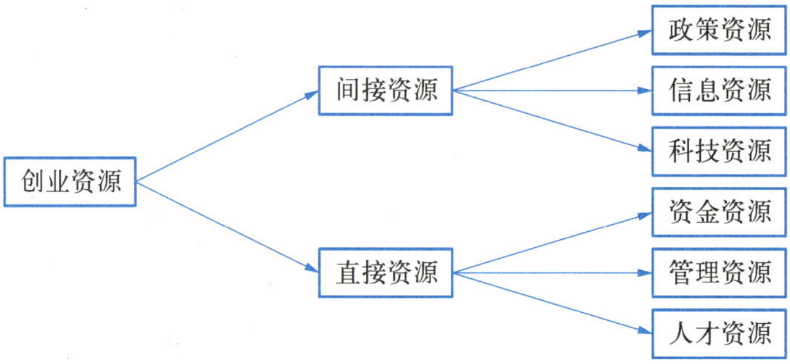

资料来源：林嵩，《创业资源的获取与整合》，《经济问题探索》2007 年第 6 期。

图 1.2 创业资源框架

(1) 政策资源

创业活动需要相应的政策扶持，只有在政策允许和鼓励的条件下，企业才能获得更多的国内外人才、贷款和投资、各种服务与优惠等。

(2) 信息资源

对于新创企业来说，由于竞争十分激烈，就更加需要丰富、及时、准确的信息，以争取到更多的生产要素资源。信息资源可以从专业机构和自身社会网络获取。

(3) 科技资源

对于新创企业来说，积极引进有商业价值的科技成果，将有助于加快产品研发速度，为企业在市场上的竞争提供有力的优势。

(4) 资金资源

对于新创企业来说，无论是进行产品研发还是生产销售，都需要大量的资金，如何有效地吸收资金资源是每个创业者都极为关注的问题。

(5) 管理资源

很多企业都败于管理不善，这意味着拥有一套完整而高效的管理制度是新创企业的宝贵资源。

(6) 人才资源

高素质人才的获取和开发，是现代企业可持续发展的关键，特别是高科技创业企业，因为其更大的知识比重，人才资源更为重要。

资源整合对于创业过程的促进作用是通过创业战略的制定和实施来实现的。一方面，战略的制定和实施需要一定的资源予以支持，只有拥有充分的资源，战略才有制定和实施的基础；另一方面，创业资源还可以适当校正企业的战略方向，帮助新创企业选择正确的创业战略。根据上述分析，我们把创业资源与创业过程之间的关系用图 1.3 来表示。

1.3.4 创业方式

创业者决策风格的不同可能会导致他们的思维方式在组织性、系统性上存在差异，相应地，他们所建立组织的特征也会有类似的差别。创业方式和相应的企业组织形式可以概括为以下四种：

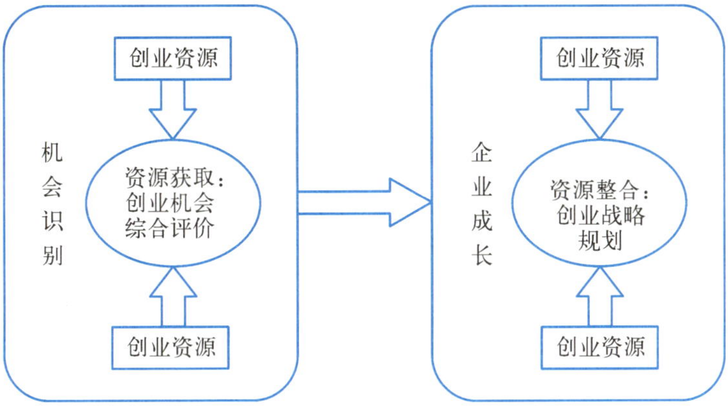

图 1.3 创业资源与创业过程之间的关系

(1) 新创企业

新创企业是创业最主要的方式，是指创业者利用商业机会通过整合资源创建一个新的具有法人资格的实体的过程。这一法人实体应能够提供产品或服务，以获利和成长为目标，并能创造价值。采用新创企业方式形成的组织形式通常是处于发展早期阶段的初创企业，全球创业观察(GEM)报告中将这类初创企业定义为成立时间在 42 个月以内的企业。初创企业由于受到内外部资源的限制，在创建之初往往会面临新创弱性问题，这也是导致很多新创企业方式失败的主要原因。

(2) 公司创业

公司创业是指组织更新的过程，既包括通过市场开发或引进产品、流程技术和管理创新来创建新企业，也包括企业的理念再定义、再组织以及制度创新。由于大企业中的官僚程序和流程会导致组织刚性，而公司创业有助于改造这些官僚性的程序和流程，降低组织刚性，因此公司创业的研究对象主要是大企业。纵向研究表明，环境因素对公司创业及其绩效影响很大，而且公司创业对处于不利环境下的企业尤其有效，但它的影响需要比较长的时间才能完全体现。此外，当企业存在短视行为、公司创业活动得不到高层继续支持时，公司创业可能会出现问题。

(3) 特许经营

特许经营是创业者为了使风险和不确定性最小化而选择的一种创业组织方式，是指特许经营权拥有者以合同约定的形式，允许被特许经营者有偿使用其名称、商标、专有技术、产品及运作管理经验等从事经营活动的商业经营模式，而被特许人获准使用由特许权人所有的或者控制的共同的商标、商号、企业形象、工作程序等。采用特许经营的创业方式，由于有较为成熟的模式可供复制，加上特许人的相关支持，客观上可以增加创业成功的概率。在美国市场，加盟已成为众多普通创业者选择的创业起步方式。

(4) 家族企业继承

由于家族企业的建立与传统的创业定义相符，因而提出了家族企业的继承是否也具有创业属性的问题。有学者指出，家族企业由于其家族成员在经营中的关键作用而不同于其他类型的组织。兰斯博格(Lansberg)认为，继承对家族企业的发展很重要，但维持家族在管理上的统治，从长远来看可能会影响企业的适应和生存能力。家族企业往往是在继承者不能或不愿经营企业时，通过 MBO/MBI 而生存下来的。当然，继承人也可以通过把家族企业分成两个或多个独立的企业来摆脱其负担和义务。不过，对长期投资更有力的承诺、对产品与服务质量更多的关注、对雇员与经理人员的培训以及管理研究更大的投资也会对家族企业的继承产生积极的影响。他还提出继承有 3 种形式：转移继承，即企业形式的延续；演进继承，涉及所有权和控制权的根本改变，从而形成一个更复杂的家族企业系统；退出继承，形成一个更简单的家族企业。

1.4 创业过程

创业过程可以分为五个阶段，每个阶段的重点如表 1.2 所示：

第一阶段是激发创业动机；

第二阶段是识别与评估商业机会；

第三阶段是准备并撰写创业计划；

第四阶段是确定并获取创业资源；

第五阶段是管理新创企业。

表 1.2　创业过程的五个阶段

第一阶段 激发创业动机	第二阶段 识别与评估 商业机会	第三阶段 准备并撰写 创业计划	第四阶段 确定并获取 创业资源	第五阶段 管理新创企业
• 创业动机激发 • 创业者自我评估	• 创新性与“机会之窗”的长度 • 机会的估计价值与实际价值 • 机会的风险与回报 • 机会与个人技能、目标 • 市场竞争分析	• 封面页 • 目录 • 大致框架： 1. 执行摘要 2. 行业描述 3. 营销计划 4. 财务计划 5. 生产计划 6. 组织计划 7. 总结	• 创业者的现有资源分析 • 资源缺口与目前可获得的资源供给 • 通过一定渠道获得其他所需资源	• 管理方式 • 成功的关键因素 • 当前问题与潜在问题的辨识 • 控制系统的完备化

创业过程充满动态性与复杂性特征。蒂蒙斯提出了一个影响深远的创业过程理论模型（参见图 1.4）。蒂蒙斯认为，创业过程是创业机会、资源与创业团队之间适当配置的高度动态平衡过程，创业机会、资源与创业团队是创业过程的关键构成要素，其中创业机会是创业过程的核心要素，创业过程实质上是发现与开发创业机会的过程；资源是创业过程的必要支持，是开发机会谋求收益的基础；创业团队是在创业过程中发现和开发机会、整合资源的主体，是新创企业的关键构成要素。

蒂蒙斯模型运用创业机会、资源与创业团队三要素来概括创业过程的复杂性，采用三

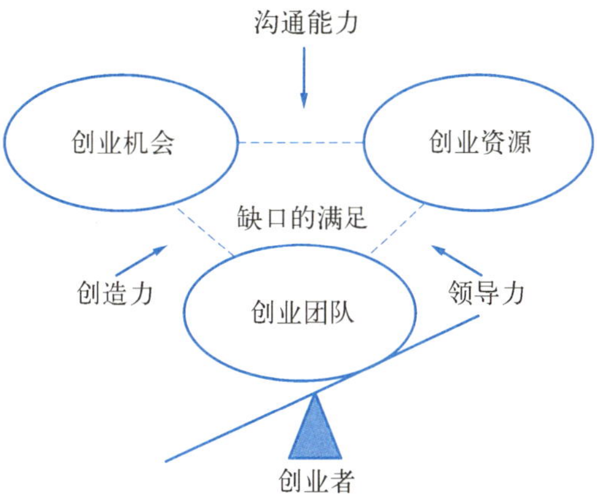

图1.4 蒂蒙斯的创业过程理论模型

要素的动态平衡过程来总结创业过程的动态性，高度揭示了创业过程的动态性与复杂性特征。蒂蒙斯认为，随着时空变迁、机会模糊性、市场不确定性、资本市场风险及外在环境等因素对创业活动的冲击，创业过程充满风险与不确定性，创业机会、资源与创业团队三要素也会因相对地位的变化而产生失衡现象，此时创业团队扮演着调整活动重心以获得创业机会与资源相对平衡的核心决策者角色；创业初期，机会挖掘与选择是关键，创业团队的决策重心在于迅速整合资源以抓住创业机会；随着新企业的创立与成长，资源日渐丰富，企业面临更为复杂的竞争环境与市场环境，创业团队的决策重心转向合理配置资源以提高资源使用效率，构建规范管理体系以抵抗外部竞争与不确定性等活动。

由于创业是一项高度综合的复杂动态管理活动，在创业过程中需要认识到以下几点①：

(1) 创业最重要的是平衡风险

创业是一种思考、推理和行动的方法，它不仅要受机会的制约，还要求创业者有完整缜密的实施方法和讲求高度平衡技巧的领导艺术。创业不仅能为创业者，也能为所有的参与者和利益相关者创造、提高和实现价值，或使价值再生。商机的创造和识别是这个过程的核心，随后就是抓住商机的意愿与行动。这要求创业者有甘冒风险的精神，既有个人风险，也有财务风险，但所有风险都必须是经过计算的，要不断平衡风险和潜在的回报，这样才能让你掌握更多的胜算。创业者要精心设计战略计划来合理安排他们的有限资源。

(2) 创业需要随时做好准备

技术、市场、竞争的高度动态性和易变性的特征，使得我们不可能完全了解市场行情和竞争对手的现状及未来，创业过程中需要随时准备好应对各种不确定性的挑战。所以，我们必须培养起一种规划和随机应变的习惯，不断综合大脑信息和内心感受，不断对自己的选择进行重新评价，直到这个过程成为自己的第二天性。此外，我们还需要做好应对创业失败的准备，将失败视作成功的铺垫。

(3) 创业不是有序和可预测的

创业的世界充满着矛盾和混乱。昨天的规律到了今天，也许成了一纸笑谈，而到了明天，可能又会成为金科玉律。如果我们总是认为，市场应该按照我们的预测去发展，那么我们恐怕要被市场淘汰了。要想在这个世界上茁壮成长，我们必须十分擅长处理各种模糊、混沌和不确定性，还要掌握颇有预见性的管理技巧。

---

① 更详细的内容可以参考杰弗里·蒂蒙斯、小斯蒂芬·斯皮内利著，周伟民、吕长春译：《创业学》（第6版），人民邮电出版社2005年版。

本章要点

1. 随着“大众创业、万众创新”以及“互联网+”的快速推进，中国正迎来一个创业的黄金时代。

2. 创业企业是市场经济最活跃的群体，是社会创造财富的主体之一，已成为推动国民经济增长的重要助燃剂。

3. 创业是改变人一生的决策，创业对于创业者的意义不仅仅在于财富的积累和地位的提高，还在于它是创业者表现自我、超越自我、实现自由的过程，同时，也是实现个人梦想和愿景的重要途径。

4. 创业是机会识别和开发的过程；创业是创业者创业精神驱动的结果；创业是一种管理活动，是对机会识别和开发的管理，是一种复杂管理和存在不确定性的管理。

5. 创业的基本要素包括：创业者、创业机会、创业组织和创业资源等，只有发挥这些要素的合力，创业才能取得成功。

6. 创业过程可以分为激发创业动机、识别与评估商业机会、准备并撰写创业计划、确定并获取创业资源、管理新创企业五个步骤。

思考题

1. 创业的意义在哪里？
2. 什么是创业？
3. 创业的基本要素是什么？
4. 创业的过程是怎样的？

延伸性阅读

[1] Garud, R., & Gehman, J. (2016). Theory Evaluation, Entrepreneurial Processes, and Performativity. *Academy of Management Review*, 41(3), 544-549.

[2] Stevenson. H. H. & Jarillo, J. C. (1990). A Paradigm of Entrepreneurship: Entrepreneurial Management. *Strategic Management Journal*, 11: 17-27.

[3] Shane, Scott A. (2003). *A General Theory of Entrepreneurship*. Edward Elgar Pub.

[4] 杰弗里·蒂蒙斯、小斯蒂芬·斯皮内利著，周伟民、吕长春译：《创业学》(第6版)，人民邮电出版社2005年版。

[5] 杨俊：《新世纪创业研究进展与启示探析》，《外国经济与管理》2013年第1期。

第 2 章
中国情境

关键词

中国环境　中国机会　中国资源　中国模式

学习目标

学完本章后，你应该能够：

1. 理解什么是创业环境，并能对中国的创业环境做评价；
2. 了解中国创业机会的来源以及类型；
3. 知道中国创业资源的几大来源；
4. 了解如何获取创业资源；
5. 了解中国免费商业模式的特点、原因和表现；
6. 了解中国目前流行的几种创业模式以及相关特征。

在中国创业需要有跟美国不同的视角。

——李开复

案例导读

程维创业之路

“滴滴打车”创始人兼CEO程维，在创业之初，他曾先后否决了6个主意，最终决定做一款打车软件。2012年6月，程维从支付宝离职并创立了小桔科技，公司的创业项目是做智能出行的打车应用“滴滴打车”。

图片来源：网易财经

在程维看来，中国城市交通正面临困境，现有的出租车运力无法满足日益增长的庞大需求，而通过移动互联网的技术和模式，将人与人、人与车的信息快速联结，可以大大提高出租车等交通工具的运行效率，解决城市交通之困。

作为一家移动互联网公司，程维在创业之初，就做出“反其道而行之”的战略——以线下驱动为首要策略——通过“地推团队”邀请并帮助出租车安装“滴滴打车”客户端，迅速建立起了一支庞大的司机队伍，并通过促销等手段激活用户使用“滴滴打车”。

与此同时，滴滴在线建立了一支强大的技术开发团队，“滴滴打车”APP在短时间内进行了多次的完善升级，不断推出新的改进版本，这帮助“滴滴打车”很快成为各大应用分发平台下载排行中的热门软件。这一独特的战略决策，使“滴滴打车”仅用不到一年的时间，便成为打车市场中的领先者，并不断得到资本市场的认可和青睐。

2012年12月，“滴滴打车”获得了A轮金沙江创投300万美元的融资；2013年4月，“滴滴打车”获得了B轮腾讯公司1 500万美元的融资；2014年1月，“滴滴打车”获得中信产业基金6 000万美元、腾讯3 000万美元、其他机构1 000万美元共计1亿美元的融资，成为首个获得C轮融资的打车软件。

当中国打车软件市场通过残酷的战争，只剩下为数极少的竞争对手胶着对峙时，“滴滴打车”果断地发起了一场业界轰动的“打车补贴大战”。这场“大战”彻底拉开了与竞争对手的差距，并实现了一次国内外罕见的卓有成效的“市场教育”目标。根据最终披露的数据，大战持续至3月底，“滴滴打车”用户数增加了7 800万人。“大战”结束后，“滴滴打车”成为“补贴大战”最大的赢家。

至2014年9月9日，“滴滴打车”上线两周年，覆盖近300个城市，出租车司机用户超过100万，乘客用户超过1亿，日成交订单超过500万，由此成为全球最大智能移动出行信息平台。

创业管理具有其自身情境，这也使得“中国创业”受到自己生长的土壤——中国创业环境的影响。

每一个创业者在创业的时候都必须将环境因素纳入自己的计划中，一个在他国非常成功的商业模式，到了中国很可能就“水土不服”。政治的、技术的、经济的、文化的因素是每个在中国创业的人都不可避免要面对的。雷军说，在中国出现 facebook 是不可能的，因为中国没有任何一家大的公司是由刚毕业的学生创办的。这一点跟美国社会不同，美国社会高度竞争之后，创业者可以没有任何经验，什么都可以想，什么都可以干，美国大部分大公司都是大学毕业生创办的，或者大学没毕业就创办。但是中国不行，现在还没有到充分竞争的时候，处于比拼执行力的时代。

在本章，我们将对中国创业的环境、机会、资源以及所采取的模式进行简要的介绍并结合中国的情况进行讨论，为创业者本土创业提供理论和实践支持。

2.1 中国环境

创业环境是一系列概念的集合体，是各种因素综合的结果，正确认识和了解中国创业环境是在中国进行创业的前提。一般人们在进行创业环境的分析时，可以对创业所在区域的宏、微观环境以及行业等方方面面的环境因素进行详细的分析，可采用的方法有 PEST、SWOT 以及波特的五力竞争法。在这里，我们主要针对的是中国的总体创业环境。

国外学者对于如何评价创业环境有着不同的见解。波特提出从进入壁垒、现有竞争者的竞争状态、替代产品的威胁、购买者的还价能力、供应商的还价能力 5 个方面来评价创业环境；高德纳(Gartner)从人口中近期移民的高比例、较大规模的城市区域、雄厚的工业基础、金融资源的可用性、工业专业化程度 5 个方面评价创业环境；弗雷德(Fred)从政治和经济环境、转型冲突、不健全的法律环境、政策的不稳定性、非正式的约束、不发达和不规范的金融环境、文化环境 7 个方面评价创业环境。目前中国学者主要采用的是 GEM(全球创业观察)的评价标准进行分析。图 2.1 显示了 GEM 的环境影响概念模型。

我们需要区分一下一般环境与创业环境的区别和关系。一般环境与创业环境是相对而言的。一般环境主要指可以直接影响已经建立的大公司的环境因素，这些环境因素不会直接对创业活动产生影响，主要包括社会对外开放程度、政府职能、企业管理水平和技能、技术及研发的水平和程度、基础设施、资本市场、劳动力市场、制度完善程度等。这些环境因素主要作用于已经建立起来的大公司。

创业环境对创业活动会产生直接的影响，GEM 认为它主要包括 10 个方面：金融支持、政府政策、政府项目支持、教育和培训、研究开发转移、商业和专业的基础设施、市场开放程度、有形基础设施、社会和文化规范、知识产权保护。在这里我们将这 10 个方面分成 3 个大类，即政治环境、经济环境、社会环境，从这 3 个方面出发研究中国的创业环境。

2.1.1 政治环境

(1) 政府政策

经济学家勒纳(Lerner)认为创业环境本质上是一种制度环境。为了对接“双创”战略，就业促进部门构筑起“创业生态圈”，从提供创业技巧指导、创业载体服务、投资机构推

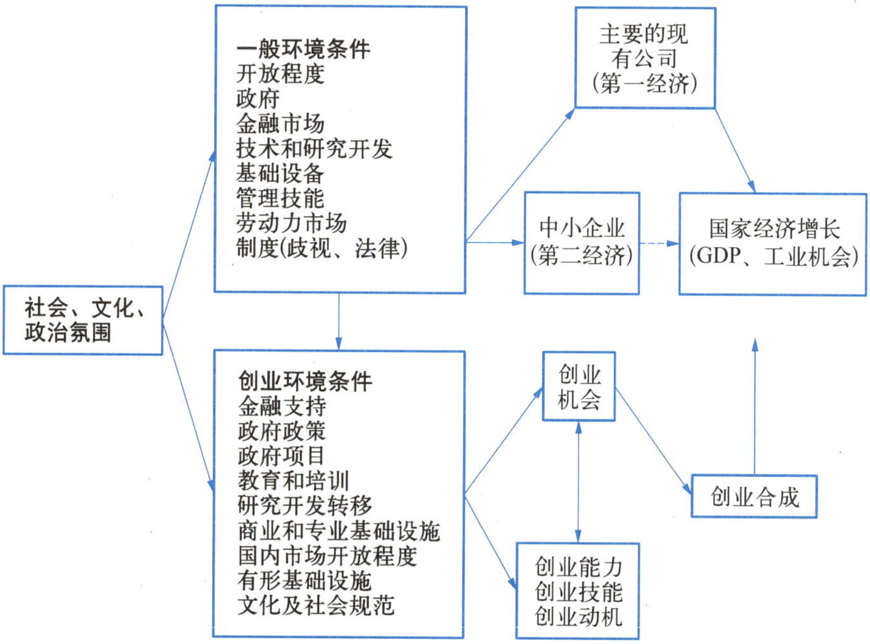

图 2.1 GEM 的环境影响概念模型

荐,到为创业人才提供各类民生政策信息、法律咨询服务以及对初创企业进行产业扶持,如人社部推出的“6 + 6”的创业扶持政策措施。

但另一方面,中国的制度运行成本难以降低,以及新《劳动合同法》中对企业的保护严重不足,使得创业者的生存空间并没有得到良好的改善。世界银行发布的《2016 年全球营商环境报告》显示,中国内地的营商便利度在 189 个列入统计的经济体中列第 84 位。大量的行政审批、行政管制仍是制约市场活力的重要障碍。《中国企业经营者问卷跟踪调查报告》显示,近 60%的受访者认为中国的行政审批手续没有好转变化,说明简政放权还尚未落实到位,创业政策还存在改善空间。

表 2.1 行政审批手续变化

	行政审批手续变化(%)		
	好 转	未 变	变 差
总 体	40.4	47.9	11.7
东 部	40.8	48.1	11.1
中 部	39.0	49.6	11.4
西 部	41.2	44.6	14.2

(2) 赋税水平

赋税负担对创新激励有着重要影响,过高的赋税水平会使得企业大量的利润被挤占,而且创业企业初期盈利困难,如果缺乏财政政策上支持,创业初期的资金将被快速消耗,难以维持创业企业的后期运转。2015年以来，财政部门继续全面贯彻党中央、国务院的决策部署，认真落实积极财政政策，结合税制改革总体方向实施减税。按照国际货币基金组织（IMF）的统计口径测算，2014年、2015年中国宏观税负分别为30.5%、30.1%。总体来看，中国宏观税负低于世界平均38.8%的水平，既明显低于发达国家平均42.8%的水平，也低于发展中国家平均34.4%的水平。

同时，近年来中国实施普遍性降费，及时部署涉企收费专项清理工作，全面清理全国性及中央部门和单位行政事业性收费等，包括：两次扩大小型微利企业减半征收企业所得税的优惠范围；简化大学生创业享受税收优惠程序；将个人转让住房免征营业税政策年限由5年调整为2年等。下一步，按照党中央、国务院的战略部署，还将在认真落实已出台的支持小微企业、鼓励创新、改善民生等减税降费措施的基础上，进一步研究实施减税降费措施，激活经济增长动力，支持经济结构性调整。

（3）政府项目

政府项目支持作为创业环境的独立要素，是政府政策的具体化。政府项目不仅包括政府提供的资金和政策支持的项目（尽管这是中国政府项目的基本形式），还包括政府为创业提供服务、支持和帮助的组织项目。

与GEM的参与国家和地区相比，中国在政府提供资金和政策支持的项目方面有明显的优势。例如，中国的科技园和孵化器对创业的贡献就比其他国家和地区大得多，为顺应新一轮科技革命和产业变革新趋势、有效满足网络时代大众创新创业需求，中国政府大力推动众创空间建设，这是我们在政府项目上的优势，应该保持。但是，在政府为创业提供服务、支持和帮助的组织方面，中国明显处于劣势。政府支持创业企业时，效率较低，政府机构的工作人员和政府项目仍不能满足创业企业的需要，创业企业并不都能从政府项目中获益。

2.1.2 经济环境

（1）金融支持

创业启动资金是任何一个创业者无法逃避的痛点，没有资金，创业者也就无法实现从0到1的跳跃。"兵马未动，粮草先行"，完善和有效的金融环境不但能为创业活动提供发展资金，而且能够准确地发现创业价值，推动创业者与创业机会的匹配，提高创业活动对创业者的引导作用。

缺乏多层次的融资渠道和低位的融资成本，多数创业企业会倒在门槛外。首先在融资渠道上，据统计，截至2016年2月，全国共有VC机构12 004家。其中，上海拥有2 049家，占比17%；北京拥有2 448家，占比20%；另外，广州和深圳分别占2%和16%。但根据搜狐《2015年中国青年创业现状调查报告》显示，从创业初始资金的构成来看，自有资金作为首要来源的占70.3%，他人（含家庭）资助作为首要来源的占20.1%，这两项是创业初始资金的主要来源。可见，虽然VC机构众多，很多

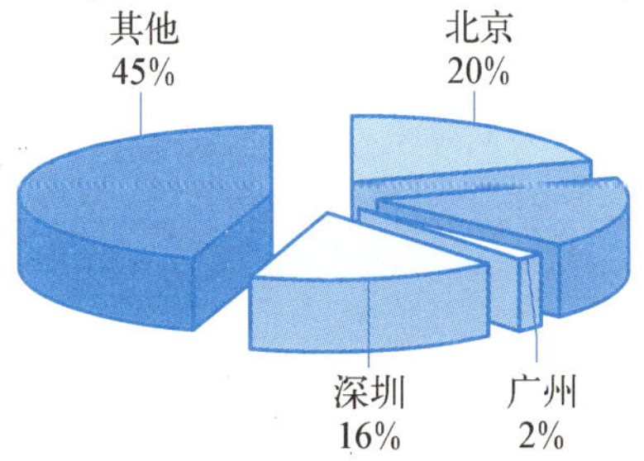

资料来源：Wind数据库。

图2.2 中国VC机构城市分布图

创业团队身处VC机构环绕的环境中，却未能充分享受到VC机构的资金支持，这其中的原因可能是创业者与投资人之间由于融资信息沟通渠道尚未打通。

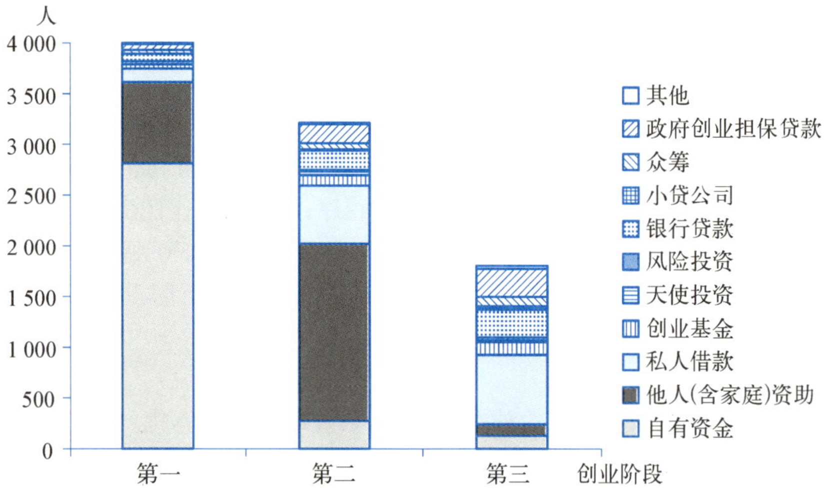

资料来源：人社部劳科所、宜信公司，《2015年中国青年创业现状调查报告》。

图2.3 创业初始资金的构成

其次，在融资成本上，大量资金沉淀在强势融资主体内部，而且作为稳投资的主要对象房地产和基建行业也患上融资依赖症，造成资金需求存在较强的刚性，在资金供给稳定的情况下，融资成本下行不易，从而挤占了创业企业的盈利空间，甚至打压了创业者的热情，致使整个创业市场活力不足。

(2) 研发转化

另外，研发成果的市场化转移过程是否顺利，不仅表明创业研发和研发后转化为生产力的效率和水平，而且反映出市场中创业机会的多寡。较高的技术市场成交额会带来较丰富的创业机遇。目前虽然全国技术市场成交额一直呈增长态势，但企业依然还没有成为研发的主体，而研究成果又大多停留在高校和科研院所，与社会需求脱节，造成产学研相对分离的局面。因此，如何有针对性地重视改进研究开发成果的转化条件，提升转化效率，成为推进创新创业工作的重要目标。

(3) 生活成本

在诸多创业环境模型中，均没有提及生活成本问题，但考虑到中国的特殊因素，生活成本对于创业环境的影响亟待加强关注。近年来，中国主要城市的生活和工作成本不断提高。经济学人智库发布的《2016全球生活成本调查》显示，中国内地城市平均排名上升了13位，其中，上海的排名跃升13位，与东京并列为全球生活成本第11位的城市。房价是助推生活成本上涨的一个重要因素。北京、上海和广州等一线城市以及合肥、深圳等二线城市房价几乎处于一个不断上涨的过程中，势头难以遏制。持续高涨的房价还带动了房屋租金、商铺租金上涨等一系列连环效应。

创业是一种社会活动，创业与环境的关系从本质上而言就是人与社会的关系。实际上，高昂的生活成本真正受影响的是受过高等教育的人才。人是创业的主体，而人才是机会型创业的关键。中国主要城市的生活成本一直高涨,让多少心怀抱负的寒门子弟望而却步,这不但抑制了创业新活力的源头,而且阻碍了创业活动的持续开展。

创业警示

深圳"逼走"华为

2016年上半年,一篇文章《千万别让华为跑了》火遍网络,这篇文章说,华为已经在逐渐搬离深圳,因为无法承受深圳的高房价、高成本。2016年3月,深圳新建商品住宅价格环比上涨3.7%,同比上涨62.5%,涨幅连续第16个月居全国首位。据媒体报道,深圳部分片区和楼盘的价格在过去一年的涨幅超过100%。

图片来源:至诚财经

"高成本最终会摧毁你的竞争力,而且现在有了高铁、网络、高速公路,活力分布的时代已经形成了,但不会聚集在高成本的地方。"华为创始人任正非如此说。2012年,华为终端(东莞)有限公司注册成立;2015年,华为终端(东莞)有限公司成为东莞营收和纳税第一大户。华为退出深圳,龙岗区工业产值直接下降14.3个百分点。而华为的餐饮提供商大幅下滑的营业额显示,深圳华为公司的就餐人数在不断下降。

除了华为,富士康占据着深圳出口额的半壁江山,富士康深圳总部已经停止招工,取而代之的是郑州、重庆、南宁、烟台等二三线城市。看来,逃离深圳不是一家之举。如果上市公司倾尽一年的利润都无法购买深圳的一套房子,那么选择留下还有什么意思?

(资料来源:http://mt.sohu.com/20160523/n450995649.shtml.)

2.1.3 社会环境

(1) 创业氛围

创业氛围也是创业环境中最主要的成分。如果周围创业氛围浓厚,个体通过耳濡目染即可了解特定行业那些鲜活的创业活动和财富故事,自然就会产生创业冲动,不知不觉就会提高创业敏锐性,并进一步推动其进行能力缺口的填补,形成特定氛围下的创业意愿。而且对于存在创业意愿的个体,浓厚的创业氛围还能够帮其更便捷地接触到创业资源,增加创业成功的概率。

中国的文化及社会规范鼓励自立,鼓励人们通过个人努力取得成功,也鼓励创造和创新的精神。因此,提倡自立、鼓励创业和容忍失败的社会氛围不但能够直接创造更多的创业机会,提高全社会整体创业水平,并且能为创业者提供良好的成长条件,为其创业活动提供优良的资源，而且能够促进创业者、创业机会和创业者的互动。

(2) 教育与培训

教育与培训是创业者将商业机会变为现实的基础，也是创业活动持续开展的必要条件。近年来，创业教育逐渐受到高校的重视，各类创业课程相继开展，受教群体也在数量上不断增加，但尚未达到创业课程“全覆盖”，尤其是学生参与程度有待提高。据上海某高校的一份调查问卷显示，曾经选修过“创业教育”的受访对象占比为 51.97%，而在这其中，认为“效果显著”的人数占比 21.5%，“存在一定效果”的人数占比 51.5%。由此，受访者“没上过创业课程或者上过但没感觉”的人数占比高达 62%。人是创业的主体，创业教育与人才培养的缺失是制约创业环境良性循环的基础因素。

创业教育主要揭示创业的一般规律，传承创业的基本原理与方法，培养创业者应具备的素质，目标是使受教育者具有创业意识、创业心理品质和创业能力，以适应社会的变革。而在创业教育初期，部分高校的教育模式是以岗位职业培训为内涵，以企业家速成为目标，在价值取向上带有明显的功利性。据调查，上海地区毕业生选择创业的初始动机中，“财富和成功”占据 1/3 以上。功利性的创业观会影响创业的决策偏好，使得创业更强调短期目标和快速盈利，而这与互联网时代“流量制胜、用户制胜”的观念背道而驰，最终难以在市场上立足。

2.2 中国机会

中国是未来 10 年创业机会最多的国家之一。

第一，从中国的社会结构看，中国人口多，贫富悬殊加大。有钱的人很有钱，穷人也很穷。再加上国际化的影响，中国的需求多种多样，也为各种各样的机会存在提供了土壤。在这个过程中，市场存在着数量众多的缝隙。

第二，中国还处于后工业化阶段。人均钢产量、人均铁路占有量等指标从国际上看还是很低的。这里面还存在着大量潜在的需求，传统的行业仍然有着发展的空间。

第三，信息化。在当今“互联网+”时代，中国无论是在互联网还是移动通信方面，都大有可为。

中国的创业机会除了开发新技术、新产品以及满足市场空隙中的需求外，还有一些特殊的机会点，如对传统产业的互联网化改造以及学习国外的商业模式，也成为中国创业者们挖掘创业机会、进入市场的切入点。

2.2.1 对传统产业的改造

(1) 互联网+改造

“互联网+”的本质是信息基础设施的完善，互联网产品和服务的普及，信息技术特别是以大数据、云计算、物联网为代表的新一代信息技术和人工智能、新一代高性能传感器、高性能机器人、3D 打印机等设备对互联网及以外的经济各部门的渗透、融合，从而改变整个经济的生产模式、产业业态和商业模式，提高经济的创新能力和生产效率。

我国“互联网+”对传统产业的改造主要有工业互联网、电子商务和互联网金融三个重要发展方向①。

① 互联网+工业

“互联网+工业”即传统制造业企业采用移动互联网、云计算、大数据、物联网等信息通信技术，改造原有产品及研发生产方式以及引发商业模式的大变革，与“工业互联网”“工业4.0”的内涵一致。

② 互联网+商贸

商贸领域与互联网融合的历史相对较长，多年来，电子商务业务伴随着我国互联网行业一同发展壮大，目前仍处于快速发展、转型升级的阶段，发展前景广阔。通过互联网平台，传统企业不仅可以减少渠道环节、降低销售费用，更可以和顾客建立直接联系，了解顾客具体特征，进而为细分客户群体精准开发差异化、个性化产品。

③ 互联网+金融

“融资难、融资贵”是长期制约我国实体经济，尤其是中小微企业发展的瓶颈。“互联网+金融”可以整合企业经营的数据信息，使金融机构低成本、快速地了解借款企业的生产经营情况，有效降低借贷双方信息不对称程度，进而提升贷款效率。

此外，“互联网+医疗”“互联网+交通”“互联网+公共服务”“互联网+教育”等新兴领域也呈现方兴未艾之势，随着“互联网+”战略的深入实施，互联网必将与更多传统行业进一步融合。

创业标杆

“互联网+”改造万亿家装市场

家装行业是一个信息不对称、交易成本高而且效率低下的传统行业。汹涌而来的“互联网+”让家装公司如临大敌。广东星艺装饰集团有限公司总裁俞敏直言，以前业主没有选择，是被动接受，而家装O2O的兴起给了业主新的选择。

土巴兔创始人王国彬很早就看到了互联网改造家装业的极大可能。2009年，土巴兔装修网上线，业主通过土巴兔可以申请免费验房量房、免费装修报价、免费户型设计等服务，当时这些服务还很新鲜，那时候也没人知道家装O2O的概念。王国彬说，土巴兔最初做的是一个撮合交易的平台。解决业主一家家挨个考察家装公司的难题，提高行业透明度，让业主足不出户完成货比三家，再挑选自己满意的公司。

2015年3月，土巴兔宣布获得完成C轮2亿美元融资，这是家装O2O领域迄今规模最大的一笔融资。

---

① 中国产业信息网：《“互联网+”的三个重要发展方向》。

同样引人关注的是，本地生活信息领域的“小巨头”58同城领投了该轮融资。58同城CEO姚劲波说，用户很快将会看到在58同城的房产信息版块整合进土巴兔的家装服务。2016年，土巴兔日均UV突破400万，累计服务业主1 100万。

（资料来源：http://tech.sina.com.cn/i/2015-03-15/doc-ichmifpy0390759.shtml.）

(2) 标准化改造

在很多传统行业的现代化转变中，标准化往往成为一个难点。以餐饮为例，不管是电视上的美食节目，还是各式菜谱，都含有大量的“适量”“少许”“若干”“一会儿”等诸如此类的模糊词语，让人无法确定具体的量和时间到底是多少，以致做出来的菜的口味不一样，经验丰富、手法娴熟的人做出来的可能美味，而生手做出来的就差远了。中国人炒菜主要靠经验，操作方法也不太严格，这也制约了中国的餐饮业进行规模化的扩张，然而事事量化，有规则、有标准、条理清楚、讲究精确却是众多西餐连锁全球扩张的重要原因，这几点从肯德基、必胜客等企业都可以印证。中国很多传统的“老字号”小吃在当地很有名，但是要走出地域的限制却很难，很多“老字号”小吃在全国各地都有分店，然而味道却不太一样，其他地方的消费者要吃到正宗的“老字号”小吃很难，创业者也越来越多地从中寻找创业的机会。目前，餐饮业的标准化改造主要有两个方面：

① 采购机制的标准化

科学合理的采购能使企业整合资源，从规模采购中受益。餐饮企业采购采用统采和地采相结合的方式，对于店面所需的主要原料如肉、调味品、饮品、餐具、设备等由公司统一采购，作为辅料的特色菜品、主食等根据各区域的差异由分仓地采。

② 物流配送的标准化

餐饮连锁行业的发展需要不断在人力、物力、财力等方面持续投入，才能进一步降低企业成本，增强餐饮企业的竞争力。这就要求建立集采购、配送、仓储于一体的全国性物流配送公司，通过采用统一行动、整合资源进行及时的补货或调配。物流配送体系作为特许经营体系中后台的支持环节，要确保原材料的及时供应，树立企业良好的信誉。特许经营体系对物流的要求越来越高，鉴于餐饮行业分布范围广、需求多样性以及物流配送区域性差异等特点，必须建立一套科学的配送流程。

实际上，非标准化的问题，不仅仅在餐饮行业，在装修、家具等其他行业也是如此。其他传统产业要实现现代化，也必须首先解决标准化的问题。标准化的问题限制了中国很多传统产业的扩张，也是中国创业机会的来源。

创业标杆

真功夫的标准化改造

真功夫创立于1994年，传承中华饮食五千年文化并加以创新，把中华饮食传统的30多种烹饪方法凝聚在一个技法上——蒸。以岭南饮食的原盅蒸品为特色，发扬中华饮食的“营养”优势，将“营养”塑造为品牌核心价值。

真功夫还是一家以全新模式运行的中式快餐连锁企业，它首次建立起中式快餐业现代化后勤生产、烹制设备及餐厅员工操作的三大标准化。

凭借其自主发明的“电脑程控蒸汽设备”，真功夫一举攻克整个中式快餐业的标准化难题；此外，还制定了中国餐饮业内第一套完备的营运手册，使各级管理、各项服务、各道工序都实现了标准化，探索出了中式快餐发展的新路。

作为中国第一个实现中式快餐标准化的企业，真功夫在品质、服务、清洁等方面与国际标准全面接轨，成为目前业内唯一可与洋快餐竞争、实现中式快餐多年发展夙愿——“80秒钟”取餐、“千份快餐一个口味”、“无须厨师”的中式快餐连锁企业。

2.2.2 国外商业模式的本土化

随着国际化程度的进一步加深，借鉴国外先进的商业模式已经成为中国许多创业者优先考虑进入市场的方式，因为很多国外的商业模式已经经过市场检验，引进这些商业模式将有助于降低创业的风险。目前，引进国外商业模式主要有三种方法：

(1) 全盘复制

全盘复制，是将国外较为出色的商业模式全盘拿来为我所用，当然有时也要根据中国国情略加调节。这种方法主要适用于同一行业内的企业，尤其是同属一个细分市场的企业，也包括间接竞争对手之间商业模式的相互复制。

全盘复制国外商业模式应该留意两点：一是要快速捕获到商业的模式信息，谁先复制，谁就能够具有先发长处；二是进行细节上的微调，复制不等于生搬硬套，要针对中国市场实行顺应性调节。

创业标杆

QQ 的崛起

ICQ是以色列的一家软件公司开发的。ICQ即“I SEEK YOU(我找你)”的意思。1996年，ICQ一经推出，立刻风靡全球，凭借着前所未有的创意，很快在全世界拥有了大批的用户，即使在当时互联网不太发达的亚洲，市场用户量也占到了70%，在国内更是占到了80%，到1998年，这款软件已经垄断了中国的即时通信市场。

1999年，腾讯推出复制ICQ的产品QICQ，即QQ的前身。2000年，QQ打败了

ICQ，成为国内即时通信软件的“王者”，同时，国内的其他即时通信软件，也在QQ的迅速崛起中，慢慢销声匿迹了。

（2）援用创新点

这种方法是通过学习和探讨国外商业模式，对其中的中心内容或创新概念实行适当的提炼和节选，并找出本企业商业模式与这些创新点的不同之处。假如这些创新点可以比本企业现阶段商业模式中的相关内容更契合企业开展需求，企业就应将这些创新概念使用于本企业并发扬其价值。

援用创新点，学习国外商业模式的方法适用领域最普遍，不同行业、不同竞争定位的中国企业都能够运用。在实践中最重要的是取其商业模式中较为创新的一个点，这个点通常汇聚在盈利形式，当然产物形式、业务形式、运营形式的创新点也能够被援用。

创业标杆

春秋航空的商业模式

低成本运营是春秋航空的核心商业模式，它不同于其他航空公司为顾客提供全服务，而是提供有限的服务，简单地把顾客从A地送往B地，满足顾客基本的出行需求，而在这个过程中，尽量去掉一些不必要的服务。“廉价航空公司”经营模式的鼻祖是美国西南航空公司，春秋航空正是学习了西南航空的商业模式而成为国内首家低成本航空公司，也是当前国内最成功的低成本航空公司。

（3）延伸扩展

一个好的商业模式降生后，会立即被竞争对手争相复制，但有一种复制形式能够另辟蹊径，而且能够抢占相关市场的先发长处，即延伸扩展。

详细做法是，经过对国外最新商业模式的理解，找寻运用这种商业模式的企业所处行业及细分市场，经过专业剖析找到同一行业内尚未开发的其他细分市场，将这种商业模式的主体框架率先运用在同一行业的不同细分市场，当然商业模式在实践运用中需要针对细分市场实行优化和调节。这种学习方法的长处是借助商业模式的探讨，找寻到尚未开发的其他有用细分市场，并无机会构建先发竞争长处，且适用于行业内全部企业。假如行业外的企业想多元化开展，找寻新的业务开展时机，也能够间接复制或学习这种商业模式，使其顺利进入该行业。

要学习国外的商业模式，除了关心本国企业之外，还应重点关心美国、欧洲、日韩企业的商业模式的变化。同时，要关心行业指导者或某细分市场抢先者的商业模式的创新和改良，以便在第一时刻获知重要竞争对手商业模式的最新变化。

其实，现阶段中国面临的最大问题仍然是创业活动中创新能力不足的问题。而引进和借鉴国外的商业模式，需要的不只是先人一步的勇气，还需要创业者对中国以及国外环境进行对比分析，可能你引进的商业模式仍需要等待市场的成熟和其他硬件条件的支持，简单地说，这不能是盲目的赌博，需要的是理性的分析。表 2.2 是对国内外比较知名的一些企业的商业模式的比较。

表 2.2 国内外商业模式的比较

国内企业	国外	主要业务和商业模式
携程	expedia	在线旅游服务
人人网	facebook	交往社区
百度	google	搜索引擎服务
名片碰碰	bump	商务社交网络
团购	Groupon	在线网络团购
易趣	ebay	C2C

2.3 中国资源

创业者同资源的关系就好比画家同他的画笔和颜料，如果获取不到创业所需的资源，创业机会对创业者而言就失去了意义。在创业中，机会识别的实质其实是创业者判断是否能够获取足够的资源来支持可能的创业活动。柯兹纳(Kirzner)和卡森(Casson)认为，创业机会的存在本质上是部分创业者能够发现特定资源的价值，而其他人不能做到这一点。就整个创业过程来说，创业机会的提出来自创业者依靠自身的资源财富对机会的价值确认。例如，同样的产品或者盈利模式，一些人会付诸行动去创收，其他人却往往放任机会流失。对于后者来说，往往是缺乏必要的创业资源，创业就是把创业机会的识别与创业资源的获取结合起来。

正如我们在第 1 章中提过的，创业资源获取之后，还需要对这些资源进行整合，这才是创业成功的关键。中国式创业资源，从基本上讲仍然摆脱不了我们前面提到过的政策、资金、信息、管理、人才、科技这六个维度，除了这些显性的创业资源，相比国外，中国的隐性创业资源在创业活动中起到的作用丝毫不亚于我们前面提到的这些显性创业资源。在本节，我们首先将对创业资源获取中的几个来源进行分析，并详细讲述在中国创业活动中出现的一些隐性资源。

2.3.1 创业资源来源

创业者资源也可分为外部资源和内部资源两种。内部资源的主要来源是个人，包括其所占有的生产资料以及拥有的知识技能，这也可以称为创业者个人的有形资产和无形资产。拥有一份良好的内部资源，对创业者个人以及整个创业活动来说都是非常重要的，但这些资源大部分不是通过创业者个人努力获取的，而是自然存在的，具有很大的天然属性。

创业者更需要关注的是外部资源。而其中最重要的一点是人脉资源，即创业者构建其人脉网络或社会网络的能力。一个创业者如果不能够在最短时间之内建立自己最广泛的人脉网络，那他的创业一定会非常艰难，即使其初期能够依靠领先技术或者自身素质，如吃苦耐劳或精打细算，获得某种程度上的成功，他的事业也很难做大。尤其在中国这样一个讲究人情往来的国家就更是如此了。而他们的来源，在中国可以被称为“五缘”。所谓“五缘”，就是血缘、姻缘、地缘、业缘和情缘，是中国人一种群体结合方式。

血缘和姻缘是直接以血缘为纽带组建起来的，其中血缘是核心，而中国文化中，以这两种关系为依托组建成的“家”的网络是非常重要的，家人之间守望相助也是中国的传统之一。由于依靠家族力量进行各种活动是司空见惯的事情，因此这类资源类似于创业者的家族资源的一部分，可以看作创业者的内部资源。

地缘即以共同或相近地理空间、环境等引发的特殊亲近关系，如邻里关系、同乡关系等。以地缘为类的古时有同省、同乡。“老乡见老乡，两眼泪汪汪”“远亲不如近邻”等俗语都从侧面验证和加深了对地缘的认同。

业缘，在现代最明显的体现就是同学关系和职业关系。在很多的创业者案例中，有许多成功者的身后都可以看到同学的身影，有少年时代的同学，有大学时代的同学，更有各种成人班级如进修班、研修班的同学。赫赫有名的《福布斯》中国富豪南存辉和胡成中就是小学和中学时的同学，一个是班长，一个是体育委员，后来两人合伙创业，在企业做大以后才分了家，分别成立正泰集团和德力西集团。

实际上，同学之间本来就有守望相助的义务，在如今这个时代，带着商业或功利的目的走进学堂，也并没有什么不妥。现在国内外很多大学的商学院已经成为商业人士扩展人脉、寻求志同道合的创业伙伴的途径。另外，创业者在创业之前，为他人工作时所建立的各种资源，即职业资源，对于创业也是非常重要的。充分利用职业资源，从职业资源入手创业，符合创业活动“不熟不做”的教条。尤其是当前在国内还没有像欧美国家一样普遍认同和执行“竞业避止”法则的情况下，选择从职业资源入手进行创业，已经成为许多人创业成功的捷径和“法宝”。据调查，国内离职下海创业的人员，90%以上利用了原先在工作中积累的资源和关系。

情缘是一种基于情感上的联系而建立起来的关系。双方可以是拥有彼此认同的价值观或者由于其他原因建立起来的情感联系。这里面对于创业而言，最主要的就是朋友资源。朋友也是资本，对创业者来说是多多益善。“在家靠父母，出门靠朋友”“多一个朋友多一条路”是至理名言。而对于创业者而言，最难得的则是那种与自己有着高度认同感的人，在创业的路上，这是最宝贵的财富。

创业视点

中国人的交往法则

中国人以自我为中心建立自己的人脉网络，因为网络的内圈外圈、圈内圈外的关系不同，而以不同的行为方式加以对待。因此，中国人的信任较少建立在普遍性的法则上，特殊信任是中国人最主要的信任模式。

由此，在差序格局下的中国人的社会关系网络包括了以个人“人脉”为中心，由近到远的四个层次，以及四种相应的连带关系和行动原则：家人、熟人、生人、陌生人。其中家人属于家人连带关系，遵循需求法则，即不谈对等交换，而采用“各尽所能、各取所需”原则。在封闭的小团体中，强大的内在规范以及相互监督使得彼此放心，同时，家人间的需求法则表明家人间的合作是无从选择的，家人间的连带关系是一种保证，而非狭义上的信任关系。家人可以指责、可以监督，但不能背离，所以表现不好的家人，我们很难说信任他们，但却必须合作。与家人相距最远的是有别于生人的陌生人，一般人对于陌生人常常难以待之以理、遇之以礼，需要通过“套近乎”的各种手段将陌生人转变为具有弱连带关系的生人。而生人虽可以不彼此熟悉，但意味着属于共同社会规范的约束范围，因此生人间交往可能适用同一社会规范所要求的公平法则。处于家人与生人之间的熟人是中国人最特有的关系形态，他们属于熟人连带，遵循人情法则，彼此交往的关系最为微妙。人情交换是一种对等交换，但又隐含在情感关系的烟幕之下进行。一般而言，人情交换建立在长时间的关系上，往往有共同认识的一个人甚或一群人，意味着双方都镶嵌在一个共同的社会网络之中。并且，人情交换强调特殊性及个人性，彼此之间的“人情账”既不能明说，更不能讨价还价，也不能要求立即回报，而要求通过一种情感行为表现出来。

总之，在中国人以自我为中心建立的信任网络中，所谓的“人脉”有三个基础：一是建立在血缘、结亲与结拜行为之上的家人连带，二是建立在人情交换与“人情账”之上的熟人连带，三是有社会交换内涵的弱连带或建立在相互为利信任理论上的工具性交换关系。这些信任关系又构成一个差序格局的信任网络，而且信任关系虽深浅不同，却可能在动态过程中加以改变。

（资料来源：罗家德，《中国人的信任游戏》，《中国商业评论》2007 年 2 月 7 日。）

2.3.2 创业资源整合

创业标杆

课外喵：教育培训资源整合者

教育培训本身是一个非常分散的市场，除去新东方、学而思这样的行业巨头，还有很大的空间够中小机构生存。但是这些中小机构普遍存在一个问题：即便能实现自给自足，也很难扩大规模。他们在招生、师资和内容等方面很受限，而且机构的服务质量参差不齐。课外喵希望从这些中小机构的整合升级开始，一起“蚕食”巨头外的教育培训市场。

从广州地区开始，课外喵和珠三角 300 多家机构建立了合作，用类似品牌加盟的方式成为线下“课外喵中心”的一员，每三年收取 3 000 元的合作费。课外喵对部分要求这些机构用统一的 VI，然后提供一套 App + SaaS 的系统。每家机构的需求情况不同，加上信息流通程度比较低，如果自己寻找外部资源成本较大，而且一家机构势单力薄、生源不足，很难有谈判的资本，他们需要一个第三方平台做整合，而课外喵采用的“派师”模式可以帮助机构互相平摊成本、增量，即派自己的老师到机构去，然后做课程分成。课外喵在其中扮演的一个重要角色就是“资源中间商”，帮助他们完善内容体系。

2016 年 9 月，课外喵已经宣布获得 3 000 万元人民币的 A 轮融资，由新三板教育企业和一家财务投资机构共同完成，同时天使投资方也在本轮进行了跟投，项目投后估值 1.6 亿元人民币。

（资料来源：https://36kr.com/p/5053936.html.）

中国创业者在创业之初和创业过程中非常重视发挥“五缘”网络的作用，目的就在于获取对创业企业成长具有关键性的资源，这些资源可以归纳为身份资源、平台资源、政府资源和渠道资源。

(1) 身份资源

尽管中国没有像印度一样的种姓制度，但是在中国人的心中，对于不同的身份有着不同的认同感，也因此对不同身份的人进行区别对待。这里的一个能够被人们广泛认同的身份，就如同发送的正面信号一样，给予了具有这个身份的人获得种种便利的机会。获取这种身份的主要方式是依靠大企业或者政府。大企业的认同能够让他人对创业者的商业前景等方面产生更强的信心，而政府的认同对于创业者获取新的创业资源、在市场准入等方面都有着积极的作用。获取这类身份资源的方式也是多种多样的，如参加企业或者政府举办的比赛等。

(2) 平台资源

创业者单纯依靠自己的力量创业显然困难重重，而借助各种各样的“东风”就是最好的选择。有时候，通过一些平台已经搭建好的社会网络进行创业资源的获取和整合无疑是可行的办法之一，这种资源称为平台资源。例如，中国存在着多个协会以及类似的组织。如果一名创业者是这个协会比较重要的成员，那么这个协会就能够提供给他很多依靠个人力量难以获得的资源。这样的协会既可以是官方的，也可以是非官方性质的。通过这些协会的帮助，创业者可以获得一些企业急需的项目或者其他类似的资源。例如，现在全国很多地方针对青少年创业开办了青年创业协会，这些协会的作用就类似于创业企业的“保姆”，能够为创业企业在初创时期提供一些紧缺的资源，显然，与这些协会的关系越强，获得的资源就会越多，创业过程中也会减少一些困难。

创业标杆

冠生园梦创空间

创建于1915 年的老字号企业冠生园循着“双创”的号角，开始利用自身优势跻身扶

持创业青年的队伍。在国企守旧气息极为严重的旧楼里，冠生园（集团）有限公司开始了内容的逐步软化，引入了一批已在金融创新领域有实践且跃跃欲试的企业，并在功能分布上尽可能做到全面、同步，考虑到传统企业转型、产业升级离不开创新，故而在闲置空间里建设起了服务创新创业的载体——2015年，冠生园梦创空间（Startup Space）诞生。

自2015年4月梦创空间启动以来，已孵化三批青年创业团队。在2016年5月落幕的上交会上，冠生园梦创空间将天空农场、流轨无人驾驶、爱咕噜家用啤酒鲜酿机、辛巴布智能咖啡机、新派计划五个项目推向“舞台”亮相展示。五个优秀项目团队一致表示，这双援手“很实在、很温暖”。

为青年创业者开通“拎包入驻”绿色通道的冠生园梦创空间位于静安区新闸路，集交通便利、商业资讯优质资源于一身。如此优越的条件吸引了不少创业项目萌芽生根。冠生园集团总经理万黎峻说：“作为一个有着优质资源、有着丰富产业背景、有着极强社会影响力的老字号品牌，利用自有存量物理空间，建设创新创业服务载体，一方面是国企社会责任担当的体现，另一方面也是考虑到将冠生园塑造为一个连接创新和传统、产业和资本的现代服务标识。”

作为服务创新创业的载体，冠生园为初创团队提供半年至一年的免费基础办公服务。成功获得投资的项目将进驻“梦创空间”二期，所提供的办公设施相较一期更加完善，同时享受一定的租金优惠。这样既可获得较为廉价的办公地理优势，也节约了初创团队与商业伙伴的沟通成本。无论是初创阶段的一期空间还是成长阶段的二期空间，冠生园梦创空间始终为青年的创新创业提供尽可能的帮助和实惠。

（资料来源：http://app.why.com.cn/epaper/qnb/html/2016-05/03/content_290688.htm?div=2/.）

(3) 政府资源

中国市场经济建设20年来，逐步走向成熟，但是中国的经济仍然带有强烈的计划色彩。第一，政府、国有企业仍然掌握着很多关键性的资源，一般企业根本无法获得这些资源，不具有市场准入资格。然而，这些领域的企业往往是盈利最高的，对于创业企业来说也是最有吸引力的。第二，中国政府采购是一支庞大的力量，能否获得政府采购订单，往往决定了企业的生存和发展。第三，很多关键领域开发建设的信息完全是封闭的，一般企业根本无从得知。第四，中国的工商、消防、执法等行政处罚仍然还有待完善。不管是信息的获得还是关键性资产的取得，政府都是绝对的主宰者，创业企业如果没有这方面的政府资源，在很多特殊领域是根本无法取得成功的。

(4) 渠道资源

中国由于仍然不是一个完全市场化的经济体，很多的采购、终端仍然掌握在国有企业等大企业手中。小企业往往只能作为配件生产商。对于这些创业企业而言，渠道就是生意的重要部分，如果能拿到大企业的供货合同，就意味着企业能够生存下去；如果拿不到，就意味着企业倒闭。如何能够拿到这些订单？关键在于能否认识大企业的内部核心人员，这就依赖于创业企业家良好的私人关系，所以能够认识到多少这种大企业的客户资源，就意味着企业的成长空间有多大，而如何去开发和维护这些渠道资源则构成了创业企业家的核心能力之一。

2.4 中国模式

创业模式，顾名思义，就是创业采用的途径和方法。与国外的以创新驱动为主的创业模式不同，中国的创业呈现出了许多自己的特点。在本节，我们将对中国创业活动进行一些总结，帮助大家理解中国创业模式本身的特点。

2.4.1 圈子创业

中国是一个圈子社会。创业者在创业过程中需要多方面的帮助，而不同的圈子能够给予创业者以他想要的资源和其他有利于创业的帮助。典型的几种"圈子"包括老乡圈、同学圈、战友圈等，此外还有投资圈、媒体圈、政治圈等。这些圈子不仅提供了创业初期的机会信息，还提供了创业成长过程中的融资、货源渠道、宣传渠道、管理经验等，已经被证明为一种适合中国关系社会的重要的创业模式。

例如，上海钢贸市场从业者很多来自周宁，王某作为上海财经大学 MBA 学员，本身也是周宁人，他利用了圈子的作用实现了自己的创业梦想(见表 2.3)。

表 2.3 王某创业历程分析和圈子类型

阶段	圈子类型	内容概括	优势分析	缺陷分析
创业前期 2004～2009 年	周宁朋友圈	2004 年，通过朋友圈，王某开始逐渐了解钢贸行业。同龄同辈人对王某的事业选择有着至关重要的作用	通过朋友获得的信息比一般渠道获得的要可靠	信息内容本身有局限性和风险，通过朋友获得信息可能会降低当事人的谨慎度
	周宁亲戚圈	2005～2009 年，通过亲戚圈，王某开始真正进入钢贸行业，并积累了许多宝贵的经验	亲戚圈的关系为王某在创业前的经验积累提供了很好的平台	容易将王某的创业思路框住，导致圈子创业的同质化现象

（续表）

阶　段	圈子类型	内容概括	优势分析	缺陷分析
创业前期 2004～2009年	周宁同学圈	2009年年底，在高中同学的帮助下，王某筹到了第一笔启动资金，实现白手起家	朋友关系的工具性特征体现；同学圈的关系帮助王某筹集到启动资金；资金支持是圈子资源的显著优势之一	这种通过关系融资的方式若有刻意隐瞒的动机，就将在一定程度上增加金融系统的风险
企业初创 2010～2011年	周宁亲戚圈	在公司起步阶段，公司财务由王某的小姨子负责，王某的妻子帮忙打理行政，王某的弟媳向王某提供财务方面的咨询帮助，王某的弟弟做经理，王某则是董事长	通过亲戚圈的关系形成典型的家族经营模式，大大降低了经营成本	家族经营模式在企业发展到一定阶段后将会出现许多弊端。比如，家庭关系网络“悖论”的出现会大大降低企业经营效率
	周宁朋友圈、老乡圈	以企业联保的形式，王某和其他公司（都是周宁人开的）在后期创业过程中顺利从银行贷款，保证了王某企业能够正常顺利运行，这对于资本密集型的钢贸行业来说非常重要	通过朋友圈、老乡圈的联保，降低了企业融资的难度，为企业的运行提供保障	这种联保在一定程度上大大增加了金融风险，如果管理不妥，极易导致债权人收不回钱；同时，参加联保的企业也会受到互相牵连，一家公司运营不善，就会影响其他联保企业
	周宁朋友圈	通过在朋友圈里建立行业信息交流小组，保持朋友间对行业信息的交流顺畅；同时朋友之间还可一起评估项目，在一定程度上减少了王某经营中可能遇到的风险	体现了朋友的“信息”功能，在一定程度上降低了市场信息不对称，并且通过朋友圈传递的信息，内容真实，信息量较大，提高了企业的效率；同时也降低了企业的运行风险	这种信息交流值得鼓励和肯定，但是容易造成同行业同质化现象的进一步加重；也会给企业家带来依赖感，影响企业家自身的决策
	周宁朋友圈	通过朋友圈，王某与朋友共同负责一个大项目，从而减少了项目对资金的要求，也降低了每个人需要承担的风险；同时，在遇到风险时互相帮助	通过朋友圈，共担企业业务风险，整合合作企业的资源，提高工作效率与资源利用率	对企业间的合作关系要求很高，并且也要承担连带责任，即一方因某种原因而造成整个项目的损失将由所有合作人共同承担

（续表）

阶段	圈子类型	内容概括	优势分析	缺陷分析
创业转型 2011～2012年	周宁亲戚圈、老乡圈	通过亲戚圈、老乡圈，王某找到了公司转型时暂时可以过渡的业务经营，为公司带来了一定的额外利润	通过亲戚圈、老乡圈的关系，王某获得了人力资源（拥有丰富销售经验与客户资源的小叶），为企业发展起到了促进作用	简单的资源利用，没有创新与核心技术，很难给企业带来长时间的高额利润
	周宁老乡圈	在整个钢材市场行情低迷的情况下，通过老乡圈建立的周宁智囊团是周宁商帮的第四代人积极探索转型升级道路的形象体现	通过老乡圈的关系整合资源，共同面对困境，很大程度上提高了效率	在一定程度上影响了企业家的自己思考能力，不利于企业多元化发展，延续同质化的经营模式

对于创业来说，最典型的创业圈子体现在商学院圈。在商学院，创业具有三个优势，除了共同的圈子能提高信任度之外，另一个优势就是把大家的专长用起来，在这里找谁都容易，相关的专业人士能迅速给出建议。更重要的一个优势是平台效应，在自由选择中找到投资或者融资对象。我们所谓的创业圈子，其实就是一个降低创业不确定性和风险的平台。

创业标杆

饭统网：商学院圈子创业

中欧EMBA2002级学生臧力，就从央企跳出来，成了饭统网的CEO。

早年间，他的生活顺得就像一曲行云流水的华尔兹：1992年，25岁的臧力进入中国刚刚兴起的证券期货行业，一直从事金融投资和后来的资本运作。到中欧读EMBA时，他是一家央企的资产经营部主任，手里掌握着十几亿元资金的投资权限。

饭统网这个点子是在中欧校园的饭桌上碰撞出来的。2003年7月，SARS结束两个多月后，EMBA同学要聚聚餐。臧力EMBA班的同学有一百多人，可就这一百多人的一顿饭差点没吃成！实在是找不到地方，费了九牛二虎之力，大家才吃上这顿饭。饭桌上，同学们不禁感慨现在生活好了，找个吃饭的地方却这么难，自家周围的饭店早就吃腻了，远一点的饭店又不了解，只好互相打听，可没人全了解。听着听着，臧力心跳加速："机会来了，我为什么不去创业呢？"

在那顿饭上，他的互联网订餐服务的构想得到身边大部分人的赞同，大家都有这样的需求，渐渐地这个项目又成为他们小组EMBA的论文答辩项目。随后，通过中欧的校友，饭统网筹集资金100万元，公司高层刚开始也以中欧的校友为主。更重要的是，校友充当了创业导师。“天使全在身边，这个资源我们用着可方便了！”臧力乐呵呵地回忆。

臧力找了五六个校友——创业2年以上且已经小有成就的，一个个向人家请教可能碰到的问题。“我们把困难都列出来了，那么我该在哪里注意？这些都是书本上绝对没有的经验。”比如说招聘，师兄们给臧力支招，招中专生。于是，臧力刚开始从不招本科生，而从中专、大专中直接招人，成本几乎节省了一半，人也都特别踏实肯干。

运行过程中，他得到了来自中欧的很多帮助。项目最先启动的时候，臧力印了无数卡片，每次碰到中欧的活动，就分发给同学，“饭统网的名气就这样在京城的大公司里传开了。”到现在，臧力也习惯在自己名片的一角印上中欧的LOGO。他说，“一看这个标志就有了信任的基础。”

10个月后，饭统网开始盈利。2009年7月，饭统网获得了包括日本亚洲投资、伊藤忠商事株式会社、CA-JAIC中国互联网基金、进艺国际投资有限公司所投资的400万美元资金。这仅仅是饭统网成立后的首轮融资。

2.4.2 以免费为主要特征的创业模式

早在20世纪初期，免费的商业模式就十分盛行。例如，剃须刀厂商通过免费派送剃须刀具，从后续销售刀片盈利，就形成了典型的捆绑销售模式；早期的电视节目也是免费向观众播放的，通过第三方广告商预付的广告费盈利。诸如此类的免费商业模式数不胜数，可见免费的商业模式并非一个新生事物，而是通过不断改变其模式、形式来呈现。20世纪末的互联网革命诞生了互联网经济，随之而来的商业模式的改变则是以数字时代的免费商业模式踏上了历史的舞台。MSN、腾讯、电子邮箱、360软件、维基百科等免费网络工具或网络服务给我们的工作和生活提供了很大的便利，甚至在一定程度上改变了我们工作和生活的行为方式。

以免费为特征的互联网模式并非中国的专利。但在中国，免费产品和服务的范围要大得多。例如，网上应用商店、苹果的应用程序商店在中国抛锚了，这是因为中国人并不会为软件付费，中国人更倾向于接受免费的软件。所以，我们着重介绍这种免费的商业模式。

在互联网经济中，人们确实享受到了种种免费的好处，但互联网企业最关心的问题必然是企业的盈利模式与盈利能力。互联网企业在短期内基本均倾向于通过免费迅速占领市场、扩大客户资产以引起注意力，从而形成网络效应；但是长期来看，互联网企业必须建立自己的盈利模式，以达到最终利润最大化的目的。因此，每种免费模式下一定会有互联网企业根据不同经营战略需要所选择的商业模式。以下是互联网经济中几种常见的免费商业模式，对于这些商业模式的运用，企业往往不是单一依靠某一种，而是根据企业发展的不同阶段和市场竞争的程度选择多种模式综合运用。

(1) 免费加收费

免费加收费模式是互联网最常见的一种商业模式。互联网企业先期通过向大众提供边际成本极低的数字产品或者服务，来吸引消费者的注意。当一个网络吸引了足够多大众时，它就不必担心赚不到钱，因为总有少数人去购买他们的收费产品，这些少数人就足以使他们盈利。从销售价格与商品成本的关系来看，一项网络软件和服务中有99%的用户选择免费版，而只要有1%的付费用户就可以支撑整个业务。Gmail、网易邮箱、360安全卫士可以看成这个模式的集大成者。360安全卫士在中国有2.4亿用户，其中只要有1%的人需要付费服务，企业所获取的收益就能够完全支持其整体的经营战略：因为它意味着该企业可以拥有240万的付费消费者，这一数量远远超过传统经营模式中在商店或书店能销售出去的商品总量。可以说，正是提供免费商品所起到的广告和导向作用，才能使付费商品有如此大的潜在市场。

(2) 三方市场

经济学家把这种模式称为双边市场：由第三方付费来参与前两方之间的免费商品交换。三方市场的一个典型例子就是电视媒体：电视媒体负责向观众免费播放新闻、娱乐节目以及广告，而广告发布商向电视媒体支付广告费，广告产生了较好的效应可以扩大自己的产品或者服务的销量，最终弥补广告费；媒体运营商用广告费收入来弥补运营成本并获得利润。观众虽然免费收看了电视节目，但是只要观众中有极小一部分人在观看广告后购买了广告发布商的产品，那么广告发布商就能获取广告效用的回报。

2.4.3 低端破坏性创新模式

破坏性创新是相对于维持性创新而言的。维持性创新是指针对主流市场的高端客户的需求，在没有根本改变原有技术创新路径和产品的市场竞争基础以及现有商业模式的条件下，通过采取渐进式改进和完善产品的功能、质量、服务水平或提高其性价比等措施，来巩固和提高现有的市场地位的一种创新。维持性创新的一个基本共同点是：它们的盈利点都在于遵循主流市场中高端客户重视的已定型的技术路线的产品或服务方面就不断发展与完善产品的性能进行持续的创新。

创业视点

破坏性创新理论

克里斯藤森(Christensen，2006)认为，破坏性创新是指企业偏离主流市场用户所重视的绩效属性，引入低端用户或新用户看重的绩效属性或属性组合的产品或服务，通过先占领低端市场或新市场，再逐渐破坏或取代现存主流市场的产品或服务的一类创新。破坏性创新技术的好处在于简单、便捷、成本低，从而迎合低端客户的需求。破坏性创新并非简单意义上的技术革新，它实质上还是一种商业模式上的创新、客户价值实现方式上的创新。很多专家认为，在中国，以破坏性创新为主的创业模式更适合中国市场的需求水平和消费群体特征。手机行业“山寨机”的大量普及和出现就是一种破坏性创新创业模式的典型体现。

克里斯藤森根据新产品对现有市场的侵蚀方式，将破坏性创新分为低端破坏性创新和新市场破坏性创新(见下图)。

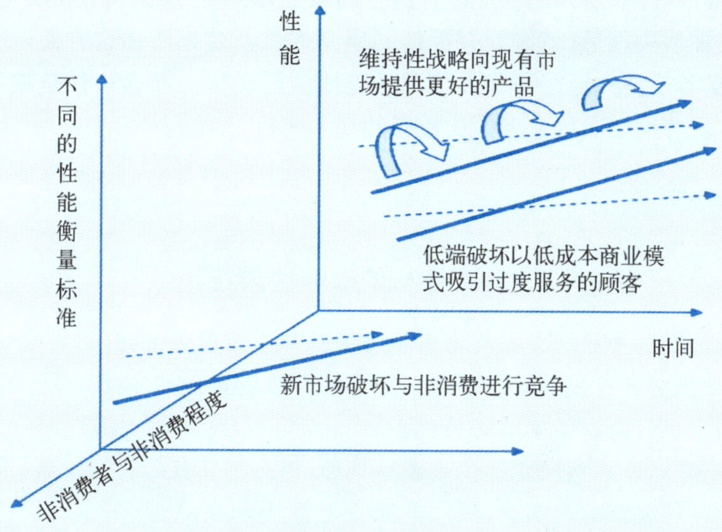

资料来源：修改自 Clayton Christensen(2005)。

破坏性创新理论示意图：新市场破坏与低端破坏

(1) 低端破坏性创新

低端破坏性创新是指基于原有的市场格局或主流的价值网络，不同于满足高端客户的需求而进行的产品创新，创造出最基本的恰当的产品来控制那些在位企业未及的细分市场，最初目的是满足主流市场不被重视的低端或非主流客户的基本需求，然后再利用不同层次的特性创新来满足不同市场的需要，针对产品进行次序的改进，随着不断改进与完善针对低端市场的恰当的产品性能，试图吸引能给企业带来丰厚回报的高端利基市场，最终使得在位企业失去对其主流市场的控制力，进而被新兴企业完全取代的一种技术创新和市场创新相结合的创新模式。值得注意的是，低端市场破坏不是简单意义上的成本领先，而是在对消费者价值偏好进行了全面而深入的了解和分析下，通过把性价比较低的功能或效用剔除，保留其最基本的功能效用来有效地降低新产品的成本和消费者的使用成本，提高消费者整体的价值水平。

(2) 新市场破坏性创新

在界定新市场破坏之前，克里斯藤森首先定义了“非消费”这一概念，即当消费者(或客户)因现有的产品过于复杂或昂贵，而主动放弃产品自身能够实现的某种需要或需求的一种现象。新市场破坏就是试图将“非消费”转化为一种现实消费行为，通过主动构建一个崭新的产品价值网络和属性维度，不断改进与完善针对“非消费”市场的产品性能，通过新市场的开辟达到与在位企业竞争的目的。

比较两种破坏性创新的模式，前者侧重从原有价值网络的低端入手，进攻利润最少和被过度服务的消费者市场；后者旨在创造出一个新的价值网络，以获取非消费者或潜在消费者。

在中国的创业活动中，最主要利用的仍然是低端破坏性创新的方式。当产品的生命周期到后段，即成熟期时，产品功能提升的空间减少，成本竞争力就显得更为重要。因此，在产品步入S曲线中段后，就需要有更佳的生产弹性及效率。在这方面，亚洲企业，尤其是中小企业，具备了发达地区那些大公司难以比拟的优势。而这往往是缺少核心技术但是拥有着成本优势的中国创业者的比较好的切入时机。

创业标杆

国产手机的破坏性创新

目前来说，中国手机的中高端市场都由国际知名品牌所占领，如苹果和三星等。从中高端市场希望突破重围，难度极大。反观中国的城市低端市场，由于其特定的购买力，给了中国手机厂商以低端破坏的机会。

在一线城市以及二线城市的高端手机市场，因为老百姓的收入较高，消费能力比较强，并且对于品牌要求更为明显，所以苹果公司的iPhone系列、三星、HTC等知名品牌占据了智能手机大部分市场份额。根据互联网消费中心的调研显示，苹果系列手机的售价为4 000～7 000元，而其他国际品牌智能手机主流机型的市场售价基本上为2 000～3 000元，而且大部分都是通过“水货”渠道购买，国内行货价格远远高于此价格。这大大超出了普通二三线城市居民的购买能力，所以，OPPO、vivo等手机厂商起初都瞄准二三线低端市场。

国产手机在核心技术上与国外大品牌有一定的距离，只有通过低端市场的渗入，逐渐改善自身产品的品质，通过快速、廉价的方式应对国际品牌，才有可能在这场智能机“大战”中生存并且获得最终胜利。

本章要点

1. 创业环境对创业活动会产生直接的影响，中国创业环境主要包括政治环境、经济环境、社会环境。

2. 中国的创业机会仍然非常丰富，可以从传统产业的改造中进行挖掘，也可以通过引进国外先进的商业模式进行挖掘。

3. 中国创业资源主要来自五缘网络，在资源的采集过程中，要注重人力关系的培养，而由于中国人特有的社会网络的构建方式，人际关系在创业中往往起着非常重要的作用，从中，创业者收获的不仅仅是资源，还有其他一些有利于创业的帮助。

4. 中国的创业模式也与其他国家有着很大的不同，比如在创业资源的获取中讲关系,这与中国独特的社会交际网络有着很大的关系。此外,中国的创业模式还呈现出以免费商业模式和低端破坏性创新为主的特点。

思考题

1. 你认为中国的创业环境中哪些影响最大,最需要改进?

2. 如果你是一个创业者,在中国,你认为一个创业者应该首先克服环境中的什么问题? 对此你有什么想法?

3. 你觉得中国创业机会更多来自哪个方面?

延伸性阅读

[1] Xuhong Li and Xiaoya Liang (2015). A Confucian Social Model of Political Appointments Among Chinese Private-firm Entrepreneurs. *Academy of Management Journal*, 58(2),592 - 617.

[2] 蔡莉、单标安:《中国情境下的创业研究:回顾与展望》,《管理世界》2013 年第 12 期。

[3] 费孝通:《乡土中国》,人民出版社 2008 年版。

[4] 克里斯藤森著,胡建桥译:《创新者的窘境》,江苏人民出版社 2001 年版。

[5] 罗家德:《中国人的信任游戏》,社会科学文献出版社 2007 年版。

第3章
精益创业

关键词

精益创业思维　精益创业框架　最小化可行产品　精益创业画布

学习目标

学完本章后，你应该能够：

1. 系统掌握精益创业方法论；
2. 了解精益创业的时代背景；
3. 了解精益创业与传统创业模式的区别与联系；
4. 了解精益创业的内涵与特征；
5. 了解精益创业的实施步骤。

在过去10年里，我目睹了精益创业方法论的迅猛崛起，就连国家科学基金会都采用了精益创业方法论。

——史蒂夫·布兰克（精益创业教父）

案例导读

Better Place 的精益创业案例

在 2007 年，夏·阿加西(Shai Agassi)在美国加利福尼亚州的帕洛阿尔托创立了 Better Place 公司。Better Place 描绘了一幅美好的图景：当你开着电动汽车行驶在公路上，电量降低至临近 50%时，它会自动提示需要充电，并用车载 GPS 系统将你带到最近的 Better Place 电池屋，在那里用 1～2 分钟更换电池，然后继续上路。

2008 年，Better Place 在以色列推出了第一个电池屋，开始了“烧钱之旅”。当时 Better Place 只有 750 个司机用户，而建设和维护一个电池屋的成本超过 100 万美元，更别提高昂的消费者获取成本和企业教育成本。

从理论上来看，覆盖非常大的区域(如全欧洲、美国或中国)产生的规模效应能降低运营成本、统一电池标准，实现盈利，因此 Better Place 把 6 年内前后三轮融资得来的绝大部分资金都投入购买电池、建设充电和换电站之中。在以色列和丹麦市场，这家公司一共建有 1 000 多个充电站和 54 个换电站，市场普遍认为这么做导致战线太长是它失败的主要原因。

5 年间 Better Place 面临着两大压力：第一，每一个换电站造价 50 万美元，这是特斯拉充电站的 1 倍，国内如比亚迪等企业，建造充电站的成本可能更低。8.5 亿美元不够这家公司在基础设施领域持续“烧下去”。第二，Better Place 只有一个客户——雷诺汽车。Better Place 向雷诺订购了 10 万台 Fluence ZE 电动车，但实际上这款非主流产品一共只售出了 2 000 台左右；以上这些，给 Better Place 带来了 5.6 亿美元左右的亏损。相比之下，雷诺自家的电动车“孩子”Leaf 上市至今，已经累计售出 5 万台左右，这款雷诺热销电动车并未采取 Better Place 的换电服务模式，而仍旧是传统的插电式充电。

2012 年 4 月，Better Place 发言人茱丽·木林斯(Julie Mullins)表示，预计到 2012 年年底，将有 8 000～10 000 辆 Better Place 电动车上路。然而，直到破产前，通过销售而在路上行驶的 Better Place 电动车只有 1 400 辆。

这家公司在没有达到盈利平衡点之前，就已经建造了 1 000 多个充电站、54 个换电站，这就是公司破产的一个重要原因。

(资料来源：改编自 VentureBeat evdays 以及童济仁，《Better Place 倒闭的核心原因》，虎嗅网，2013 年。)

3.1 精益创业思维

3.1.1 传统的新产品导入模式

20 世纪，每一个针对市场开发新产品的企业都会使用某种形式的产品管理模式（见图 3.1）。这种以产品为中心的开发模式出现于 20 世纪初，它所描述的开发流程见证了整个制造业的发展史。

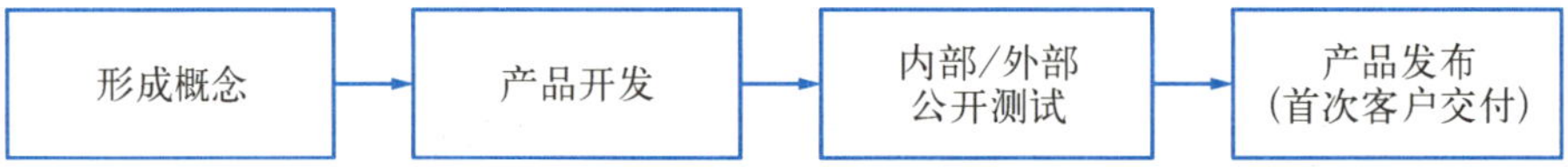

资料来源：史蒂夫·布兰克，《创业者手册》，机械工业出版社 2014 年版。

图 3.1 传统产品导入流程

但是，企业在应用这一模式时往往忽略了一个重要前提，即新产品导入模式适用于那些已明确客户群体、产品特征、市场范围和竞争对手的成熟企业。在传统的计划执行模式中，首先通过商业计划产生基本的产品概念，然后导入资源，组建团队，进行产品开发，以及进行内部、外部的测试，最终产品得以发布，投放市场，首次发货。这种传统的计划执行模式的根本缺陷在于所有的认知都来得太晚。尽管在拟订商业计划时会采用一些用户调研的手段，但对象都不是真正的用户，用户一直到最后环节才会真正地参与进来。换句话说，直到产品已经开发完毕，进入测试阶段，团队才真正开始学习和认知的过程。所以尽管计划执行模式看起来非常完美，但它往往正是新创公司走向衰败的原因，因为创业过程中最关键的不是某个产品或服务，而在于是否具有正确的认知，用户的反馈过程是否从一开始就结合在创业过程中。在传统的产品导入模式中，有两个隐含的假设，即用户痛点高度确定，解决方案也高度确定。而在精益创业的框架中，这两个假设根本就不存在。再完美的商业计划也经不起与客户的第一次亲密接触①。

（1）概念萌芽阶段

在概念萌芽阶段，企业创始人往往会抓住灵光一现的奇思妙想，有时甚至会把它们写在一张餐巾纸上，然后将其转变成一组核心理念，以此作为实施商业计划的大纲。接下来，他们要明确围绕产品出现的几个问题。例如，我的产品或服务理念是什么？产品特征和价值是什么？该产品能否开发？是否需要进一步技术研究？客户群体有哪些？怎样才能发现这些群体？统计市场研究和客户评论能够推动问题评估和商业规划。这个阶段还可以奠定有关产品交付的一些基本假设条件，其中包括对竞争差异、销售渠道和成本问题的讨论。绘制初次定位表可以更好地向风投资本家或企业高层介绍公司情况及其带来的利益。此时的商业规划应说明市场规模、竞争优势和财务分析，同时在附录中提供详细的

---

① 龚焱：《精益创业方法论：新创企业的成长模式》，机械工业出版社 2015 年版。

收支预测表。

(2) 产品开发

第二个阶段是产品开发阶段。随着公司各职能部门的建立，相关的开发活动被分配到各个团队实施。营销部门负责确定商业计划中描述的市场规模，开始定位产品最初的客户。与此同时，工程部门正忙着明确特征和开发产品。产品开发通常会扩展为瀑布式的几个相互关联的步骤，每一个步骤都强调最小化已定义产品特征组的开发风险(见图3.2)。瀑布式开发流程一旦启动就永无回头之路，产品即使出了问题也不可能再进行修改。通常情况下，这一流程会持续不断地进行18～24个月，甚至更久，中间即使出现任何有利于企业的变化或新创意，该流程也不会中断。

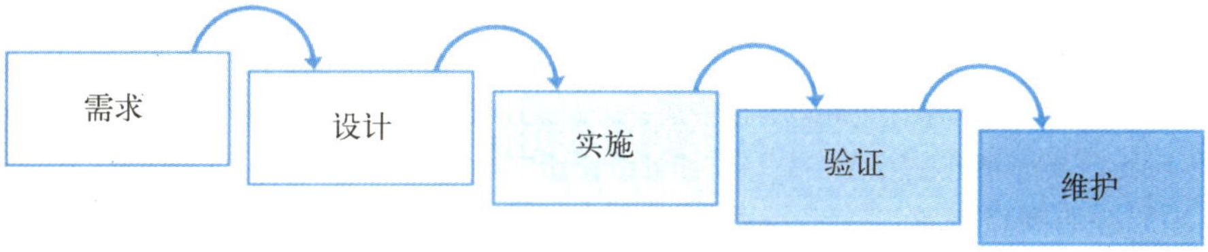

图3.2 产品开发瀑布模型

(3) 内部/外部测试

第三个阶段是内部测试和外部测试阶段。工程部门继续按照传统的瀑布式模型开发产品，以首次客户交付日期为目标安排开发进度。进入外部测试阶段，同少数外部用户一起测试产品，确保产品满足既定的设计目标。营销部门负责开发完整的营销沟通方案，建立企业网站，为销售人员提供各种支持材料，展开公关、演示和品牌塑造活动。公关部门负责调整定位，联系知名媒体和博客。

(4) 产品发布和首次客户交付

产品投入运营后，建立销售渠道和支持营销活动需要大量资金。如果企业不具备早期资产变现能力，势必要筹集更多的资金支持运营。首席执行官会检查产品发布活动以及销售和营销团队的发展规模，再次向投资者募集资金。

3.1.2 精益创业思维

精益创业(lean startup)的概念由硅谷创业家埃里克·莱斯(Eric Rise)于2012年在其著作《精益创业：新创企业的成长思维》一书中提出。其核心思想受到了另一位硅谷创业专家史蒂夫·布兰克(Steve Blank)的《四步创业法》中"客户开发"方式的很大影响，后者也为精益创业提供了很多精彩指点和案例。

精益创业的核心思想是，先在市场中投入一个极简的原型产品，然后通过不断地学习和研究有价值的客户反馈，对产品进行快速迭代优化，以期适应市场。其理念可以追溯到软件行业的敏捷开发管理。精益创业可以理解为敏捷开发模式的一种延续。

新创公司与大公司两者的真正区别在于商业模式是否已知，大公司已经有被验证了的商业模式，而新创企业没有。大公司执行已知或已经确认的商业模式，更多是在运营和执行的层面，而新创公司则是探索未知的商业模式。新创公司肯定不是大公司的缩微版。

新创企业之所以失败，是因为它们混淆了探索与执行。诚然，成熟的企业可以在客户群体、客户问题、产品特征等因素已知的情况下执行商业模式，但初创企业与此不同，它们必须采用探索模式，通过测试验证每一个初始假设。每一次测试都是一次学习机会，它们能帮助企业修正假设条件，然后再次测试，以寻找可重复、可升级和可盈利的商业模式。

Better Place 在它的商业模式根本没有得到确认之前，就匆忙地想把这个模式进行大规模复制，最终以失败告终。很多新创公司的失败，根本原因在于混淆了探索和执行，过早地去执行一个没有经过验证的商业模式。

对于新创公司来说，一个重要的方法论工具就是精益创业。精益创业工具包括三大部分：

第一部分是基本的商业计划。但在精益创业的框架中，再完美的商业计划也只是前提和假设。

第二部分是客户开发。同步进行客户开发和产品开发，甚至客户开发放在产品开发之前，这与传统的火箭发射式封闭开发（先产品开发，再后续导入客户）的模式完全相反。大多数初创企业都缺乏测试商业模式假设（如市场、客户、渠道、定价）以及将假设转变为实施的系统化流程。传统的新产品导入模式在进入外部测试之前从不提供客户反馈，得到反馈时为时已晚。可以说，客户开发是精益创业的重心。

第三部分是精益研发。在开发以及整个产品和服务的过程中，用精益研发的方式来高速迭代、科学试错。

用商业计划建立前提和假设，从一开始就把客户导入创业过程中，用高速迭代、科学试错的方式来迭代并获取认知，这三部分组成了精益创业的基本逻辑框架。

创业标杆

SnapTax 的故事

2009 年，一支新创团队决定尝试一项大胆的举措。他们想让纳税人从昂贵的税务服务中解放出来，把收集 W－2 表格信息的过程自动化（W－2 表格是员工从雇主那里收到的汇总当年应纳税收入总额的凭单）。公司很快遇到了问题。尽管多数顾客的家中或办公室内就有打印机或扫描仪，但几乎没人知道如何使用那些设备。经过和潜在顾客的无数次对话后，项目团队想到让顾客直接用手机拍下照片的点子。在测试这个想法的过程中，顾客提出了一个出乎意料的问题：是否可以在手机上完成“整个退税”的过程？

这件事做起来可不容易。传统报税需要顾客费劲地回答上百个问题，填写很多表格，还要准备一大堆文件。这支新创团队做了一个新的尝试，决定先推出一个比完整报税产品的功能少得多的早期版产品。这个原始版本只针对退税情况非常简单的顾客，而且仅适用于加州。顾客不再需要填写复杂的表格，新的产品可以让他们用手机拍下自己的 W-2 表格。根据这张表，公司开发了能收集归档大多数 1040EZ 税表的技术。相比传统报税带给人的一堆麻烦，这个称为 SnapTax 的新产品给人们提供了一次神奇的体验。从平凡的起步开始，SnapTax 成长为一个新创企业成功的研究范例。2011 年该产品在全美推出后，受到了用户的喜爱。软件在开始的 3 周内就被下载了 35 万多次。这种了不起的创新正是人们期待新创企业能带来的东西。

（资料来源：埃里克·莱斯著，吴彤译，《精益创业：新创企业的成长思维》，中信出版社 2012 年版。）

3.2 精益创业框架

3.2.1 精益创业的四个阶段

一般来说，新创企业会经历四个阶段：第一个阶段是商业模式的探索，这是发散式的探索，不确定性极高。你可能会尝试多个方向，快速转向，不停试错。第二个阶段是聚焦式的探索，已经初步确立了方向，有可能在两三个路径中选择商业模式。第三个阶段是商业模式确立，进入放大阶段。第四个阶段是商业模式的正常执行。

传统商学院的 MBA 教育，80%集中在第三、第四个阶段，第一、第二个阶段几乎是一片空白。所以，精益创业的重大意义在于对整个传统商学院创业教育的补充。

第一、第二阶段的现金流是负的。对企业来说，在这两个阶段，如何快速地迭代、如何在现金流燃尽之前最终确立商业模式，是新创公司能够存活的一个关键点。在硅谷创业实践中，这个点被称为 sweet spot，意即“甜点”，此时新创公司终于确立了商业模式。CEO 终于可以去向董事会汇报找到了未来的路径；而投资人终于可以确认这个公司能够值一点钱，有一点价值了。

精益创业聚焦于前两个阶段，也就是说，如何从 0 走到 1。商业模式的放大是在第三个阶段，如何从 1 到 100，而最后一个阶段是如何从 100 到 110，这是传统商学院所覆盖的内容。

硅谷创业教父史蒂夫·布兰克提出基于精益创业理念的“客户开发流程图”，既是客户开发的流程指南，也是精益创业的“四步创业法”（见图 3.3）。它打破了企业初期所有与客户相关的活动，形成一个完全独立的流程。在这个流程中，前两个步骤描述的是商业模式的“调查”阶段，后两个步骤描述的是经过开发、测试和验证之后的商业模式“执行”阶段。这些步骤具体如下：

❖ 第一阶段：创业调查阶段

验证产品的价值主张（value proposition）和商业模型是否成立，不需要成立公司。把创始人的愿景转变成一系列商业模式假设，开发一套测试客户反应的方案，客户开发和客户互动是精益创业的起点，通过这种方法探索客户痛点，并定义客户痛点和解决方案。

◆ 第一步，客户探索(customer discovery)：进行客户市场细分，寻找天使客户，通过和客户访谈确定产品方向。

定义基本假设：客户痛点假设和解决方案假设。

停止推销，开始倾听：在探索阶段，倾听的技巧非常关键，要观察、访谈、倾听客户，不能急于推销解决方案，在很长一段时间内应该对推出自己的解决方案保持克制。

不断探索，积累认知：不断探索和迭代，把认知逼近真实痛点。

◆ 第二步，客户验证(customer validation)：开发最小化可行产品，验证假设，如果不成功，轴转(pivot)到第一步。

验证基本假设：客户痛点假设和解决方案假设。

验证商业模式：是否可重复、可规模化。

找早期支持者：与天使客户之间进行大量的互动，如果没有客户就轴转到第一步。

商业模型得到验证的标志：成单，最小化可行产品有人买单。

轴转是客户开发的核心反馈机制，通过循环往复，我们不断获取和更新对产品和市场的认知，免除危机。

轴转的关键在于快速、敏捷、把握时机。

很多初创企业的失败不是因为商业模式或者产品有问题，而是因为等不到最终能够完成商业模式验证的那一天。所以轴转的过程必须敏捷和快速，速度越快，对现金流的需求越小。

❖ 第二阶段：创业执行阶段

包括客户积累和公司创建运营两个步骤。这部分是传统商学院教育的重点部分。

◆ 第三步，客户生成(customer creation)：投入营销资源，开拓客户渠道。

◆ 第四步，企业建设(company building)：成立公司，建立组织架构。

精益产品迭代过程应用于创业执行阶段：强化产品的价值主张，树立竞争门槛，拓展客户。

当产品的价值主张和商业模型尚未得到验证时，切忌投入营销资源，强行拉动用户增长，这种做法是“自杀”行为；只有当产品的价值主张和商业模型被验证成功之后，才能逐渐导入营销资源，导入一批测量效果进行反馈改进，如此循环迭代，总结和积累“经证实的认知”。

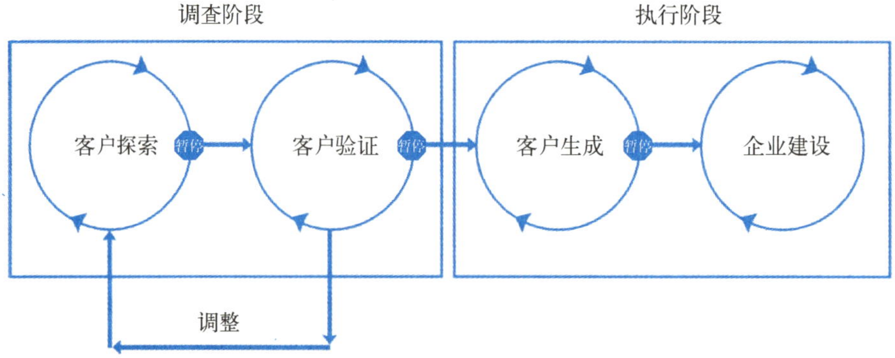

资料来源：史蒂夫·布兰克，《创业者手册》，机械工业出版社 2014 年版。

图 3.3　客户开发流程图

3.2.2 精益创业的五项原则

第一，客户导向原则。精益创业的核心是客户，所有的认知、所有的迭代都是围绕客户而展开。而火箭发射式创业则是自我导向——从初创公司或者创始人本身导入创业过程。

第二，行动原则。行先于知，而不是用知来引导行，从计划导向转为行动导向。

第三，试错原则。从完美预测转向科学试错，后面要提到的最小化可行产品就是试错过程中非常重要的一个工具。

第四，聚焦原则。初创企业最好首先聚焦在最关键的天使客户上。

第五，迭代原则。从火箭发射式创业中的完美计划、完美执行转换到精益创业的高速迭代。迭代和速度都是非常关键的。

精益创业是从行动开始，是行动导向而非计划导向，用科学试错的方式来获取认知，由行而知，完成学习的第一循环。同时，将所收获的认知转向行动，由知而行，完成学习的第二循环。再不断地重复这个过程，最终形成认知的不断更迭与行动的不断调整，这是精益创业在思维上的一个基本模式。

3.2.3 精益创业的适用范围

精益创业来源于互联网行业，是软件开发的一种新模式。但其背后的"客户验证"思想在大量非 IT 领域得到应用。例如美剧的拍摄，往往都会先拍摄一部几十分钟的先导片，交代主要的人物关系、矛盾冲突、故事背景，然后邀请几十位观众参加小规模试映会，再根据观众的反馈来决定剧情要做哪些修改、是否需要调整演员，以及决定是否投拍。在每一季结束时，制作方又会根据收视率和观众意见，决策是砍掉该剧还是订购新一季内容。这种周拍季播的模式，把所有的决策权交给观众，让制作方的投资以及失败成本降到最低，是一种典型的精益创业方式。

整体而言，精益创业适合客户需求变化快但开发难度不高的领域，如软件、电影电视、金融服务等领域。在国内，大众点评网等就采用这种小步试错的方式进行开发，一些传统企业如中信银行信用卡中心也利用精益创业进行信用卡产品及客户服务的创新，并把三大"法宝"固化到项目管理机制中。

由于精益创业经常需要进行客户验证，因此对于一些客户验证成本较高或者技术实现难度较大的工作并不适合。比如大型赛事，服务客户是全体运动员，但想要获得他们的频繁反馈是比较困难的。又如航天工程，客户需求是比较明确、清晰的，主要难点在于飞行器的技术实现和对接控制。

3.3 最小化可行产品

3.3.1 最小化可行产品的含义

最小化可行产品（Minimum Viable Product，MVP）是精益创业的核心思想。一个最小化可行产品有助于创业者尽早开启学习认知的历程。它并一定是想象中的最小型产品;它是用最快的方式,以最少精力完成“开发—测量—认知”的反馈循环。传统的产品开发通常要耗费很长的筹划时间,反复推敲,尽量把产品做到完美。与之相反,最小化可行产品的目的则是开启学习认知的流程,而不是结束这个流程。与原型或概念测试不同的是,最小化可行产品并非用于回答产品设计或技术方面的问题,而是以验证基本的商业假设为目标。

大多数创业者是先开发产品,再来验证顾客对产品的反应。这种方式会导致许多浪费,因此已经落伍了。首先,如果最终发现企业开发的东西没有人需要,那么所有的努力将化为时间和金钱上的无谓消耗。如果顾客不使用的话,他们就无法体验到未来那些令人惊喜的功能。即使他们使用了,还是有很多浪费的可能。比如,企业到底需要开发多少功能来吸引早期使用者?要知道每项额外功能都是一种浪费。同时,如果我们延迟测试那些额外功能,那么在学习认知和循环周期方面,也意味着巨大的潜在成本。在市场不确定的情况下,通过设计实验来快速检验你的产品或方向是否可行。如果你的假设得到了验证,再投入资源大规模进入市场;如果没有通过,那这就是一次快速试错,尽快调整方向。

在把“最小可行性产品”推向市场的过程中,如何测试顾客的反应呢?要注意三点:

(1) 尽快地将产品或概念传递给顾客,以获取他们的反馈。

(2) 了解你的目标顾客在哪里,以便有效地传递信息。

(3) 传递的信息应该是真实、不加修饰的。

创 业 标 杆

Unsplash 最小化可行产品的顾客验证案例

Unsplash 是一家免费高清壁纸分享网,在创建之初,创始人并没有立马就花数周或数月的时间去创办一个可能会失败的网站,相反,他们花了 19 美元在汤博乐(Tumblr)选了一个博客主题,为 Unsplash 生产最小化可行产品。Unsplash 的第一个版本(最小化可行产品)是在 3 个小时内建立并运行起来的。

一旦这个网站被建立起来,他们下一步要做的就是测试它的需求了。

他们想要得到人们对这个网站的信息反馈,因而就把 Unsplash 推广到了 Hacker News(一个设计师、研发者和企业家的社区)。他们认为那里的人们也许会对 Unsplash 感兴趣。在 Unsplash 贴出图片的短短几个小时里,它的图片下载量就达到了 2 万。创始人不知道到底会有多少人对它感兴趣,所以就只把这些图片放在了一个个人的 Dorpdox 账号上。当他们关掉流量后,这些图片也就停止工作了。他们要把这个网站移到其他地方,看看它是否能在别的地方也保持这种劲头。虽然 Unsplash 网站的第一个版本很原始,功能也有限,但是已经足以证明它能为人们解决问题了,它不是只为自己使用而存在,更不只是为世界各地的制造商服务,而是为需要它的各类人群服务。有趣的是,如今 Unsplash 的外观和它第一版本的外观基本一致。它一如既往的简洁成为它现在脱颖而出的特征。正如 Unsplah 的出现,有时候你没必要去特意设计一些东西来证明你的产品能解决某些问题,可能它无意间就能帮人们解决已经存在的某些问题了。

（资料来源：http://www.lieyunwang.com/archives/113409.）

有一些产品,在经历了最初"大而全"的产品设计失败后,又回归到"最小可行性产品",从而取得市场成功。比如团购网站 Groupon。团购网站最风光的日子已经过去,但当年 Groupon 的出现的确掀起一股团购风潮。这个网站最初名为 The Point,是一个大而全的网站,创始人试图将各种具有相似想法和需求的人汇聚到一起,然后凭借群体的力量,让事情进展得更顺利。但是,直到创始人将网站改为聚焦于"团购"的 Groupon,经营才开始走入正轨。

MVP 的定义透露了两个关键点：第一,它并不针对所有用户,而是只针对天使用户;第二,它并非一个庞大、复杂的功能组合,只是一个最小、最基本的功能组合。

《精益创业》作者埃里克·莱斯反复强调两个观点：

第一,MVP 只针对早期的"天使用户",这群人对产品有更高的容忍度,能够看到产品的未来,愿意互动,一起改进产品。

第二,在产品功能上,建议把你想象中的产品砍成两半,再砍成两半,才可能达到真正的最小功能组合。可见,MVP 在用户和产品上都选择了最小的切入点。

微信 1.0 版也是一个非常经典的 MVP。当时微信针对传统运营商短信很贵且短信群发不容易这一痛点,推出只有免费短信和短信群发功能的 1.0 版。在第二版中,微信才加入了照片分享功能。之后,微信才逐渐加入摇一摇、语音、录音以及其他一些功能。

改革开放其实也是一个伟大的 MVP,我们回溯历史,如此规模宏大的改革开放事实上就从深圳的一个小岛蛇口开始。在蛇口这点进行了用户探索和验证,继而放大商业模式,最终进行商业模式的执行。

用 MVP 验证两个基本假设的过程可以分为三步：

第一步,设计 MVP,即针对天使用户设计一个最小的产品集合。

第二步,将 MVP 投入使用,进行测度与数据收集,并将数据和预设的指标进行比较。

第三步,从中获取认知,学习和迭代,用最快的速度获取认知,放弃一切无助于认知的功能。

在用 MVP 验证基本假设的过程中,关键点之一就是速度,用最快的速度获取认知,同时放弃一切无助于认知的功能。换句话说,MVP 要求在用户上聚焦于天使用户,在产品功能上也聚焦于最小级别的产品功能,这是 MVP 的核心①。

3.3.2 验证最小可行产品

验证最小化可行产品的常见方法②有如下 10 种：

① 龚焱：《精益创业方法论：新创企业的成长模式》,机械工业出版社 2015 年版。

② 改编自《验证最小化可行产品(MVP)的 15 种方法》,http://36kr.com/p/217020.html2014/12/01.

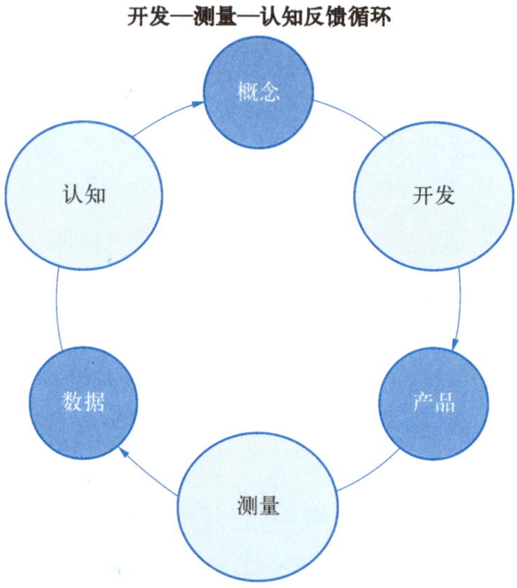

资料来源：埃里克·莱斯著，吴彤译，《精益创业：新创企业的成长思维》，中信出版社 2012 年版。

图 3.4　精益创业开发—测量—认知反馈循环

(1) 用户访谈

在创业过程中，没有严格的定理，只有各种不同的意见和假设。而验证各种观点是否正确的重要途径就是与真实的用户进行沟通，向用户解释你的产品能解决他们的什么需求，然后询问他们对于产品不同部分的重要性是如何排序的。根据收集到的信息再对产品进行调整。

需要注意的是，用户访谈应该着眼于发现问题和解决问题，而不是向受访者推销产品。

(2) 登录页

登录页是访客或潜在用户了解你产品的门户，是介绍产品特性的一次营销机会，也是在实战中验证 MVP 的绝佳时刻，你可以借此了解产品到底能不能达到市场的预期。

很多网站的登录页都只是要求用户填写 E-mail，但是实际上登录页还可以有更多的拓展，如增加一个单独的页面来显示价目表，向访客展示可选的价格套餐。用户的点击不仅显示了他们对于产品的兴趣，还展现了什么样的定价策略更能获得市场的认可。

为了达到期望的效果，登录页需要在合适的时机给消费者展现合适的内容。同时，为了准确了解用户的行为，开发者也应该充分利用 Google Analytics、KISSmetrics 或 CrazyEgg 等工具统计分析用户的行为。

(3) A/B 测试

当你不确定如何才能有效地提升注册率和转化率时，可以尝试 A/B 测试。开发两版页面，然后将这两个页面以随机的方式同时推送给所有浏览用户，然后通过 Optimizely、Unbounce 或 Google Analytics 等分析工具，了解用户对于不同版本的反馈。

(4) 众筹

Kickstarter 和 Indiegogo 等众筹网站为创业者测试 MVP 提供了很好的平台。创业者可以发起众筹，然后根据人们的支持判断人们对于产品的态度。此外，众筹还可以帮助创业者接触到一群对于你的产品十分感兴趣的早期用户，他们的口口相传以及持续的意见反馈对于产品的成功至关重要。

Kickstarter 上已经有了许多成功范例，如电子纸手表 Pebble 和游戏主机提供商 Ouya。他们在产品开发出来之前就筹得了上百万美元，并且取得了巨大的反响。

当然，如果想在众筹网站上收到良好的效果，就需要有说服力的文字介绍、高质量的产品介绍视频以及充满诱惑力的回报。

(5) 产品介绍视频

如果说一张好的产品图片胜过千言万语的话，那么一段高质量介绍视频的价值则不可估量。最著名的例子就是 Dropbox 验证 MVP 时所发布的 3 分钟视频。这段视频介绍了 Dropbox 的各项功能，注册用户一夜之间从 5 000 暴增到 75 000，当时的 Dropbox 甚至连实际的产品都没有。

当你开发的产品解决的是一个用户自己都没有发现的问题时，你很难接触到目标消费群体。Dropbox 的介绍视频起到了良好的效果，假如 Dropbox 在介绍时只是说"无缝的文件同步软件"，绝对不可能达到同样的效果。视频让潜在消费者充分了解到这款产品将如何帮到他们，最终触发消费者付费的意愿。

(6) 碎片化的 MVP

碎片化的 MVP 是指利用现成的工具和服务做产品的功能演示，而不要完全自己开发。

在团购网站 Groupon 的早期，创始人使用了 Wordpress、Apple Mail 和 Apple Script 等工具，将网站收到的订单手动生成 PDF 发给用户。自己花时间和金钱搭建各种基础设施，远不如利用现成的服务和平台。通过这种方式，开发者可以更高效地利用有限的资源。

(7) 博客

通过博客可以很容易地在目标群体中验证自己的想法，通过双向的交流可以在 MVP 开发过程中及时收集用户的反馈意见。

此外，博客也可以作为产品的早期原型，埃里克·莱斯就是先在博客上与读者有了一定的交流，后来才开始写作。通过博客可以了解受众的观点，并刺激他们将来买书的欲望。

(8) 虚构的 MVP

在产品的早期，除了制作视频和搭建代码框架，还可以利用虚构的 MVP，在产品开发出来之前人工模拟真实的产品或服务，让消费者感觉他们在体验真实的产品，但是实际上产品背后的工作都是手工完成的。

鞋类电商 Zappos 刚刚起步时，创始人尼克·斯威姆(Nick Swinmurn)把本地商店鞋子的照片放在网站上，衡量人们在线购买鞋子的需求。当有人下单时，他再去把鞋买回来。

这种方法虽然规模很小，但是能让你在产品设计的关键阶段与消费者保持良好的交流，了解消费者使用网站时的一手信息，更快捷地发现和解决现实交易中消费者遇到的问题。对于消费者来说，只要产品够好，谁在乎背后是怎么运作的。Zappos 最终获得成功，在 2009 年以 12 亿美元的价格被亚马逊收购。

(9) 贵宾式 MVP

贵宾式 MVP 与虚构的 MVP 类似，只不过不是虚构一种产品，而是向特定的用户提供高度定制化的产品。

服装租赁服务网站 Rent the Runway 在测试其商业模式时，为在校女大学生提供面对面服务，每个人在租裙子之前能够试穿。Rent the Runway 通过这种方式收集到大量顾客的真实反馈以及付费的意愿。

(10) 预售页面

预售与众筹类似，帮你找到潜在客户，甚至在产品开发出来之前就吸引他们购买。

比如 Oculus Rift VR 设备，在开发者版本投产之前就发布了预售页面。很多在 Kickstarter 上众筹的项目也是以预售的形式进行。通过预售，可以了解到人们对于产品的需求到底有多大，考虑是否还要继续项目。

预售所面临的挑战在于能否如约发货。没有人喜欢虚无缥缈的东西，消费者给了你信念上和资金上的支持，你必须对他们负责，不能辜负了他们。

3.4 精益创业画布

精益画布是《精益创业实战》作者阿什·莫瑞亚(Ash Maurya，2013)根据亚历山大·奥斯特瓦德的“商业模式画布”方法改良而来的。精益创业画布更适合作为创业初期团队梳理思路的工具。

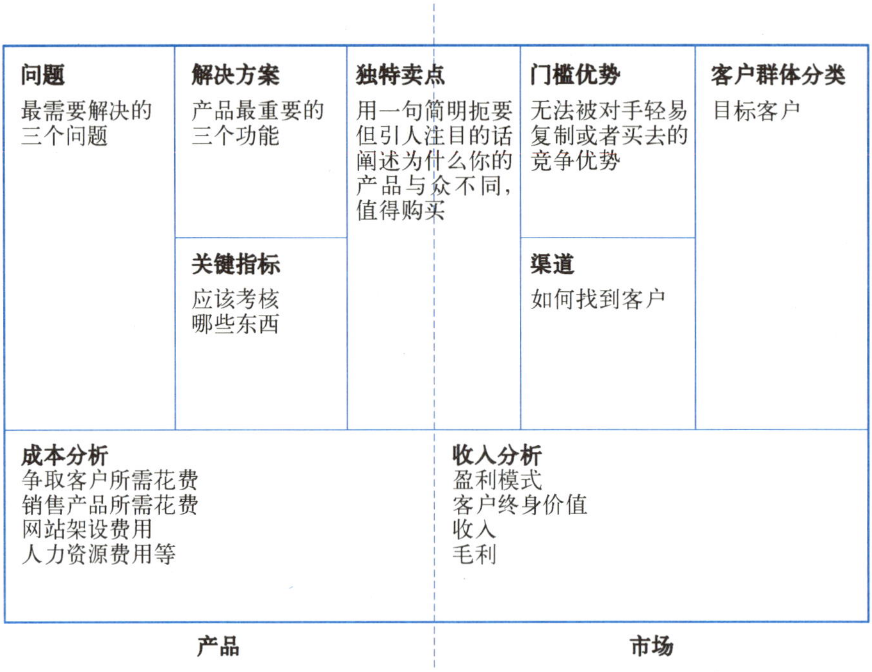

注：精益画布是从商业模式画布(http://www.businessmodelgeneration.com)改编而来的。

图 3.5 精益画布框架

精益画布将商业模式分割成九个相互独立的部分。

3.4.1 精益创业画布的优点与基本框架

这种单页画布的优点是：

(1) 制作迅速

与写商业计划书需要几周甚至几个月的时间相比，你只需要一个下午就能在画布上大致描述出多种不同的商业模式。

(2) 内容紧凑

精益画布提醒你尽量做到简明扼要。可以假想自己和投资人同乘一架电梯，你只有30秒抓住投资人的注意力。或者假想客户点击进你的主页，你只有8秒抓住他们的注意力。

(3) 方便携带

把商业模式放在一页纸上便于同他人进行分享和讨论，这意味着它的曝光率将会更高，能够得到不断修改，从而日趋完善。

3.4.2 精益创业画布的制作步骤

(1) 迅速起草一张画布

你可能很想先在空画布上做无数的实验，但是不应该在第一版的画布上消耗太多时间——最多不能超过15分钟。制作画布是为了把你脑海里所想的东西迅速记录下来，然后再来确定哪个部分风险最大，最后再让他人来验证你的模式。

(2) 有些部分空着也没关系

别总想着要琢磨或讨论出"正确"的答案，要么马上写下来，要么就留空。留空的部分可能就是商业模式中风险最大的部分，你应该从这里开始进行验证。像"门槛优势"这样的部分可能需要多花点时间才能找到，所以目前的最佳答案可能就是"我不知道"，不过这也没关系。画布本来就应该是很灵活的，可以随着时间的推移逐步完善。

(3) 尽量短小精干

要想用一句话说清楚一件事情很难，用一段话则简单得多。画布的空间限制正好可以让你把商业模式的精华部分提炼出来。你的目标是只用一张纸来制作画布。

(4) 站在当下的角度来思考

如果是写商业计划书，那你可能会花大力气来预测未来，不过预测未来是不可能的，你应该以非常务实的态度来制作画布，根据目前的发展阶段和掌握的情况来填写内容。想一想，下一步应该先测试哪些假设？

(5) 以客户为本

亚历山大·奥斯特瓦德在他的书中阐述了各种寻找原始商业模式的技巧。不过，由于精益创业实战法本身就以客户为主要驱动力，因而在寻找原始商业模式时，只需要围绕客户做文章就足够了。很快，你将会看到，仅仅调整一下客户群体，商业模式就会起到翻天覆地的变化。

精益创业画布建议制作顺序如图 3.6 所示①。

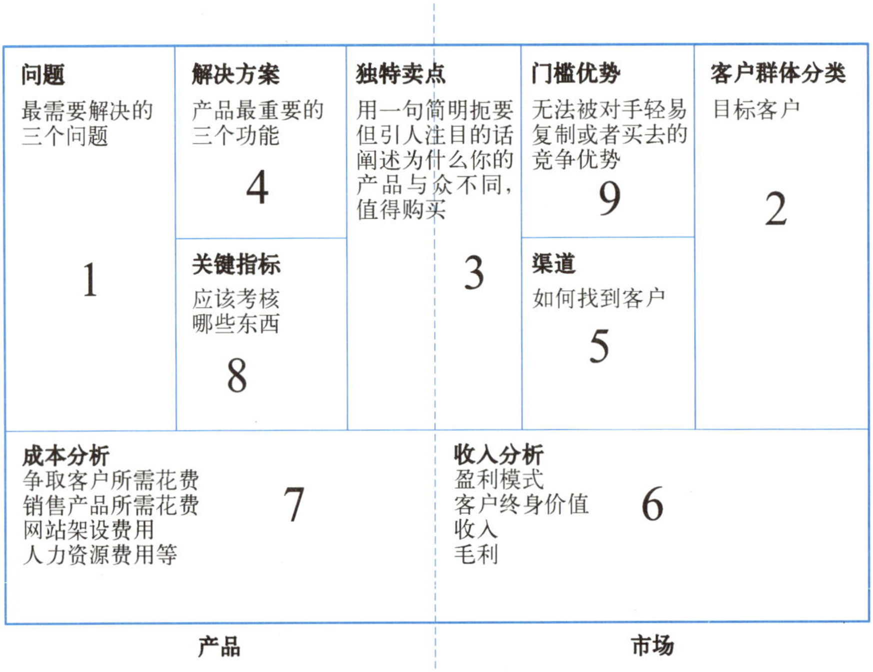

资料来源：Ash Maurya 著，张玳译，《精益创业实战》（第二版），人民邮电出版社 2013 年版。

图 3.6 精益创业画布制作顺序

本章要点

1. 精益创业的核心思想是，先在市场中投入一个极简的原型产品，然后通过不断学习和有价值的客户反馈，对产品进行快速迭代优化，以期适应市场。其理念可以追溯到软件行业的敏捷开发管理。精益创业可以理解为敏捷开发模式的一种延续。

2. 精益创业工具包括三大部分：第一部分是基本的商业计划，第二部分是客户开发，第三部分是精益研发。

3. 精益创业包括客户探索、客户验证、客户生成、企业建设四个阶段。

4. 精益创业有五项基本原则：客户导向原则、行动原则、试错原则、聚焦原则、迭代原则。

5. 最小化可行产品是精益创业的核心思想。

6. 验证最小化可行产品（MVP）的常见的 10 种方法是：用户访谈、登录页、A/B 测试、众筹、产品介绍视频、碎片化的 MVP、博客、虚构的 MVP、贵宾式 MVP、预售页面。

7. 精益创业画布将商业模式分割成九个相互独立的部分，适合作为创业初期团队梳理思路的工具。

---

① Ash Maurya 著，张玳译：《精益创业实战》（第二版），人民邮电出版社 2013 年版。

思考题

1. 为什么近年来精益创业方法论开始引起重视并流行起来？与传统创业思维、模式有哪些区别和联系？

2. 精益创业的基本框架和过程是怎样的？

3. 精益创业有哪些基本原则？

4. 最小可行产品(MVP)有什么作用？如何去验证？

5. 精益创业画布怎么用？

延伸性阅读

[1] Blank, S. (2013). Why the Lean Start-up Changes Everything. *Harvard Business Review*, 91(5), 63-72.

[2] 埃里克·莱斯著，吴彤译：《精益创业：新创企业的成长思维》，中信出版社2012年版。

[3] 史蒂夫·布兰克：《创业者手册》，机械工业出版社2014年版。

[4] 特雷弗·欧文斯、奥比·费尔南德斯著，梁赛玉译：《精益创业：打造大公司的创新殖民地》，中国人民大学出版社2016年版。

第4章
创业选择

关键词

创业者特质　创业能力　创业伦理　创业决定

学习目标

学完本章后，你应该能够：

1. 了解创业者需要具备的人格特质；
2. 了解创业者需要掌握的必备技能；
3. 了解创业伦理的概念和典型情况；
4. 知道创业所要做的身心准备；
5. 知道创业退出的路径和方式。

我觉得成功创业者需要7种特质：(1)是一个天生就要做老大的人；(2)是一个可以站着做孙子的人；(3)是一个有大优点，同时有很多缺点的人；(4)是一个思维与众不同的人；(5)是一个能够在失败上站立起来的人；(6)是一个有激情和强烈内驱动力的人；(7)是一个敢于做艰难决策的人。

——李善友(酷6网创始人)

案例导读

大疆创始人汪滔的创业路

2006年，汪滔在深圳市成立了大疆创新科技有限公司，目前大疆已是全球领先的无人飞行器控制系统及无人机解决方案的研发和生产商，客户遍布全球100多个国家。

图片来源：钱江晚报

汪滔最初在大学宿舍中制造飞行控制器的原型，2006年他和自己的两位同学来到了深圳。汪滔将他在大学获得的奖学金的剩余部分全部拿出来搞研究。汪滔回忆说，“我当时也不知道市场规模究竟会有多大。我们的想法也很简单：开发一款产品，能养活一个10～20人的团队就行了。”

由于缺乏早期愿景，加之汪滔个性很强，最终导致大疆科技内部纷争不断。在创立两年后，大疆科技创始团队的所有成员几乎全部离开了。汪滔坦言，他可能是一个“不招人待见的完美主义者”，“当时也让员工们伤透了心”。

随着核心团队的建立，汪滔继续开发产品，并开始向国外业余爱好者销售，这些人从德国和新西兰等国家给他发来电子邮件，其中包括科林·奎恩。

2011年8月，奎恩在大疆支持下，成立了大疆科技北美分公司，旨在将无人机引入大众市场。奎恩获得了大疆科技北美分公司48%的股份，而大疆科技则拥有剩余52%的股份。

2013年5月，大疆科技曾试图买下奎恩持有的大疆科技北美分公司的所有股份，他们向这位美国人提供了0.3%的大疆科技全球(DJI Global)股份。但是，奎恩不接受这种解决方案，并称正是北美分公司的努力才让30%的“幻影”无人机销往美国。大疆科技并未留下与奎恩继续谈判的余地，在2014年新年到来前夕，大疆科技北美分公司的许多员工遭到解雇，奥斯汀办事处的资产还被清算。奎恩最终在2014年年初将大疆科技告上法庭，但双方最终在8月达成庭外和解。后来，奎恩带着很多同事一起加盟大疆科技的竞争对手3D Robotics。

3D Robotics曾是大疆科技继续主导消费级无人机市场的最大威胁。3D Robotics CEO安德森说，如果说大疆创新是无人机行业中的“苹果”，那3D Robotics就是“安卓厂商”。然而，现在3D Robotics已经彻底退出了无人机制造领域，在与中国无人机厂商大疆创新的竞争中败下阵来，沦为一家挣扎求生的软件公司，因为大疆不仅产品价格更低，而且开发新产品的速度也更快。

（资料来源：http://www.chinaz.com/news/2015/0512/405274.shtml.）

创业者并不是天生的，创业教育也不是把不适合创业的人变成创业者，而是帮助有创业潜质的人发现自己，并选择自己的发展道路。从一名在校大学生到一家全球顶尖公司的创始人，汪滔的创业选择并不是随意的，而是建立在对其自身特质、能力等方面的清晰认识基础上的。从最初的产品开发、团队组建到后来的市场扩张，汪滔身上体现着成功创业者所共有的一些特质和能力。而汪滔创业过程中所面临的团队利益分配等问题，也是所有创业者在创业过程中都会面对的问题。

因此，创造者在进行创业选择时，首先，需要认清自身，确认自身是否具有创业所需的特质和能力；其次，创业者需要考虑创业伦理问题，确认创业项目是否有违社会公德、创业团队利益分配是否合理以及创业经营中是否考虑利益相关者；最后，创业者要选择恰当时机启动创业或退出创业。

4.1 创业者特质

创业者千差万别，形形色色，不一而同。这些具体的差异性和多样性的表象背后，是否有什么共同点呢？仔细观察和分析，尽管具体的创业路径、行业选择等完全不同，但是这些创业行为的背后，还是有共同的创业思维，体现出创业者们共同的创业特质。

创业者在心理、行为、知识、能力等方面具备以下个体特征①：

4.1.1 心理特征

作为成功的创业者，一般具备以下五个心理特质：成就需要、控制欲、自信、敏感好奇、风险承担倾向。他们有明确的目标，能全身心地投入到事业发展中。

(1) 成就需要

创业者总是希望能把事情做好，这主要不是为了获得社会的承认或声望，而是为了达到个人内在自我实现的满足。创业者希望承担决策的个人责任，在解决问题、确立目标、通过个人的能力达到这些目标时，个人对此承担责任；喜欢具有一定风险的决策；对决策结果感兴趣，不喜欢单调的重复性工作。

(2) 控制欲

控制欲是指人们相信他们自己能够控制自己人生的程度。研究表明，创业者相信通过自己而不是他人来决定自己的命运，他们经常有很高的控制欲，总是希望把命运掌握在自己手中。与控制欲相关的是创业者的个人独立性。创业者往往喜欢独立思考和行动，渴望独立自主。

(3) 自信

创业者不仅相信自己，而且相信他们正在追求的事业；不仅能在失败之后振作起来，而且还能从失败中吸取教训，以增加下一次成功的机会。坚信自己的创业团队有能力在激烈的竞争中获得胜利，以坚韧不拔的毅力和满腔的热情去争取成功。成功的创业者普遍都有

---

① 陶莉：《创业企业组织设计和人力资源管理》，清华大学出版社 2005 年版。

很强的自信心，有时表现出咄咄逼人的气势。他们相信自己的判断，相信自己的决定。创业者以积极的心态充满活力地不断创新。自信对创业者非常重要，因为他们走的是其他人不敢走或者没有走过的路，只有自信才能顶住压力，坚持自己的目标，最终取得创业的成功。

(4) 敏感好奇

创业者需要敏锐的直觉和洞察力，能在被一般人忽视的日常生活中寻找机会。机会识别是创业的起点。创业的机会很多，但是奇迹往往隐没于平凡之中，所有想创业的人都关心：为什么是他而不是别人看到了创业机会？答案就是创业者的敏感性和好奇心，时刻保持对外界的观察和洞察，在别人充耳不闻、视而不见、习而不察的时候，敏锐地发现和把握机会。许多好的商业机会并不是突然出现的，而是对于“一个时刻有准备的敏感头脑和好奇眼光”的一种“回报”。北极光创投公司创始人邓峰说：“做企业，技术创新固然很重要，但商业的敏感度更重要。而且，越到后来，越发现对市场和客户理解的重要。”

创业的机会往往来自对现有不足和问题的解决。一般人会将事情分为好事和坏事，视这些不足和问题为坏事、困难和障碍，在行动上通常抱怨和回避，而创业者把所有事都看作机遇和挑战，他们会思考如何处理好、解决好这个问题，以及解决问题过程中的商业机会，甚至主动去寻找问题和不足，旧的社会难点解决了，新的社会难点还会出现。围绕这些难点问题，找到一种解决方案，就是一种商机，就看能不能保持足够的敏感和好奇，不断地探索和发现。

创业标杆

分众传媒：把无聊生意做到极致

什么地方有“蓝海”？对于不同的人来说，这个答案是不确定的，有的人可能看到的都是“红海”，而有的人却能在红色的边缘看见蓝色的宽阔。

有这么一个人，他叫江南春，在竞争十分激烈的上海办了一家小小的广告公司，每天出入各种各样的大厦，敲开陌生的办公室，费尽口舌地洽谈一些没有着落的广告业务。他忐忑不安地走进一台上升的电梯，几分钟后，又沮丧地等待另一台下降的电梯。就是在这样的等待中，他突然发现，身旁还站着很多跟他一样无所事事、面无表情的白领青年。一天他在等电梯时无意中被电梯门口的一张海报所吸引，海报上是当红影星舒淇。于是江南春突发奇想，如果用17英寸的显示屏来替换海报挂在电梯内，会出现什么结果？

这个发现，让江南春办起了一家中国最成功的电梯传媒公司。江南春没有创造任何新的发明，他的分众传媒也与其他神秘的网络公司不同，没有任何高科技或时髦的web 2.0等“包装”，他看上去也没有什么核心的竞争力——他所干的事情似乎就是，把一些廉价的彩电挂到写字楼的电梯口，然后把广告卖给那些品牌商。

为什么每天有那么多的人在电梯口无所事事，却没有人像江南春那样创办了分众传媒？答案神秘而简单：他是第一个把发呆和无聊看成是商业机会的人。

(5) 风险承担倾向

由于创业者希望在同行中脱颖而出，很多工作是自己以前没有经历过或者没有完全经历过的，创业征途中充满了各种风险。创业者要有冒险精神，要能承受风险和失败。只有敢于承担风险，创业者才能大胆创新，“铤而走险”，实现自己的创业梦想。创业需要冒险，但冒险有别于冒进。无知的冒进只会使事情变得更糟糕，而且会浪费时间和财力。

创业视点

创业者心理特征研究

心理学家麦克莱兰(McCleland)早在20世纪50年代就开始了关于创业者心理特征的研究，通过实验，他得出这样的结论：创业者成就需要得分高。这些成就需要得分高的创业者呈现以下特点：第一，希望承担决策的个人责任，即在解决问题、确立目标和通过个人的能力达到这些目标时，个人敢于承担责任；第二，有冒险的倾向，喜欢具有中等风险的决策；第三，不喜欢日常单调的重复性工作；第四，对决策结果感兴趣。

4.1.2 行为特征

创业者在行为方式上主要有勤学好问，执着，灵活应变，吃苦耐劳，脚踏实地、雷厉风行等特点。

(1) 勤学好问

创业者不满足于现状，经常意识到他们能将事情做得更好，渴望并从不放弃学习和改进的机会。现代社会需要学习型的企业，创业团队在创业初期更需要学习行业内的领先企业、龙头企业。创业团队成员也需要学习精神。学习是保持先进性的重要手段，学习为企业的发展提供了源源不断的智力源泉，只有不断地学习，才不会落后于社会。

(2) 执着

执着是指对自己的创业目标和信念坚持不懈、永不放弃。因为在创业的领域没有捷径可走，只有专心致志、锲而不舍，才能克服在通往成功道路上的危机和障碍。爱迪生指出，成功等于99%的努力加上1%的灵感。他认为，连续的失败只是不断尝试错误的探索性实验，是成功的、创新的过程之一。

创业者的目标明确、定位清晰。对自己所选的行业、所提供的核心产品或服务有明确的定位，所以在创业之初一定要选好自己的目标，做到心中有数。对于认准的目标，能够百折不挠、坚韧不拔、锲而不舍，调动一切有利资源去实现目标。创业者的坚定还表现在抵制诱惑。创业过程中会有不同的变化和诱惑，也会有很多的“插入选择”，比如在与客户的接触中，如果对方提供很好的职位，是否要放弃创业历程；当创业渐进佳境，有大公司提出收购时，是接受大公司的好意，还是继续坚持自己的创业。以上时刻，都是对创业者的考验，需要坚定执着，忠诚于自己的人生计划。

创业标杆

驿力科技创始人陈江峰

驿力机车科技股份有限公司成立于2008年，创始人为陈江峰。作为一家专注于商用车领域节能减排技术研发与应用的高科技汽车零部件公司，公司核心产品之一“商用车发动机智能冷却系统”（简称ATS）已成为行业的统称。驿力科技经过多年的发展，目前已拥有ATS智能冷却系统系列产品自主研发设计、生产制造和销售能力。

然而，陈江峰在决定创建驿力科技时并不被看好，遭到了很多人的反对，并且在创建之初的数年内一直面临着资金困难和技术难题。作为一名汽车零部件行业的新进创业者，陈江峰并没有选择放弃，而执着于自己的目标和信念，一直致力于领导公司研发商用车领域的节能减排技术。最终，在经历数年苦熬、几乎耗尽他的全部积累之后，驿力科技陆续开发出变速电动水泵、电控节温器、智能电动变频空调、智能车厢暖风系统、驱动电机专用冷却油、动力电池冷却系统及其他多项实用技术，并最终整合成一套专业的“智冷大管家”热交换解决方案，得到市场一致而高度的认可，迎来了高速发展。

目前，这家拥有近百项专利、十数项国家级荣誉与资质的省级“高新技术企业”已于2016年初顺利挂牌“新三板”。驿力科技的成功离不开陈江峰的坚持不懈，正是这种执着的精神，让他和驿力科技在业界都拥有良好的口碑，深得客户信任。

(3) 灵活应变

灵活应变指的是创业者对创业方法和路径的选择，要一切从实际出发，根据环境的变化对创业活动做出相应的调整。

创业者需要及时、不断地调整创业战略，但必须围绕主线，不要迷失方向。特别是创业企业，资源有限，务必要做得精而深，忌讳摊子铺得太大、业务分散。比如，不要这山望着那山高，原本准备定位为高档奢侈品的经营，发现另一个竞争者的批发生意做得不错，也立即跟进。很多成功的公司也走过弯路，比如联想，曾进军互联网行业，但因背离企业主线而失败。

(4) 吃苦耐劳

创业的成功需要坚韧不拔、顽强的毅力、吃苦耐劳的执着精神、甘于奉献的献身精神。只有具备吃苦的精神，创业者才能挺过创业的艰辛，取得创业的成功。否则，很容易会半途而废。

(5) 脚踏实地、雷厉风行

创业者有好的创业念头，但只有通过实际行动才能变成现实。巴顿将军曾经说过：

“一个好的计划现在就去执行要比下周执行一个完美的计划好得多。”①如果只有好的创业点子而没有行动，一切就是空中楼阁。

1949 年的一天，井深大到日本广播公司办事，偶然看到一台美国制造的磁带录音机，当时这产品在日本还不普遍，但井深大和盛田昭夫马上意识到这种产品的巨大的潜在市场，就立即买下了产品专利。对他们来说，录音机的电子技术并不复杂，但磁带需要自己制造。经过他们的勤奋努力，仅仅用了一年的时间，就推出了自己的新产品。然而，起初的市场销售状况不好。但井深大和盛田昭夫在困难面前继续改进产品，并积极推销。他们走遍了日本的各所中小学，耐心向老师讲解录音机的使用方法和好处，最后功夫不负有心人，录音机成了人们生活中重要的一部分，井深大和盛田昭夫也获得了创业的成功。脚踏实地、雷厉风行的作风使他们获得了创业的成功。

4.1.3 知识特征

创业者进行投资创业就是希望在某一行业中脱颖而出，这就需要有厚实的知识基础。所以，作为一个创业者，应该具备相应的基础知识和专业知识②。

(1) 创业者应具备坚实的基础知识

创业者的知识层面关系到创业者分析问题、判断问题、解决问题的能力大小和将来企业的发展前途。知识贫乏的创业者，往往心胸狭窄，目光短浅，没有渊博的知识，不能适应时代新潮流的长期需要。创业者应该通晓的基础知识主要有政治学、人才学、组织学、行为科学、经济学、计算机应用、逻辑学、法学、会计学、统计学以及心理学等。这些基本知识为创业者正确分析企业内外的环境和自己的优势、劣势，预测行业的发展趋势奠定了基础，是创业活动开展的必备智力条件。

(2) 创业者应具备广博的专业知识

要想取得创业的成功，把企业做大、做强，创业者还应具备人力资源管理、市场营销管理、财务管理、战略管理、生产管理、物资管理、技术设备管理、质量管理、经济核算、系统工程、领导科学及决策论等专业知识。如果缺乏战略管理知识，创业者在企业发展到一定规模后，就不能正确处理企业的短期目标和长期目标的关系、核心竞争力和多元化的关系，盲目进行多角化、盲目扩张，进入很多自己陌生的行业，而自身资金、人力资源等方面又缺乏支撑，使企业迷失了发展的方向。例如，掌握了人力资源管理方面的知识，创业者就知道如何有效地激励员工、管理员工，帮助他们成长，让员工在实现企业发展的同时实现自我的成长和发展。而具备了财务管理知识，创业者就能正确地了解企业的盈利能力、负债情况、还债能力和融资能力，在创业过程中，就能管理好企业的资本运作。市场营销管理知识能使创业者正确分析产品的行业特征，细分市场，对产品正确定位，找到产品的目标市场，利用产品的生命周期不断推陈出新，为企业创造现金流。总之，专业知识为创业者进行创业企业的正常运转、赚取利润、获得长远发展提供保障。

---

① 陈德智：《创业管理》，清华大学出版社 2001 年版。

② 陶莉：《创业企业组织设计和人力资源管理》，清华大学出版社 2005 年版。

4.2 创业能力

仅有优秀的创业者特质是不够的，要真正实现创业目标，还要有过硬的本领，也就是创业的能力。如果说创业者的特质或潜质还或多或少有些先天因素，需要认识自己、激发自己，判断自己是否适合创业，那么创业能力则与其他专业技能一样，完全可以通过有意识的学习和训练加以掌握。

创业能力是一种多方面的综合能力，直接关系到创业的成败。创业能力不仅可以帮助创业者把握创业机遇、进行有效的创业决策、实施创业计划，而且有助于创业者在创业过程中克服各种困难、战胜各种挫折、解决各种问题、增强心理素质。

4.2.1 领导能力

领导能力是创业者最重要的技能。创业是开创全新的事业，作为一个新组织，大部分事情没有成熟的方法和方案，也没有以往的资料可以参考，所有的事情都要自己开拓创新，所有的管理制度等均需要重新建立，几乎每件事情都要通过自己的思考制订计划，努力执行。更大的难度还在于，创业者不仅要在无人指导的情况下管好自己，做好自己的事情，还要同时带好团队，带领、指导、激励团队成员，为达成目标而共同努力。这也是创业者特别是青年创业者最大的挑战。

创业领导力也不同于一般的管理能力。一般企业管理，有明确的奖惩制度，有激励也有处罚，管理更多是对制度的执行、驾驭能力。而创业者一般还没有赏罚资源，更多的是一种人格魅力，是一种影响力，是创业者影响一个群体实现创业目标的能力。对创业的领导过程，其实质就是对整个创业活动施加影响的过程。因此，强化创业团队信任、团队沟通，提升团队凝聚力，促进团队协作，发挥团队的整体力量，正是创业领导能力的体现。这种影响力是创业领导能力的核心。

4.2.2 学习能力

快速学习能力是创业者必备的重要技能。创业者的学习能力一般包括：(1) 直觉和预见。创业需要一定的预见性，这种预见性往往一时找不到理性和客观的论证，难以使外人理解和接受，但是创业者要能够见微知著，从小细节中发现问题。(2) 分析和综合。创业者需要通过众多繁杂的、千头万绪的现象，对材料进行综合归纳处理，发现其后隐藏的真实本质；综合各种相关因素和潜在信息，逐步理顺各种矛盾关系，找出主要症结。(3) 推导和总结，创业者需要根据现状，依照逻辑关系，判断事情发展的内在规律和趋势，探索客观物质变化的新动向或新规律，果断采取行动；同时，创业者要不断总结经验，快速积累，形成规范，为今后创业中遇到类似的问题做好准备，提高和改善行动的效率和效果。

对创业者而言，学习能力中包括一种极重要的形式——失败学习能力。俗话说“失败是成功之母”，但失败不会自动变成成功，要把失败经验变成迈向成功的基石，只有勇于挑战、不畏失败的特质和心态是不够的，还要有从失败中学习的能力和方法。

4.2.3 沟通能力

沟通能力包含表达能力和交际能力两个方面。创业是一个交流的过程，需要和团队、投资人、客户、供应商等各个团体沟通。

表达主要是自我的一种展示，将自己的想法和思想充分、精准、高效地传递给听众对象，对创业者的书面表达和口头表达能力均有很高的要求。

(1) 口头表达能力。很多时候，投资者、客户等都是非常忙碌的，每天阅读的创业计划很多，时间有限，如果得到当面介绍自己项目的宝贵机会，创业者需要能在很短的时间内逻辑缜密、条理清楚地表达，把握关键、直击重点。

(2) 书面表达能力。在无法见面的情况下，创业大纲、创业计划书、PPT 等都是非常好的展示项目的手段。

"君子欲讷于言而敏于行"，但对创业者而言，既要敏于行，又要敏于言。对客户，需要简洁明了地介绍自己的产品或者服务；对团队成员，需要准确表达自己的想法和指示，能够让团队及时、准确、清晰地了解自己的意图，词不达意不利于创业项目的执行。

沟通能力还不只是语言、文字的表达，还包括包容、感染他人的交往能力。以往人们总是强调自主创业，但如今这种观念正在改变，人际关系在创业中的作用逐渐加大，人脉圈日益成为创业信息、资金、经验的"蓄水池"。扩大社交圈，通过朋友掌握更多信息、寻求更大发展，日益成为成功创业的捷径。

创业视点

电梯演讲

假设有一天，创业者在乘坐电梯时遇见了重要客户或者投资人，在电梯运行的短短几十秒的时间里，创业者能否抓住这个宝贵的时机，在最短的时间里言简意赅地讲述清楚自己的创业计划，引起客户或者投资人的浓厚兴趣和高度重视呢？源于这样的情景假设，诞生了电梯演讲这个训练形式。电梯演讲的参与者进行 60 秒的演讲，锻炼参与者抓住重点、善于归纳、直击主题、直奔结果，极大提高口头表达能力，同时现场嘉宾、观察员、观众与参赛选手互动，相互启迪，打通从创意、创新到创业的思维通道，诞生多个创业想法。

4.2.4 整合能力

整合能力是创业的本质属性，也是创业者必备的核心能力之一。创业过程就是资源聚集与整合的过程——整合创业资金，整合优质产品，整合推广渠道，整合各类人才，整合社会各类资源。在创业的进程中，资源整合的能力要比个人的专业知识、素质都重要。比如，马云和刘强东均是文科背景出身，不是电子商务或者互联网方面的专家，但两人最大的长处就是整合资源，挖掘最能胜任的人和团队，去争取最大成功。

实际上，资源无处不在，但是资源不一定是聚集的、显性的，更可能是零散的、隐性的，还需要创业者去发现和运用。对待同样一种资源，由于个人能力不同，对资源价值的认识也就不尽相同。所以，创业者心怀欣赏、勤于思考、努力培育独到的眼光和敏锐的观察能力，资源才会层出不穷，这是确保资源整合实现并取得实效的首要前提；同时，只有做到勤于学习、提升资源利用的效率，创业者才可能少走弯路、少交“学费”，把有限的资源潜能发挥到最大限度、达到最优效果。

4.2.5 决策能力

创业过程中有很多选择，需要做出很多决策。特别是创业决策，往往缺乏成熟企业的决策条件，如充分的信息、严格的调查、严谨的过程，创业很多时候需要在危机时刻或紧要关头当机立断，决策的风险性在创业过程中体现得尤为突出。从一定意义上讲，创业的风险和收益的大小是成正比的，风险大，成功了，得到的利益也越大，收益就是对人们所承担风险的补偿。一点风险都不敢冒的决策，绝不能算高明的、卓有成效的决策。这也正是创业的独特魅力和吸引力所在，也是为什么创业投资又被称作“风险投资”的原因所在。

创业决策勿求十全十美，不想有任何挫折或失误，只能作茧自缚。只有注意把握大局，权衡出利弊得失，当机立断，才能尽快达到理想目标。事情都清楚了才去“决策”，算不上决策。条件完全具备之际，往往是最佳机会消失之时，一味追求完善，就会坐失良机。对创业而言，只要有60%以上的把握就应当敢于决策，并有信心去行动。

创业决策是一个动态过程，一般也是一个系列决策。创业者的第一次决策或多或少都带有一定的主观色彩，不可能绝对准确；而且，第一次决策本身就带有试探性，要根据决策的实际效果，必须做好不断调整、修正、完善的思想准备。

创业决策虽然是一种“风险决策”，但是绝不是盲目冒险，而是一种科学判断的行为，对所掌握的风险材料或情况进行分析、预测，便于了解更多的可测风险和可防风险，力争把决策范围内的风险降到最低限度。

4.2.6 执行能力

创业不仅需要“想”，更要“做”。创业不仅要有梦想、有计划，更要有行动，付诸实践。没有执行力，没有变成实际创业行为，再伟大的创业计划也只能是“纸上谈兵”，也只能是“躺在文件柜里的计划书”。松下幸之助说：“一个企业的成功，20%在策略，80%在执行。”杰克·韦尔奇说：“企业目标达成的关键就在于企业的执行力。没有执行力，一切都是空谈。”执行力就是把想法变成行动，把行动变成结果，从而保质保量完成任务的能力。

在创业执行中，需要尤其克服拖拉作风，这是创业的大敌。创业的机会往往十分宝贵，稍纵即逝，拖拉的做事风格往往导致低质量的工作效果，甚至因为无法在最后的期限完成指定的任务，而一次次失去成功机会。

创业视点

创业特训

创业是一个实践性、操作性极强的行为，如同在水中才能学会游泳，创业不能只满足于课堂上学习创业知识、参加创业大赛模拟等，要能够投入真正的"商战"中，在创业实践过程中学会创业。执行力的关键是对任务的限时完成，"创业周末"训练有创业意愿的同学在48小时或者72小时内组成自己的团队，就某个创业主题开展封闭式、爆发式的讨论，在专门导师的指导下最终使自己的创业想法变为现实。实践表明，这种在一定时间限定内，迅速激活创意想法并马上落实的形式，对训练创业者的执行能力、克服拖拉习惯有显著成效。

创业者不仅要是某方面的专家，还要是一个"杂家"，能够应对各种挑战。以上强调了创业者不同于一般管理者的能力要求，或者说是突出需要的能力。此外，创业者还需要具备任何领导者所具备的通用能力，比如洞察能力、分析能力、推导能力、逻辑判断能力、归纳总结能力、把握重点能力等；需要具备企业经营发展的通用知识，比如财务知识、市场知识、营销知识、人力资源知识、物流管理知识等。创业是一项高度综合、复杂的工程，难度远超一般任务，这也是大学生创业率低、创业成功率更低的原因所在。要想在激烈的竞争中成为一名成功的创业者，需要超凡的智慧、勇气和能力，只有不畏艰辛的少数人，才能到达创业成功的光辉顶点。

4.3 创业伦理

案例导读

鲨鱼在线为何倒闭

鲨鱼在线音乐网(Grooveshark)成立于2006年，是一个为数不多的面向欧洲的免费在线音乐搜索试听与存储服务网站。与其他在线音乐搜索引擎不同的是，在鲨鱼在线音乐网，只有一小部分音乐有版权，绝大部分音乐来自用户上传。因此，鲨鱼在线一直被诉侵权。

虽然官司不断，但它总能利用好"避风港原则"不让自己陷于险境。只要不被抓到它本身参与到网站上侵权内容的制作，就能一直这么躲避下去。"避风港原则"实质上是法律对网络服务商提供的特殊保护，最早在美国《千禧年数字版权法》(DMCA)中提出。"避风港原则"指的是，对于无法实时监控用户生成内容的互联网服务提供商来说，若发生涉嫌版权问题的指控，只要及时删除或下架相关侵权内容，即可不承担侵权责任。这给了很多互联网产品以 UGC(User Generated Content，用户原创内容)的名义绕过版权门槛的机会。

然而，2014 年年末的一场诉讼中，鲨鱼在线被判定"指使自家员工上传音乐到音乐库中"。这让它瞬间面临巨大危机。随后在 2015 年 3 月的诉讼判决上，法官判断，鲨鱼在线在滥用"避风港原则"为自己的侵权行为找借口，它的情况不适用于"避风港原则"。这让鲨鱼在线瞬间面临数亿美元的赔偿。之后，2015 年 5 月就发生了鲨鱼在线宣布倒闭的事情。

（资料来源：http://36kr.com/p/532494.html.）

诚信、诚实、诚恳是一个企业生存和发展的根基，案例中的鲨鱼在线音乐网从创业之初就违背了这一原则，虽然凭借其他手段生存了十年，但终究难逃倒闭的结果。没有良好的品德，时刻只为自己的个人利益，肯定无法创立企业；即使能够建立企业，最终也难免昙花一现，生命力不长久。创业者只有对顾客、对社会、对员工诚信，顾客、社会和员工才会为企业的发展锦上添花，企业的发展才有土壤。诚信、诚实、诚恳是创业团队的道德要求。在创业初期的短时、投机行为将埋下"定时炸弹"，这样的创业行为必然无法长久。创业者必须在项目选择、团队利益分配和创业经营三个方面严守伦理要求，为企业长远发展打下基础。

4.3.1 创业项目选择中的伦理问题

(1) 模仿的尺度

适度的模仿是成长的捷径，但是需要把握尺度。比如乔丹体育，"搭便车"借用美国知名篮球明星的形象，利用人们的认知惯性故意模糊企业形象、混淆品牌概念，这样的做法可能会对创业起步有所帮助，但同时必然埋下重大隐患，当企业逐渐有影响力时，其负面效果也逐渐显现，导致创业的不可持续，甚至是对企业发展的致命打击。

还有很多更为恶劣的案例，如模仿"雪碧"的包装设计"霜碧"等，已不再局限于打擦边球的程度，而是涉嫌生产假冒伪劣产品。此类问题，创业伊始就需要格外注意，在参考、借鉴、模仿的基础上加以创新、区别，切勿以"山寨"为荣。

(2) 项目的来源

由于缺乏对社会的了解，大学生一毕业就能创业是极少数的，很多有创业意愿的大学毕业生会选择先到企业工作两年，积累行业经验、管理经验和人际关系网络，然后再开始创业，这是非常合理、有效的创业路径规划。需要注意的是，如果自己的创业领域、业务与曾经工作的公司相同或者非常接近，需要符合竞业禁止的原则，不能将原公司拥有的技术等照搬、照抄，不能出卖原公司的有关秘密、利益等；同时，创业过程中也必须正当竞争，拓展客户，切勿过度“挖墙脚”。

名词解读

竞业禁止

竞业禁止又称竞业避止，是对与特定的经营内容有关的特定人的某些行为予以禁止的一种制度。竞业禁止的限制对象负有不从事特定竞业行为的义务。这种义务的产生原因有二：一是基于法律的直接规定，如公司法对董事、经理等的竞业禁止义务所做的规定；二是基于当事人之间签订的竞业禁止协议约定，此类协议通常用于保护雇主的商业秘密。

图片来源：www.gtobal.com

许多大学生的创业项目来源于导师、实验室的项目或者研究成果，有些确实学生直接参与了，但需要注意的是，参与这些研究工作不代表可以任意使用相关成果，而需要及早明确权益归属问题。如果是导师拥有或者共同拥有，需要全部发明者的明确允许，并对由此产生的利益进行合理分配；同时，更有可能涉及职务发明的问题，如果确属职务发明，那么不仅要得到发明者的允许，还要得到所属单位的明确授权。

（3）知识产权观念

创业者在设计创业项目时应考虑自身产品、模式、外观、商标和技术等是否存在侵犯他人知识产权的问题。由于我国知识产权制度尚不完善，以及人们的知识产权观念淡薄，在创业过程中常常会出现知识产权方面的麻烦或问题。尤其是当前互联网创业热情持续高涨，但我国互联网制度还不完善，创业者更加需要增强知识产权意识，避免在创业过程中有意或无意地侵犯他人知识产权，导致承担经济赔偿以及法律责任等。

（4）环境友好责任

创业项目应该选择环境友好、节能环保的发展方向，避免高能耗、高污染、有毒有害等对环境发展有负面影响甚至破坏的项目。大学生尤其应该通过自己的知识和技能开展科技型、引领型的创业，比如，不少学生选择新材料、新能源作为创业方向就是很好的趋势，如可降解塑料、生物农药、软性陶瓷、农药残留检测等，通过自己的技术研发提高生产效率，改进和提升产品和服务的质量，同时解决现有原材料含有毒性成分、加工过程有污染等问题。

不是所有的要求都是正当、合理的，也不是所有机会带来的利益回报都是光明正大的，作为一个创业者，要明辨是非，选好创业项目。

4.3.2 创业经营中的伦理问题

创业警示

俏江南风波：谁不满意谁？

创业者与投资人的关系是一对天然的矛盾体，他们如何将最开始合作时的“情意”进行到最后，而不是过程中产生摩擦的“敌意”？

2011年8月，俏江南创始人张兰接受媒体采访时称，“引进鼎晖是俏江南最大的失误，毫无意义”，“他们什么也没给我们带来，那么少的钱稀释了那么大股份”，“经济已经出现复苏迹象时钱还没完全到账”。张兰说，她早就想清退这笔投资，但鼎晖要求翻倍回报，双方没有谈拢。

“他们一直在吵架”，一位熟知鼎晖投资与俏江南交易的知情人表示，“某种程度上，鼎晖认为他们陷入了陷阱”，主要原因是“张兰当初放下的豪言均未实现，伦敦、米兰、台湾开店的事情未见结果，鼎晖对于俏江南的业绩增长不认可，而且第二次上会又遭否定，证监会都不给意见。自从A股上市遇阻以后，俏江南反而认为自己不急了，所以对于‘世界级’的扩张计划更是不再提起，但从投资人的角度而言，鼎晖肯定要急了”。上述知情人透露：“双方一直不和，坊间有各种传闻，据说张兰认为，那么一点钱没帮上什么忙，还想有话语权？”

反目的案例不止俏江南一个。投资人阚治东认为，每次投资都像与企业谈恋爱，如果谈得好，会演绎出一场风花雪月的故事；如果谈不好，双方都会黯然神伤。

任何一个企业和社会组织都是存在于环境之中的。创业企业自然也不例外，在创业的过程中，需要和各方面打交道，包括那些直接或间接影响创业的群体，也就是一般所说的利益相关者。

(1) 遵守投资契约

创业起步阶段，各种资源都很匮乏，创业者最看重的外部资源必然是资金、场地和有经验的导师，而资金问题又是重中之重，如果能引入投资，就可以租用场地、获取咨询，同时解决扩展员工队伍、扩大产能、加强研发等问题。尽管有政府税收减免等优惠措施，也有银行的中小企业贷款，但在实际操作中，由于创业企业存在极大风险，能够得到上述支持的过程非常不易，能够得到上述支持的企业数量少之又少，由此产生了一类专为创业者融资、投资的人和机构，也就是天使投资。天使投资的门槛较低，有时即便是一个创业构思，只要有发展潜力，就能获得资金。对刚刚起步的创业者来说，天使投资人是创业起步阶段的最佳融资对象。

“天下没有免费的午餐”，毫无疑问，无论是天使投资还是风险投资，既然是投资行为，就必然需要利益回报。创业者和团队，必须审慎决定是否引入投资，融资越多意味着要出让的股权或其他利益越多,需要结合创业发展阶段的真实需求科学测算融资需求,避免不必要的利益出让,不要饮鸩止渴,为了眼前的难关而忽视未来长远利益,不要为了解决一个问题而带来更大的问题。在具体引入投资时,创业者需要慎重识别创业融资的性价比,出让何种利益,认真谈判,据理力争,稳妥地约定投资形式和回报形式。

一旦形成相关的合作约定,创业者应该也必须积极履行商业契约。创业者和投资者两者的利益和目标是一致的,创业者自然希望自己的企业快速发展;对投资者而言,创业的成长也是他们最愿意看到的,只有创业成功,两者才能得到收益。所以,尽管在具体经营中难免出现不一致的想法,但仍要求同存异,实现最大的价值判断;反之,恶语中伤、相互拆台,甚至最终对簿公堂,得到的只能是两败俱伤的结果。

(2) 创业过程中的恰当经营

创业者在资本运行、产品研发、市场拓展、营销推广、客户关系、政府关系等方面都必须遵守创业伦理的原则。

创业的资本来源应当符合法律规定,创业者必须要在法律允许的范围内进行融资,不得采用高利借贷、非法集资等形式;创业企业的经营过程要完全按照市场化的标准,提供优质低价、富有竞争力的产品和服务,必须保证产品或者服务的质量,不能因创业起步而提供品质粗糙、存在瑕疵的产品或者服务等;创业成本压缩,应该源于创新和优化,而不是偷工减料;企业的发展描述、产品和服务的描述需要符合实际,没有过度包装和夸大;创业的市场推广和客户开拓要采用创新、创意的方式,不能采用购买客户隐私资料、发送骚扰短信等模式;创业企业在发票开具、税款缴纳等方面也要严格要求,除了合理避税和享受创业企业的扶持政策外,应依法纳税、诚信经营。客户、供应商、经销商等这些公司经营中必要的、重要的群体,应以礼相待,实现双赢。

创业者与其他任何正式经营的商业组织一样,应当时刻注意法人意识,规范经营,开展符合经营范围的业务,在财务、发票、税务等方面加强管理,对消费者、供应商、分销商、社区、环境等各方面的利益相关者都要履行相关的责任和义务,根据企业的不同发展阶段、实力等,可以有不同的履行程度,比如无法更多地参与社会慈善等,但基本的伦理要求是创业公司必须遵守的,切勿以创业作为自我安慰或者借口,有意或无意地回避、忽视企业伦理问题。

4.4 创业决定

4.4.1 创业启动决定

创业是一个艰辛的历程,对生理、心理都是巨大的考验。在正式迈出创业步伐的时候,请再次确认,你准备好了么?这里所讲的创业决策是关于创业行为的重大决定,包括是否开始创业、采取何种创业形式、什么情况下需要终止创业等,而非具体的创业经营决策,如营销策略、产品定价、推广渠道等。

创业标杆

曹一纯的创业决定

新能源汽车充电共享平台e电充成立于2015年，由上海财经大学匡时班学生团队建立。“我自己是绿色环保发烧友，2012年买了电动汽车，2013年安装了太阳能屋顶，自己建立了一个绿色能源驱动绿色交通的示范点，2014年建立了一个公共的、大的太阳能屋顶，然后和新能源汽车公司合作，推广新能源汽车。”在被问及e电充是如何一步步产生时，e电充的创始人之一曹一纯这样说。

最初，他只是从自己出发，公益性地推广绿色能源，但是在推广过程中，他渐渐发现这种公益推广模式的不足。他发现，现在社会电动汽车的需求很多，但是要解决充电桩问题的难度又很大，想要影响更多的人，让新能源普及需要更多人的努力。2015年正值李克强总理发出“大众创业、万众创新”的号召，鼓励和支持人民大众创新的浪潮兴起，离开校园6年的80后创业者曹一纯，抛下了公务员“铁饭碗”，报名参加了上海财经大学创业学院的“匡时班”，他计划开发一款帮助用户尽快找到电动车停车位的APP，并用一种有效的商业模式来推动绿色环保，打造社会绿色企业，进而形成一种改变社会的商业模式，在实现自己价值的同时，推进社会向高效、有序的方向发展。因此，他设计开发了帮助用户尽快找到电动汽车停车位的“绿色翅膀停车充电共享项目”(e电充)，扫描二维码关注微信服务号并共享位置，系统将按距离远近推荐空闲充电桩车位，充完即可通过微信支付。

曹一纯的创业并不是一时的头脑发热，在真正出来创业之前，关于怎么推进绿色能源的想法一直都在他的脑海里孵化着，他的想法也和很多绿色发烧友及其他朋友交流过。之后在上海财经大学创业学院形成了系统化的解决方案，通过引入律师、会计师、投资中介、咨询公司等外部人、财、物资源，以及对接投资机构与孵化平台，上海翼电信息科技有限公司逐步成立，绿色翅膀停车充电共享项目也一步步走上正轨。

创业决策中最重要的是理念和观念，这是决策的基础。创业者需要正确理解创业，避免因为狭隘和误解而走入决策误区。

(1) 端正创业动机，处理好个人成长和项目成功的关系

创业必须有这样的心理准备，创业者不一定是CEO。创业是为了获取项目的整体成功，为了团队全体成员的共同成功，不是以创业者个人成为团队的最高领导作为创业成功的标准。尤其是对于大学生创业，需要一个成长的过程，创业尤其需要开放的心态，未必创业全部成员都是大学生，更不要强求大学生作为行政负责人。

(2) 明晰创业目的，处理好生活目标与创业过程的关系

创业是人生的一种尝试或者一段经历，但不是生活的全部，不要为了所谓的成功，而忽视了生活的其他方面。创业者要想明白此次创业究竟要达到何种目的，正确处理创业这个“手段”和生活这个“目标”的关系。

（3）选择创业形式，处理好创业起步和长远发展的关系

创业的主要形式是自己从无到有地开办一家独立企业，这是最经典的创业概念，但这并不是唯一的方式。适合大学生创业的形式还包括继承家族企业创业、加盟连锁品牌创业等。

以加盟创业为例，依托和使用著名公司的品牌、产品、渠道和客户群，能够较好地降低创业门槛，加速创业起步，同时吸引客户人群，熟悉行业规范、获得资金积累，逐步掌握必要信息和要素，条件成熟时就可以开设自己的企业，逐步走向独立创业。

创业者确定创业形式后，还需要检查创业条件的准备是否充分，包括：

（1）身体准备

在生理上，创业者和团队成员需要身体健康、精力充沛。创业开始，尽管事务繁杂，也要尽量保持有规律的生活，积极锻炼身体，养成良好的饮食、运动、作息等习惯，只有这样才能应对创业这个“持久战”。

创业警示

春雨医生创始人去世

图片来源：和讯网

2016 年 10 月 6 日 18 时许，移动医疗平台春雨医生发布其创始人、CEO 张锐离世的消息：北京春雨天下软件有限公司（春雨医生）创始人兼 CEO 张锐先生，因突发心肌梗死，不幸于 2016 年 10 月 5 日晚在北京去世，享年 44 岁。

2011 年，张锐从网易副总编的岗位上离开，赶上了移动互联网的首波创业风潮。2011 年 7 月，春雨医生正式上线，推出“轻问诊”服务并赢得首批用户。至 2016 年 6 月，春雨医生已完成 Pre-IPO 轮 12 亿元融资，2015 年线上问诊业务实际收入 1.3 亿元，盈利 3 000 万元，计划分拆打包上市，但在 A 股并购或者新三板上市两大方案中犹豫。

创业者需要自身减压，需要懂得关爱自己的生命与健康。优米网创始人王利芬 10 月 6 日晚间发布的悼念张锐的文章中提到：“各位想创业的朋友，想清楚了，你究竟要不要创业？这是一条真的难走的路，它剥夺了太多的原本应有的生活美好时刻，特别是那些融资金额高、看起来估值高的公司创始人，其内心的焦虑只有他们发绿的脸色、身体包藏着的各种疾病能丈量。”

（资料来源：http://news.163.com/16/1007/20/C2Q6UDC70001124J.html.）

（2）家庭准备

创业之初，需要全部精力的投入，难免影响家庭生活，同时创业的风险也必然涉及家人，所以家人的理解、帮助和支持是创业者前行的动力和必要保证。创业前，一定要和家人反复沟通，尽可能得到家人的理解和支持，没有后顾之忧，避免“后院起火”。

(3) 团队准备

创业团队的核心成员已经全部到位，能够全身心投入创业。比如，如果有工作而辞职创业，那么是否已经完全离职并渡过竞业禁止期；团队成员中每个人已经有合理的分工，重要岗位和事项有明确的责任人。

(4) 项目准备

创业前需要精心准备，制订创业计划，通过市场调查、产品测试等环节，拿出成熟的产品和服务，力争做到一击即中、一炮而红。

(5) 政策准备

为支持大学生创业，国家和各级政府出台了许多优惠政策。对打算创业的大学生来说，了解这些政策，才能走好创业的第一步。如税收减免优惠、免费场地供给等，熟悉和利用好这些政策能使创业事半功倍。此外，工商注册等流程知识和创业法律知识都要有所准备。

(6) 资金准备

创业起步阶段的资金要把握适度原则，够用就好。很多创业者误把融资多少当成创业是否成功的标准，总觉得越多越好，这是一种误解。融资的额度越大，企业的债务压力或者要出让的利益也就越多；同时，过多的资金也容易使创业者放松警惕，大手大脚，导致现金流失控。

(7) 场地准备

创业所需的必备物理空间已经到位，并且相对稳定。在物理空间上，创业场地需要适时、适度，适合创业发展阶段的需要。谨记，伟大的企业都有一个不起眼的起点，很多伟大企业，如苹果、谷歌、迪士尼等都诞生于车库。

最后，关于是否创业、什么形式创业，除了正面思考，还要逆向思维——创业一旦失败，损失是可以承受的吗？创业决策是一个不确定性决策，必然带有风险性，创业必须仔细衡量创业失败可能带来的损失，判断自己是否有足够的承受力。这种判断可以从现实成本和机会成本两个角度加以考虑。

创业失败的现实成本是指创业者由于创业失败而承担的物质财富、心理情绪等各方面的损失。物质成本是指创业者由于创业失败而遭遇的个人财务损失。因为创业者会把个人资源投入新企业，并将个人财富与新企业价值捆绑，因此，创业失败会给创业者个人造成很大的财务损失，包括创业者投入新创企业的个人资本与资源、个人负债与贷款以及个人收入等；除了造成经济损失以外，还会给创业者带来负面的情绪影响，如悲伤、绝望、愤怒等，并且降低创业者的自信、自我效能感、风险承担倾向，伤害创业者的自尊心以及与他人的关系。

创业失败的机会成本是指创业者的资源（如资金、精力、时间等）用于创业而放弃用于其他机会（如就业）时，所可能损失的最大利益。比如创业两年却失败，那么如果同样两年时间在大企业工作所能获得的收入就是机会成本。

在创业损失评估方面，创业者需要注意，不仅仅衡量创业行为本身，而是要站在生活价值的角度思考，如果创业失败，但是这段宝贵经历对创业者是人生的一笔财富，那么创业者便可坦然接受，无须追悔和懊恼。

以上可以作为创业者的自我对照检查表，如果你已经在思想认识、条件供给和心理承受上都做了相应准备，那么祝贺你，可以扬帆启航，放手一搏！

4.4.2 创业退出决定

创业标杆

邓锋：从创业英雄到风投高手的转身

图片来源：搜狗百科

非典型VC（风险投资者）邓锋显然不是一个简单的VC投资人：他是天生的创业者，几乎踏准了人生道路的每一步。20世纪80、90年代，他在国内创业时，几年就赚到了父母一辈子都赚不来的钱，正当事业蒸蒸日上时，却为爱情选择出国留学；他在英特尔公司干得如火如荼，股票期权的数量不断翻番，英特尔股票股价也连年暴涨时，邓锋选择了放弃这些，和他的团队一起创办了NETSCREEN，最终以42亿美元的高溢价出售。

很多中国企业家无法理解邓锋卖公司的行为，在他们看来，卖公司就像卖自己亲生儿子一样难受。“其实我卖公司也难受，对一手创办的公司是有感情的，”邓锋坦言，“但是要对自己的股东和员工负责，必须要为他们考虑，使他们的利益最大化，我们卖企业不是因为企业不好，而是在最高点卖的，对方给我们的出价比股票市值高出60%。不能说公司专属于你，这就是硅谷的企业文化，在这里，分享很重要。”

2004年后，邓锋离开了硅谷，回到了中国，创办了北极光创投，做起了天使投资人。这位当年的创业英雄，如今成了创业者的导师。“我不再是英雄(Hero)，而是要塑造英雄(Support Hero)”，他反复强调，对投资回报率他要求不高，但一定要做个快乐的投资人。

(1) 创业需要恰当的出口

创业是一个过程性的事件，必须要有一个“出口”，结束创业阶段。在创业的退出决策上，最重要的仍是理念和观念，正确理解创业，特别是创业成功，不要将创业成功的标准狭义化，产生错误的决策依据和思路。

① 持续自己经营

创业者自身持续经营公司，使其不断壮大并成为终生事业，一般被认为是创业最为理想、最为成功的出路。

如果创业项目高速发展，能够支撑和满足未来的生活、家庭、事业需要，那么创业者可以做出长久经营的准备。此时，创业需要注意“打江山”和“守江山”的差别：一方面，企业要保持创业精神，不断创新，持续进步；另一方面，也要逐渐步入正轨，比如创业期间的部分优惠政策逐渐退出，需要寻找新的政策支持等；随着企业规模、员工人数、业务量的增加，做好管理方式的转变，比如从亲力亲为逐步转为授权方式等。

最后，如果选定持续经营战略，创业者需要进一步明确下一阶段或者最终的目标，如创业最终以上市发行为目的还是保持私有化，这其中涉及创业团队成员的切身利益，必须及早明确，统一团队的思想。

② 出售、转让、委托

不是每个创业者都以创业为终生职业，创业只是人生中的一段重要历程。很多欧美国家创业者的目标就是创业企业出售后实现财务自由，之后根据个人的兴趣，或者开始一段全新的创业历程，或者提早退休、周游世界，或者成为天使投资人帮助青年创业者。

但在中国，受到传统文化的影响，创业者在观念上对创业成功的界定一直比较单一，通常把创业企业永久经营，乃至传给自己的子孙成为家族企业作为创业的唯一出路；或者认为只有创业企业上市才是创业成功的标准。这样的观念必须得到扭转。

事实上，创业的“出口”有很多种：可以彻底出售，如被同行业的竞争巨头收购、并购，自己获得现金回报，彻底脱离公司；也可以部分转让，获得部分现金，同时保留股份，获得可持续的股权分红和对公司发展重大决策的发言权；还可以委托经营，为了更好地管理和发展公司，创业者自己退出管理一线，聘用职业经理人团队，专做控股股东等。

这些都是正常的创业“出口”，而不是创业失败。

(2) 创业中止与终止

创业终止是一个令人痛苦但无法回避的话题，如果创业确实难以为继，那么及时止损也是非常重要和正确的创业决策。

① 设立创业止损点，区别真假危机

创业道路崎岖不平，必然不会一帆风顺，遇到问题，究竟是真的无法度过的创业危机，还是正常的经营困难？创业者应该锲而不舍，不轻易放弃，还是应该及时退出，把损失降到最小？这是一个辩证关系。比较便利的方式是根据承受能力，设置创业止损点。创业的止损点一般为可承受的最大风险，如最大可承受的经济损失、最多可承受的时间消耗。

在达到警戒点或者止损点之前，创业者应该坚持不懈、不轻言放弃，遇到困难，创业者应该及时调整经营策略，开源节流，如降价促销、回笼资金；同时，减少不必要的业务，减少相关人员，控制成本支出。

创业的每一天都是有成本支出的，包括精力、时间、租金等，在创业之初设立一些警戒指标，如果已经触碰创业的止损底线（如绩效底线，收入水平连续低于某个指标，或者现金流耗尽）或者时间底线（如创业三年，无法实现预期目标），就必须理智判断，及时终止创业，及时就业，或者等待时机，重启创业。

② 当机立断，果断行动，终止或者中止创业

创业需要激情，也需要理性；需要坚持，也需要撤退。究竟应该暂停或者暂缓创业进程，保存实力，以图东山再起，还是彻底结束创业历程，及早另找出路，需要结合创业受挫的具体情况进行具体分析，找出本质原因后做出决策。

如果是由于行业的重大变化等创业环境改变而导致的创业机会消失等外因，那么创业者可以暂缓或者改换创业方向。比如，2003 年的“非典”疫情中，人们避免出门、避免聚

集，导致旅游行业、餐饮业的大萧条，网络订房、订餐等创业项目受到重大打击，只能暂时停止；而互联网创业项目、电子商务等却迎来重大发展机遇，一些网站顺势而为，改为主营网上购物，充分利用快递或者邮寄可以避免出门以及人们在家恰好读书的机会壮大了自己。

如果创业者自身的特质和能力与创业要求不符，就需要及时终止。谨记"适合的，才是最好的"，重新认识自己，另择发展道路。

创业中止或者终止，难度不在于行动上，而是在于思想上、心理上能否接受。面对创业遇挫，创业者在心理上必然很难接受，需要做好心理疏导，不要有心理负担。

本章要点

1. 创造者在进行创业选择时，需要认清自身的特质和能力、考虑创业伦理、选择恰当时机启动创业或退出创业。

2. 创业者的成长背景、创业动机和创业行业完全不同，但是他们却都在心理、行为和知识等方面具有共同的特质。

3. 创业是创业者主导下的综合的、复杂的管理活动，对创业者的能力有较高要求，包括领导能力、学习能力、沟通能力、整合能力、决策能力、执行能力等，创业者必须学习和训练自己掌握这些技能，创业才可能取得成功。

4. 创业企业由于处在起步阶段，实力弱、影响小，伦理问题常常被忽略或遗忘。但伦理问题作为创业的基石，会影响到日后的长远发展，从创业项目选择到创业项目经营中都要加以重视。

5. 创业是个重大决策，需要审慎思考，认真准备。对于创业有全面、正确的认识，明确创业目标、选择恰当方式，实现创业梦想；创业中，要及时评估进展，胜不骄，败不馁，或者及时选择合适的创业出口，兑现创业利益；或者及时终止，将损失降到最低。

思考题

1. 判断自己是否具备创业的基本能力，思考通过怎样的学习和训练计划提高这些能力。

2. 结合创业伦理，重新审视自己的创业项目。

3. 判断自己是否已经做好创业的身心准备。

延伸性阅读

[1] Mueller, S., Volery, T., & Von Siemens, B. (2012). What Do Entrepreneurs Actually Do? An Observational Study of Entrepreneurs' Everyday Behavior in the Start-Up and Growth Stages. *Entrepreneurship Theory and Practice*, 36(5), 995-1017.

[2] 杰弗里·蒂蒙斯著,周伟民译:《创业者》,华夏出版社 2002 年版。
[3] 史蒂夫·布兰克、鲍勃·多夫著,新华都商学院译:《创业者手册:教你如何构建伟大的企业》,机械工业出版社 2013 年版。
[4] 陶莉:《创业企业组织设计和人力资源管理》,清华大学出版社 2005 年版。
[5] 汤淑琴、蔡莉、陈彪:《创业者经验研究回顾与展望》,《外国经济与管理》2014 年第 1 期。

第5章 创业机会

关键词

创意开发　机会界定　机会来源　机会识别　机会筛选

学习目标

学完本章后，你应该能够：

1. 明确创业机会的定义和特征；
2. 理解创意和创业机会的关系；
3. 列举创业机会的来源；
4. 明确创业机会识别过程；
5. 掌握创业机会识别方法；
6. 解释影响创业机会识别过程的因素；
7. 理解创业机会的评价框架和筛选标准。

善于识别与把握时机是极为重要的。在一切大事业上，人在开始做事前要像千眼神那样察视时机，而且进行时要像千手神那样抓住时机。

——培根

案例导读

互联网婚纱摄影平台——寻拍

寻拍，互联网婚纱摄影平台，线上下单，定金199元，线下完成拍摄后付款。2015年开始转型专注婚纱，几个月跑通流程，2016年4月平台实现盈利。2016年6月，寻拍完成B轮融资，由新丽传媒CEO王子文领投，真格基金和黄晓明的明嘉资本跟投，同时签约黄晓明为代言人。2016年7月19日，宣布开放寻拍平台，每座城市选取一个合作影楼，计划铺设200座城市。

结婚发现机会，完婚立马创业

2014年6月，孙鹏和妻子去拍婚纱照。当时，他俩选择了一款8 000元的婚纱照套餐。但是，最终婚纱照拍摄却一共消费了12 500元，加上整个过程他总共请假5天，按他当时月薪15 000元来算，请假的成本是2 500元。也就是说，整个婚纱照拍摄实际付出的成本是12 500 + 2 500=15 000元，正好是一个月工资。

虽然结婚的时候，每对新人都有高得令人惊讶的预算以及很高的消费预期，可是像婚纱摄影这样价格胡来、体验又差，甚至是折磨人的产品还是让很多人难以接受。作为互联网人，孙鹏完婚后，决定在这个领域创业，这也是他第一次创业。

2014年8月，孙鹏辞去工作，花了4个月时间观察传统婚纱影楼市场，他发现了一个令人哭笑不得的事实：别看影楼那么黑，他们也不赚钱。所以，钱都去哪儿？答案是：流失在高成本和低效的运营上，而提高效率正好是互联网最擅长干的事。

线上完成销售任务，199元击穿消费预期

寻拍平台的主要功能是作为线上的影楼销售平台，打通线上销售和线下拍摄。其中比较重要的一个突破是：新人在完成拍摄之前，只需要支付199元的定金。这和上面提到的直接支付全款的操作方式是完全不同的。支付全款意味着相当高的选择成本，往往一对新人需要来回比对很多家影楼，才能做出决定。不然，选错了影楼代价实在太大。

那么寻拍的199元定金，如果拍完不满意呢？不用支付全款，损失由影楼自己买单。这么想似乎不可思议，但其实，如果不做后期，影楼的拍摄成本很低，新人不满意的话不会造成太大的损失。根据几个月的流程测试，最终的满意率达到99.7%，所以实际上极少出现终止合作的情况。

199元定金的"噱头"，让孙鹏他们可以在朋友圈实施病毒推广，这也是寻拍项目第一批用户的来源。而寻拍平台完整的拍摄费用，分为4 999元和6 999元两个档位。截至目前，已经成功跑通的案例达上千单。

品牌加持，同时吸引影楼加盟

解决传统影楼低效的同时，另一个传统的痛点就是品牌。寻拍在这点上可以说比较幸运。真格基金的徐小平连续给他们投了两轮，最新的B轮还吸引到了黄晓明的明嘉资本，而且黄晓明直接给他们做了代言。

在寻拍通过几个月跑通商业模式，并且在2016年4月份实现盈利，6月份获得B轮融资的背景下，他们决定开放自身平台，让更多影楼加盟其中。

（资料来源：http://www.cyzone.cn/a/20160720/300550.html.）

孙鹏从自身遇到的问题中发现行业痛点，并将痛点当作机会，最终实现了创业梦想。按照创业学的解释，创业机会的发现与两个关键因素有关：(1) 这个人能更好地抓住或获取关键信息——那些能够帮助识别机会或形成新创意的信息；(2) 这个人能更好地使用信息——整合或解释别人没有注意到的信息，从而形成自己的创业机会。

中国当前的创业状况是：创业机会比较多，但是创业能力低于世界平均水平。那么我们怎样才能发现创业机会，并筛选出可行的创业机会，这是本章将要解决的问题。

5.1 创意开发

创业标杆

三家大公司是如何激发创意的？

谷歌(Google)：谷歌有一个原则非常有趣，无论你在公司哪个位置，都能确保100英尺以内有食物。因为人们会在有食物的地方聚集，各种各样的饼干、冰淇淋、寿司、沙拉，当人们聚集在一起，他们聊天、分享，互相激励启发，这就是谷歌的一种文化——把人们聚到一起，给他们机会变得更加强大。

脸书(Facebook)：每周五扎克伯格会组织一个很大的会议，所有员工都可以参加，他会介绍一些管理上的内容，然后任何员工有任何问题都可以提问，无论是“你赚多少钱”“你每周工作多久”还是“你在中国的下一步战略是什么”这样的问题，他都会一一诚实地回答，建立起员工之间的信任。

空中食宿(Airbnb)：空中食宿的办公室装修得非常有趣，感觉就像出租的房屋。看着眼前的工作环境，所有人都会感觉“这真像人们梦想中的房间”。我们不得不承认，大部分的工作都让人恨不得马上回家，你要知道如何改变这种状况，甚至创造出一种创新的氛围，让有创意的人们愿意待在那里，无论是完成重要的工作还是别的。

（资料来源：http://www.jiemian.com/article/697959.html.）

5.1.1 创意是机会识别的基础

对机会的识别源自创意的产生，而创意是具有创业指向同时具有创新性的想法。在创意没有产生之前，机会的存在与否意义并不大。有价值潜力的创意一般具有以下基本特征①：

(1) 新颖性

创业的本质是创新，创意的新颖性可以是新的技术和新的解决方案，可以是差异化的解决办法，也可以是更好的措施。另外，新颖性还意味着一定程度的领先性。不少创业者在选择创业机会时，关注国家政策优先支持的领域就是在寻找领先性的项目。不具有新颖性的想法不仅不会吸引投资者和消费者，对创业者本人都不会有激励作用。新颖性还可以加大模仿的难度。

(2) 真实性

有价值的创意绝对不会是空想，而要有现实意义，具有实用价值，简单的判断标准是能够开发出可以把握机会的产品或服务，而且市场上存在对产品或服务的真实需求，或可以找到让潜在消费者接受产品或服务的方法。

(3) 价值性

创意的价值特征是根本，好的创意要能给消费者带来真正的价值。创意的价值要靠市场检验，好的创意需要进行市场测试。同时，好的创意必须给创业者带来价值，这是创业动机产生的前提。

创意与点子不同，区别在于创意具有创业指向，进行创业的人在产生创意后，会很快甚至同时就会把创意发展为可以在市场上进行检验的商业概念。商业概念既体现了顾客正在经历的也是创业者试图解决的种种问题，还体现了解决问题所带来的顾客利益和获取利益所采取的手段。例如，帮助球手把打丢的球找回来是一个创意，容易把球打丢是实际存在的问题。而有人试图要解决这个问题，在高尔夫球内安置一个电子小标签，开发手持装置搜索打丢的球就是解决问题的手段。

5.1.2 产生创意的方法

(1) 头脑风暴法

头脑风暴法是另外一种被广泛用来产生创意的方法。一般来说，头脑风暴法是针对特定主题产生大量创意的过程。头脑风暴的特点是让与会者敞开思想，使各种设想在相互碰撞中激起脑海的创造性“风暴”。

在召开所谓“头脑风暴法”会议时，小组讨论没有明确限制的主题，有利于激发新的创意。他们必须遵守以下一些原则：

① 任何成员的意见均不加评论；

② 鼓励随心所欲；

③ 希望产生大量的构思；

④ 鼓励对其他人的构思进行组合和改进。

头脑风暴法会议的主要作用，就在于它为与会者中一两个富有创造力的人提供新的、确切的抑或是间接的联想，鼓励他们敞开思想，使他们有机会取得成就。所以，对会议来

---

① 张玉利：《创业管理》，机械工业出版社2014年版。

说，提议的数量是重要的，人们期望能在较多的数量中求得一定的质量。为此，会议安排讨论的问题通常没有明确限制的主题，容易引起争论并可能得到各种不同的答案。

(2) 跨界思维法

跨界思维法是通过挖掘不同产品关联性获得新创意的方法。跨界思维法要求打破单一的思维方式，将不同产品的特性进行整合，建立起不同产品的关联性。例如，通过挖掘纸张和肥皂两种不同的产品的关联性，可以得出“纸肥皂”“定制成书册的肥皂”“肥皂清洁纸”等创意(见表 5.1)。

表 5.1 纸张和肥皂的跨界创意

形　式	关系/组合	构思/类型
形容词	• 像纸的肥皂 • 像肥皂的纸	• 薄片 • 有助于旅行中的清洁和干燥
名　词	• 纸肥皂	• 硬纸用肥皂浸渍，用来清洗外表
副　词	• 上过肥皂的纸 • 肥皂湿纸巾 • 肥皂清洁纸	• 订制成书册的肥皂 • 在涂抹和浸渍过程中 • 墙纸清洁物

通过跨界思维法，对于任何两种产品关联性的挖掘和组合都可能产生大量的创意，为创意的产生提供一个简单、便捷、可复制的方法。

(3) 设计思维法

设计思维法(Design Thinking)是一个创意与设计的方法论，为各种议题寻求创新解决方案，并创造更多的可能性，包含了许多触发创意的方法。IDEO 设计公司总裁(Tim Brown)曾在《哈佛商业评论》中定义：“设计思维是以人为本的设计精神与方法，考虑人的需求、行为，也考量科技或商业的可行性。”

设计思维作为一种思维方式，有五个特定的步骤，可以用于不同的事物和主体①。

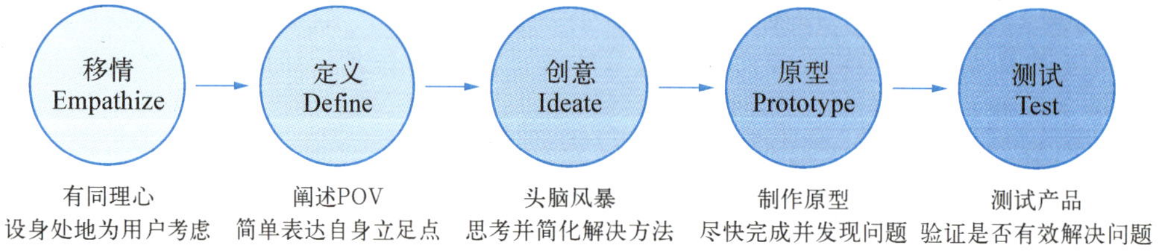

图 5.1 思维设计五步骤

① 移情(Empathize)

移情也就是同理心，即设身处地为用户思考问题。要做到有同理心，具体要履行三步：首先是观察，不仅要观察用户行为，还要细究用户行为背后的原因、困境以及行为所产生的连带效应；其次要做到与用户多交流，多做调研和问卷，用各种方式了解用户的真

① 华创资本：创业者到底需要怎么样的 Design Thinking，2016 年 6 月 17 日。

实想法;最后要做到沉浸,假设自己就是用户,带着这样的想法亲自体验产品或服务。总之,移情就是尽一切可能站在用户角度思考问题,发现他们真正的需求和痛点。

② 定义(Define)

阐述一个观点(Point of View, POV),能够用很简单的话告诉别人你们的团队正在做什么事,这些事的价值是什么。这不仅可以让更多的人关注你们的产品,同时也可以激励整个团队,形成团队本身的价值观养成。总的来说,Define 就是定义出自己的立足点,让别人清楚你要用什么方案来解决什么问题。

③ 创意(Ideate)

即做头脑风暴,根据前期的观察和调研,在发现问题所在之后思考出尽可能多的解决方案,考虑到所有可能涉及的人群,最后简化出一个具体的解决方法。例如,D. Light 公司在洞察到非洲很多学生面临没钱买电用于学习这件事之后,思考了很多解决方法,最后设计生产了一种廉价的太阳能灯,给许多非洲家庭带去了光明。

④ 原型(Prototype)

在想到解决方法之后要用最短的时间和最少的成本实施和完成解决方案,在做产品原型的同时,也要积极反思和发现新的问题;尽量主张视觉化地做出产品原型,不求精细,但求快速和直观。

⑤ 测试(Test)

通过对产品原型的测试来验证是否可以有效解决问题,同时进一步完善早期定下来的 POV。

设计思维是每个人都可以拥有和运用的思考方式,你可以设计一个产品、一个公司、一个组织或是一栋大楼。在创业大潮中,面对日益激烈的竞争,每一个创业者都应该运用设计思维,做一名设计思考者。

5.2 机会界定

5.2.1 什么是创业机会

真正的创业过程开始于创业机会的发现。熊彼特指出,创业机会是通过把资源创造性地结合起来,满足市场的需要,创造价值的一种可能性。柯兹纳(Kirzner)认为创业机会是一系列的市场不完全。因为市场参与者是基于信念、偏好、直觉以及准确或不准确的信息来进行决策的,他们对可能的市场出清的价格以及将来可能产生的新的市场有不同的推断。以上对创业机会的界定中,柯兹纳强调市场不完全所带来的创业机会,熊彼特则更强调企业家结合资源创造价值的可能性。

结合已有创业领域研究成果,我们认为所谓创业机会,是指有吸引力的、较为持久的和及时的一种商务活动的空间,是一种满足未满足的有效需求的可能性。它最终表现在能够为消费者或客户创造价值或增加价值的产品或服务之中。

所谓有效需求,指的是这种需求还没有被满足或仅是部分被满足,有待于激发和再组织。这种有效需求还必须具有盈利潜力，因此这个需求具备以下要素：一是满足这个需求的成本低于人们满足需求所期望的价格；二是需求水平本身要足够高，这样才能为满足这个需求的努力提供合理的回报。换言之，机会必须能在市场上考验，能有持续的利益潜能；创业机会有其市场定位，有其价值脉络与竞争的前景。

5.2.2 创业机会的特征

蒂蒙斯教授认为，一个创业机会的“特征是具有吸引力、持久性和适时性，并且可以伴随着为购买者或者使用者创造或增加使用价值的产品或服务”。根据这一解释，可以判断要构成创业机会，必须满足 4 个要素特征：

(1) 吸引力

有吸引力，是指必须代表一种顾客渴望的未来状态，能吸引顾客。所以，创业机会一定是一个有吸引力的创意。

创业标杆

从脸萌到 Faceu，趣味爆款的创意之路

之前刷爆微信朋友圈的“脸萌”是个爆款，但后来慢慢就沉寂了，这其中有许多原因。脸萌 &Faceu 联合创始人陈俊杰觉得，脸萌的主要功能是做头像，一开始大家图个新鲜，刷爆朋友圈，但是有多少人会天天换头像呢？它是个低频活动。

陈俊杰曾经在朋友圈看到这样一条消息，“对于一个女人来说，一天能拍出一张满意的自拍就是有意义的一天”。惊讶之余，更加让他确信，自拍（拍照）就是一个必需品，于是创办以趣味自拍为卖点的 APP——Faceu，用户可以通过 Faceu 的人脸自动识别给自拍加上趣味贴图及可爱的动画，它是朋友社交聚会中的自拍好帮手。Faceu 现在的用户构成是 80% 为女性，男性只占到了 20%。Faceu 下一步要做的就是获取更多新用户，提高留存率，做陌生人社交。

从 2015 年年初就开始着手准备 Faceu，经过脸萌的经验，陈俊杰和团队觉得如果想打造爆款，有趣、好玩是必不可少的因素。看完国内外好玩的产品之后，陈俊杰和团队发现这些产品普遍集中于社交领域，比如美拍、in 等。所以，他们经过 9 个月的打磨，做了一个自带美颜和特效的相机社交软件——Faceu，想用工具带动社交。

后来，一些明星也成为 Faceu 的用户，比如 Angelababy。再加上一些渠道推广，都使 Faceu 的传播率越来越高，用户的下载量也逐步增加。

从 2016 年年初到 6 月，Faceu 的用户已超过 4 000 万，月活跃用户有 2 000 万。

（资料来源：http://www.cyzone.cn/a/20160728/301062.html.）

(2) 持久性

持久性，指的是必须处在一个持续放大的机会之窗下，能在你的商业环境中行得通。

创业机会的存在有一定的时效性，有些甚至转瞬即逝，在创业者还没有来得及利用它的时候，就迅速被其他机会所替代。

软盘是个人计算机(PC)最早使用的可移动介质。20 世纪 90 年代，3.5 英寸/1.44 MB 软盘一直是 PC 标准的数据传输方式之一。但是，随着 U 盘的风靡、光盘刻录的发展、网络应用的普及，曾经应用最广泛的软盘驱动器逐渐淡出了人们的视线。

(3) 适时性

创业视点

机会窗口模型

蒂蒙斯教授认为，好的商业机会必须在机会之窗存在期间被实施。机会之窗是指商业想法推广到市场上去所花的时间，即时机。若竞争者已经有了同样的思想，并把产品推向了市场，那么机会之窗也就关闭了。下图中给出了一个一般化市场上的机会之窗，纵轴表示市场规模；横轴表示时间；而从 O 点到 A、B、C 等点连成的曲线则表示典型新兴行业快速成长的历程与生命周期，如微型计算机、软件、生物工程等产业。在成熟的行业，曲线的坡度平缓，创业机会出现的概率则要小一些。

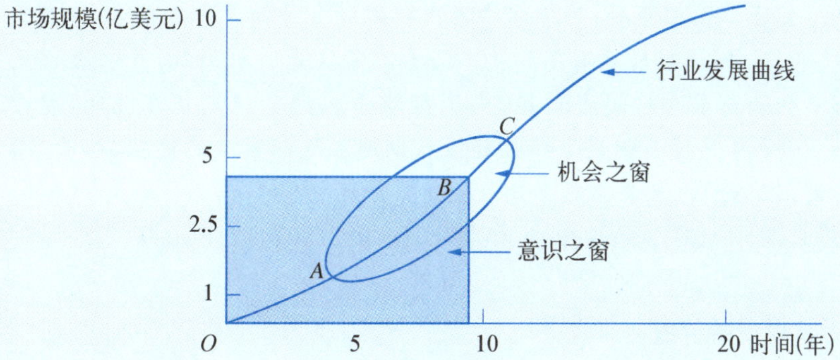

蒂蒙斯机会窗口模型

上图中，经过 A、C 两点的椭圆就是机会窗口。另外，图中阴影部分表示的是意识窗口，也就是说，在 O 点到 B 点之间的这段时期内，一般人意识不到这就是一个非常不错的市场机会。

根据这条曲线，我们不难发现：在这个行业的发展初期(从 O 点到 A 点)，曲线的坡度比较平缓，创业机会出现的概率不大。但是，随着时间的推移(从 A 点到 C 点)，这个行业发生了翻天覆地的变化，市场以几何级的速度增长，市场机会也越来越多和越来越明显(特别是从 B 点到 C 点)。而等到市场变得更大和稳定下来后，市场的条件就变得不这么有利了(C 点以后)。换句话说，从 O 点到 A 点的第一个 5 年是这个行业的酝酿期，从 A 点到 C 点的第二个 5 年则是这个行业的机会之窗，而 C 点后，市场已经成熟，机会之窗就关闭了。

由此可见，好的创业机会必须在机会之窗存在期间下手，如果等到机会之窗接近关闭的时候再来创业，那么，留给创业者的需求和余地就十分有限，新创办的企业不是以失败告终，就是不怎么赚钱了。

创业警示

罗永浩和锤子能翻身吗？

图片来源：亿邦动力网

根据相关披露数据，罗永浩投资3 000万元占股1.13%的锤子科技2015年净亏损4.6亿元，2016年上半年亏损1.9亿元。罗永浩交出的这份成绩单，投资人看了肯定会不高兴。

作为锤子科技CEO，历经四个春秋，他几乎以一己之力从无到有做出一家公司，两个手机品牌，三款手机产品。但从手机销量上看，T1上市一年只卖了25万台，坚果手机只卖出不到100万台，T2销量也不会高于坚果手机。对于T1和T2的销量，外界也许不会有太多的意外，因为这两款产品都经历了严重的产能危机，当用户购买热情最高的时候买不到。但在千元机市场，为什么小米可以做到3年销量1.1亿台，魅族可以做到一年销量1 500万台，而坚果只有不到100万台？答案是时机问题，罗永浩来晚了。

市场不会给罗永浩时间去犯错，中国智能手机的窗口期正在关闭，整个市场将在2016年或2017年见顶。但锤子科技还没找到通往这扇窗口的捷径，尽管T3发布后市场普遍看好，但锤子的未来仍然十分严峻。

（资料来源：http://tech.qq.com/a/20160922/007412.htm.）

(4) 为客户创造价值

创业最终必须依附于为买者或终端用户创造或增加价值的产品、服务或业务。如果一项产品或服务不能给顾客带来价值，反而是带来麻烦，那么肯定不构成创业机会。

创业警示

网购邮票创意的失败

对多数人来说，购买邮票唯一的选择就是在邮局排队购买。两家初创的互联网企业E-Stamps和Stamps.com试图提供解决方案。在“美国邮政”的鼓励下，两家企业推出了允许顾客通过互联网购买邮票并在自家PC机上打印出来的服务。

背景：(1) 网上购买邮票没有价格减让；(2) 美国邮政出于安全，规定网上邮票必须有防篡改条形码，下载过程比较慢；(3) 顾客必须购买特殊硬件以连接储存着已下载邮资的计算机。

创意失败的一个最重要原因是，它们的服务没能交付足够“价值”以吸引足够多付费顾客的兴趣。实际上，对许多企业来说，这项服务的结果是带来更多不便而不是好处。这是为什么呢?

第一，尽管避免往返于邮局的创意听起来很好，但网上购买邮票没有价格减让。实际上，在很多情况下，网上支付邮资的成本更高，因为网络提供者要收取服务费。

第二，下载邮票麻烦。下载的邮票是一种防篡改条形码，由于美国邮政的安全规定，下载过程缓慢笨拙，顾客却必须唯命是从。

第三，某些情况下，顾客必须购买特殊硬件以连接储存着已下载邮资的计算机，这使该服务显得更加不便。

E-Stamps 和 Stamps. com 提供的服务没有通过创业机会的关键测试：创意没有成功依附于为买者创造足够价值的产品或服务并表现出合理机会。

5.2.3 创意不等于创业机会

创业家们常说“好的创意是成功的一半”，然而创意并不等于创业机会。这是因为一个创意可以通过多种方法产生，而它只是一种有吸引力的思想、概念或想法，可以不十分注重其实现的可能性，但一个创业机会却必须是实实在在的，是能够用来作为新创企业的基础的，这是一个相当关键的区别。从某种意义上说，创业机会是创意的一个“子集”。创业机会可以满足创意的诸多特征：来源广泛；具有较强的创新性；未来的发展带有很大的不确定性。但是，创业机会拥有大多数创意所不具备的一个重要特征：能满足顾客的某些需求，因而具有市场价值。这一特征使有价值的商业机会得以从众多创意中脱颖而出，成为创业者关注的焦点。因此，从众多创意中寻找值得关注的机会，是创业者选择创业生涯、实施创业战略的第一步。而创业机会具有吸引力强、持久、适时的特性，它根植于可以为顾客或用户创造或增加价值的产品或服务中，最成功的创业者、风险投资家和私人投资者都是密切关注创业机会的，创业机会是用思路和创业方面的创造力开发或建立起来的，思路在某一点上与现实世界的情境以及企业的创造力发生交互作用，这一交互作用产生了创业机会，借助该创业机会，一个新企业被创造出来了。

创业警示

黑暗餐厅是否构成创业机会?

2003 年，清华学生陈龙在准备 GMAT 考试时无意接触到“Darkness Restaurant”这个词，经查，源于 1999 年苏黎世的“盲人餐厅”，亚洲尚无第二家。陈龙从中发现了商机。他与两个朋友成立北京乐港餐饮公司，共同运作“巨鲸肚黑暗餐厅”连锁品牌。2007 年元旦，亚洲首家“黑暗餐厅”在北京开业。目前，乐港经营着 5 家连锁黑暗餐厅，

年营业收入1 000万元。除北京店外全部采取加盟形式，还获得了香港中厦投资首轮1 000万元的创业投资。

这家名叫“巨鲸肚”的“黑暗餐厅”位于北京国贸建外SOHO，其名字来源于《巨鲸历险记》。餐厅外观为全黑色，内部几乎也没有光线。客人进入餐区必须要由佩戴夜视镜、经过特殊培训的侍应生引导，经由特殊设计的单行线盲道进入黑暗餐区。在进入黑暗餐区之前，客人不允许携带任何发光体。在餐厅内部，客人们除了体验摸黑吃饭的乐趣、享受“黑暗餐厅”特制美食（主要是套餐）之外，还能欣赏到餐厅为客人准备的一场创意十足的“黑暗剧”。除外，陈龙正在为黑暗餐厅加载更多的功能，如提供婚宴、年会等服务，构建针对情侣顾客的社区网站等。

有的食客表示，在伸手不见五指的黑暗中享受美食，真是太刺激了。“黑暗餐厅”屏蔽了人们的视觉，鼓励人们尝试仅仅依靠触觉、嗅觉、味觉和听觉来体验独特的进食过程。这对绝大多数人而言，都是从未有过的体验。有的人认为，这种体验只能有一次。有人甚至认为，在黑暗中进食实在太麻烦了。请你依据创业机会特征判断黑暗餐厅是否属于创业机会。

5.3 机会来源

如何从繁杂多变的市场环境中找到富有潜在价值的创业机会进而开发，是创业者不得不面对的问题。创业机会主要来源于市场本身的特点、新技术的发明与运用、产业与市场结构的变化、宏观环境的变化4个方面。

5.3.1 市场不对称

市场就像一张大网，市场主体（个人或企业）就是网上的一个个节点。由市场主体的交易把节点之间联系起来，但是由于分工在带来专业化优势的同时也带来了市场知识的分散化，使得许多交易在市场上得不到实现，这恰如蛛网上的断点，每个断点之间的一系列联结就是企业家活动的机会（Leibenstein，1968）。

市场交易的断点与价格机制缺陷创造了很多创业机会，也成就了许多企业。欧亚农业董事长杨斌利用20世纪80年代末、90年代初的东欧剧变，与东欧国家进行跨国贸易，杨斌向波兰、俄罗斯等国家转售中国计划定价、价格偏低的棉线产品，后发展到成衣等纺织品，毛利润大多在5倍以上，两三年内就积累了大约2 000万美元的财富。又如，爱必得创始人、北大天正总裁黄斌，在1992年借了300万元，南下广州倒卖电脑，2万元一台的电脑到北京可以卖2.3万元，一台电脑就可以净赚3 000元，堪称暴利。

5.3.2 新技术的发明与运用

新技术与知识的出现导致了企业新的生产过程、新产品、新市场，甚至对资源新的组织方式，这些变化为企业带来了市场机会。

利用知识与技术来实现创业的例子是很多的。在美国著名大学斯坦福，每年都有许多学生以及教授带着知识与技术，捕捉到来源于知识与技术的市场机会，并开始自主创业，成就了硅谷。从这个意义上说，机会来源于新的知识与技术。

5.3.3 产业与市场结构的变化

产业与市场结构的变化可以为企业带来成长机会。产业中的市场机会是受产业生命周期中的五个竞争作用力变化影响的。这五种竞争作用力就是波特提出的：潜在入侵者、供给方、需求方、现有企业间的竞争者、替代品。产业的生命周期理论告诉我们，一个产业要经历四个阶段：导入期、成长期、成熟期、衰退期。在不同的产业阶段意味着具有不同的市场结构和4种不同的竞争作用力，这就创造了不同的市场机会。

20世纪初，汽车工业发展非常迅速，以致它的市场发生了重大变化。对这种变化，产生了四种应对措施，而且全部被企业家抓住了创业的机会，带来创业成功。例如，成立于1904年的英国劳斯莱斯汽车公司，着手制造和销售显示尊贵的汽车，刻意采用更早而且已过时的制造方法，让一名技术娴熟的机械工人制造每一辆汽车，并用手工工具完成装配。为了确保没有下等人购买他们的车，他们把车的价格标得同一艘小游艇一样高。几年以后，福特在底特律注意到市场结构正在变化，汽车在美国已经不再是有钱人的玩具，他做出的反应是设计一款能够大量生产的汽车；另一位美国人杜兰特却把市场结构的变化视作把汽车公司组合成一家专业管理的大型公司的良机，杜兰特预计将会出现一个巨大的全球市场，而这家未来的公司将满足市场各个层次的需要，1905年他创立了通用汽车公司。早在1899年，意大利年轻人阿格纳里认为汽车将成为军需品，于是，他在都灵创立了菲亚特汽车公司。全球汽车工业市场在1960年到1980年发生了一次大变化，汽车工业开始了全球化。每个公司对这个做出的反应也是不一样的，出现了汽车公司新的创业机会。

5.3.4 宏观环境的变化

宏观环境的变化包括企业所面对的政治、经济、社会、文化等环境的变化。

政府管制的放松往往会带给相关企业更大的市场空间。美国在1978年放松民航管制后，短时间内新成立了100多家航空公司。中国民航管制放松后，也产生了奥凯航空、春秋航空、东星航空、华夏航空和吉祥航空等民营航空公司。中国国有企业从一些垄断领域的退出将会给民营企业的发展带来越来越多的机会。

经济全球化也影响着企业的市场机会。比如在经济全球化浪潮的推动下，企业开始在全球市场中寻找发展的机会。在浙江台州的中国飞跃集团，以拉美的阿根廷、巴西、智利等国家为起点“走出去”，利用外部市场机会成功地实现了企业二次创业的目标，推动了企业的持续成长。

人口变化(人口规模、年龄结构、就业状况、教育程度和收入等方面的变化)也可以为企业带来市场机会。人口变化对消费品、消费者和产品质量都有巨大的影响。例如,我国2016年全面实施一对夫妇可生育两个孩子的政策,有望带来新生儿的大幅增长,新生儿在出生、成长中涉及的行业将迎来需求的提振,带来更多的创业机会。

社会趋势也可以为企业带来机会。随着越来越多单身男女的出现,婚恋产业的投资机会频现。流行的电视节目有"非诚勿扰""我们约会吧",交友网站有"世纪佳缘""百合网"等,就连单身戒指也很畅销。

5.4 机会识别

即使创业机会存在,也只有能够敏锐地识别和捕捉到它的人才能够掘得第一桶金,正是这种识别能力的差异才使得创业者特质显现出来,它对于大部分人来说是不明显的。在任何时候,只有少数人才能发现创业机会。创业者是特立独行的,他们能够做出常人做不出的与众不同的决策。

同时,创业者在识别创业机会过程中,也必须拒绝很多机会而后抓住少数机会。所以,本质上,成功创业者就是机会决策者。

5.4.1 机会识别的影响因素

创业机会识别过程是一个不断调整、反复均衡的过程,不同的创业者愿意关注的创业机会是不一样的,即使是同一个创业机会,不同的人对其评价也往往不同。因此,机会识别过程的影响因素也成为研究重点之一。在影响机会识别的各项因素中,主要可以分为4个方面:机会的自然属性、创业者的个人特质、社会网络和环境因素。其中,机会的自然属性和环境因素都具有客观性。创业者的个人特质、社会网络则具有很强的主观性,这两个因素不仅增强了获得机会相关信息的便捷性,而且增强了使用机会相关信息的能力(即创造性思维),从而大大增强了识别具有潜在价值的机会的能力(见图5.2)。

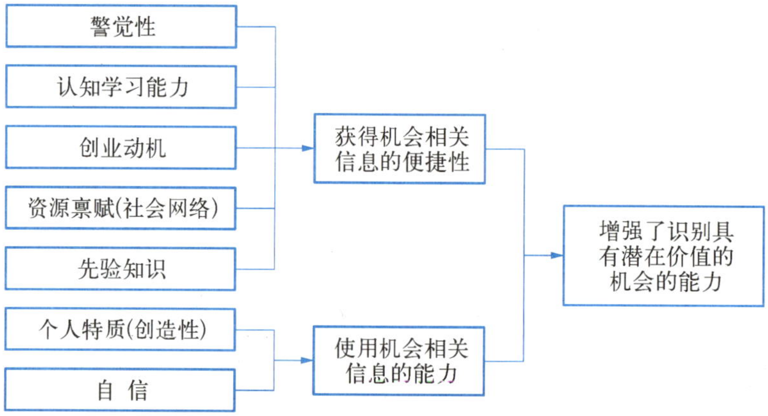

图5.2 创业者个人特质、社会网络和机会识别

(1) 机会的自然属性

创业者选择这项机会是因为相信其能够产生足够的价值来弥补投入的成本,创业机会的自然属性在很大程度上决定了创业者对其未来价值的预期,因而对创业者的机会评价产生重大影响。合乎创业的机会存在是创业者能否创业成功的客观现实,否则再好的创业者也难以实现自己的梦想。

蒂蒙斯(Timmons, 1999)给定了一个共同的机会识别的锁定目标,即机会能够:(1)为顾客或最终用户创造或增加极大的价值;(2)能够解决一项重大问题,或者满足某项重大需求或愿望,因此某些人愿意多支付一些;(3)有需求旺盛的市场,利润很高;(4)与当时的创始人和管理团队配合得很好,也很适合市场状况和风险、回报平衡。以上4个指标下还各设若干分指标用于机会评价。

(2) 创业者的个人特征和社会网络

对于机会识别来说,更重要的因素应当来自创业者的个人因素,这是因为从本质上说,机会识别是一种主观色彩相当浓厚的行为。事实上,即使某一机会已经表现出较好的预期价值,也并非每个人都能从事这一机会的开发,并且坚持到最后的成功,因此,创业者的个人特征对于机会识别来说更为重要。

夏恩(Shane)和卡塔拉曼(Venkataraman)总结并提出在创业机会识别中个人差异包括如下基本特征:

① 警觉性

柯兹纳在1973年第一次提出了创业者警觉性(Alterness)的概念,并揭示了警觉性对于机会识别的影响。阿德基费里(Ardichvili,2003)等认为,企业家警觉越高,创业机会识别与开发的成功率就越高,而高的企业家警觉则与企业家个人特质如创造力和乐观等相关。

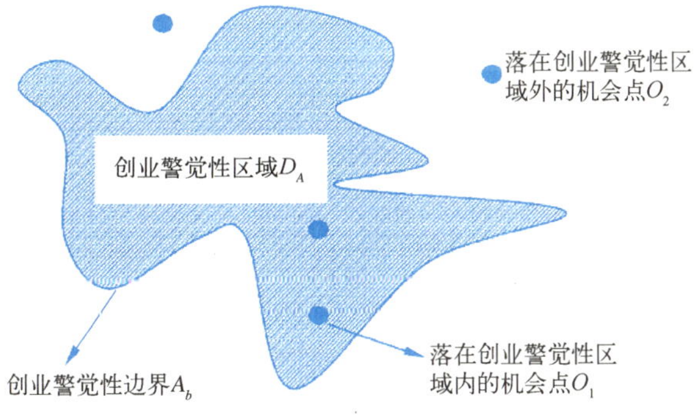

图5.3 落在创业警觉性区域内外的机会点

从图5.3可以看出,如果创业机会是随机出现的点,那么落在创业警觉性区域内(如D_A)的机会点(如O_1)是可以被创业者发现的,而落在区域外的机会点(如O_2)是不能被发现的。需要说明创业警觉性区域和机会平面的关系。创业警觉性区域的主体是个体创业者,而机会平面是由所有可能出现的机会组成的。由于创业警觉性指向的对象是创业机会,那么个体创业警觉性区域则与机会平面上的某区域形成映射(或投影)。为什么有些创业机会,创业者看到了,别人却没有看到?这可能与创业警觉的强度和方向有关。有些人创业警觉强度不够,有些人创业警觉的方向是错误的,所以导致了机会点是在创业警觉

性边界 A_b之外，而对于某确定期间内落入创业警觉性区域内的多个不同的机会点，说明创业警觉性和机会出现了多重匹配，这意味着创业者有可能在此期间内同时发现多个机会。创业者最终究竟会发现哪个机会，需要创业者做出比较后的决策，这关系到机会评价的问题。事实上，机会发现和机会评价是相互联系的，机会发现的过程包含了部分评价的因素。机会发现过程实际上是一个边发现边评价、不断否定不断重新认知的动态决策过程。

② 认知学习能力

机会识别是一个动态的过程，而机会认知是机会识别的首个步骤。机会认知就是感知和认识到机会，从而机会可能由模糊到清晰。由初始的发现到创业的决策，也是学习的过程，即机会的认知识别过程。社会认知理论学派(Social Cognitive Theory，SCT)的班杜拉(Bandura)认为，人类不仅从直接经验中学习，也能通过模仿他人来学习，通过学习他人的创业行为更有益于个人进行创业活动，创业者可以从创业模范中学习相关创业行为。大多数创业者属于初次创业，因此，如何间接地学习创业能力尤其是机会识别的能力显得尤为重要。

③ 创业动机

按创业动机分类，创业分为机会型创业和生存型创业。在不同的创业动机下，机会识别的方式可能有所不同，有拉动式识别，也有推动式识别。

④ 资源禀赋

资源禀赋指创业者在创业时期所拥有的资源。学术界一般将创业者的资源禀赋分为人力资本、物质资本、技术资本、金融资本、社会资本等方面。其中，人力资本指创业者个体所拥有的知识、智慧、判断力、洞察力、理解力、价值观和信念。物质资本指创业者所拥有的有形资产。技术资本指创业者所拥有的生产经验和各种工艺、操作方法与技能。金融资本指创业者所能够利用的所有不同来源的货币。社会资本指创业者的社会网络联系以及网络中流动着的资源。由于人类行为认知的局限性，以及资源和能力的相对匮乏，创业者必须要借助嵌入其现有稳定社会关系网络中的企业家社会资本，对创业机会仔细考虑，然后融入创业活动，开创新企业或新事业。因此，基于企业家资源禀赋差异，导致了企业家不同的创业行为预期，产生不同创业动机，最终外化为不同的创业行为；企业家资源禀赋越丰富，就越容易感知到创业机会，并且更有能力抓住机会、应对不确定性并获得高收益。

⑤ 先验知识

特定产业的先前经验有助于创业者识别机会，这被称为“走廊原理”。它是指创业者一旦创建企业，就开始了一段旅程，在这段旅程中，通向创业机会的“走廊”将变得清晰可见。这个原理提供的见解是，某个人一旦投身于某产业创业，这个人将比那些从产业外观察的人，更容易看到产业内的新机会。夏恩(Shane)进一步将先验知识分为三种类型，即对市场的先验知识、对于服务市场方式的先验知识，以及对于顾客问题的先验知识，而这三者对于机会发现都有重要影响。

很多创业者都是从早先从事的行业中获取上述 3 种先验知识。福建省泉州市包袋加工制造行业十分发达，这个行业的很多创业者早先都有包袋加工制造的工作经验。例如，作为福建省包袋配件生产规模前 2 名的泉州丰泽长源橡塑制品有限公司总经理林雄杰先生，原先就在另外一家台资包袋加工企业——惠安县荣祥旅游用品公司工作过，正是在荣祥的 6 年时间里，他积累了很多的橡塑加工制造经验，积累了相关市场和客户的信息，从而使得 2005 年的自身创业有了坚实的基础。

⑥ 自信

谢弗(Shaver)和斯科特(Scott)指出,成功的创业者需要有执着的信念,并且能够坚持他们的事业直至最后成功。克鲁格(Krueger)和狄克逊(Dickson)的研究显示,创业者的自信能够增强他们对机会的感知。

⑦ 个人特质

个人特质包括创业者的背景(如性别、年龄、受教育程度、民族、家庭成长环境等)及潜质方面的特征(如创造性、风险感知能力等)。这些创业者的个人因素之所以会影响创业者的机会识别能力,很大一部分原因是与机会信息的获得与加工有关的。

(3) 社会网络

在创业资源中,创业者的个人社会网络被称为“最重要的公司资源”,是产生创办新企业思路和影响机会识别的关键因素。在创业者和其社会网络成员接触中的碰撞经常成为新的创业思路的来源。创业者的社会网络能扩大信息的来源渠道并产生更多的创业思路和机会。

(4) 环境因素

机会识别是一个受许多环境因素影响的过程,环境的变动酝酿大量的机会,是产生机会的源泉。

史蒂文森(Stevenson)和冈伯特(Gumpert)描述了影响机会识别的四个环境维度:技术、市场、社会价值和政府的政策法规。这些环境的变化产生了大量的信息,从而赋予了创业者创业的诸多可能。

5.4.2 创业机会的识别过程

创业机会的识别过程是创业者与外部环境(机会来源)互动的过程,在这个过程中,创业者利用各种渠道和各种方式掌握并获取有关环境变化的信息,从而发现在现实世界中产品、服务、原材料和组织方式等方面存在的差距或缺陷,找出创造或改进目的—手段关系的可能性,最终识别出可能带来新产品、新服务、新原材料和新组织方式的创业机会(如图5.4所示)。

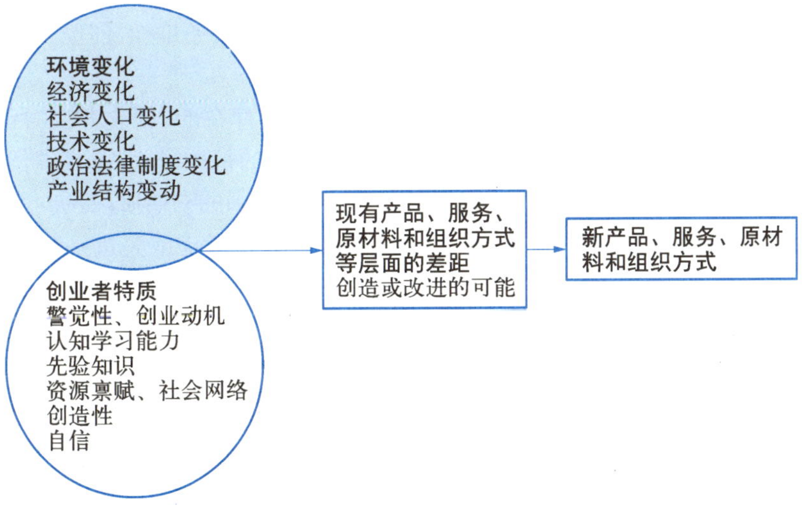

图5.4 机会的识别过程

当然,现实世界中这一创业机会的识别过程更多地依赖于创业者的把握,创业者从成千上万繁杂的创意中选择了他心目中的创业机会,随之不断持续开发这一机会,使之成为真正的企业,直至最终收获成功。这一过程中,机会的潜在预期价值以及创业者的自身能力得到反复的权衡,创业者对创业机会的战略定位也越来越明确,这一过程在琳赛和克雷格(Lindsay & Craig, 2002)看来,其实是创业者对信息的不断内在化和"读懂"的过程,可以分成三个阶段,如图5.5所示。

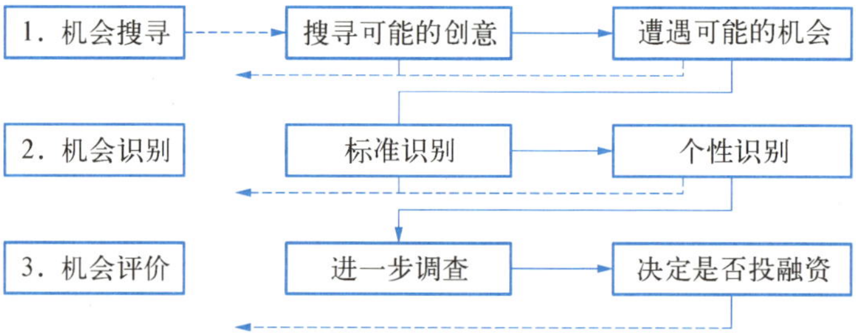

图5.5 机会识别过程的三阶段模型

阶段1:机会搜寻(opportunity searching)。这一阶段,创业者对整个经济系统中可能的创意展开搜索,如果创业者意识到某一创意可能是潜在的创业机会,具有潜在的发展价值,就将进入机会识别的下一阶段。

阶段2:机会识别(opportunity recognition)。相对整体意义上的机会识别过程,这里的机会识别应当是狭义上的识别,即从创意中筛选合适的机会。这一过程包括两个步骤:首先是通过对整体的市场环境,以及一般的行业分析来判断该机会是否在广泛意义上属于有利的创业机会,即机会的标准化识别阶段(normative opportunity recognition phase);其次是考察对于特定的创业者和投资者来说,这一机会是否有价值,也就是个性化的机会识别阶段(individualize fit opportunity recognition phase)。

阶段3:机会评价(opportunity evaluation)。实际上这里的机会评价已经带有部分"尽职调查"的含义,相对比较正式,考察的内容主要是各项财务指标、创业团队的构成等,通过机会评价,创业者决定是否正式组建企业、吸引投资。

事实上,在一些研究中,机会识别和机会评价是共同存在的,创业者在对创业机会识别时也有意无意地进行评价活动。创业者在机会开发中的每一步,都需要进行评估,也就是说,机会评价伴随于整个机会识别的过程中。在机会识别的初始阶段,创业者可以非正式地调查市场的需求、所需的资源,直到断定这个机会值得考虑或是进一步深入开发,在机会开发的后期,这种评价变得较为规范,并且主要集中于考察这些资源的特定组合是否能够创造出足够的商业价值。

5.4.3 创业机会识别的科学方法

创业机会识别既有直觉的方面,也可以依靠科学的方法训练。

(1) 市场信息的收集与研究

机会识别首先必须进行市场研究。从广义上来讲,市场研究包括收集有关产品的市场信息以确定潜在的市场规模等进而确定创业计划市场方面的可行性。

创业机会信息的收集是使创意变为现实的创业机会的基础工作。首先，根据创意明确研究的目的或目标；其次，从已有数据或第二手资料中收集信息；最后，从第一手资料中收集信息。收集第一手资料包括一个数据收集过程，如观察、上网、访谈、集中小组试验以及问卷等。

(2) 环境分析

创业环境分析在机会识别过程中扮演着非常重要的角色，因此，创业者准备创业计划之前，首先有必要对其进行研究分析，主要包括技术环境分析、市场环境分析和政策环境分析。

① 技术环境分析。创业者应对所涉及行业的技术变化趋势有所了解和把握，应考虑因政府投入可能带来的技术发展。

② 市场环境分析。市场环境分析可以从宏观、中观和微观三个层次来进行。在宏观上，主要是对经济因素、文化因素的分析；在中观上，主要是对行业需求的分析；在微观上，根据波特的竞争模型，潜在的进入者，行业内现有竞争者，替代品的生产者、供应者和购买者是主要的竞争力量。

③ 政策环境分析。政府的政策规定、法律法规等都可能直接或间接影响创业活动。例如，美国政府在20世纪80年代对电信和航空业进入限制的放松，就导致了大量新公司的组建。

在做完市场信息收集和分析以及环境分析之后，根据分析结果识别出创业机会。一般来说，有关市场特征、竞争者等的可获数据，常常反过来与一个创业机会中真正的潜力相联系。也就是说，如果市场数据已经可以获得，如果数据清晰显示出重要的潜力，那么大量的竞争者就会进入该市场，该市场中的创业机会就会随之减少。因此，对收集的信息进行结果评价和分析，识别真正的创业机会是重要的一步。一般而言，单纯地对问题答案的总结，可以给出一些初步印象；接着对这些数据信息交叉制表进行分析，则可以获得更加有意义的结果。也就是说，对创业者来说，搜集必要的信息，发现可能性，将别人看来仅仅是一片混乱的事物联系起来以发现真正的创业机会，这是非常重要的。

(3) 功能分析

创业机会识别与设计创新尤其是产品的功能分析是密不可分的。产品设计的目的是创造一种新的合理的、和谐的生活方式或行为方式，对产品功能的分析是设计找寻新的突破点的有效手段，进而识别商机。功能分析的方法主要包括功能扩展法、功能联想法、功能组合法、功能削减法和功能定义法。这五种方法都是建立在对使用者需求充分了解和掌握的基础之上，同时对于产品的使用功能、指示功能、审美功能、象征功能和教育功能要进行系统的分析，确定它们在某一产品中的地位和作用。

① 功能扩展法

功能扩展法指对现有产品的功能进行一定程度的相关扩展，主要应用在产品的实用性功能上。例如，厨房用的刀具主要功能是"切"，但通过对刀具的使用状态的观察，我们发现使用者还会在不自觉的情况下使用其附属功能，如"拍""刮""割""压""盛""铲"等。那么我们在设计创新中，可以利用附属功能进行设计的重新定位，如在刀背上设计锯齿以满足"刮"的功能。

② 功能联想法

功能联想法是对产品功能进行相关的联想，进而在产品语意的角度对产品进行创造性的设计。一方面可以从产品的指示性入手，把产品的内在功能用直观的形态表现出来。另一方面可以从产品的象征性、趣味性和主题性入手。

创业标杆

自由女神像的废料再利用

美国闻名于世的自由女神铜像，曾在经历百年风化后进行了翻新大修，最后留下了旧自由女神的200吨废料。清理垃圾的工作量大，费用又高昂。这一信息被商人斯塔克获知后，凭直觉意识到这是一大经营机遇。经过巧妙的开发与营销策划，斯塔克立即申请承包了这堆被众人视为垃圾的废料的清理工作，把它们全部拉到加工厂，把废铜改铸成纪念像、纪念币，水泥碎块加工成小型纪念碑，连配木也装在精美的纪念盒里，全部作为源于自由女神的神圣的一部分，充作特殊纪念品高价出售。结果，人们争相竞购这些极具文化价值的产品。这一案例让我们看到了产品功能联想这一魔力。

③ 功能组合法

功能组合法应该考虑的是功能的合理配置性和结构的节约性。例如，美国一个制造小汤匙的青年，只把温度计与之组合，便发了大财，成本30美分的小汤匙，零售价10美元却没人喊贵；再如，2000年3月东南汽车推出的富利卡融传统轿车、旅游车、越野车于一体，创造出"一部抵三部"的全新用车观点。

④ 功能削减法

功能削减法和功能组合法是相对应的两种方法。功能削减法一方面可以看作绿色设计的延伸，是从设计理念的角度实现功能与形式的合理配置；另一方面，是功能的一种细化，能够更大程度地满足使用者的不同需求。例如，瑞典宜家(IKEA)家具公司，出售家具组件并提供图纸、带尺、铅笔、起子等，由顾客自己配套，它的售价比整件价低30%，年销售额17亿美元。

⑤ 功能定义法

功能定义法是创造性思维训练的一个重要方法。打破原有对产品的命名也就是要打破产品在我们头脑中的固有形象。把功能从产品形态中分离出来，再对功能进行重新定义，根据新的产品命名来进行创造性设计，这样就去除了对已有产品形成的习惯性思维的干扰。例如，日本有一个生产沙漏的商人，在沙漏生意难做的时候，开始了改变沙漏原有功能的尝试。他发现公用电话的计时器可以改成沙漏的形状，3分钟一到，沙漏的沙就一粒粒漏完了，不用任何说明，打电话的人可以清楚地看到时间的流逝，精确而且有趣，简单的计时器成了艺术品，一时间好销极了。

通过功能分析进行产品创新，可以充分考虑到设计中人的因素，对于发现市场机会、增加产品的附加价值和增强企业的竞争力都会发挥重要的作用。

总之，机会识别一半是艺术，一半是科学。创业者必须依靠直觉，使之成为一门艺术；也必须依靠有目的的行动和分析技能，使之成为一门科学。

5.4.4 创业机会类型

经过识别出来的创业机会大致上可以总结为趋势型机会、问题型机会和组合型机会。

(1) 趋势型机会

趋势型机会，是指创业者通过密切观察趋势从而创造出新的有效需求的机会。经济因素、社会因素、技术进步、政治活动与制度变革是要遵循的最重要趋势。把握这些趋势有两种途径：其一是认真研究并观察这些趋势。一般来说，具有产业经验和创造性、构建良好的社会网络、警觉的创业者，更可能发现趋势并正确解释它们。其二是从独立调查公司购买定制化的预测和市场分析。

(2) 问题型机会

问题型机会，是指创业者发现了现有产品、服务、原材料和组织方式等层面的差距，通过其创造性思维找出了某种改进可能性的机会。

研究表明，一些创业机会其实是某个人为了解决某一实际问题的结果，在解决问题的过程中，创业者意识到解决方案将有更广泛的市场吸引力，从而引发其创业过程。已故的“共同事业组织”创始人约翰·加德纳说：“每个问题背后都是一个被精巧掩饰的机会。”

创业标杆

便捷路由器 kisslink

2014 年 11 月 5 日，一款史上最便捷路由器 kisslink 悄然登录京东众筹平台，在不到 24 小时内，就获得近 5 000 人支持，筹资金额超过百万元，再次刷新国内产品众筹纪录，创下了在 24 小时之内支持人数最高纪录，2 个月内公司估值就蹿升至数亿元人民币。

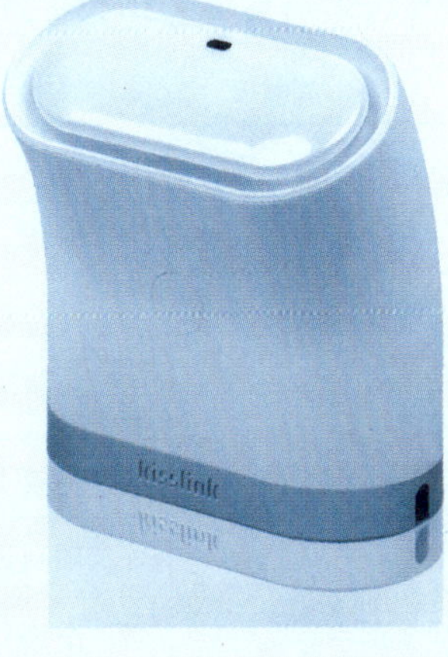

这款路由器的创始人是张兆龙，他 2004 年毕业后加盟了 Aruba 路由器公司，之后当上了产品经理。但是他很快发现，家用路由器一直存在如何设置的问题。如果打开百度，输入“怎么”两个字，百度智能排序系统一定会自动联想出“怎么设置无线路由器”。一个看似不大的问题，却成为困扰人们的问题。张兆龙找到了切入市场的机会。

经过多年技术积累，张兆龙在 2013 年为自己未来的路由器申请了拥有全球专利的 Kiss 认证技术。基于这个技术打造的 kisslink 路由器，只要插上网线和电源线就可以上网。不需要输入密码，只需把手机或其他移动设备靠近这个路由器 5 厘米之内，置于认证面板之上，路由器就会提取用户信息进行匹配，匹配成功就可以上网。这个产品，不仅让上网更加"傻瓜"，也从硬件层面阻断了蹭网、黑客等问题。因为没有密码，也就无码可破。kisslink 解决了人们的痛点，让人们不需要思考和记忆，用最少的精力去关注路由器，更多地关注上网的体验，更方便地使用。

(3) 组合型机会

组合型机会，是指将现有的两项以上的技术、产品、服务等因素组合起来，满足用户新的用途而获得的创业机会。例如，HP 的多功能办公一体机，就融合了打印、复印、电话、扫描、传真等办公的基本功能，非常受欢迎。

5.5 机会筛选

创业机会筛选是建立在创业机会识别的基础上，是对多种潜在创业机会的进一步比较并确认的决策过程。

5.5.1 蒂蒙斯机会筛选模型

现在国际上公认比较权威科学的是蒂蒙斯（Timmons，1999）提出的全面的机会筛选框架，与其他理论不同，蒂蒙斯更多的是从一个机构投资者或者从一个旁观者的角度来分析，结合机会本身的特点和企业（或企业家）特质来综合考虑。他概括了一个筛选创业机会的框架（见表 5.2），其中涉及 8 大类 53 项指标，针对不同指标做权衡打分。这些指标提供了一些量化的方式，使创业者可以对行业和市场问题、竞争优势问题、经济结构和收获问题、管理团队问题、致命缺陷问题等做出分析，判断这些要素加起来是否组成一个有足够吸引力的商机。尽管蒂蒙斯也承认，现实中有成千上万适合创业者的特定机会，未必都能与这个筛选框架相契合，但他的这个框架是目前包含筛选指标比较完整的一个体系。

表 5.2　蒂蒙斯机会筛选框架

行业与市场	1. 市场容易识别，可以带来持续收入
	2. 顾客可以接受产品或服务，愿意为此付费
	3. 产品的附加价值高
	4. 产品对市场的影响力高
	5. 将要开发的产品生命长久
	6. 项目所在的行业是新兴行业，竞争不完善
	7. 市场规模大，销售潜力达到 1 000 万元到 10 亿元

（续表）

行业与市场	8. 市场成长率为30%～50%，甚至更高
	9. 现有厂商的生产能力几乎完全饱和
	10. 在五年内能占据市场的领导地位，达到20%以上
	11. 拥有低成本的供货商，具有成本优势
经济因素	1. 达到盈亏平衡点所需要的时间在1.5～2年以下
	2. 盈亏平衡点不会逐渐提高
	3. 投资回报率在25%以上
	4. 项目对资金的要求不是很大，能够获得融资
	5. 销售额的年增长率高于15%
	6. 有良好的现金流量，能占到销售额的20%～30%以上
	7. 能获得持久的毛利，毛利率要达到40%以上
	8. 能获得持久的税后利润，税后利润率要超过10%
	9. 资产集中程度低
	10. 运营资金不多，需求量是逐渐增加的
	11. 研究开发工作对资金的要求不高
收获条件	1. 项目带来附加价值的具有较高的战略意义
	2. 存在现有的或可预料的退出方式
	3. 资本市场环境有利，可以实现资本的流动
竞争优势	1. 固定成本和可变成本低
	2. 对成本、价格和销售的控制较高
	3. 已经获得或可以获得对专利所有权的保护
	4. 竞争对手尚未觉醒，竞争较弱
	5. 拥有专利或具有某种独占性
	6. 拥有发展良好的网络关系，容易获得合同
	7. 拥有杰出的关键人员和管理团队
管理团队	1. 创业者团队是一个优秀管理者的组合
	2. 行业和技术经验达到了本行业内的最高水平
	3. 管理团队的正直廉洁程度能达到最高水准
	4. 管理团队知道自己缺乏哪方面的知识
致命缺陷	不存在任何致命缺陷
创业家的个人标准	1. 个人目标与创业活动相符合
	2. 创业家可以做到在有限的风险下实现成功
	3. 创业家能接受薪水减少等损失

（续表）

创业家的个人标准	4. 创业家渴望进行创业这种生活方式，而不只是为了赚大钱
	5. 创业家可以承受适当的风险
	6. 创业家在压力下状态依然良好
理想与现实的战略性差异	1. 理想与现实情况相吻合
	2. 管理团队已经是最好的
	3. 在客户服务管理方面有很好的服务理念
	4. 所创办的事业顺应时代潮流
	5. 所采取的技术具有突破性，不存在许多替代品或竞争对手
	6. 具备灵活的适应能力，能快速地进行取舍
	7. 始终在寻找新的机会
	8. 定价与市场领先者几乎持平
	9. 能够获得销售渠道，或已经拥有现成的网络
	10. 能够允许失败

资料来源：杰弗里·蒂蒙斯著，周伟民等译，《战略与商业机会》，华夏出版社 2002 年版。

5.5.2 机会测试

经过创业家筛选出来的机会，还必须拿到市场上去接受消费者、供货商、投资者和其他利益相关者的检验，这一过程被称为机会测试。

很多大公司在大规模投产前，都专门生产出相关样品，接受市场的评价。例如，雀巢咖啡为打开中国市场，通常会选择一些超市请用户品尝。有些餐厅为了检验自己的新菜品，会专门免费请消费者试吃。

本章要点

1. 创意是机会识别的基础，产生创意的方法有头脑风暴法、设计思维法等。

2. 创业是在动态竞争前提下的机会驱动过程，是创业者（或称企业家）在面对大量的不确定性因素时分析、评估机会并进行有选择的投资决策的行动。

3. 创意并不等于创业机会，创业机会区别于创意的特点是其必须具有实现的可能性。

4. 创业机会主要来源于市场本身的特点、新技术的发明和运用、产业与市场结构的变化、宏观环境的变化四个方面。

5. 创业机会的自然属性、创业者的个人特征、社会网络、环境因素影响了创业者的机会识别。

6. 创业机会识别过程包含三个阶段：机会的搜寻、机会的识别、机会的评价。

7. 创业机会包括：趋势性机会、问题性机会和组合型机会三种。

8. 机会筛选使用最广泛也是最权威的是蒂蒙斯机会筛选模型，创业者可以利用这个体系模型对行业和市场问题、竞争优势、经济结构和收获、管理团队、致命缺陷等做出判断，以评价一个创业企业的投资价值和机会。

思考题

1. 如何产生创意？
2. 创意与创业机会的关系是什么？
3. 什么是创业机会？
4. 创业机会具有哪些特征？
5. 创业机会识别过程包括哪些阶段？
6. 如何进行创业机会筛选？

延伸性阅读

[1] Berglund, H., & Korsgaard, S. (2016). Opportunities, Time, and Mechanisms in Entrepreneurship: On the Practical Irrelevance of Propensities. *Academy of Management Review*, Forthcoming.

[2] Grégoire, D. A., & Shepherd, D. A. (2012). Technology-market Combinations and the Identification of Entrepreneurial Opportunities: An Investigation of the Opportunity-individual Nexus. *Academy of Management Journal*, 55 (4), 753 - 785.

[3] 杰斯汀、隆内克等著，郭武文等译：《创业机会》，华夏出版社 2002 年版。

[4] 郑炳章：《创业研究：创业机会的发现、识别与评价》，北京理工大学出版社 2009 年版。

[5] 张红、葛宝山：《创业机会识别研究现状述评及整合模型构建》，《外国经济与管理》2014 年第 4 期。

第6章
可行性分析

关键词

商业可行性分析　竞争分析　创业计划撰写　创业计划陈述

学习目标

学完本章后，你应该能够：

1. 理解创业可行性分析的内涵和重要性；
2. 了解可行性分析的内容和方法；
3. 学会进行竞争分析；
4. 了解创业计划撰写的步骤和内容。

每个计划应像雪花一样与众不同。

——约瑟夫·罗彻索(Joseph Mancuso)

案例导读

“家政女皇”玛莎·斯图尔特的创业计划

虽然创业计划经常被称为“黄粱美梦”，但对创业者而言，这份计划也许是他在创业时期唯一一份最重要的文件了，投资者一直要等到创业计划完成以后才会考虑是否投资，此外创业计划还能帮助创业者在头脑中保持一个自己想要达到的目标。对于这一点，美国第二女富豪“家政女皇”玛莎·斯图尔特(Martha Stewart)深有体会。因为玛莎本人就是通过仔细制定创业计划和战略而取得成功的，她的创业计划是一份需要将多元化产业之间的目标整合起来的复杂的计划。

图片来源：人民网

玛莎·斯图尔特的成功历程是一出“灰姑娘变王妃”的喜剧，也被认为是经典的“美国梦”。玛莎 1941 年生于美国新泽西州的波兰移民家庭，在家里 6 个孩子中排行第二，父亲是药品推销员，母亲是教师，一家 8 口人住在市郊一个三间卧室的公寓里，玛莎一直和妹妹挤在一张床上。而现在她的名声甚至盖过美国的第一夫人，她所创办的玛莎·斯图尔特家庭用品公司的产品，从杂志、书籍、电视节目到床上用品、花园用具无所不包，她本人也成为美国人心目中典型的女性偶像：不仅事业成功，而且做家务的水平也是一流的。

玛莎在她一生的大部分岁月中都是一名创业家。她对任何事物都保持着一种寻找新的创造性方法的热情。在做股票经纪人的业余时间里，她寻找着烹饪、缝纫、园艺和娱乐的新方法，她发现在这些领域里要在现有的市场中找到自己所设想的新的创造性的东西非常难，所以她确信她的新想法一定会使很多人受益。于是，她在 1982 年根据自己的亲身体验，与克拉克森·波特(Clarkson Potter)出版公司合作出版了一本针对中产阶级妇女的畅销书——《娱乐》，销量达 50 多万册，迄今为止已经重印了 30 多次。第一本书成功以后，玛莎又通过克拉克森出版公司出版了其他主题的一系列书籍，包括烹饪、园艺、婚礼策划和圣诞节装饰等。

新创意能使企业目前的销售主打产品或服务更具多样性，所以对新创意进行专业管理和控制也越来越有必要。玛莎在出书的同时也看到了进一步扩展自己的成功机会，她认为完全可以在杂志中收录她的成功书籍中的精选内容。这样她就需要一份计划书，为她现有的产品与服务提供操作指导。

1991 年，在她的创业计划书指导下，玛莎创办了一家多媒体公司，公司名为玛莎·斯图尔特生活多媒体，它将各种产品与服务集合在玛莎的引导之下。这份业务计划同时也是玛莎的月刊《玛莎·斯图尔特生活》进入市场时的指导。在杂志成功出版后，玛莎的业务扩展到了电视栏目，题为“问玛莎”的周报专栏、广播栏目、网站、marthastewart. com公司和各种专访节目。

玛莎的创业计划有两个基本目的：首先，向尽可能多的人传播“如何用新东西创造性地做”的信息；其次，通过向顾客提供一些产品，将顾客转变成掏钱购物的人。这些产品是他们要完成“亲手操作”所必需的辅助品或工具。玛莎·斯图尔特家庭用品公司2000年12月31日统计的年度销售总额达到了2.858亿美元，净利润为2 130万美元。玛莎·斯图尔特被誉为20世纪90年代最成功的创业者之一。

（资料来源：http://www. marthastewart. com.）

玛莎·斯图尔特的创业计划帮助她成为一名成功的创业者。玛莎·斯图尔特的成功并不是个例，所有的成功创业都离不开一个可行的创业计划。创业者在决定创业之初最关键的就是要进行可行性分析，包括对创业计划的商业可行性分析和创业者自身的可行性分析（如图6.1所示），进而在可行性分析的基础上形成一份可行的创业计划。

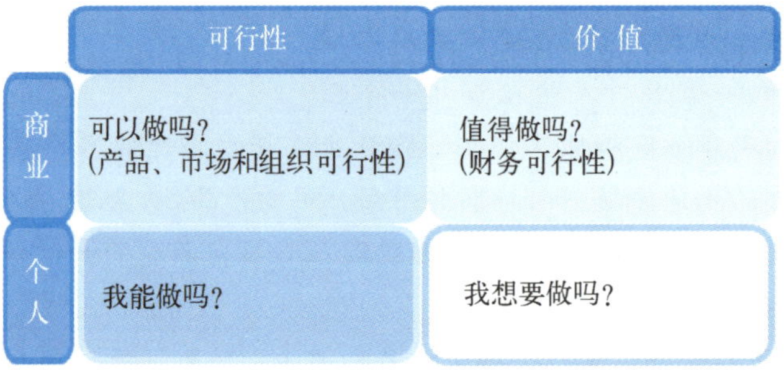

图 6.1　可行性分析框架

创业者个人的可行性分析是要通过对创业者自身特质和能力等方面的分析，确定创业者是否能够创业以及是否想要创业，这已在第2章创业选择中进行了分析，本章将主要针对商业可行性进行分析。

6.1　商业可行性分析

6.1.1　商业可行性分析的内涵

商业可行性分析①(feasibility analysis)是确定商业创意是否可行的过程。最有效的企业需经过如下阶段，包括：(1) 识别商业创意；(2) 测试创意的可行性；(3) 撰写商业计

① 布鲁斯·R.巴林格、R.杜安·爱尔兰著，杨俊等译：《创业管理：成功创建新企业》，机械工业出版社2010年版。

划书;(4) 创建企业。如果商业创意不满足可行性分析的一个或多个方面,它就该放弃或被重新思考。许多创业者犯下这样的错误:识别出一个商业创意,就直接开始撰写商业计划寻求支持。这种做法经常忽视或很少关注创意可行性分析。

创业者进行商业可行性分析时,需要经历一种思想转变,从单纯将商业创意看作观点,转变为将它视为一个企业。可行性分析是对潜在业务的评价,而不是严格的产品或服务分析。图6.2体现的连续步骤清楚区分了思考商业创意过程的研究部分和规划、销售部分。可行性分析本质上是研究性的,旨在评价拟建企业的特点和价值;而商业计划更关注规划和销售。根据《新企业路考》(*The New Business Road Test*)作者约翰·马林斯(John W. Mullins)的说法,完成整个创意思考过程非常重要,其原因在于避免落入"机会各方面都好"的心智模式。在马林斯看来,撰写商业计划前不对商业创意特点和价值做适当研究,会使创业者难以发现与潜在业务相关的内在风险,从而导致过于乐观的计划。

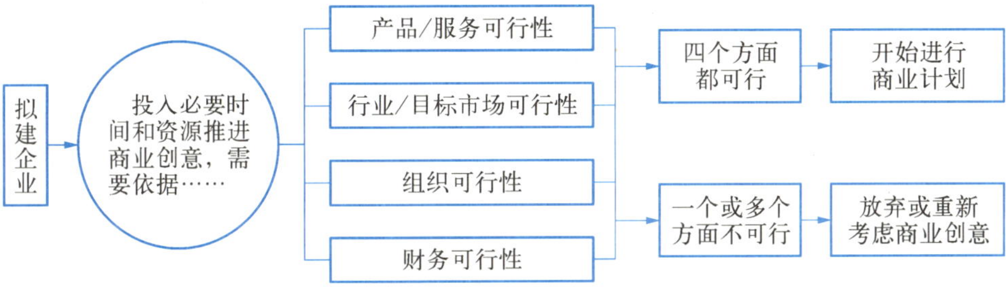

图6.2 商业可行性分析

6.1.2 商业可行性分析内容

商业可行性分析包括四个关键方面的分析:产品/服务可行性分析、行业/目标市场可行性分析、组织可行性分析和财务可行性分析。

(1) 产品/服务可行性分析

产品/服务可行性分析是对将要推出的产品或服务的总体吸引力进行评估。尽管创建新企业要考虑许多重要事情,但最要紧的是产品或服务能否销售出去。产品/服务可行性分析包括两个部分:产品/服务吸引力、产品/服务需求。

产品/服务吸引力旨在确认产品或服务的受欢迎程度,以及在市场中满足的需求。为了确定产品/服务吸引力,创业者需要分析产品或服务的特征、目标市场、产品或服务的价值以及相对于竞争者,产品/服务的定位。产品/服务需求旨在确定人们是否对产品或服务有需求,创业者可以通过购买意愿调查的方式来确定产品/服务需求。

(2) 行业/目标市场可行性分析

行业/目标市场可行性分析(industry/target market feasibility analysis)是对产品或服务进入的行业与目标市场所做的整体吸引力评估。多数企业不会试图服务整个产业。它们会选择或开拓特定目标市场,并努力服务这个市场。斯普瑞玩具公司没有瞄准整个儿童玩具行业,它的目标市场是,愿意支付较高价格购买高安全性、环境友好的教育类玩具的父母们。行业/目标市场可行性分析包括两个部分：行业吸引力、目标市场吸引力。

表 6.1 有吸引力行业的特征

- 新兴产业，而非传统产业
- 行业生命周期早期阶段，而非后期阶段
- 行业分散化，而非结构集中
- 行业正在成长，而非收缩
- 出售顾客“必定”要买的产品或服务，而非“可能想买”的产品、服务
- 行业空间不拥挤
- 具有较高营业利润
- 不依赖关键原材料的历史低价来维持盈利，如汽油、面粉

行业的总体吸引力彼此有很大差别。一般来说，最有吸引力的行业具备表 6.1 中所描述的特征，其中前三项因素尤其重要。

目标市场是市场空间的一部分，是具有相同需求的顾客群。大多数初创企业没有足够资源进入广泛的市场。通过关注较小的目标市场，企业通常能避免与行业领导者的正面竞争，并能很好地专心服务于特定市场。评价目标市场吸引力，创业者通常需要收集、综合多个行业或市场的信息，并做出有见识的判断。

(3) 组织可行性分析

组织可行性分析(organizational feasibility analysis)用来判定拟建企业是否具有足够的管理专业知识、组织能力和资源以成功创办新企业。在这个部分，要注意两个重要方面：管理才能和资源丰度。

在评估管理才能时，需要关注两个非常重要的因素：一是个体创业者或管理团队对商业创意所抱有的激情，二是管理团队或个体创业者对将要进入的市场的了解程度。这些方面的能力是其他因素无法替代的。

资源丰度在于确定拟建企业是否拥有或能够获得充足资源推进事业发展，目的在于识别出最重要的非财务资源并评估它们是否可以得到。一般来说，新创企业可能需要具有专业技能的员工，以及企业对其关键方面获得知识产权保护的能力。

(4) 财务可行性分析

财务可行性分析(financial feasibility analysis)是整体可行性分析的最后部分。通常来说，初步的财务可行性分析就足够了，过分严格的财务分析是不必要的。因为企业的细节问题肯定会不断变化，过早花费大量时间去准备详尽的财务预算没有实际意义。

在这个阶段，需要考虑的最重要问题包括：开业的现金总需求量，即企业开业和运营所需的所有预期资产购买项目和经营费用；同类企业的财务绩效，即通过与已经营业的同类企业相比，评估拟建企业的潜在财务绩效；拟建企业总的财务吸引力，即评估新创企业的预计销售额和回报率(或利润率)。

6.2 竞争分析

6.2.1 行业竞争分析[①]

参与利润争夺的不仅仅是现有的行业对手，还包括其他四种竞争力量——客户、供应商、潜在进入者和替代产品。这五种力量扩大了竞争范围，界定了行业结构，也决定了一个行业内竞争互动的本质和行业长期获利能力。哈佛大学教授迈克尔·波特结合这五种力量，提出了著名的五力模型，是分析行业竞争状况的有效框架。如图 6.3 所示，该模型由五种力量构成，分别是现有竞争者、新进入者威胁、供应商议价能力、买方议价能力、替代品或服务的威胁。

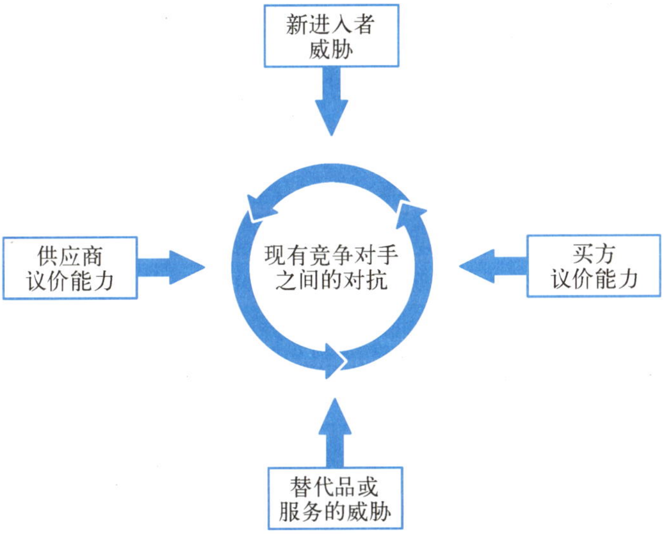

图 6.3 决定产业竞争状况的力量

(1) 新进入者威胁

新进入者威胁形成的原因是，新进入某行业的企业总能带来新的产能，并意欲获得一定的市场份额，这就给价格、成本以及投资比率这些竞争必要元素带来了压力。尤其是当新进入者从其他市场通过多元化战略进入这个市场时，它们可能利用现有能力和现金流来重塑竞争格局。因此，进入威胁给一个行业的获利潜力设定了一个上限。当进入威胁大时，现有企业就必须降低价格或者增加投资，以威慑新的竞争对手。

一个行业的进入威胁的大小关键取决于现有的进入壁垒和预期报复行为，进入壁垒是指现有企业相对进入者的优势，预期报复行为是现有企业对新进入者做出反应，给其他潜在进入者发出信号，表明捍卫市场份额的决心。因此，潜在进入者对现有企业反对态度

① 迈克尔·波特、詹正茂：《塑造战略的五种力量》，《哈佛商业评论》2008 年第 2 期。

的预测，也会影响进入决策。

(2) 供应商议价能力

供应商议价能力是指供应商提高收入要素价格和降低单位价值质量的能力。强势的供应商可以收取更高的价格、限定质量或服务标准，或者将成本转嫁给行业参与者，从而为自己获取更多的价值。这必然会影响现有企业的盈利能力和产品竞争力。

在下列情况下，供应商群体一般比较强势：① 卖方行业的集中度大于买方行业；② 供应商群体的收入并不主要依赖于这个行业；③ 行业参与者更换供应商将面临转换成本；④ 供应商提供的是差异化产品；⑤ 供应商群体提供的产品或服务没有替代品；⑥ 供应商群体完全有可能实行前向整合。企业可以根据这些情况选择合适的供应商或者竞争策略。

(3) 买方议价能力

买方议价能力是指购买者要求降低价格或者提高产品或服务质量的能力。强势的客户可以压低价格，要求供应商提高质量或提供更多的服务，并挑动行业参与者互相竞争，从而削弱行业竞争能力，为自己获取更多价值。如果买方比行业参与者拥有更强的谈判能力，尤其是如果买方对价格敏感，并利用自己的影响力迫使供应商降价，买方则更为强势。

与供应商一样，不同的客户群体也会拥有不同的议价能力。在下列情况下，客户群体拥有较强的谈判能力：① 买方很少，或者每个买方的购买量相对单个供应商的规模来说很大；② 行业产品标准化或无差异化；③ 买方不需要转换成本就可更换供应商；④ 如果供应商获利过于丰厚，买方完全有可能实行后向整合，自己生产该行业的产品。

(4) 替代品或服务的威胁

替代品的威胁大，行业的获利能力就会受到威胁。替代产品或服务带来了价格上限，从而限制了行业的获利能力。如果一个行业没有通过产品性能、营销等手段与替代品拉开差距，其获利能力就会受到影响，增长潜力往往也会受到制约。

在下列情况下，替代品的威胁很大：① 替代品具有比行业产品更高的性价比；② 买方转而使用替代品的成本很低。企业应识别这些情况，并留意其他行业的变化，判断自己产品或服务的可替代性，从而制定正确的竞争战略。

(5) 现有竞争者

现有竞争者的竞争形式有价格折扣、新产品上市、广告宣传、服务改进等方式。竞争对手间的激烈对抗会制约一个行业的获利能力。尤其是价格竞争对获利能力破坏特别大，因为价格竞争会把利润直接从一个行业转移到客户手中。

在下列情况下，竞争对抗最为激烈：① 竞争者数量众多，或者规模和实力旗鼓相当；② 行业增长缓慢；③ 退出壁垒高；④ 竞争者高度致力于业务运营，并渴望成为领先者，目标不仅仅局限于在该行业的经济表现；⑤ 由于相互不了解、竞争方法不同，或目标差异，企业无法读懂彼此发出的信号。

通过这五种力量的分析，可以对一个行业的竞争结构进行了解，但是，行业竞争结构会不断进行适度的调整，有时还可能发生突变。决定行业竞争结构的这五种力量因此也可能发生变化。因此，对于一个企业来说，首先要通过五力分析，了解行业竞争状况，确定企业的定位，采取正确的战略行动；其次，还要利用行业变化带来的机会，行业结构的变化可能会降低进入壁垒或创造新的需求；最后，企业还可以主动构建行业结构，引导行业采用新的竞争方式，改变五力格局。

6.2.2 竞争者分析①

企业获得将要进入的行业和市场基本认识后，接下来要进行竞争者分析。竞争者分析是对企业竞争状况的细致考察，它有助于企业了解竞争对手的定位，以及在一个或更多领域中能带来竞争优势的可得机会。这对新创企业来说，更是至关重要。

(1) 识别竞争者

竞争者分析的第一步就是找出谁是竞争者，图 6.4 展示了企业可能面临的竞争者类型，与每种竞争者相关的挑战如下所示：

① 直接竞争者：它们是那些提供相同或相似产品的企业。这些竞争对手最为重要，因为它们与新企业竞争相同的市场，即便新企业拥有更好的产品，想要取胜也非常困难。

② 间接竞争者：这些竞争者提供与本企业产品相近的替代品。这些企业的产品也很重要，因为它们要满足与新企业产品相同的基本需求。

③ 潜在竞争者：这些企业虽然不是本企业的直接或间接竞争对手，但它们在某些时候能变为企业的直接或间接竞争对手。

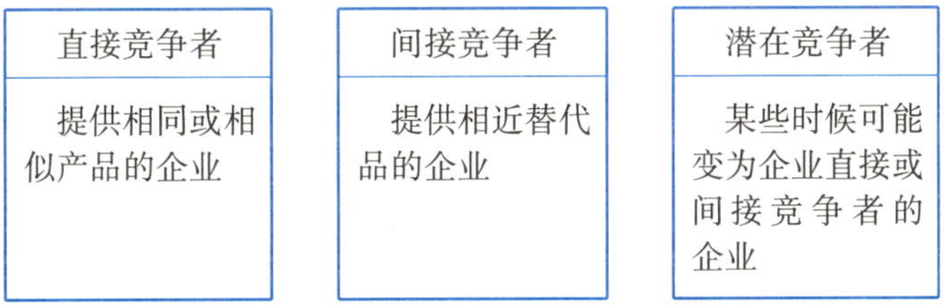

图 6.4 新企业面对的竞争者类型

企业不可能找出所有的竞争者，但是，企业找出前 5～10 位竞争者很容易，这已经足以保证企业完成竞争分析方格了。

(2) 竞争分析方格

竞争分析方格(competitive analysis)是企业搜集竞争者信息的工具，它有助于企业了解如何与竞争对手较量，提供市场追求的创意，更重要的是，它帮助企业找到竞争优势的主要来源。要成为有生存能力的公司，新创企业必须至少具备一项明确的超越主要竞争对手的竞争优势。

表 6.2 展示竞争分析方格内容，方格左侧第一列是企业所在行业的主要竞争因素，而第一行则是企业自身及其 5 个主要竞争对手。企业完成竞争分析方格的目的在于搞清如何与对手竞争，阐明企业具有优势(或劣势)的领域。

---

① 布鲁斯·R. 巴林格、R. 杜安·爱尔兰著，杨俊等译：《创业管理：成功创建新企业》，机械工业出版社 2010 年版。

表 6.2 竞争分析方格

项　目	企业自身	竞争者 A	竞争者 B	竞争者 C	竞争者 D	竞争者 E
竞争因素 A	优势/相当/劣势	优势/相当/劣势	优势/相当/劣势	优势/相当/劣势	优势/相当/劣势	优势/相当/劣势
竞争因素 B	优势/相当/劣势	优势/相当/劣势	优势/相当/劣势	优势/相当/劣势	优势/相当/劣势	优势/相当/劣势
竞争因素 C	优势/相当/劣势	优势/相当/劣势	优势/相当/劣势	优势/相当/劣势	优势/相当/劣势	优势/相当/劣势
竞争因素 D	优势/相当/劣势	优势/相当/劣势	优势/相当/劣势	优势/相当/劣势	优势/相当/劣势	优势/相当/劣势
⋮						

6.3 创业计划撰写

创业计划框架如表 6.3 所示：

表 6.3 创业计划框架

Ⅰ. 导言 Ⅱ. 执行摘要——用 3～4 页概括整个创业计划 Ⅲ. 环境和行业分析 1. 未来趋势和展望 2. 竞争者分析 3. 市场细分 4. 行业展望 Ⅳ. 创业企业描述 1. 产品或服务 2. 业务规模 3. 办公设备和人员配备 4. 创业者背景 Ⅴ. 生产计划 1. 生产类型 2. 厂址选择 3. 质量保证 4. 库存管理 5. 设备管理 6. 成本管理 Ⅵ. 营销计划 1. 价格 2. 销售	3. 产品预测 4. 控制 Ⅶ. 组织计划 1. 企业的所有制形式 2. 组织结构 3. 创业团队 Ⅷ. 财务计划 1. 投资估算 2. 预计损益表 3. 预计现金流量表 4. 预计资产负债表 5. 盈亏平衡分析 6. 预计投资回收期 Ⅸ. 风险评估 1. 企业弱势分析 2. 新技术 3. 应急技术 Ⅹ. 附录(包括补充材料) 1. 信函 2. 市场研究数据 3. 租约或合同 4. 供应商报价单

资料来源：Robert D. Hisrich, Michael P. Peters 著，王玉等译，《创业学》(第五版)，清华大学出版社 2004 年版。

(1) 导言

该部分为整份计划的封面页,该页对创业计划书的全部内容做一个简练的概括。导言部分应包括以下内容:

- 企业名称和地址。
- 创业者姓名、电话号码、传真号码、电子邮箱地址、网址和通信地址。
- 用一段话来描述新企业和业务的性质。
- 新建企业所需要的资金数量。创业者可以提供一个一揽子方案,包括股票和债券融资等。
- 对报告机密性的陈述。为了安全起见,这一段陈述对创业者来说是非常重要的。

(2) 执行摘要

执行摘要的作用是激起潜在投资者的兴趣,本部分内容将使投资者决定是否有必要通读计划的全文,因此执行摘要是创业计划的重要部分,应该得到充分的重视。

本部分内容应该简洁有力地列举业务计划的要点。创业者应简要描述业务的概念,列举对该公司拥有机会的有力数据。例如,陈述行业的发展趋势和潜在成长力,在陈述发展机会之后表明如何利用这些机会。新企业将会实施的营销战略是什么?这一战略与市场上其他经营者的战略有何区别?实施了该营销战略后能够取得的主要财务方面的战果有哪些?除此之外,创业者的重要经历、现有的其他重要合同或法律文书,以及任何有助于将创业企业推销给潜在投资人的信息,都应在执行摘要中有所提及。

(3) 环境和行业分析

通过环境分析来确定可能会对新建企业产生影响的国内、国际市场的趋势和变化,从而将新建企业放在一个适当的背景下分析是非常有意义的。环境因素包含以下内容:经济因素、文化因素、技术因素和法律因素。上述因素对创业者来说都具有不可控性,通过某些途径对这些因素进行认识和分析,对创业者发现市场机会、拟订与环境相适应的营销战略、规避风险有重要意义。除了进行环境分析外,还要对具体的行业进行分析。行业分析涉及的因素有:行业需求量和竞争情况。环境和行业分析最终的落脚点都应该是某个特定市场。表6.4给出了创业者在环境和行业分析时所要考虑的关键问题。

表6.4 环境和行业分析的关键问题

1. 在过去5年中,该行业的销售总额是多少?
2. 该行业预计的增长率如何?
3. 在过去3年中,该行业有多少新进入的公司?
4. 该行业最近有什么新产品上市?
5. 最接近的竞争者是谁?
6. 你的企业经营如何才能超过该竞争者?
7. 你的每个主要竞争者的销售额是在增长、减少还是保持稳定?
8. 你的每个竞争者的优势和劣势是什么?
9. 你的客户的特点是什么?
10. 你的客户与你的竞争者的客户有什么区别?

(4) 创业企业描述

创业企业描述是对新企业的产品、服务和运营情况的完整描述。这一描述能够帮助投资者确定企业的规模和经营所涉及的范围。该部分主要包括以下四个内容：

① 企业理念：让投资者相信该创业企业能够为客户带来利益，满足客户要求。企业的基本情况：简要介绍企业名称、成立时间、注册地点、经营场所、公司的法律形式、法人代表、注册资本、主要股东、股份比例等，重点介绍企业未来发展的详尽规划，企业近期以及未来3～5年的发展方向、发展战略和要实现的目标。

② 产品或服务描述：介绍产品或服务的性能和用途，尤其是产品的新颖性、先进性和独特性，产品的研究和开发情况，在技术开发方面已经投入的资金总额为多少，计划再投入多少，企业今后的开发方向、开发重点和正在开发的技术和产品，企业现有技术储备情况，企业寻求技术开发依托(大学、研究所等)情况，保证关键技术人员和技术队伍的稳定所采取的激励措施，企业拥有的专利、许可证或拥有的专门技术、版权、配方、品牌、专营权、特许权经营等情况。

③ 企业的发展阶段：说明企业创立时的情况，早期发展情况，稳定发展期的情况，扩张期的情况，企业合并、重组或稳固地占领市场等情况。

④ 创业者本身的情况：创业者的商业背景是什么，具有怎样的管理经验，如果创业者刚刚进入社会创业，则要介绍成长背景、求学经历，突出自己的性格、兴趣爱好与特长，表明创业者具有强烈的进取精神和生活追求，以及为什么你会在这个创业企业中获得成功。

(5) 生产计划

如果新创企业属于制造业，就必须制订一份生产计划，详细描述产品的制造过程。在制订生产计划时，要回答有关生产类型、厂址选择、质量保证、库存管理、设备管理和成本管理等方面的问题。

(6) 营销计划

营销计划是一个以年度为基准的计划，它着眼于与营销组合变量(产品、价格、渠道及销售)有关的决策，并考虑如何将计划加以实施。

营销计划的准备步骤如下：

- 确定企业经营形势。回顾现有公司及其产品的绩效，分析行业的市场规模、市场增长率、创新或新技术的威胁、法律法规、新的竞争者、经济条件等，明确创业企业的新产品或服务如何开发、为何开发。
- 确定目标市场。市场是由消费者组成的，确定目标市场就是确定谁将是企业的顾客，该目标市场是整个市场的一个或多个细分市场。细分市场也称市场分割，是根据消费者的爱好、购买力等特征的不同，将消费者分割为两个以上的顾客群。
- 优势和劣势。分析创业者在目标市场中的优势和劣势。
- 确立目标。目标有定量和定性两种。定量目标包括市场份额、利润、销售额、市场渗透、分销商的数量、新产品上市数、定价策略、促销、广告支持等；定性目标包括顾客对产品的态度、建立销售培训、改进包装、产品更名、寻找新的分销商等。
- 确定营销战略和行动计划。针对确立的目标，确定具体的营销战略和行动计划。

(7) 组织计划

① 企业的法律形式

创办企业的第一步就是确定企业的法律形式，即企业采取何种所有权形式。创业者应根据自身的实际情况和外部限制条件做出合理的选择，并随着将来情况变化而做出相应的调整和变更。企业的法律形式大致可分为：个人独资企业、合伙企业、股份有限公司和有限责任公司。

② 组织结构

创业者为了使新创企业能顺利发展，需要确定一个最佳的、与其适应的组织结构。通过建立组织结构，把完成目标所需要的人员和工作变成可以管理的单位，并通过组织关系把各个单位联系起来，形成一个统一的整体。组织结构也不是一成不变的，它还要随着组织自身的变化和外部环境的变化而变化。组织结构的类型大致可分为直线型、职能型、事业部制和矩阵式。

③ 创业团队

创业团队是整个创业计划中最重要的一环，直接影响风险资本的获得和企业的发展潜力与方向。在创业计划中，介绍创业团队，要注意介绍成员与创业企业有关的教育和工作背景，着重介绍创业团队成员的管理分工和互补。组建创业团队的过程包括：创业者应广泛地同业界人士、专家、目标客户等共同讨论确定企业的主要活动，探讨哪些特定的领域将影响新企业的生存与发展；列出包括创业者在内所有候选团队成员所最擅长的业务；根据所选项目的特点和企业的组织形式来确定创业团队的规模；运用比较优势理论来确定团队成员；将企业的主要活动分配给所有的团队成员；为每一项主要活动设定范围并为负责人设定目标。

(8) 财务计划

① 投资估算

准确、全面估算创业项目的投资费用，是创业计划可行性研究的重要内容，对投资决策具有重大影响。建设项目总投资是指保障投资项目建设和生产经营活动正常进行所必需的资金，简称为“投资总额”，有时也简称为“投资”。

② 预计损益表

损益表主要反映项目计算期内各年的利润总额、所得税及税后利润分配情况。表中，产品销售(营业)收入、销售税金及附加、总成本费用的各年度数据分别取自相应的辅助报表。

利润总额＝产品销售(营业)收入－销售税金及附加－总成本费用

所得税＝应纳税所得额×所得税税率

应纳税所得额为利润总额根据国家有关规定进行调整后的数额。

税后利润＝利润总额－所得税

可供分配利润＝税后利润－特种基金

按盈余公积金、应付利润、未分配利润三项进行分配。

③ 预计现金流量表

项目的现金流量系统将项目计算期内各年的现金流入与现金流出按照各自发生的时点顺序排列，表达为具有确定时间概念的现金流量。现金流量表即对建设项目现金流量系统的表格式反映。需要注意的是，现金流量并不等同于利润，任何时候出现负现金流，需借入现金或保持银行账户中有足够的现金；任何时候出现正现金流，可以进行短期投资或存入银行账户。

可能出现的现金流入包括：营业现金流入、经营期末的残值收入、收回的流动资金。

可能产生的现金流出包括：购买固定资产的价款、固定资产的运输费和安装调试费、生产试制费用、专有技术使用费、流动资金的投入。

④ 预计资产负债表

资产负债表综合反映项目计算期内各年末资产、负债和所有者权益的增减变化及对应关系，用以考察项目资产、负债、所有者权益的结构是否合理，以进行清偿能力分析。

资产由流动资产、在建工程、固定资产净值、无形递延资产净值四项组成。

负债包括流动负债和长期负债，流动负债中的应付账款数据可由流动资金估算表直接取得；流动资金借款和其他短期借款两项流动负债及长期借款均指借款余额，需根据资金来源运用表中的对应项及相应的本金偿还项进行计算。

所有者权益包括资本金、资本公积金、累计盈余公积金及累计未分配利润。其中，资本金为项目投资中累计自有资金（扣除资本溢价），当存在由资本公积金或盈余公积金转增资本金的情况时，应进行相应调整。资本公积金为累计资本溢价及赠款，转增资本金时，相应调整资产负债表以满足下列等式：资产＝负债＋所有者权益。累计未分配利润可直接得自损益表。累计盈余公积金也可由损益表中盈余公积金项计算各年份的累计值。

⑤ 盈亏平衡分析

盈亏平衡分析是通过计算项目盈亏平衡点（BEP）分析项目成本与收益的平衡关系的一种方法。盈亏平衡点是项目盈利与亏损的转折点，在这一点上，项目刚好不亏不盈。

盈亏平衡分析原理如下：

假设条件：产量等于销售量（无库存）；
平均变动成本、产品销售价格不随产量的变动而变动；
产量在一定范围内变动时，固定成本保持不变；
产品及产品组合保持不变。

销售收入：销售收入＝价格×销售量　　$y_1 = p \cdot x$

其中，y_1 表示销售收入，x 表示产品产量（销售量），p 表示产品价格。

成本分解：总成本＝总固定成本＋总变动成本　　$y_2 = f + v \cdot x$

其中，y_2 表示总成本，f 表示总固定成本，v 表示平均变动成本，x 表示产品产量（销售量）。

⑥ 预计投资回收期

投资回收期是指项目投产后用所获得的年净收益抵偿全部投资（包括固定资产投资和流动资金）所需要的时间，亦称投资返本期。投资回收期的计算分为静态和动态两种。

静态投资回收期是指项目从建设开始之日起，到用项目每年所获得的净收益将全部投资补偿所需的时间,通常以年来表示。

动态投资回收期实质上就是项目在某一特定折现率下,各年净现金流量现值累计和为零的年限,是使累计净现金流量现值从负变正的临界点。

(9) 风险评估

风险评估是指确定潜在的危险或可以选择的策略以实现业务计划的目标。在某一特定行业和竞争环境下,创业企业都面临着各种各样的潜在风险,所以创业者应该对风险进行评估。创业者首先应该指出创业企业面临的潜在风险,并描述一旦潜在风险成真会产生什么样的后果,最后表明将采取什么样的策略来规避、减弱或对抗风险。对创业企业来说,主要风险来自竞争对手的反应,企业自身在市场营销、生产或管理方面的弱势,技术进步造成的产品过时等方面。即使所有这些因素都不对创业企业构成威胁,创业者也要在这部分计划中讲明不存在风险的原因。

(10) 附录

附录通常包括一些补充材料,这些补充材料在计划的正文没有必要详细展示,只需要在正文的相应文字或段落边标明供参考的附件名称即可。可以包括顾客、分销商和分包商的来信,用于计划制订的调研资料,租约、合同和已签订的其他协议,来自供应商和竞争对手的报价资料,专业术语等。

创业视点

新企业商业计划的7个致命错误

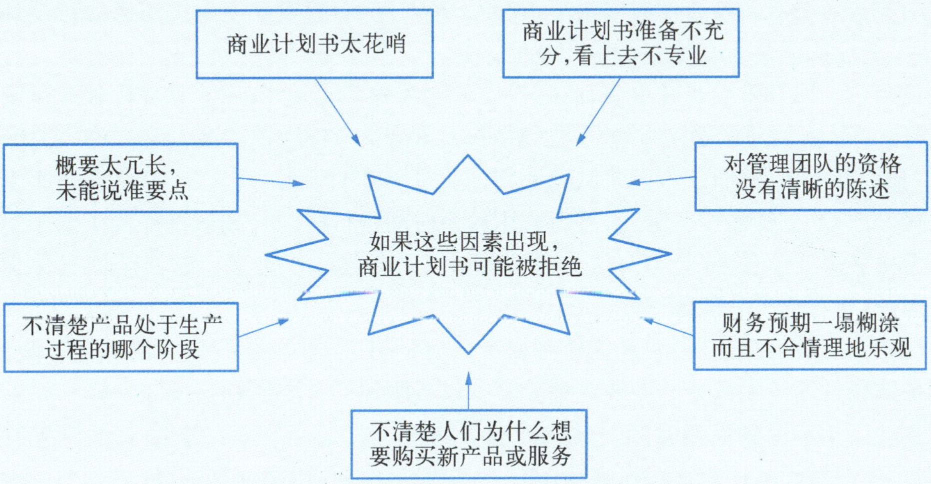

错误1:商业计划书准备不充分,看上去很不专业(例如,缺封面页、封面页缺少联系信息、明显的排印错误等)。这导致投资者产生以下看法:“我正与一群业余人员打交道。”

错误2:商业计划书太花哨(例如,商业计划书装订得像一本书、用光面纸打印、使用俗艳的图表等)。这导致投资者去思考:“在所有表面文章之后,他们正试图隐瞒什么?”

错误3:概要太长而且松散,未能说准要点。这导致投资者认为:“如果他们不能简洁地描述创意和公司,我不愿跟他们浪费时间。"

错误4:不清楚产品处于什么开发阶段,产品是否存在,它能否被容易地制造出来。投资者因此会得出结论:"我不明白这是现实或仅是一个空想,我要把它拿开。"

错误5:没有清楚地回答:"人们为什么想购买这种产品?"许多创业者主观认定,他们的新产品或服务非常好,以至于它们实际能够"不推自销"。

错误6:没有对管理团队资格给予清晰的陈述。这导致投资者得出结论:"他们可能没有相关经验,甚至有可能不知道相关经验是什么!"

错误7:财务预期在很大程度上是痴心妄想。这导致投资者认为:"他们不知道经营企业会是什么样或者他们认为我非常幼稚或愚蠢。"

(资料来源:罗伯特·A.巴隆、斯科特·A.谢恩著,张玉利等译:《创业管理:基于过程的观点》,机械工业出版社2005年版。)

6.4 创业计划陈述

如果商业计划成功吸引了潜在投资者的兴趣,下一步就是与投资者会面并向他们当面陈述商业计划。投资者往往要面见企业创建者,因为投资者最终投资的新企业非常少,所以新企业创建者应尽可能地给投资者留下良好的印象。

与投资者初次会谈通常时间很短,大约1小时左右,投资者主要关注机会是否真正存在,以及管理团队是否有足够经验和技能来创业。投资者还试图感受管理者是否对新企业高度自信。问答阶段非常重要,此时投资者会考察创业者如何思考及其对新企业的了解程度。AV实验室的迈克·瑞芬纳(Michael Rovner)曾经说:"我们会问许多边缘性问题,但我们并不想得到答案,而是试图评判创业投资者的思维过程。"一般要求企业使用幻灯片做20~30分钟的口头陈述,然后利用剩余时间进行提问。如果投资者印象深刻而打算了解更多企业信息,他会与合伙人邀请陈述人进行第二次会谈。这次会谈通常会持续更长时间,进行更充分的陈述。

与投资者会面之前,新企业创建者要准备好幻灯片,并以会议预定的陈述时间为限。同样形式也适用于大部分的商业计划大赛。口头陈述的首要原则是遵守安排。如果投资者给创业者1小时的面谈时间,包括30分钟陈述与30分钟问答,那么,口头陈述就不应该超过30分钟。陈述应该流畅通顺,幻灯片应简洁鲜明,切忌堆砌资料。

会面时,创业者应守时并做好充分准备。陈述应通俗易懂,避免使用技术术语。新企业创建者常犯的错误是,花太多时间纠缠于产品或服务的技术,却没有时间陈述自身情况。

本章要点

1. 可行性分析是确定从创业者个人到产品、服务、市场、组织和财务等创业过程中涉及的各个方面是否可行的过程。

2. 商业可行性分析是确定商业创意是否可行的过程，包括识别商业创意、测试创意的可行性、撰写商业计划书、创建企业四个阶段。

3. 商业可行性分析包括四个关键方面的分析：产品/服务可行性、产业/市场可行性、组织可行性和财务可行性。

4. 现有竞争者、新进入者威胁、供应商议价能力、买方议价能力、替代产品或服务的威胁五种力量决定了行业竞争状况。

5. 竞争分析方格是组织企业搜集的竞争者信息的工具，它有助于企业了解如何与竞争对手较量，帮助企业找到竞争优势的主要来源。

6. 创业计划一般包括摘要、创业组织概述、产品与服务、市场分析、经营策略、管理队伍、路线研究、财务分析、机会和风险、资本需求等方面。

7. 创业者应为创业计划陈述做好充分准备，尽可能地给投资者留下良好的印象。

思考题

1. 列出你的创业资源，谈谈如何利用。你能在此基础上做出你的创业计划吗？

2. 有很多创业者不知道什么是“可行性分析”，然而他们成功了，这种现象怎么解释？你创业会制订类似计划吗？为什么？

3. 你想过借助外力勾画自己的创业计划吗？你能说出这方面成功的例子吗？

4. 你参加过大学生创业竞赛吗？就目前来看，绝大部分的大学生竞赛创业计划都缺乏可行性，你怎么看？

5. 你和你的同学分小组(3～5人)集体完成一项创业计划，创业项目可以自由选择，但项目必须符合前瞻性、轰动性、热点性和时效性的要求。每个小组必须在规定的时间内拿出成果，成果含一份创业计划报告，并成功做一次答辩。

延伸性阅读

[1] Allen, K. R. (2015). Launching New Ventures: An Entrepreneurial Approach. Nelson Education. Kirzner, I. M. *Competition and Entrepreneurship*. University of Chicago Press.

[2] Robert D. Hisrich, Michael P. Peters著，王玉等译：《创业学》(第五版)，清华大学出版社2004年版。

[3] 布鲁斯·R.巴林格、R.杜安·爱尔兰著，杨俊等译：《创业管理：成功创建新企业》，机械工业出版社2010年版。

[4] 布鲁斯·R.巴林杰著，陈忠卫等译：《创业计划：从创意到执行方案》，机械工业出版社2016年版。

[5] 王兴元、王秀成：《创业计划》，山东大学出版社2002年版。

第7章 商业模式

关键词

商业模式概述　商业模式内容　商业模式设计　商业模式应用

学习目标

学完本章后，你应该能够：

1. 了解什么是商业模式；
2. 知道商业模式都有哪些特征和哪些类型；
3. 知道商业模式设计的过程；
4. 了解商业模式设计的工具；
5. 了解中国情境下创业企业商业模式问题。

21世纪，企业之间的竞争已不再是产品与产品之间的竞争，而是商业模式之间的竞争。

——彼得·德鲁克(现代管理学之父)

案例导读

诺誓的商业模式

从项目提出，仅仅8个月时间，诺誓(roseonly)的销售额就接近千万，在高端鲜花市场迅速实现了品牌化。世界上玫瑰的优质产地首先是厄瓜多尔，其次是荷兰、肯尼亚、越南、中国。过去，占据全球市场比例3%～5%的厄瓜多尔玫瑰，消费市场主要集中在欧洲和日本，从未被进口至中国。厄瓜多尔玫瑰产自亚马逊流域，生命力旺盛，冷冻后通过海运到荷兰拍卖，仍然可以保持一周时间花开不败。与国内鲜切花市场上几毛钱至数元钱成本、花期短的玫瑰不同，厄瓜多尔玫瑰的特性奠定了打造极致产品的基础，可以使诺誓在B2C模式下保证玫瑰的品质。

诺誓创始人蒲易在厄瓜多尔找到一家经营了几代人的家族企业。他们拥有年产值5 000万美元的玫瑰园，通过供给欧洲皇室而发家，因此把产品叫做皇家玫瑰。在那里，每剪1朵玫瑰就要换一把剪刀，玫瑰达到了德国等国家的绿色环保标准，是可食用级别。这家企业一直在寻找终身合作伙伴。当远道而来的蒲易提出，需要花朵足够大、花茎长度超过1.5米的玫瑰进口到中国时，引起了供应商的重视。

诺誓模式开始运转。玫瑰采摘后48小时内通过空运进口，再通过联邦快递、顺丰快递在24小时内送达全国300个城市。预售模式＋第三方配送使得诺誓基本实现零库存。进口的纸材、花盒，通过诺誓的设计，成为产品的一部分。蒲易在第一时间为诺誓的花、花盒、外观等设计申请了专利。

考虑毛利和成本，以及诺誓作为情侣间礼品的定位，999元、1 314元、520元等定价得以确定。简洁的样式，4种颜色的玫瑰不断组合搭配，伴随"一生只送一人"的用户购买设置，诺誓的面貌与市场上的鲜花礼品完全差异化，在口碑传播中迅速直击人心。

同供应商的沟通逐渐加深，蒲易了解到，诺誓对玫瑰提出的标准，意味着要在厄瓜多尔玫瑰这样"玫瑰里的劳斯莱斯"中百里挑一。在玫瑰园供应量有限的情况下，诺誓付出了最高的采购价格，而诺誓订单的暴增也给了供应商足够的信心。双方签订了独家协议，诺誓售卖的颜色品种其他渠道商不能再售卖，在2月14日这样的关键时刻，玫瑰园优先供应诺誓。

（资料来源：http://i.wshang.com/Post/Default/Index/pid/232170.html.）

蒲易通过商业模式创新，在鲜花派送行业实现了突破。实际上，商业模式创新一直都是创业的主要方向之一，并且对于任何类型的创业来说，商业模式设计也都是创业的关键和必要内容。忽视商业模式设计，绕过价值发现的思维过程，创业者会容易陷入"如果我们生产出产品，顾客就会来买"的错误逻辑，这是许多创业实践失败的重要原因之一。

商业模式设计，是创业机会开发过程中的重要内容。商业模式是企业为顾客创造价值获取利润以生存的核心逻辑(Morris，2005)。对于创业者而言，成功的商业模式有助于提高创业成功率。只有好的商业模式才能吸引那些不遗余力地追逐新鲜、独特商业模式的风险投资(Venture Capital，VC)和私募股权投资(Private Equity，PE)。而VC的认可是创业企业实现快速跨越发展的重要途径之一。中国创业企业往往对设计科学合理的商业模式重视程度不够。在创业初期，创业者通常靠着一腔热血，没有经过对市场机会进行可行性分析和收益核算，就迫不及待地进行开发，这种短期投机行为、"唯利是图"的动机带来了创业的高失败率。少数有幸成功的企业，大多是在成功后才对自己的商业模式进行总结，缺乏系统科学的事前谋划。如果创业者从机会开发的起始阶段就注重利用商业模式对创业活动进行协调与调整，适时把握创业机会的内在经济逻辑，全面地对创业活动进行思考并用于指导经营实践，就能有效避免企业因匆忙、盲目创业而造成的失误，从而提高创业成功率。

本章从商业模式的概念入手，逐步剖析商业模式的内涵，并通过丰富的案例为商业模式设计提供可资借鉴的思路及工具。

7.1 商业模式概述

对商业模式的广泛关注始于20世纪末期的互联网创业潮。互联网兴起以后，涌现出许多新的经营模式，同时在网络经济条件下，出现了各种不同的业务流程、不同的收入模式、不同的信息流通方式，迫使企业重新思考竞争优势的来源、结构以及过程，这时企业商业模式受到了从创业者到投资家的广泛关注。人们逐渐认识到，企业必须选择一个适合自己的、有效的和成功的商业模式，从而保证自己的生存和发展。

7.1.1 商业模式的概念

商业模式(business model)即企业的经营方式，不同于战略对企业愿景和目标的描述，它具体描述了企业创造价值、传递价值和获取价值的基本原理。一般认为，商业模式是指为实现客户价值最大化，把能使企业运行的内外各要素整合起来，形成一个完整的高效率的具有独特核心竞争力的运行系统，并通过最优实现形式满足客户需求、实现客户价值，同时使系统达成持续盈利目标的整体解决方案。研究者从不同的角度对这个广泛运用的概念进行解释，从而形成了多个层面的观点(见表7.1)。

关于商业模式概念的观点逐步由单一企业的视角扩展到整个价值网络，包括盈利观、运营观、战略观、协同观(见表7.1)。一个企业的商业模式需要回答以下几个问题：(1)企业是做什么的？即企业的价值内容。企业存在的理由是提供满足社会需求的产品或服务，这是对公司定位以及公司存在理由的辨识，最终表现为业务范围和所提供产品或服务的描述。(2)企业为谁做？即企业的价值主张、价值对象。顾客及合作者(如供应商)等能够从业务中得到哪些收益？业务活动为哪些顾客或合作者创造价值？为这些利益相关者创造了哪些价值？(3)企业是怎么做的？即企业的价值结构。价值结构分析了价值链或价值网络的形成，不同价值主体参与到价值创造的不同过程并在价值创造过程中承担不同角色,价值结构回答的是"每个环节的价值是如何被创造出来的"。(4)企业的利润如何实现?在认真分析了商业模式的运作基础以及收入来源之后,价值和业务的持续性就决定了商业模式的成本结构和收入模式,也就是企业如何赚钱的问题。

表7.1 商业模式概念的代表性观点

	主要观点	代表人物
盈利观	任何一个商业模式最终所必须回答的就是企业的盈利问题。一个企业的商业模式必须能够提出完整的关于如何获得并且保持其收益流的逻辑陈述	Stewart et al., 2000; Rappa, 2000; Hawkins, 2002
运营观	企业盈利目标的实现涉及企业商业活动的结构、各种元素之间的关系,以及对环境变化的反应等,所以企业需要通过合适的流程设计和策略组合来协调多要素的综合作用,这种业务运作机制主要包括产品/服务的选择、产品/服务的交付方式、管理流程、资源流、知识管理和后勤流的设计	Venkatraman and Henderson, 1998; Mahadevan, 2000
战略观	商业模式不是单纯的盈利逻辑及其实现问题,而是整个公司运营逻辑及其实现问题,这是对企业战略的总体考察,涉及市场扩张、组织行为、增长机会、竞争优势和持续性等	Chesbrough and Rosenbloom, 2002; Viscio and Paternack, 1996; Hamel, 2000
协同观	企业盈利并不仅仅是企业自有资源作用的结果,而需要协同外部力量,这是人们对商业模式的认识从内源分析逐步扩展至囊括了外部伙伴的整个商业系统	Linder et al., 2000; Thomas, 2001; Weill et al., 2001; Dubosson et al., 2002;翁君奕等,2005;罗岷,2005

7.1.2 商业模式对创业的重要作用

创业标杆

"ofo"共享单车的商业模式创新

新学期伊始,许多印着"ofo"符号的小黄车"攻占"了校园的每一个角落,只要下载一款APP,下单后自动开锁,同学们就可以在校园内随时随地骑行。没错,这就是北大"ofo"团队的创业作品,其独特的商业模式让人眼前一亮。

2009年,张巳丁与戴威于北大自行车协会前往凤凰岭的一次拉练中结识,并认识了戴威的室友、同样热爱骑自行车的薛鼎。共同爱好令他们拥有共同语言,几次骑行经历让他们结下了深厚的情谊。戴威此前曾有过创业经历,那段经历为他打开了创业的窗口,一个想法忽然涌现于他心

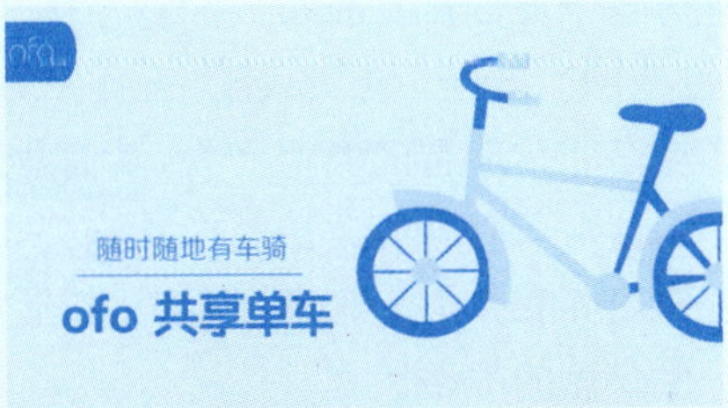

头,“为什么不把自己喜欢骑行的模式变成一份创新的事业?”这个念头让他兴奋不已,并得到了薛鼎和张巳丁以及后来加盟进来的教育学院于信同学的赞同。满怀一腔热血,在学校附近租了一间仅能容得下桌子和床的小房间,几个人开始了创业的策划。在临时办公室里,一个个计划被提出、讨论、成型。骑行旅游、自行车周边、自行车交易……凡是和自行车相关的事情,他们都做了慎重的考虑。同时,他们还投入大量精力,举办了几次不同寻常的“骑游”活动,如游台湾、游济州岛等,也做了其他一些有关自行车的尝试。此后发现,骑行的市场太小,戴威三人无奈地选择了暂停。但是,这一段时间的探索并没有白费,他们不仅收获了创业的经验,模式的概念也越来越清晰。“ofo”这一logo不仅像一个骑着自行车奔驰的小人,也象征着一往直前的公司文化。他们的目光开始转向了身边的校园。“如果把这些自行车都合理调配起来,大家一起使用,有没有可行性?”无数个夜晚,一场又一场的头脑风暴,假设、讨论、推翻、再假设,他们搜集了出行方面许多的创业资料,比如滴滴打车和Uber的打车模式,他们也参考了共享经济的鼻祖Airbnb的运营理念以及城市公租车的管理模式。最后他们发现,共享自行车可行!为了这样一个目标,他们决定,大学生创业就是要从“0”到“1”。

新的梦想启程了,万分幸运的是,一位北大校友听说了ofo项目,“让同学们随时随地有车可以骑”的模式牵动了他,最终,他答应了对项目的投资。2015年5月开始,戴威团队用这笔资金购车并邀请同学加入共享,正式迈出了ofo运营的第一步。随后,越来越多的同学开始加入共享的行列中来。“小黄车”实际投入使用40天后,仅仅北大认证用户数量就突破了20 000人,校内日均用车高达4 000余次。此后,ofo在7所首都高校成功推广,在北大形成清晰的商业模式后,他们快速地将这一项目复制推广至全国其他高校。今天,校园小黄车,已经成为一道亮丽的校园风景线。

2016年9月26日,滴滴出行宣布公司出资数千万美元战略投资共享单车平台ofo。

(资料来源:根据“ofo”官网以及北京大学、央视网等相关报道改编。)

据《科学投资》杂志调查显示:在创业企业中,因为战略原因而失败的只有23%,因为执行原因而夭折的也不过是28%,但因为没有找到合理的商业模式而走上绝路的却高达49%。商业模式是关系到企业生存存亡、兴衰成败的大事,企业要想获得成功,就必须从制定适合该企业的商业模式开始,新创立的企业是这样,发展期的企业更是如此。商业模式是企业竞争制胜的关键。

ofo“小黄车”定位于校园一族这一细分市场,这在用户体验的范围、频次、深度以及管理等各个方面都具有很大的竞争优势,毕竟全国的在校师生总量超过了5 000万,同属于“互联网+交通工具”领域的滴滴公司投入千万美元战略投资校园ofo共享单车这一细分领域是非常明智的商业行为,其商业逻辑是:校园内大众用“小黄车”,校园外出行用“滴滴车”,这对于整合并改造整个滴滴公司的出行工具商业价值链具有重大的战略意义,同时也对培养和扩展未来潜在用户、扩展用户范围和边界都具有十分重要的长远意义,无疑是一笔合算的战略买卖。

由于商业模式涵盖企业各个方面,其实际应用潜力巨大,下面仅从较宏观的创业角度探讨其实践用处。

首先，商业模式有助于提高创业成功率。创业者一旦发现机会，往往迫不及待地进行开发，结果常以失败而告终。其实，创业失败的原因并不是创业者工作不努力或机会不好，而是创业者没能把握好创业机会的内在经济逻辑。创业者一味地注重价值创造因素，重视满足顾客需求和解决实际问题，但却对同样重要的价值获取因素视而不见，忽视可行性分析和获取收益，这已成为许多企业失败的主要原因。初创企业利用商业模式可以更加全面地对创业活动进行思考，能有效避免企业匆忙创业造成的失误，从而提高创业成功率。

其次，商业模式有助于构建壁垒，保证企业快速、健康地成长。商业模式以机会为中心，包含价值创造与获取的内在经济逻辑，是对企业系统的整体描述。企业进行商业模式创新，意味着构建特有的资源组合形式，它难以被其他企业复制，但却有可能改变整个产业的经济性，具有巨大的经济潜力，从而有可能为企业快速成长打下基础。另外，由于商业模式关注企业系统平衡，因而能较好地减轻或避免企业快速成长引发的问题和不对称现象，从而能实现企业快速成长过程的平稳发展。好的商业模式可以形成壁垒，比如腾讯，大家都知道它是一个开发即时通信的企业，其实它的商业模式是新的社交公司。大家使用微信不是为了通信，而是社交，因为数量巨大，以亿数，所以 QQ 对用户有着巨大的黏性，你的社交网络越大，越离不开微信。

再者，商业模式为我国民营企业二次创业提供了新思路。对我国民营企业而言，二次创业并不意味着企业权力的传承，而是具有丰富内容的再发展问题。从企业的发展阶段来看，我国的许多民营企业已度过当初的机会开发阶段而进入了更高级的成长阶段。但现实问题是，在全球化、知识经济、改革深化的条件下，依靠创业者个人才能与低成本优势的民营企业还能否续写辉煌。新时期的竞争必然是企业综合系统间的竞争，必须依靠企业具有的难以模仿的综合优势来最终赢得胜利。过去，民营企业可以通过单一的产品或技术创新获得成功，现在则越来越需要通过更为综合的商业模式创新来战胜对手。因为商业模式可以提供具有独特资源组合的企业系统，并为企业持续发展竞争优势奠定基础，所以，商业模式创新是我国民营企业进行二次创业的新途径。

商业模式的实际应用远不止这样几个方面，它对企业战略构建、企业变革、虚拟组织等研究领域均能提供有益的借鉴。实践中，国内一些耳熟能详的企业，如大江、滴滴等，正以各自不同的方式构建起富有特色的商业模式。

7.2 商业模式内容

亚历山大·奥斯特瓦德提出了商业模式设计“画布”的 9 个基本模块（见图 7.1），由此来展示企业创造收入的逻辑。这 9 个模块覆盖了商业模式设计内容的 3 个主要方面：价值发现、价值生产、价值占有①。

① 亚历山大·奥斯特瓦德、伊夫·皮尼厄著，王帅、毛心宇、严威译：《商业模式新生代》，机械工业出版社 2011 年版。

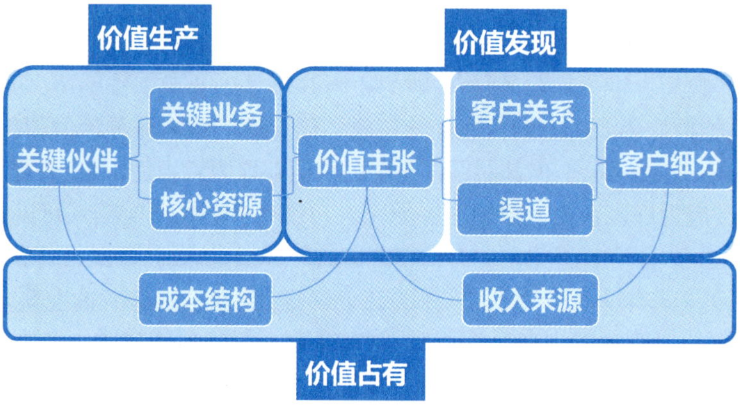

图 7.1 商业模式内容框架

7.2.1 价值发现

价值发现解决的是为谁生产的问题，包含客户细分、渠道、客户关系和价值主张。

(1) 客户细分

客户构成了任何商业模式的核心。客户细分构造模块用来描绘一个企业想要接触和服务的不同人群或组织。在这一模块，企业必须问自己：我们正在为谁创造价值？谁是我们最重要的客户？

一般而言，客户细分群体包含以下几种类型：① 大众市场，价值主张、渠道通路和客户关系全部聚焦于一个大范围的客户群组，在这个群组中，客户具有大致相同的需求和问题；② 利基市场，价值主张、渠道通路和客户关系都针对某一利基市场的特定需求定制；③ 区隔化市场，价值主张、渠道通路、客户关系针对略有不同的客户需求及困扰；④ 多元化市场，以完全不同的价值主张迎合完全不同的客户细分群体；⑤ 多边平台或多边市场，服务于两个或更多的相互依存的客户细分群体。

(2) 渠道

渠道是客户接触点，渠道构造模块用来描绘公司如何沟通、接触其客户细分而传递其价值主张。在这一模块，企业必须问自己：通过哪些渠道可以接触我们的客户细分群体？我们现在如何接触他们？我们的渠道如何整合？哪些渠道最有效？哪些渠道成本效益最好？如何把我们的渠道与客户的例行程序进行整合？

渠道具有 5 个不同的阶段，每个渠道都能经历部分或全部阶段。我们可以区分直销渠道与非直销渠道，也可以区分自有渠道和合作伙伴渠道(如图 7.2 所示)。

(3) 客户关系

客户关系构造模块用来描绘公司与特定客户细分群体建立的关系类型。在这一模块，企业必须问自己：我们每个客户细分群体希望我们与之建立和保持何种关系？哪些关系我们已经建立了？这些关系成本如何？如何把它们与商业模式的其余部分进行整合？

我们可以把客户关系分成以下几种类型：① 个人助理。这种关系类型基于人与人

<table>
<tr><th colspan="3"></th><th colspan="5">渠道阶段</th></tr>
<tr><td rowspan="2">自有渠道</td><td rowspan="2">直销渠道</td><td>销售队伍</td><td rowspan="5">1. 认识
我们如何在客户中提升公司产品和服务的认知?</td><td rowspan="5">2. 评估
我们如何帮助客户评估公司价值主张?</td><td rowspan="5">3. 购买
我们如何协助客户购买特定的产品和服务?</td><td rowspan="5">4. 传递
我们如何把价值主张传递给客户?</td><td rowspan="5">5. 售后
我们如何提供售后支持?</td></tr>
<tr><td>在线销售</td></tr>
<tr><td rowspan="3">合作伙伴渠道</td><td rowspan="3">非直销渠道</td><td>自有店铺</td></tr>
<tr><td>合作伙伴店铺</td></tr>
<tr><td>批发商</td></tr>
</table>

图 7.2 渠道阶段

之间的互动。② 专用个人助理。这种关系类型包含了为单一客户安排的专门的客户代表。③ 自助服务。与客户之间不存在直接的关系,而是为客户提供自助服务所需要的所有条件。④ 自动化服务。这种关系类型整合了更加精细的自动化过程,用于实现客户的自助服务。⑤ 社区。利用用户社区与客户/潜在客户,建立更为深入的联系,并促进社区成员之间的互动。⑥ 共同创作。超越与客户之间传统的客户—供应商关系,和客户共同创造价值。

(4) 价值主张

价值主张构造模块用来描绘为特定客户细分创造价值的系列产品和服务,它解决了客户困扰或者满足了客户需求。在这一模块,企业必须问自己:我们该向客户传递什么样的价值?我们正在帮助我们的客户解决哪一类难题?我们正在满足哪些客户需求?我们正在提供给客户细分群体哪些系列的产品和服务?

每个价值主张都包含可选系列产品或服务,以迎合特定客户细分群体的需求。一般而言,有助于为客户创造价值的价值主张可能包含新颖、性能、定制化、质量、设计、品牌、价格、成本削减、风险控制、便利性、可达性等因素。

7.2.2 价值生产

价值生产解决的是如何做的问题,包含核心资源、关键业务和关键伙伴。

(1) 核心资源

核心资源用来描绘让商业模式有效运转所必需的最重要因素,这些资源使得企业组织能够创造和提供价值主张、接触市场、与客户细分群体建立关系并赚取收入。在这一模块,企业必须问自己:我们的价值主张需要什么样的核心资源?我们的渠道通路需要什么样的核心资源?我们的客户关系呢?收入来源呢?

核心资源可以分为:实体资产、知识资产、人力资源和金融资产。

(2) 关键业务

关键业务构造模块用来描绘为了确保其商业模式可行,企业必须做的最重要的事情,这些业务是企业得以成功运营所必须实施的最重要的动作。在这一模块,企业必须问自己:我们的价值主张需要哪些关键业务?我们的渠道通路需要哪些关键业务?我们的客户关系呢?收入来源呢?

关键业务可以分为:制造产品、解决客户问题和平台/网络服务。

(3) 关键伙伴

关键伙伴构造模块用来描述让商业模式有效运作所需的供应商与合作伙伴的网络。在这一模块，企业必须问自己：谁是我们的重要伙伴？谁是我们的重要供应商？我们正在从伙伴那里获取哪些核心资源？合作伙伴都执行哪些关键业务？

以下三种动机有助于创建合作关系：① 商业模式的优化和规模经济的运用；② 风险和不确定性的降低；③ 特定资源和业务的获取。

7.2.3 价值占有

价值占有解决的是投入和收益的问题，包含成本结构和收入来源。

(1) 成本结构

成本结构用来描绘运营一个商业模式所引发的所有成本。在这一模块，企业必须问自己：什么是我们商业模式中最重要的固有成本？哪些核心资源花费最多？哪些关键业务花费最多？

商业模式成本结构包含两种类型：① 成本驱动。成本驱动的商业模式侧重于在每个地方尽可能降低成本。② 价值驱动。增值型的价值主张和高度个性化服务通常是以价值驱动型商业模式为特征的。

(2) 收入来源

收入来源是商业模式的动脉，收入来源用来描绘公司从每个客户群体中获取的现金收入(需要从创收中扣除成本)。在这一模块，企业必须问自己：什么样的价值能让客户愿意付费？他们现在付费买什么？他们是如何支付费用的？他们更愿意如何支付费用？每个收入来源占总收入的比例是多少？

可以获取收入的方式包括资产销售、使用收费、订阅收费、租赁收费、授权收费、经纪收费、广告收费。

将上述 9 个模块结合起来，就构成商业模式“画布”，在这个“画布”上任意组合，就能够变化出各种各样的商业模式。比如苹果公司，通过特殊设计的 iPod 设备、iTunes 软件和 iTunes 在线商店，为用户提供无缝的音乐体验。苹果公司的价值主张就是让用户轻松地搜索、购买和享受数字音乐，同时，为了使这种主张成为可能，苹果公司不得不与所有大型唱片公司谈判，建立世界上最大的在线音乐库。关键业务就是，通过销售 iPod 赚取了大量与其音乐相关的收入，同时利用 iPod 设备与在线商店的整合，有效地把竞争对手挡在了门外。

7.3 商业模式设计

可以将商业模式设计大致划分为三个阶段：构思、成型和评估。其中，构思阶段的主要任务是进行商业模式设计的准备工作，从组建设计团队开始。然后，通过调查访谈等方式深入研究客户、技术和环境。运用正确方法有助于商业模式构思，包括关注客户、把握创新点、可视化思考、情境推测。成型阶段的主要任务是把前一阶段中获取的信息和方法加工成商业模式原型，并清晰明确地传达给企业员工、投资人、政府管理部门、公众等利益相关者。评估阶段的主要任务是对商业模式原型不断进行探索和测试，选出最为恰当的商业模式。

在如今的商业环境里，最好假设大多数商业模式的生命周期都很短，即使是那些成功的模式，也只是昙花一现。考虑到企业在商业模式创新上的大量投入，通过持续地管理和调整商业模式来延长其寿命是非常有必要的，直到它需要完整、全新思考的时候。管理商业模式的调整需要我们决定哪些构成元素还具有实用价值，哪些已经过时无用了。我们可以采取如图 7.3 所示的步骤进行商业模式调整。

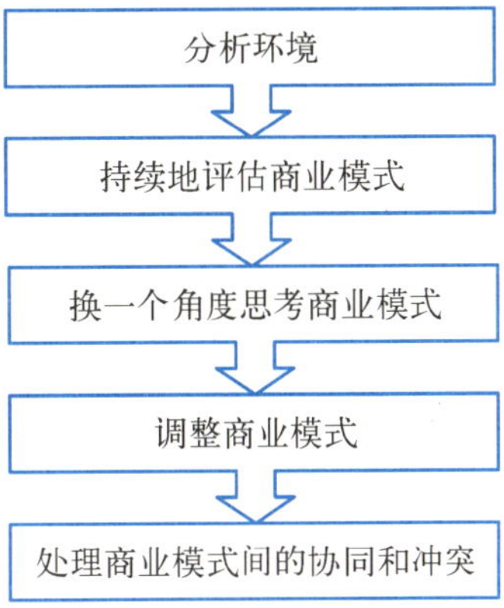

图 7.3　商业模式调整过程

7.4　商业模式应用

古老也是最基本的商业模式就是店铺模式(Shopkeeper Model)，具体来说，就是在具有潜在消费者的地方开设店铺并销售产品或服务。

随着时代的进步，商业模式也变得越来越有创意。20 世纪早期，出现了饵与钩(Bait and Hook)模式。在这种模式下，基本产品的出售价格极低，通常处于亏损状态；而与之相关的消耗品或是服务的价格则十分昂贵。比如说，剃须刀和刀片、手机和通话时间、打印机和墨盒、相机和胶卷等。在 20 世纪 50 年代，新的商业模式是由麦当劳(McDonald's)和丰田汽车(Toyota)创造的；60 年代的创新者则是沃尔玛(Wal-Mart)和混合式超市(Hypermarkets，指超市和仓储式销售合二为一的超级商场)；到了 70 年代，新的商业模式则出现在联邦快递(FedEx)和玩具反斗城(Toys R US)的经营里；80 年代是百视达(Blockbuster)、英特尔(Intel)和戴尔(Dell)；90 年代则是西南航空(Southwest Airlines)、eBay、亚马逊(Amazon. com)和星巴克咖啡(Starbucks)。而没有经过深思熟虑的商业模式则是许多互联网公司的严重问题，例如目前投身 Web 2.0 的企业就纷纷寻找着合适的商业模式。

每一次商业模式的革新都能给公司带来一定时间内的竞争优势。但是随着时间的改变，公司必须不断地重新思考它的商业设计。随着消费者的价值取向从一个产业转移到另一个产业，公司必须不断改变它们的商业模式。一个公司成败与否最终取决于它的商业设计是否符合了消费者的优先需求。以下 13 种典型的商业模式就是一些创新的设计应用。

(1) 订阅模式

订阅模式的典型代表是报纸杂志的销售，而如今，这种商业模式也被应用在无数其他商业领域内。相对于个别产品的销售，订阅模式可以实现阶段性(每月或每年)的产品或服务销售。它使得一次性的产品销售转变成不断重复的销售行为，并因此建立起品牌忠诚度。在这种模式下，服务或产品订购的续约可以是周期性自动进行的，每到一定时期，服务或产品提供商就会通过信用卡自动转账等方式预先进行收费。

（2）饵与钩模式

饵与钩模式先以补贴性的价格销售主产品，然后通过高价销售主产品必需的消费品而获利。在这种模式下，主产品的销售可能是亏本的，目的是诱使消费者使用相应的消费品。从效果上看，饵与钩模式等同于向消费者提供一笔高利息贷款，这笔贷款用于支付主产品的费用，因而消费者支付低价或免费就能获得主产品。然而，在后续的消耗品支出中，消费者将为主产品的"贷款"支付高额利息，而卖方也因此而获利。

（3）金字塔模式

金字塔模式是一种这样的商业模式：参与者通过介绍其他人加入从而赚取佣金，而这些佣金正来自新会员的入会费，以此类推，一层压一层。而且，在这一过程中，公司通常不提供任何产品或服务。金字塔模式的直销员模式则在一些企业得到合法的成功应用，其典型包括雅芳（Avon Products）、美商寰泰（Mannatech）、特百惠（Tupperware）、玫琳凯（Mary Kay Cosmetics）、康宝莱（Herbalife）等。这些企业将公司产品卖给其雇用的直销员，由其负责销售。而且，如果原有的直销员介绍他人成为新直销员，则原直销员可以获得奖励，这种委托招聘的目的是销售产品，企业雇用的直销员只能通过自己销售公司产品获得收入，而不能从自己介绍的新直销员的销售收入中获利。

（4）直销员模式

直销员模式是指企业招募直销员，由直销员在固定营业场所之外直接向最终消费者推销产品的经销方式。在典型的直销员模式中，个人将成为母公司的独立合作者，通过销售公司的产品或服务而获利。个人与企业的这种合作，与特许加盟店和区域销售代表之类的方式相类似。

（5）直接销售模式

直接销售模式（Disintermediation，或 The cutting out the middleman model）指买卖中把生产者和消费者更紧密地联系在一起，而视中间商是多余的。它通常是一种无店铺经营。日本化妆品企业 DHC 就是一个典型例子，它采取的是一种自称为"通信销售"的销售模式，通过网络销售、电话销售、目录销售为主的模式运行，没有进驻卖场和开设独立专卖店，产品直接到达消费者，节省了中间许多不必要的环节，从而减少了运营成本。直接销售模式的本质在于改变原有产业链，把产业链的中间部分切除。它抛弃了传统的分销渠道，抛弃了经销商、经纪人、代理商、零售商等角色，让生产企业直接面向消费者。直接销售模式的最好例子是戴尔公司（Dell）。

（6）集合模式

集合模式指的是由大量同行业的企业、商人和专家共同组成的合作经济组织，它们共享资源和信息，相互合作，从而获得利润。商会、合作社及特许经营都属于这种类型，它们都通过联合有共同目标的独立企业群体在市场上成功竞争。

特许经营就是其中一种典型应用，是一种营利性的商业系统，它是指特许者将自己所拥有的商标（包括服务商标）、商号、产品、专利和专有技术、经营模式等以特许经营合同的形式授予被特许者使用，被特许者按合同规定，在特许者统一的业务模式下从事经营活动。

(7) 网络效应模式

网络效应指的是一种性质，拥有这种性质的产品或服务，其对潜在消费者的价值依赖于该产品或服务的现有客户数量。网络效应所产生的结果是：购买这类产品的人间接影响了拥有这一产品的其他人。这种由于网络效应而产生的影响作用称为网络外部性。许多网站同样具有很强的网络效应。网络交易平台就是一个典型。

(8) 水泥加鼠标模式

水泥加鼠标模式是电子商务领域的一种商业模式，这种模式尝试将线上和线下的业务结合起来。例如，网上商店可能既通过互联网售卖产品，同时也开设实体商店销售。反过来，家具店可能在自己的店面展示商品，同时也允许客户通过网络订购。

(9) 在线拍卖模式

在线拍卖模式是指作为网络服务商的企业利用互联网向商品所有者或某些权益所有人提供有偿或无偿使用的网络平台，让商品所有者在其平台上独立开展以竞价、议价方式为主的在线交易。

(10) 免费加增值模式

免费加增值模式（freemium business model）指的是企业提供一种基本的免费服务，如果用户希望得到增值服务或现有服务的增强版本，那么可以通过付费获得。“Freemium”一词是由 Free（免费）和 Premium（增值收费）两个单词合成的，因为这种模式下往往同时存在免费用户和增值收费用户。这种商业模式已经出现了很长时间，并得到了广泛应用。共享软件常常采用这种模式，许多成功的软件公司也是建立在这种模式基础之上的。以 Adobe 公司为例，他们免费发放他们的文本阅读器，但是对其文本编辑器的定价却高达几百美元。

(11) 忠诚模式

忠诚模式的核心在于充分利用公司资源以提升消费者及其他利益相关者的忠诚度，从而带动公司经营目标的实现。这类模式的典型例子是：通过提高产品或服务质量提升客户满意度，获得客户忠诚度，从而获得高回报率。玛贝尔（MaBelle）钻饰是香港利兴珠宝公司推出的大众钻饰品牌，目前已在香港开设了 46 家分店，深受时尚人士青睐，其经营一直遵循忠诚模式。

(12) 产品与服务融合模式

产品与服务融合模式指的是：以往存在于产品和服务之间的明确界限已经在慢慢模糊，企业所提供的往往是产品和服务的结合品，可能是产品式的服务，也可能是服务式的产品。这种模式有两个类型：一是服务工业化，即用工业生产的方法制造服务；二是产品服务化，即在产品上附加服务属性，销售产品的同时也销售相关服务。麦当劳（McDonald's）成功的关键之一，就是其对快餐服务的标准化和自动化，使之做到：无论何时、无论何地、无论何人来操作，产品无差异。产品服务化模式指的是许多制造企业逐步把产品的含义从单纯的有形产品扩展到基于产品的增值服务，有形产品本身变成了传递服务的媒介或者平台。许多企业都在采用这种模式，例如通用电气（GE）的能源管理服务、壳牌（Shell）石油的化学品管理服务，IBM、惠普（HP）的信息服务，伊莱克斯（Electrolux）的一体化电器解决方案等。

(13) 代工模式

代工模式(OEM)最早出现于美国 20 世纪 50 年代，它指的是企业不拥有自己的品牌，只根据品牌厂商的要求提供产品或组件。与自有品牌的企业相比，代工企业无须投入大量资金进行产品研发，也不需要开拓营销渠道，可以集中精力提高制造工艺，实现低成本生产。现阶段，国内大多数中小企业自主研发和创新能力低，但生产成本具有优势。对于这些企业来说，代工模式可以扬长避短，迅速扩大企业的生产规模，从而增加市场份额。尽管如此，代工模式也存在着严重的弊端。其产品的附加价值少，而且会限制技术的进步。

(14) 其他模式

还有其他的许许多多的模式，包括客户解决方案模式、产品金字塔模式、多种成分系统模式、配电盘模式、速度模式、卖座"大片"模式、利润乘数模式、创业家模式、专利化利润模式、基础产品模式、行业标准模式、品牌模式、独特产品模式、区域领先模式、大额交易模式、价值链定位模式、周期利润模式、售后利润模式、新产品利润模式、相对市场份额模式、经验曲线模式、低成本企业设计模式。

本章要点

1. "商业模式"不同于战略对企业愿景和目标的描述，它具体描述了企业如何创造价值、传递价值和获取价值的基本原理。

2. 一般认为，商业模式是指为实现客户价值最大化，把能使企业运行的内外各要素整合起来，形成一个完整的高效率的具有独特核心竞争力的运行系统，并通过最优实现形式满足客户需求、实现客户价值，同时使系统达成持续盈利目标的整体解决方案。

3. 商业模式有助于提高创业成功率和构建壁垒，并为我国民营企业二次创业提供了新思路。

4. 亚历山大·奥斯特瓦德提出了商业模式设计"画布"的 9 个基本模块，这 9 个模块覆盖了商业模式设计内容的 3 个主要方面：价值发现、价值生产、价值占有。

5. 商业模式设计过程分为动员、理解、设计、实施和管理五个阶段。

6. 商业模式的调整过程包括分析环境、持续评估商业模式、换一个角度思考商业模式、调整商业模式、处理商业模式间的协同和冲突五个步骤。

思考题

1. 商业模式是什么？
2. 商业模式对创业有什么重要作用？
3. 商业模式设计的内容有哪些？请在下页商业模式画布中构建你的商业模式。
4. 商业模式设计的过程是什么？
5. 如何调整商业模式？

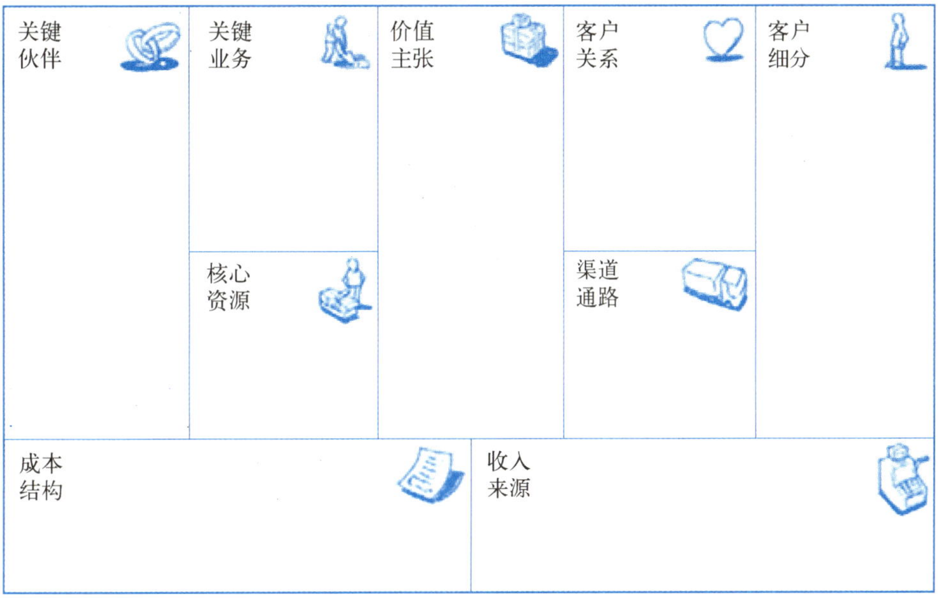

延伸性阅读

[1] Alexander Osterwalder and Yves Pigneur. (2010). *Business Model Generation: A Handbook for Visionaries, Game Changers, and Challengers*. Wiley.

[2] Anderson, P. (2016). Nicolai J. Foss and Tina Saebi (eds.). Business Model Innovation: The Organizational Dimension. *Administrative Science Quarterly*, 61(2), NP17 - NP19.

[3] Martins, L. L., Rindova, V. P., & Greenbaum, B. E. (2015). Unlocking the Hidden Value of Concepts: A Cognitive Approach to Business Model Innovation. *Strategic Entrepreneurship Journal*, 9(1), 99 - 117.

[4] 郭勒贵:《互联网新商业模式,传统商业模式的颠覆与重构》,机械工业出版社2016年版。

[5] 薛在君、刘进华:《企业战略与商业模式》,机械工业出版社2016年版。

[6] 亚历山大·奥斯特瓦德、伊夫·皮尼厄著,王帅、毛心宇、严威译:《商业模式新生代》,机械工业出版社2010年版。

第 8 章
创业团队

关键词

团队概述　团队构成　团队组建　团队管理

学习目标

学完本章后，你应该能够：

1. 了解团队和群体、一般团队的区别；
2. 明白创业团队的重要性；
3. 了解创业团队构成；
4. 知道如何组建一个优秀的创业团队；
5. 知道创业团队管理中需要面对的问题；
6. 知道团队精神培育过程需要注意的方面。

如果你选择了优秀的人，他们总是能够改变产品，几乎我犯的每件错误都是选错了人，而不是选错了创意。

——阿瑟·洛克(Arther Lock)(美国风险投资家)

案例导读

马化腾和他的5人创业团队

1998年秋天，马化腾与他的同学张志东"合资"注册了深圳腾讯计算机系统有限公司。之后又吸纳了三位股东：曾李青、许晨晔、陈一丹。为避免彼此争夺权力，马化腾在创立腾讯之初就和四个伙伴约定清楚：各展所长、各管一摊。马化腾是CEO(首席执行官)，张志东是CTO(首席技术官)，曾李青是COO(首席运营官)，许晨晔是CIO(首席信息官)，陈一丹是CAO(首席行政官)。直到2005年，这5人的创业团队还基本保持这样的合作阵形，不离不弃。腾讯做到如今的"帝国"局面，其中4个人还在公司一线，只有COO曾李青挂着终身顾问的虚职退休。

图片来源：www. alumni-scut. org

在企业迅速壮大的过程中，要保持创始人团队的稳定合作尤其不容易。在这个背后，工程师出身的马化腾从一开始对于合作框架的理性设计功不可没。从股份构成上来看，5个人一共凑了50万元。其中马化腾出了23.75万元，占47.5%的股份；张志东出了10万元，占20%的股份；曾李青出了6.25万元，占12.5%的股份；其他两人各出5万元，各占10%的股份。

"要他们的总和比我多一点点，不要形成一种垄断、独裁的局面。"而同时，他自己又一定要出主要的资金，占大股。"如果没有一个主心骨，股份大家平分，到时候也肯定会出问题，同样完蛋。"

保持稳定的另一个关键因素，就在于搭档之间的"合理组合"。马化腾非常聪明，但非常固执，注重用户体验，愿意从普通用户的角度去看产品。张志东是脑袋非常活跃、对技术很沉迷的一个人。马化腾技术上也非常好，但是他的长处是能够把很多事情简单化，而张志东更多是把一件事情做得完美化。许晨晔和马化腾、张志东同为深圳大学计算机系的同学，他是非常随和，有自己的观点却不轻易表达，是有名的"好好先生"。而陈一丹是马化腾在深圳中学时的同学，后来也就读深圳大学，他十分严谨，同时又非常张扬，能在不同的状态下激起大家的激情。曾李青是腾讯5个创始人中最好玩、最开放、最具激情和感召力的一个，其大开大合的性格也比马化腾更具备攻击性，更像拿主意的人。不过或许正是这一点，也导致他最早脱离了团队，单独创业。

后来，马化腾在接受多家媒体的联合采访时承认，他最开始也考虑过和张志东、曾李青三个人均分股份的方法，但最后还是采取了5人创业团队根据分工占据不同的股份结构的策略。即便是后来有人想加钱、占更大的股份，马化腾说不行，"根据我对你能力的判断，你不适合拿更多的股份”。因为在马化腾看来，未来的潜力要和应有的股份匹配，不匹配就要出问题。如果拿大股的不干事，干事的股份又少，矛盾就会发生。

可以说，马化腾的成功之处，就在于其从一开始就很好地设计了创业团队的责、权、利。能力越大，责任越大；权力越大，收益也就越大。

（资料来源：http://www. cyone. com. cn/Article/Article_34288. html.）

创业机会识别后，创业者就面临着组建团队、招募成员和创建企业的问题，即创业组织的过程。而与创业团队相关的问题则是这一过程中的重中之重，腾讯的成功是建立在马化腾和他的5人创业团队基础上的。当今世界充斥着丰富的技术、大量的创业者和充裕的风险资本，而真正缺乏的是出色的团队，如何组建一个优秀的团队将是每个创业者面临的最大挑战。本章将对与创业团队相关的问题进行探讨。

8.1 团队概述

创业离不开团队。创业团队对于创业家的重要性在于创业团队的普遍性以及它对公司创业绩效的影响。在现实中，有些企业是由创业者个人创立且拥有的，然而大多数企业是由两人或两人以上共同创立并拥有的。大量研究表明，创业团队在开创新企业的过程中起着非常关键的作用。换句话说，在一个企业创建的头几年里，一般由创业团队来支撑。

一般认为，创业团队是指创业者在创业过程中组成的以开创新的局面、满足共同的价值追求为共同目的，甘愿共同承担创业风险和共享未来收益并紧密结合的正式的或非正式的组织。创业团队并不是简单意义上的人的组合和聚集，它同一般意义上的群体有着很大的区别。其中最根本的区别在于：团队成员是互补的，而群体中的成员在工作上很大程度是互相替代的。创业团队也不同于一般团队。创业团队是在企业初创时期建立的，目的在于成功创办新企业，而一般团队的组建只是为了解决某类或者某个特定问题。创业团队相对于其他类型的团队有自己的显著特性，具体如下：

(1) 开创性

开创性也就是创新性。创业团体的目的是开创新的局面，而不是去完成已经被实现过的目标，这往往意味着开发新的技术、开拓新的市场、应用新的经营管理思想、创立新型的组织形式等。这种开拓性就要求创业团队必须是一个创新观念和能力很强大的集体，而且对创新气氛培养的重视远高于对规章纪律的重视。

(2) 组织的变动性

在创业过程中，创业团队的人员构成和组织架构都经常变动。组织的变动性从短期看，更多的是会增加创业风险，因为团队资源遭到破坏，创业资本、技术、人才等创业资源有所流失。但从长期看，组织变动和磨合不可避免，在变动过程中可能会形成结构更为合理、共同点更多的有力量的创业团队。

(3) 团队的平等性

创业团队往往具有高度的平等性，但是这种平等并不意味着股权和各种权力的绝对的平等，而是立足于公正基础上的平等，也就是在团队内部客观评定各个成员对于团队的贡献程度的基础上的平等性。事实证明，绝对的平等不仅不利于企业的发展，反而会阻碍企业的发展，其原因是权力的过分分散会导致公司在营运过程中的机会的丧失。团队需要建立以能力和贡献为基础、以实现组织效率为目标的激励政策和薪酬制度，合理的激励政策和薪酬制度是保持团队稳定和团队绩效的基础，也是团队公正性的体现。

(4) 能力结构的全面性

创业团队面对的是不确定的市场环境，机遇和风险都可能在各个方面出现，这就要求创业者具备一定的素质，对机遇有较高的敏感性。因此，创业者团队成员的能力应各有所长且能够互补，科技型的中小企业创业的创业者要尽量是某些技术领域的专家。

(5) 紧密协作性

由于创业团队的风险和机遇可能来自任何方面、任何时间，这就要求创业团队不可能完全通过事先分工的方法来进行工作；同时也由于创业团队的个人能力的专擅性和团队成员总体能力的全面性，更要求创业团队的成员紧密协作以应对多种挑战。

(6) 创业团队成员的高凝聚力和强烈的归属感

由于创业团队能够最大限度地实现个人价值的追求，一旦成功就意义非凡；同时团队成员之间的素质高，关系平等密切，合作紧密，创造氛围浓厚，这一切都使创业团队拥有很强的凝聚力，团队成员对创业团队有很强的归属感。这主要体现在团队成员对于团队事务的尽心尽力和全方位的投入上。

这些特性是所有创业团队都应该具备的，它既是创业团队建设的目标，也是判断一个创业团队质量和潜力的标准。不仅初创事业的创业者组建创业团队要参考这些标准，即使是在已经十分成功的大公司中，组织开创新局面的创业团队也要遵循这些标准。同时，这些特征也有别于其他类型的团队。

一个成功的创业团队除了上述群体特征外，更要关注创业团队的效率和稳定性问题。

补充资料

一般团队和创业团队的区别

比较项目	一般团队	创业团队
目的	解决某类或某具体问题	开创新企业或拓展新事业
职位层级	成员并不局限于高层管理者	成员处于高层管理者职位
权益分享	并不必然拥有股份	一般情况下在企业中拥有股份
组织依据	为解决特定问题临时组建	基于工作原因而经常一起共事
影响范围	只影响局部、任务性的问题	影响决策各个层面，范围广
关注视角	战术性、执行性的问题	战略性的决策问题

（续表）

比较项目	一般团队	创业团队
领导方式	受公司最高层的直接领导	以高层的自主管理为主
成员的组织承诺	较低	高
成员和团队之间的心理契约	不正式且影响力小	心理契约关系特别重要，直接影响公司决策

资料来源：陈忠卫，《创业团队企业家精神的动态性研究》，人民出版社 2007 年版。

8.2 团队构成

创业团队的构成在企业与企业间并不是完全相同的。狭义创业团队主要指创业创建者，广义创业团队还包括管理团队、核心员工、董事会、顾问委员会、咨询专家等。例如，当行业竞争不够激烈或者社会法律要求不严格时，初创企业会很少寻求咨询顾问的帮助。

8.2.1 团队基本成员

图 8.1 呈现了初创企业团队的基本构成要素，这些要素的安排往往因企业而异。

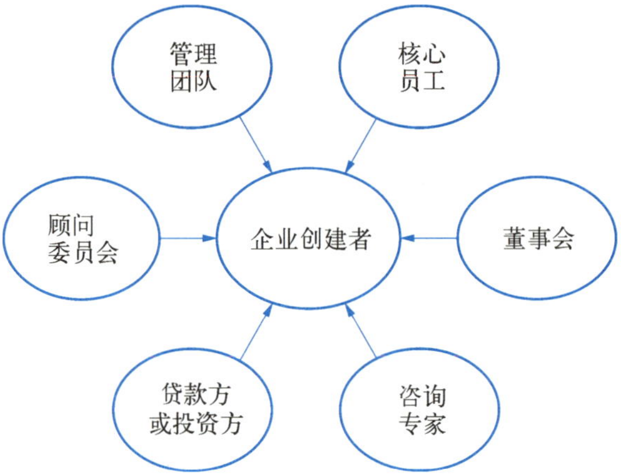

资料来源：布鲁斯·R.巴林格、R.杜安·爱尔兰著，张玉利等译，《创业管理：成功创建新企业》，机械工业出版社 2006 年版。

图 8.1 创业团队的构成

(1) 企业创建者和管理团队

从规模上讲，企业的创建者更倾向于组建初始创业团队来创办企业。研究表明，50%～70%的新企业由一人以上的创业者创建。人们普遍认为，由团队创建的新企业要比由个人创建的新企业更具有优势，因为团队为新企业带来的才能、创意和专业联系要远远多于个体创业者所能做到的。团队的知识、技术和经验往往是初创企业所具有的最有价值的资源。正是由于这个原因，人们常常通过评估合伙人团队的素质来预期企业未来发展的前景。

管理团队主要是企业创建者聘请的职业经理人团队，在企业创立之初往往是二合一。

(2) 核心员工

企业创建者还需要招聘核心员工，将他们安排到那些关键岗位上。新企业大多具有现金约束，每位团队成员都必须做出有价值的贡献，所以招募一个意愿很高但不适合某项工作的人对企业很不利。初创企业的首席执行官不一定是企业的创建者，他可以是从外部招聘而来的。

创业标杆

阿里巴巴的核心员工——谢世煌

谢世煌是马云带领的阿里巴巴12个初始创业团队的成员之一。1996年，一个偶然机会，在迪佛通信公司工作的谢世煌听说了“中国黄页”，当时“中国黄页”是国内首家从事互联网商业应用的网站。

在后来与马云的几次接触中，谢世煌感觉马云和之前两个公司接触的管理层有所不同。“马云的言行举止到方式、理念完全不同，我就感觉这个人非常另类，连走路都跟人不一样，风风火火的。一会儿接个电话是用中文讲，一会儿又用英文讲。”谢世煌笑侃。

图片来源：东方财富网

高深莫测的马云打动了谢世煌。眼前的这个人让他着魔的原因似乎也很简单，希望从事高风险行业的谢世煌找到曙光，直觉告诉他，马云是值得走近、追随的人。

1997年，谢世煌在迪佛通信公司已算是高薪阶层，年薪有4万多元，但听说马云要离开“中国黄页”，要带着一个团队到北京外经贸部发展时，谢世煌再也坐不住了。6月1日，他毅然抛下迪佛通信公司的优厚待遇，决意跟随马云去北京闯荡。与外经贸部所属的EDI中心合作组建国富通信息技术有限公司，帮其建立一个官方的政府网站以及官方的外贸品牌。

1999年9月10日，阿里巴巴正式成立。谢世煌后来成为阿里巴巴创业团队的核心成员，时至今日已成为阿里巴巴资深总监及公司产品开发部负责人。

（资料来源：http://www.66ruian.com/system/2012/02/01/010945883.shtml.）

(3) 董事会

董事会是公司制企业中按规定需要成立的，一般由内部董事和外部董事构成。如果处理得当，董事会能够成为初创业期创业团队的重要组成部分。其作用主要体现在两个方面：

① 提供指导：董事会的最主要职能就是为企业管理者提供指导和支持。

② 增加资信：董事会由股东大会选举产生，负责处理公司诸多经营管理事项。具有较高知名度和地位的董事会成员能够为企业带来即时的资信。表 8.1 讨论了有效董事会的具体指标。

表 8.1 有效董事会的指标

指 标	说 明
高目标	挑选具有以下特征的董事： ● 曾经成功经营过公司 ● 具有初创企业所需的能力 ● 在其领域拥有较强的知名度和地位
组成	组建具有以下特征的董事会： ● 多样性 ● 熟悉初创企业拟参与的技术和市场 ● 由内外部董事构成
建立相关决策程序	建立以下程序： ● 例行决策由企业管理者处理 ● 重要的人员、经营和财务决策的批准由董事会制定
信息共享	执行以下沟通机制： ● 根据企业活动相应地更新董事会 ● 不向董事会隐瞒坏消息
利用委员会	运用以下委员会的方式： ● 在委员会中尽全力工作 ● 建立法定的董事会，如审计、薪酬和任命委员会 ● 根据需要追加委员会
激励董事会成员	通过以下方式激励董事会成员发挥模范作用 ● 某种形式的经济激励手段，如公司股票或者优先股认证 ● 成为一项鼓舞人心的新项目的成员
明确权责问题	向董事会成员公布以下内容： ● 提醒董事会成员要对新股东担负信用责任 ● 证实董事会成员意识到他们可能的责任和义务 ● 配备法律和财务专家为董事会成员提供有效的顾问和建议

资料来源：布鲁斯·R. 巴林格、R. 杜安·爱尔兰著，张玉利等译：《创业管理：成功创建新企业》，机械工业出版社 2006 年版。

(4) 顾问委员会

越来越多的初创企业开始组建顾问委员会，以便获取他们的指导和建议。顾问委员会是企业管理者在经营过程中向其咨询并能够得到建议的专家小组。与董事会不同，顾问委员会对企业不承担法定责任，只提供不具有约束性的建议。

(5) 贷款方和投资者

贷款方和投资者对于创业企业有着他们的既得利益，因此通常会全力以赴地帮助他们所资助的企业。很少有贷款方或者投资者把钱投入创业企业后就撒手不管了。

(6) 咨询顾问

企业可以就他们遇到的实际问题向咨询师寻求帮助。尤其是当他们需要对企业本身的深入性分析或者对潜在进入行业的行业分析时，咨询师起着非常关键的作用。咨询师分为两类：一类如埃森哲、贝恩等全球知名或者其他一些收费的咨询机构；另一类则主要是由政府创建的为创业企业服务的咨询机构。当然，新创企业在开始阶段由于资金的限制，很难向知名的咨询机构获取建议，因此在选择咨询机构时更应该考虑本身的因素。

8.2.2 团队角色

一个优秀的创业团队一般包含8种角色，正是这些团队角色的存在保证了团队决策的高效，具体可见表8.2。

表8.2 创业团队角色

角色	角色描述
革新者	解决难题，富有创造力和想象力，不墨守成规
倡导者	外向，热情，健谈，发掘机会，增进联系
协调者	成熟，自信，是称职的主事人，阐明目标，促使决策的制定，分工合理
塑形者	激发人的，充满活力，在压力下成长，有克服困难的动力和勇气
监控者	冷静，有战略眼光与识别力，对选择进行比较并做出正确选择
团队工作者	协作温和，感觉敏锐，老练，建设性的，善于倾听，防止摩擦，平息争端
贯彻者	纪律性强，值得信赖，有保守倾向，办事高效利索，把想法变为实际行动
完成者	勤勤恳恳，尽职尽责，积极投入，找出差错与遗漏，准时完成任务

8.3 团队组建

8.3.1 团队的高效性

团队的构成反映团队成员的集体特性。正如库珀(Cooper)和戴利(Daily)所指出的那样，如果创业团队成员能够在技能、知识和能力方面实现互补，那么创业团队就能实现较高的效率。创业团队成员的异质性和互补性，对于创业团队和新创企业取得高绩效具有十分重要的意义。

组建一支高效的创业团队，总的来说要满足以下原则：

(1) 目标明确合理原则

明确的目标使团队的任务方向明晰，避免迷失方向或者大家目标不一致。合理的目标是指经过大家的努力协作可以达成的目标。公司在创业初期定得目标过大，容易使团队失去信心；目标定得过小，容易丧失团队的斗志与激情。制定合理的目标是具有艺术性的一项工作。

(2) 计划实际可行原则

计划可行要求责任落实到个人，计划落实到具体细节，存在明确的时间限制、可支配资源、明确的控制指标及改进的措施。

(3) 人员互补匹配原则

在知识、技能和经验方面具有互补性质的人员组成的团队能更高效地完成任务，除此以外，在个人特征和动机方面最好是寻求相互匹配、相似性高的团队成员，可以保证团队成员朝着共同的目标奋斗，促进团队内部形成良好的团队氛围。

(4) 分工、职责明晰原则

创业工作的复杂性以及个人能力限制决定了一个人不可能从事创业的所有工作，而应该根据成员的特点进行分工，扬长避短。分工明晰的最佳状态是所有工作都有人做，成员间的工作不交叉重复，所有工作都由最佳人选做。职责明晰要求每个成员清晰自己的职权范围以及承担的工作责任，不仅如此，每个成员的责、权、利方面的信息都应该成为准公共知识，这样有助于降低交易成本、提高组织效率。

(5) 团队动态调整原则

没有一个企业的团队创建之后就固守已有的规模及人员不变，“路遥知马力，日久见人心”，创业过程中往往存在某些团队成员不适合团队文化，达不到标准的成员可能致使整个团队人心涣散；再者，不乏成员在创业过程中因为自身原因需要退出队伍，所以要做好团队成员动态调整的准备，适时引进更适合的人才加入团队。

8.3.2 团队的稳定性

创业警示

油通内斗

2015年12月，距离公司成立还不到两年时间，北京油通科技有限公司(简称油通)就发布公告称，因公司管理团队与资本方无法达成经营思路的统一，该公司将停止运营。然而2016年1月，油通倒闭陷入“罗生门”。油通创始人范庆河称，公司倒闭是因为合伙人、CEO喻凯偷走公章，以及投资方的不信任和阻拦。不过，这一言论遭到喻凯的回击，项目失败的原因在于两人经营理念的冲突，自己也没有偷公章。

油通成立于2014年3月，是一家面向车主的O2O加油站，其主要产品是通过微信公众号实现微信加油、手机支付，App也已上线。此外，该公司还提供“预充值加油卡”

服务，预充值车主加油时可享受相关优惠。该公司曾于2014年12月获得国泰创投的数百万元投资。

油通事件尽管有背后投资方的干扰，但主要原因还是创始人与合伙人之间的矛盾，两人既存在行业和思维的巨大差别，又无法相互信任，注定要“分手”。

（资料来源：http://mt. sohu. com/20160728/n461546563. shtml.）

一个创业企业要想发展，取得成功，一个必要条件是创业团队的稳定。创业团队的稳定是指创业团队职能的完整，也就是团队成员的知识、经验、能力以及个性组合满足创业需要并维持结构性的动态平衡。稳定和坚强的创业团队是创业的重要基础，也是创业投资家选择投资项目的重要依据。影响创业团队稳定性的主要因素包括以下几点：

(1) 创始人及权力中心

不论是哪一种创业团队形成模式，创始人都是最重要的，是团队稳定的主要力量。创始人具有必胜的信心和强烈的欲望领导创业进程，他愿意为组建创业团队付出经济的、精神的代价，这是团队建设的基础。在确定建立创业团队的目标之后，创始人凭借自己的经验、知识、才干、责任心和勇气整合创业资源，通过寻求外部资源的帮助消除达到设定目标所需要的“资源组合”（人才、技能、经验、关系网络、专业技术、资金和其他资源等）和已经拥有的“资源组合”之间的差距。在这个过程中，创始人的作用是决定性的。在创业发展过程中，由于团队成员的能力、经验、个人个性和品德的差异以及成员间相互了解的加深，创业活动产生了共同的接受性好、能力较强的领袖，决策和权力中心形成，解决了统一领导的问题。创业团队成员团结在其周围，这个过程也是创业团队角色定位和厘清的过程。创业者团队的角色定位至关重要，只有合理确定团队角色，才能把能力重复或职责重复降到最低，从而发挥合力达至整体的最大效益。但是这并不意味着所有的人物角色应该被精确地固定下来，因为有些关键任务和问题根本不可能预测，而且常常发生补位现象，而这又是团队内部容忍甚至鼓励的现象。所以，在创业团队内部需要有一个团队公认的权力中心，并保持一个责任共担、信息共享、角色清晰、适度松散的灵活的团队结构，这非常有利于发挥个人优势和灵活性，并能提高个人学习的速度和决策制定的效率。

(2) 创业团队的稳定度

团队的稳定度是衡量团队稳定的量化指标，稳定度 $F=1-$流动率。流动率是现有团队成员与原始团队成员之比，下列因素影响流动率：团队成员之间的性格不合、对权力中心失去信心、获利分配没有共识、企业亏损，及经营理念与方式不一致。创业团队不稳定、团队资源流失、团队无法形成力量，对中小企业创业的影响是致命的。

(3) 人际关系

在创业团队的研究中，有些学者认为团队成员之间的友谊、信任、共识、认知和感情等人际关系因素对创业团队成员间的组合来源、创业机会的辨识、团队稳定度、创新绩效、决策品质、效率和情感冲突都会产生影响。弗朗西斯和桑德伯格（Frances & Sandberg,

2000)认为,友谊关系是构成创业团队的第一步,并影响后续的团队互动,进而影响团队间的行为和结果。

(4) 股权分配

合理的股权比例既有利于激励,又有助于维持团队稳定,且对公司未来发展至关重要。创业企业在进行股权分配时,应注意避免以下问题:① 给早期的短期资源承诺者许诺过多股权,把资源承诺者变成公司合伙人;② 让天使投资人轻易控股;③ 给兼职技术人员按照合伙人的标准配备大量股权;④ 创业早期对普通员工过早发放股权。

(5) 创业者的周围群体

创业者的周围群体对于创业团队维持也经常发挥重要影响,特别在中国这种高度重视人际关系的社会里更是影响显著。创业者的家人、朋友和同事的支持和认可对创业很有帮助,尤其是在他受到挫折时。来自这些周围群体的影响有时也是创业者选择个人事业的契机和动力。如未来的团队成员的配偶和家人是否坚定地支持他(她)们走创业之路;是否支持把"血汗钱"投入公司换得股权,以及对团队成员的选择与支持/鼓励还是贬损/否定等往往对于创业团队的建立和稳定有重要影响。

8.3.3 团队的组建程序

创业团队的组建是一个相当复杂的过程,不同类型的创业项目所需的团队不一样,创建步骤也不完全相同。企业创业团队组建的主要工作有:

(1) 明确创业目标

创业团队的总目标就是要通过完成创业阶段的技术、市场、规划、组织、管理等各项工作,实现企业从无到有、从起步到成熟。总目标确定之后,为了推动团队最终实现创业目标,再将总目标加以分解,设定若干可行的、阶段性的子目标。

(2) 制订创业计划

在确定了一个个阶段性子目标以及总目标之后,紧接着就要研究如何实现这些目标,这就需要制订周密的创业计划。创业计划是在对创业目标进行具体分解的基础上,以团队为整体来考虑的计划,创业计划确定了在不同的创业阶段需要完成的阶段性任务,通过逐步实现这些阶段性目标,最终实现创业目标。

(3) 招募合适的人员

招募合适的人员也是创业团队组建最关键的一步。关于创业团队成员的招募,主要应考虑互补性,即考虑其能否与其他成员在能力或技术上形成互补。这种互补性的形成既有助于强化团队成员间的合作,又能保证整个团队的战斗力,更好地发挥团队的作用。一般而言,创业团队至少需要管理、技术和营销三个方面的人才。只有这三个方面的人才形成良好的沟通协作关系,创业团队才可能实现稳定高效。

(4) 职权划分

为了保证团队成员执行创业计划、顺利开展各项工作,必须预先在团队内部进行职权的划分。创业团队的职权划分就是根据执行创业计划的需要,具体确定每个团队成员所要担负的职责以及相应所享有的权限。团队成员间职权的划分必须明确,既要避免职权的重叠和交叉,也要避免无人承担造成工作上的疏漏。

(5) 团队的调整融合

完美组合的创业团队并非创业一开始就能建立起来的，很多是在企业创立一定时间后随着企业的发展逐步形成的。随着团队的运作，团队组建时在人员匹配、制度设计、职权划分等方面的不合理之处会逐渐显现出来，这时就需要对团队进行调整融合。由于问题的暴露需要一个过程，因此，团队的调整融合也应是一个动态持续的过程。

8.4 团队管理

8.4.1 创业者的领导才能

组建了创业团队之后，核心创业者就在团队的日常管理活动中起着至关重要的作用。尤其在前期，企业还没有完全正规化，或者由于各方面的限制，人员配置不够，团队的人心也不可避免地浮动，面对遇到的各种困难，领导者要激发团队的热情和创造力、维持团队的稳定，领导人的独特魅力会促进团队成员之间的协作，并为了共同目标前进。

研究表明，创业型领导就是创造一个愿景，以此号召、动员下属，并使下属承诺对战略价值创造进行发现与探索的一种领导方式。这个定义，一方面强调创业型领导面临挑战的有关价值创造的资源获取、下属承诺这两个问题，包括创造愿景以及拥有一个有能力实现愿景的支持者群体；另一方面，它也强调对创业采取战略性思路，以便创业主动性能够提高公司持续创造价值的能力。因此创业型领导能够为公司构建一个竞争优势和技术增长的基础。

古普塔(Gupta)等在马格拉思(McGrath)和麦克米伦(MacMillan)的基础上提出了创业型领导的理论框架，包括2个挑战维度、5个创业型领导角色及20个特征，如表8.3所示：

表8.3 创业型领导理论框架

维　度	角　　色	特　　征
情景扮演	构建挑战目标(描述一个具有挑战但可以实现的结果)	• 设置一个高目标 • 提供能力的方向 • 设置高目标、工作努力 • 有知识并对信息敏感 • 直觉
	不确定性吸收(承担未来失败的责任)	• 拥有愿景并对未来富有想象力 • 预测未来可能发生的事情 • 逐步灌输别人以自信
	路径清晰(与反对者进行谈判，并澄清情景实现的路径)	• 熟练的人际技能 • 有效谈判的技能 • 具有说服别人的非凡能力 • 通过消除疑虑给予别人自信和希望

（续表）

维 度	角 色	特 征
任务扮演	建立承诺（建立一个令人鼓舞的目标）	● 鼓舞他人的情绪和信心，鼓舞他人努力工作 ● 呈现热烈、积极的工作热情 ● 使组织成员一起高效工作 ● 寻求绩效的持续改进
	阐明约束（明确什么事情能做，什么事情不能做）	● 整合能力 ● 鼓励他人思考 ● 乐观并且自信 ● 迅速、果断地做出决策

资料来源：Gupta，V. MacMillan，C.，Surie，G.（2004）. Enterpreneurial Leadership：Developing and Measuring a Cross-cultrue Constant. *Joural of Business Venturing*，（19）：241 - 260.

创业型领导理论框架包括两个挑战维度：情景扮演（scenario enactment）和任务扮演（cast enactment）。情景扮演是指在当前的资源约束条件下，预想和创造那些一旦被抓住就可以对当前的处理方法进行彻底变革的机会；任务扮演是指使潜在的追随者和公司的股东确信在这个情景下，通过整合资源、当前处理方法的转变是可以成功实现预期目标的。

其中，情景扮演包括以下 3 个创业型领导角色：①“构建挑战”角色，是指创业型领导者通过构建挑战，使得团队能够将他们的能力发挥到最大限度。②“不确定性吸收”角色，是指创业型领导者需要构建一个愿景，并由下属具体实施，但是创业型领导者必须承担失败的责任；考虑到不确定性对下属的影响，创业型领导者必须使下属建立自信，并使他们确信愿景是可以实现的。③“路径清晰”角色，是指创业型领导者需要与内外环境进行谈判，并能解决潜在的阻力，获得内部关键股东和外部利益相关者的支持，以及能够消除实现愿景的障碍。

任务扮演包括以下两个创业型领导角色：①“建立承诺”角色，是指创业型领导者需要使用团队建立技能来鼓舞、塑造一个高承诺的团队，并使这个团队承诺付出更大的努力来实现领导者所描述的愿景。②“阐明约束”角色，是指通过果断地阐明约束，领导者能够再造下属对他们自己能力的知觉，而且当约束被定义时，创造力更容易被发挥。

8.4.2 团队股权分配机制

股权分配是创业团队管理的核心问题，因为股权分配的机制不仅决定了创业团队成员间利益分配的方式，更在很大程度上决定了创业企业的资源配置。公平、有效的股权分配机制有助于提高创业团队的稳定性和凝聚力，在长期内维持创业企业的稳定成长。

创业企业做股权分配方案时，应遵循以下五个基本原则：

(1) 有利于企业整体发展

创业企业的股权分配应该有利于团结大多数人共同促进企业的成长，只有在企业成长并获得收益的基础上，股权分配才具有实际意义。

(2) 有利于企业资源配置

创业企业的股权结构背后反映的是创业企业生存、发展可以对接的各种资源，诸如团队、技术、资本、渠道等。因此，创业企业的股权分配应有利于拼接利用企业发展所需的各种资源，实现财散人聚。

(3) 按贡献估值

在确定股权分配时，将创始人在创业项目中的贡献按照市场价值估值，然后算出所有创始人贡献的总估值，折算各个创始人贡献估值占总估值的比例，就是各创始人应该持有的股权比例。

(4) 保持对企业的控制权

创业团队控制权分配主要包括两方面：创业团队与外部资本控制权的分配，创始团队内部控制权的分配。创业企业为了对接利用外部资源，创业团队的股权必然会持续被摊薄。股权被摊薄的情况下，创业企业还可以通过投票权委托、一致行动人与牛卡计划(dual-class structure)等实现控制权。

需要说明的是，创业团队对企业的控制权是相对控制权，不是绝对控制权。一方面，创始团队应对公司的具体经营管理有控制权，另一方面，应该通过赋予外部股东对少数特定重大事项（主要指企业股权变更相关重大经济事项）的一票否决权以保护投资人作为小股东的权利，也实现创始团队与投资人之间权利的监督制衡。

(5) 设定股权兑现制度

当创业团队成员离职时，如果继续保留其股权，则会造成对团队利益分配的不公平。因此，对创始股东的股权设定股权兑现（vesting）与离职时股权的回购制度（redemption or repurchase）很有必要。

8.4.3 团队成员的激励

创业者在创业过程中始终都需要考虑的一个问题是：如何更合理地激励创业团队？这是创业团队成员极为关注的话题，毕竟取得合理的收益是创业收获的具体表征。能否解决好这个问题直接关系到创业企业的存亡。

新创企业的报酬制度应该能够激发促进管理团队的积极性，使他们更好地把握企业的商机。它必须贯穿于建立团队、增强创业氛围和培养团队有效性的整个过程中。是否能吸引到高素质的团队成员并留住他们，在很大程度上取决于给予他们的物质报酬和精神激励。团队成员的技能、经验、风险意识和对企业的关心等都是通过合理的报酬制度实现的。

创业标杆

推特的大手笔期权计划

推特(Twitter)在成立运营之初，缺少现金给员工发工资，于是开始发放期权。等到新一轮融资进来的时候，由于其慷慨的股权激励制度，公司需要拿出新融资的一大笔钱来回购之前老员工的股票。公司在迅速壮大，为了招募新的得力干将，推特又给新加入的员工发放了大笔期权，最终就这样循环下来。

事实上，推特在2014年每季度都会拿出营业收入的35%～50%来做股权激励。其中第二季度达到高峰，当季推特营业收入是3.12亿美元，其中的51%用来做股权激励。2015年推特有所收敛，拿出了营业收入的26%做股权激励，但2015～2016年的几个季度里，推特仍每季度都会给员工发放价值超过1.5亿美元的期权。

推特承诺给员工们可观的薪酬，股权激励恰恰是其中的重要组成。

（资料来源：https://36kr.com/p/5054128.html.）

创业视点

股票期权计划

一般意义上的股票期权(stock option)，是指其持有者有权在某一特定时间内以某一特定价格购买或出售某企业的股票。股票期权强调的是一种权利而不是义务，如果公司的经营状况良好，股价上涨，拥有该权利的公司高级管理人员可取得股票，从而获得股票市场价格与执行价格间的差额收益；如果股价下跌，持权人可以不行使权利。股票期权的激励机制主要是基于一种良性循环：授予股票期权→持有者努力工作→公司业绩提高→公司股票价格上扬→持有者行使期权获利丰→持有者更加努力工作。通过循环，使股票期权持有者与股东的目标函数趋于一致，是一种较为有效的长期激励机制。

在进行期权授予时，应载明以下基本事项：

(1) 期权对应的股份数额。

(2) 行权价格(strike price)。一般来说，A轮融资之前的价格都非常低或者免费送，随着公司前景不断明朗，价格也随之上升。定价的原则是同授予时的每股公允价值(即市场上的可参照价值)相对应，同时考虑到对招聘人员的激励作用。

(3) 期权计算的起始日(grant date)，即开始授予期权的时间，一般是从入职当天起计算。

(4) 授予(vesting)的期限，即合同对应的全部期权到手(vested)的时间，一般为4年。一般来说，期权按月授予，也就是说，每个月到手1/48(以4年为例)，到手即意味着可以行权(exercisable)。

(5) 最短生效期(cliff)，一般设定只有员工在公司工作满一定时间，期权的承诺才开始生效，一般是1年。也就是说，如果员工在公司工作不满1年，离职时是不能行权的，而一旦达到1年，则期权立即到手1/4，此后每个月另到手1/48，直至离职或全部期权到手。

(6) 失效期限(cut-off period)。员工离职后，必须在一定的时期内决定是否行使这个购买的权利，通常会设定为180天。

股票期权通常需要在授予期(vesting period，又称等待期)结束后才能行权，一般而言，高级管理人员在获赠股票期权5年后才可以行权。期权的行权主要分为两种情况：

情况一：合同正常执行。此时，员工可按照合同约定的行权价格对已到手的期权(vested option)行权，购买不超过到手总额的公司股权。员工只要不离职，该权利将一直有效。

情况二：员工离职。若员工在达到最短生效期之后、IPO(上市)之前离职，则一般在期权合同中规定公司有权以约定价格回购该部分期权(称为 call right)。可针对不同原因的离职制订不同的 call right 条款。回购价格理论上应为回购发生时的公允价值，但也可约定为其他价格，如每股净资产等。

(资料来源：http://www.dby21.com.cn/Article/channel/html-6100.html.)

股票期权计划是西方国家普遍采用的一种员工长期激励计划。在我国，由于法律法规上有一定障碍，创业企业还不能完全照搬西方的模式，但是可以采用相同的思路实施变通的股票期权计划。

在考虑创业团队激励和制定相应报酬时，需要对各团队成员的贡献大小进行衡量。而各成员的贡献在性质、程度和时机上都会因人而异，故在进行绩效评价时可以重点考虑以下几个方面：

(1) 创业思路

创业思路提出者的贡献应当予以充分考虑。尤其是提供对原型产品或服务极为重要的商业机密、特定技术，或是对产品、市场进行了调研的当事者。

(2) 商业计划准备

制定一份优秀的商业计划往往需要花费很多的时间、资金和精力，因此，商业计划书制定者的贡献也应该被适当考虑。

(3) 敬业精神和风险

一个把大部分个人资产投入企业的团队成员，不仅会在企业失败时承担巨大的风险，还将牺牲一定的个人利益、投入大量的时间和精力并接受较低的报酬，因此，应充分考虑员工的敬业精神和所承担的风险。

(4) 工作技能、经验、业绩记录或社会关系

团队成员可能为企业带来工作技能、经验、良好的工作记录或是在营销、金融和技术等方面的社会关系。如果这些对于新创企业而言是至关重要的而且是来之不易的，那么就必须予以考虑。

(5) 岗位职责

团队成员在不同的岗位上为企业做贡献，而岗位所需技能和工作强度各不相同，应该考虑为不同的岗位分配不同的权重。

在衡量每一位团队成员的贡献率时，需要充分考虑上面列举的各项因素，团队成员不仅要自己协商，达成对各项贡献价值的一些意见，而且还应该保持充分的灵活性，以适应今后的变化。

8.4.4 团队的冲突管理

创业团队的成员在创业过程中总会发生矛盾，总的来说，由此引发的冲突可以分成两大类：

(1) 认知性冲突

认知性冲突主要是指团队成员对有关企业生产经营管理过程中出现的与问题相关的意见、观点和看法所形成的不一致性。只要是有效的团队，这种团队成员之间就生产经营管理过程的相关问题存在分歧是一种正常现象。一般情况下，这种认知性冲突将有助于改善团队决策质量和提高组织绩效。认知性冲突将有助于决策质量的提高，能够促进决策本身在团队成员中的接受程度。

(2) 情感性冲突

人格化、关系到个人导向的不一致性往往会破坏团队绩效，冲突理论研究者把这类不一致性称为情感性冲突。情感性冲突会阻止人们参与影响团队有效性的关键性活动，团队成员普遍地不愿意就问题背后的假设进行探讨，从而降低了团队绩效。情感性冲突培养起了冷嘲热讽、不信任和回避，因此将会阻碍开放的沟通和联合程度。

在创业中，发生冲突几乎是必然的。发生冲突的原因很多：员工个性差异，信息沟通不畅，利益分配不均，个人价值观与企业价值观不协调，等等。过多的冲突会破坏组织功能，过少的冲突则使组织僵化，而不同的冲突对于企业的发展影响也会不同。研究表明，在创业企业中，适当的认知性冲突对企业绩效会产生正面的影响，而情感性冲突大多是负面的影响，因此有必要对其进行科学、有效的管理。

创业警示

红孩子："兄弟义气"埋下团队隐患

创业公司获得风险投资的青睐无疑是获得认同的可喜的一步，但公司创始人之间以及投资方和公司管理层的关系也变得更加复杂。投资人和管理层之间存在矛盾冲突，以及创始人内部的股权分配失衡，均会增长创业企业的不确定性，母婴用品起家的电商红孩子即是一个典型样本。

徐沛欣、李阳、杨涛和马建阳几个好兄弟一起创办了红孩子，形成了 CEO + 3 的管理格局，四人性格互补，徐、李、杨、马四人组成的红孩子核心团队的协同作战能力也成为风险投资商相信红孩子的一个重要条件。在引入多轮融资之后，从 2006 年开始，红孩子创始人之间的矛盾开始萌芽。

在获得风险投资后，徐沛欣的话语权逐步加大。此时，李阳、徐沛欣的战略分歧也在日益凸显：是继续专注于母婴用品市场，还是引入化妆品、3C(China Compulsory Certification，中国强制性产品认证)等品类做综合 B2C(Business to Customer)？李阳坚持前者，徐沛欣坚持后者。

在两人矛盾无法调和后，风险投资方支持徐沛欣，杨涛也选择站在徐沛欣一方，董事会决定让李阳和妻子王爽离开。另外两位创始人也因为内部原因而离开，创始人团队只剩下被认为代表资本意志的徐沛欣。2012年9月，苏宁宣布以6 600万美元收购红孩子，红孩子变成苏宁的母婴频道。

（资料来源：http://mt.sohu.com/20160427/n446558588.shtml.）

8.4.5 企业家精神传承

(1) 创业团队的企业家精神

创业团队的企业家精神并非将创业团队内部的每一位成员看作个体意义上的企业家，而是看作集体意义上的企业家，其通过分享认知和合作行动的方式，创造性地识别、开发和利用创业机会，进而实现创建新企业和推动企业成长的管理活动。创业团队的企业家精神可以从四个方面加以衡量。

① 集体创新。创新是企业家精神的内核。创业团队并不是一群散兵游勇的简单集合体，具有集体创新意识的创业团队成员能够积极参与，共同分析创业机会、共同探讨创业资源获取、共同研究化解企业成长危机的创造性方案，并能够共同采取创造性行动方案以寻求快速成长。创业团队集体创新维度的实现至少要具备以下条件：一是团队目标与个体成员目标的有机结合，二是团队整体利益和团队成员个人的有机结合，三是团队内部竞争原则与合作原则的有机结合。

② 分享认知。相比较于个体创业来说，采用团队方式可以极大地提高对创业机会的认知水平。首先，不同的个体成员具有不同的知识技能和多种个性特征，从而可以通过集体意义上的综合“警觉性”更为有效地保持对外部客观存在的创业机会的认知；其次，具有异质性的团队成员可以选择不同的角度对创业风险和收益进行更为科学的评价，从而获得更为理想的创业租金（表现为组织建立、配利行为、企业成长等多种方式）；再次，通过不同个体创业者所具有的社会关系间的整合，将有助于形成复杂的社会网络系统，从而为团队接近创业机会和获得所需创业资源奠定基础。如果认知分享的范围十分有限，甚至出现团队成员之间不愿意分享个体的创业认知或者群体思维惰性的现象，则被视为创业团队缺乏企业家精神的表现。

③ 共担风险。高风险往往与创业高收益相伴随。个体创业者需要独自面对外部不确定性，而在创业团队层次，风险不确定性的感知可以由团队成员共同完成。一是具有异质性的创业团队成员可能具有不同的风险偏好，创业团队中既可能存在极端的风险爱好者，也可能存在极端的风险厌恶者，更多的创业团队成员可能处在风险连续统一体中的某一点；二是具有人口特征变量异质性的团队成员可以从自身的知识视野认知、分析和评价风险，从而对风险正确感知的可能性得到提高，进而做出更为有利可图的冒险行为；三是具有异质性的创业团队成员能够以一种积极的姿态共同判断事件发生的可能性风险，并采取共同承担风险的方式减缓由个体成员独自承担风险所带来的巨大精神压力和经济损失压力。

④ 协作进取。企业家精神的繁荣是由于那些有思想的人能够独立地离开较为安全的职位，并努力把新的创意或冒险行为推向市场，而不再受限于组织的管理者或程序。

“自治”意味着个体成员能够在形成创意或愿景，以及实施这种创意的活动中采取独立的行动。但是如果创业团队成员更愿意独立工作，而不愿意从繁忙的工作中抽出时间来与团队内的其他成员进行协调，那么这样的创业团队仍缺乏团队企业家精神。只有那些创业团队内成员不但能够认识到在一定范围内坚持自治原则的重要性，而且还充分相信采取协作方式能够更好实现自我价值的创业团队，才称得上真正的创业团队企业家精神。

(2) 创业团队企业家精神的延续

在初创企业不断发展的过程以及组织的不断完善过程中，随着人员的变动，以及组织环境的变化，创业团队的企业家精神也会发生变化。总的来说，创业团队企业家精神传承沿着两条不同的路径进行：

① 积极的组织承诺

当创业团队成员得到了一种内在性的报酬，即他们的期望得以实现时，创业团队所在的工作环境、工作效率以及协作精神使他们获得了一种满足感，包括创业团队的群体动力，都有利于发挥个人潜能。在这种情况下，个体成员目的的实现引发了创业团队成员以一种更为充沛的活力去参与创业决策活动，共同分担风险，实践创业行动方案。而这方面的再次成功又会进一步创造认可的机会，共同树立起威信，从而使创业团队成员寻找更高的目标，并激发起更大的活力，创业团队成员与创业团队组织之间就进入一种良性循环的轨道，不断形成的组织承诺必然会极大地促进创业团队企业家精神强化，即大公司高层管理团队企业家精神大于初创时期的创业团队企业家精神。这种创业团队企业家精神的强化效应又会进一步提高团队凝聚力，导致企业成长加速。

② 心理契约破裂

心理契约可以理解为是由一整套关于创业团队成员与创业团队之间对等的期望与回报的主观假设和约定。心理契约破裂是指个体对组织未能按照与个体贡献相等的方式履行个体心理契约中一项或多项义务的认知。它代表了关于契约实现的认知评价，而这种认知评价是个体对其实际收获的东西和许诺得到的东西进行心理上对比运算的结果。如果能够根据企业成长所处阶段的特征，采取卓有成效的管理措施，努力建立和维护一种积极的、健康的心理契约关系，那么，创业团队企业家精神就将得以维持或者强化。相反，如果忽视创业团队成员与创业团队组织之间的心理契约关系，任其走向心理契约关系破裂，那么，将导致创业团队的瓦解和创业团队企业家精神退化。表 8.4 对比了这两种情况下企业的不同行为表现。

表 8.4　创业团队企业家精神强化与创业团队企业家精神退化的比较

项　目	创业团队企业家精神强化	创业团队企业家精神退化
对待风险的态度	团队成功源于风险承担	团队成功源于风险回避
预期与成效的关系	创业预期超过创业成效	创业成效超过创业预期
功能与形式的关系	团队功能重于团队形式	团队形式胜于团队功能
对待问题的态度	视问题为机会	视机会为问题
创业关注的重点	创业行为的原因和内容	做事的方式和过去是由谁完成的

（续表）

项　　目	创业团队企业家精神强化	创业团队企业家精神退化
团队与企业的关系	创业团队驱使企业发展	企业驱使创业团队发展
创业团队作用方式	团队协作和积极的组织承诺	由群体思维陷阱所引发的组织惯性、心理契约关系破裂所引发的违背性行为
对创新的态度	支持创业团队的价值创造	政治上的小动作左右创业决策

资料来源：陈忠卫，《创业团队企业家精神的动态性研究》，人民出版社 2007 年版。

本章要点

1. 创业团队是指创业者在创业过程中组成的以开创新的局面、满足共同的价值追求为共同目的，甘愿共同承担创业风险和共享未来收益并紧密结合的正式的或非正式的组织。

2. 创业团队基本成员包括企业创建者、核心员工、董事会、顾问委员会、贷款方和投资方、咨询顾问。

3. 一支优秀的创业团队一般包含革新者、倡导者、协调者、塑形者、监控者、团队工作者、贯彻者、完成者 8 种角色。

4. 成功创业团队拥有凝聚力、合作精神、完整性、长远目标、致力于收获成功、致力于价值创造、平等中的不平等、公正性、共同分享收获等特征。

5. 组建一支高效的创业团队要满足五个原则：目标明确合理原则，计划实际可行原则，人员互补匹配原则，分工、职责明晰原则，团队动态调整原则。

6. 影响创业团队稳定性的主要因素包括创始人及权力中心、创业团队的稳定度、人际关系、股权分配、创业者的周围群体。

7. 企业创业团队组建的主要工作包括：明确创业目标、制定创业计划、招募合适的人员、职权划分、团队的调整融合。

8. 创业型领导是创造一个愿景，以此号召、动员下属，并使下属承诺对战略价值创造进行发现与探索的一种领导方式。

9. 在考虑创业团队激励和制订相应报酬的时候，需要对各团队成员的贡献大小进行衡量，股权激励是一种灵活多变的激励策略。

10. 创业团队的冲突可以分成两大类：认知性冲突和情感性冲突。

11. 创业团队企业家精神传承沿着两条不同的路径进行：积极的组织承诺和心理契约破裂。

思考题

1. 团队和群体间的关系是什么？

2. 什么是创业团队？
3. 组建创业团队应该注意什么？
4. 中国的创业团队有哪些特殊性？
5. 创业团队应该包括哪些成员？
6. 管理创业团队应该注意哪些问题？

延伸性阅读

[1] Jin, L., Madison, K., Kraiczy, N. D., Kellermanns, F. W., Crook, T. R., & Xi, J. (2016). Entrepreneurial Team Composition Characteristics and New Venture Performance: A Meta-Analysis. *Entrepreneurship Theory and Practice*.

[2] Mol, E., Khapova, S. N., & Elfring, T. (2015). Entrepreneurial Team Cognition: A Review. *International Journal of Management Reviews*, 17(2), 232-255.

[3] 偌姆·华瑟曼著，许瑞宋译：《哈佛商学院最实用的创业课》，财信出版社 2013 年版。

[4] 石书德、张帏、高建：《新企业创业团队的治理机制与团队绩效的关系》，《管理科学学报》2016 年第 5 期。

[5] 朱仁宏、曾楚宏、代吉林：《创业团队研究述评与展望》，《外国经济与管理》2012 年第 11 期。

第9章

创业融资

关键词

融资决策　天使投资　创业投资　其他融资

学习目标

学完本章后,你应该能够:

1. 了解创业资本的内涵和特征;
2. 了解创业资本作为重要的创业资源在创业过程中起的作用;
3. 了解创业者可以利用的融资方式及其利弊;
4. 了解创业投资过程及其策略;
5. 了解天使投资的特点;
6. 了解创业投资基金的典型组织形式;
7. 了解获得创业资本所要具备的能力。

想赚钱的最好方法,就是将钱投入成长中的小公司。

——彼得·林奇

案例导读

找钢网：撬开 B2B 电商风口

找钢网成立于2012年年初，是一家钢铁全产业链电商，是采用标准创投模式成立的公司。2015年年底，找钢网获得了来自京西创业、中泰证券等著名机构的战略投资11亿元人民币。在此之前，找钢网还获得了IDG资本、华晟资本、雄牛资本、红杉资本、经纬中国、险峰华兴、真格基金等知名基金公司的风险投资。

2012年1月，北京进入隆冬。王东在银泰和徐小平吃着扬州师傅做的包子，20分钟后，徐小平擦擦嘴说："王东，要做钢铁业的'京东'，可以。"不到一个月，真格基金的500万元打到了找钢网的账户，加上险峰华兴的500万元，王东拿到了1 000万元投资。

其实，在这次饭局的时点，找钢网并未上线，王东几乎是空手而来。2011年年底，钢铁业的产能过剩问题愈演愈烈，库存积压，价格跳水，钢厂的销售颓势突出。传统的钢贸商也因此几乎全军覆没。王东笃定，任何一个行业打通制造商到服务商，都会成为一门大生意。从大趋势上看，提升卖钢效率、增加钢厂销售渠道，是这个群体的迫切需要。王东与两位前同事筹划创业。

表面云淡风轻的徐小平早已做了充分调查。他的团队对投资项目分五个类别：坚决不要投、不能投、可以投、一定要投、打死也得投。与王东见面前，徐小平的投资顾问找了很多王东的资料，包括王东的微信朋友圈，看完之后给徐小平提出了毋庸置疑的意见：一定要投找钢网。

"找钢模式在什么行业适合？在百度阿里失灵的地方，因为钢铁种类多，价格每天波动，没有人会用百度搜索、阿里购买。"2012年5月，找钢网在一片质疑声中上线。这正是中国互联网电商"大跃进"的一年，电子商务蓬勃发展，B2C领域的消费额占社会零售总额的比重不断加大。同样是在这一年，钢铁、铜等金属在触及高点后开始大幅下跌。

上线第一天，找钢网完成了177吨的交易额，到了2013年，找钢网的月交易量已经可以稳定在12 000吨左右，价格是二线厂商的水平。2014年，找钢网又开始推出更多的增值服务，包括物流、仓储、加工，以及与京东进行金融合作。进入2016年，虽然创业不过四年，找钢网却已实现所有业务线全线盈利。

（资料来源：中国企业家网，2016年3月16日。）

创业投资是21世纪最富有魅力的研究领域，也是创业企业成长过程所需的重要资源。找钢网的创建离不开早期真格基金和险峰华兴的1 000万元风险投资，找钢网的迅速成长更离不开IDG资本、华晟资本、雄牛资本、红杉资本、经纬中国、京西创业、中泰证券等知名基金公司的风险投资。本章着重介绍企业融资的决策制定、企业融资的来源（主要包括天使投资、创业投资、债务融资等形式）。本章的学习将有助于创业企业寻找适合自己的资金。

9.1 融资决策

在寻找融资渠道时，创业者尝试采用专业手段向投资人展示自己的企业，以期获得更多的资源。融资决策受到融资方和投资方的目标驱动，其过程因受到众多因素影响而变得复杂，但是我们仍然可以大致描述出整个融资过程。这个过程概括起来，一般可分为五个步骤(见图 9.1)：

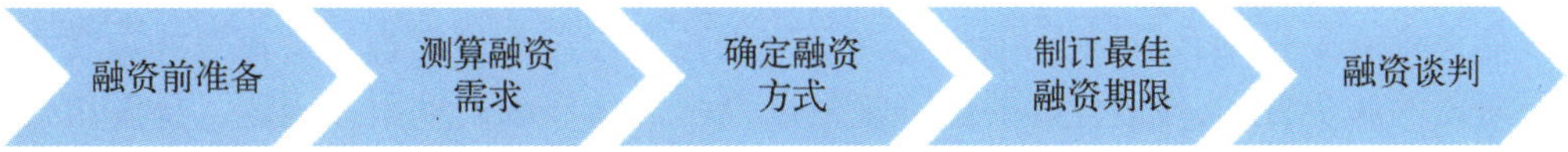

图 9.1 融资决策过程

9.1.1 融资前准备

(1) 建立个人信用

个人信用作为一种无形资产，在当今的信用社会中具有越来越重要的地位，所以，创业者应当从现在起有意识地致力于建立个人信用。

(2) 积累人脉资源

人脉资源是重要的社会资本，对企业而言是巨大的潜力。

9.1.2 测算融资需求

创业企业在进行融资之前，先不要把目光直接对准各式各样令人心动的融资方式，更不要草率地做出融资决策。首先应该考虑企业是不是必须融资、融资后的收益如何等问题。因为融资意味着需要成本，融资成本既有资金的利息成本，还有可能是昂贵的融资费用和不确定的风险成本。因此，只有经过深入分析，对融资的收益与成本进行仔细比较，确信利用资金所预期的总收益大于融资的总成本，才有必要考虑如何融资。这是企业进行融资决策的首要前提。

创业企业在筹集资金时，关键是要确定企业的融资规模。企业所需要的融资规模可以通过定性或定量的方法来预测或测算。定性预测法主要是利用直观的材料，依靠个人经验的主观判断和分析能力，对融资的需要量做出预测。这种方法一般是在企业缺乏完备、准确的历史资料的情况下采用的。其预测过程是：首先由熟悉财务情况和生产经营情况的专家，根据过去所积累的经验进行分析判断，提出预测的初步意见；然后再通过召开座谈会或发表格等形式，对上述预测的初步意见进行修正、补充。这样经过一次或几次后，得出预测的最终结果。

定性预测法虽然十分有用，但它不能揭示资金需求量与有关因素之间的数量关系。因此，一般企业都用定量测算法，即销售百分比法。财务预测销售百分比法是首先假设收入、费用、资产、负债与销售收入存在稳定的百分比关系，根据预计销售额和相应的百分比预计资产、负债和所有者权益，然后利用会计等式确定融资需要量。具体的计算方法有两种：一种是先根据销售总额预计资产、负债和所有者权益的总额，然后确定融资需求；另一种是根据销售的增加额预计资产、负债和所有者权益的增加额，然后确定融资需求。虽然一个是根据总量来预测，另一个是根据增量来预测，但两者的基本原理是一样的。这里介绍第一种计算外部融资需求的会计等式：

外部融资需求量＝预计总资产－预计总负债－预计股东权益

9.1.3 确定融资方式

创业企业要根据自身融资需求，在融资之前认真思考如何选择自己需要和适合自己发展阶段的融资方式、确定合适的融资规模以及制订最佳融资期限等问题。要解决这些问题，需要企业制订适当的融资策略，以做出最优化的融资决策①。

企业不同发展阶段可能的融资来源是不同的(见表 9.1)，创业者应该选择适合企业不同发展阶段的融资方式。在企业创业初期，基本上选择的都是股权融资，因为此时风险很大，很少有金融机构等债权人来为你融资。而在股权融资中，企业主与其朋友和家庭成员的资金占了绝大多数。这部分融资实际上属于内部人融资或内部融资，也称企业自己投资。但是，内部人融资是企业吸引外部人融资的关键，只有具有相当的内部人资金，外部人才愿意进行投资。真正获得第一笔外部股权融资的可能是出于战略发展目的又非常熟悉该投资行业的个人或企业的天使资金——创业投资的早期资金。在此基础上，可以

表 9.1 企业不同发展阶段可能的融资来源

融 资 渠 道	种子开发期	创建期	生存期	扩张期	成熟退出
创业者					
朋友和家庭					
天使投资					
战略伙伴					
风险投资					
资产抵押贷款					
设备租赁					
小企业管理局投资					
贸易信贷					
IPO					
公募债券					
管理层收购					

① 张昌彩：《中小企业的融资最优化决策》，《中国科技成果》2006 年第 11 期。

寻求其他创业投资公司等机构的股权融资。在创业企业发展到一定时期和规模以后，就可以选择债权融资。债权融资主要来自金融机构，包括商业银行和财务公司等。对创业企业融资的商业银行不是大的商业银行，而主要是一些社区银行或地方性银行，大的银行只有在信用评级制度发展之后（或者说创业企业具备了信用等级之后）才开始介入创业企业的融资业务。财务公司提供创业企业贷款的主要形式是汽车贷款、设备贷款与资本性租赁。它们的抵押品就是汽车与设备。在非金融机构的债务性融资中，最重要的是贸易信贷，占美国创业企业债务性融资的30%左右。贸易信贷是指产品的销售方在出售产品后，并不要求买方立即支付款项，而对买方形成资金融通。我国创业企业可以借鉴发达成熟的美国创业企业是如何融资的，进而根据企业的实际情况、企业发展阶段和资金需求的性质来选择自己需要并适合企业发展阶段的融资方式。这样，才是需要与可能相结合，才能做出切实可行的融资计划。

9.1.4 制订最佳融资期限

企业融资按照期限来划分，可分为短期融资和长期融资。创业企业做融资决策，要充分考虑融资期限，要在短期融资与长期融资之间进行权衡比较，以制定最佳融资期限结构。因为它直接影响资金的成本，进而影响企业的效益。当然，这主要取决于融资的用途和融资人的风险性偏好。

从资金用途上来看，如果融资是用于企业流动资产，则根据流动资产具有周转快、易于变现、经营中所需补充数额较小及占用时间短等特点，宜于选择各种短期融资方式，如商业信用、金融机构短期贷款等。如果融资是用于长期投资或购置固定资产，则由于这类用途要求资金数额大、占用时间长，宜于选择各种长期融资方式，如长期贷款、企业内部积累、租赁融资、发行债券、发行股票等。

从风险性偏好角度来看，在做融资期限决策时，可以根据融资人风险性偏好的不同，采取配合型、激进型、稳健型等不同的融资策略。配合型融资策略，是对于临时性流动资产，运用临时性负债融资满足其资金需要；对于永久性资产，运用长期负债、自发性负债和权益资本融资满足其资金需要。激进型融资策略，是用临时性负债不仅满足于流动资产的资金需要，还解决部分永久性资产的资金需要。稳健型融资策略，是企业不仅用长期资金满足永久性资产，还用于解决一部分甚至全部流动性资产。在这三种融资策略中，配合型风险与成本、收益适中，激进型风险大、成本小、收益大，稳健型风险小、成本大、收益小。

9.1.5 融资谈判

创业投资的获得除取决于创业企业的素质外，还需要一定的融资谈判技巧。也就是说，获取创业资本支持的过程就是展示创业企业投资价值和发展创业企业家融资技巧的过程。

(1) 谈判准备

在准备和创业投资人洽谈融资事宜之前，应该准备4份主要文件。这4份文件是：

① 投资建议书(business proposal)，即对创业企业的管理状况、利润情况、战略地位等做出概要描述。

② 创业计划书(business plan),即对创业企业的业务发展战略、市场推广计划、财务状况和竞争地位等做出详细描述。

③ 尽职调查报告,即对创业企业的背景情况和财务稳健程度、管理队伍和行业做出深入细致调研后形成的书面文件。

④ 营销材料,这是任何直接或间接与创业企业产品或服务销售有关的文件材料。正式与创业投资人接触之前,一般需要提前向创业投资人递交创业计划书及其执行摘要(executive summary)。

(2) 谈判技巧

在谈判中可有意识地注意以下几点:

- 珍惜与创业投资家的第一次会面。在整个过程中,创业企业家需要坦诚,倾听与了解对方的疑问,在不丧失原则的前提下学会坚持与妥协;对整个过程从开始到资金到位可能会持续 3～6 个月时间,要有充分心理准备,千万不要放弃。
- 挑选投资人。并不是所有投资者都适合创业企业,关键是看除了钱以外能给创业企业带来哪些增值服务。一般来说,增值服务是指规范管理、团队建设、财务管理、产品上下游渠道(技术、市场)、品牌提升、下一步融资、企业上市等。在寻找资金的过程中,注意识别虚假的投资者,多接触其他创业投资企业,了解有关创业投资的法律知识。
- 抓住融资谈判重点。图 9.2 列出了融资谈判的四个重点。

谈判重点一	公司估值:估值区间的合理化
谈判重点二	团队期权计划及创始人股份的行权计划:各让一步的心法
谈判重点三	跟卖权:保障团队利益
谈判重点四	保护性条款:不束手束脚

图 9.2　融资谈判重点

- "六要"准则:① 要对本企业和本企业的产品或服务持肯定态度并充满热情;② 要明了自己的交易底线,如果认为必要,甚至可以放弃会谈;③ 要记住和创业投资人建立一种长期合作关系;④ 要对尚能接受的交易进行协商和讨价还价;⑤ 要提前做好如何应对创业投资人的功课;⑥ 要了解创业投资人以前投资过的项目及其目前投资组合的构成。
- "六不要"准则:① 不要逃避创业投资人的提问;② 不要模棱两可地回答创业投资人的问题;③ 不要对创业投资人隐瞒重要问题;④ 不要希望或要求创业投资人立刻就是否投资做出决定;⑤ 不要在交易定价问题上过于僵化;⑥ 不要带律师去参加会议。
- 创业投资人的典型提问(如表 9.2 所示),包括产品、竞争、市场、销售、生产、供应、人员、财务等方面。在约见创业投资基金经理之前,创业企业家最好提前对问题清单了然于心,做好应答准备。

在与资金提供者谈判时表现糟糕的创业者很难完成交易。因此要做好充分准备,事先想想对方可能提到的问题;要表现出信心;陈述时抓住重点,条理清楚;记住资金提供者关心的是让他们投资有什么好处。这些原则对融资至关重要。

表9.2 创业投资人的典型提问

产品	产品如何满足顾客的特定需求并适应这种需求的敏感性和细微特征？顾客对产品是否已经有了品牌认知度？产品是否具有重复使用价值？这是一种高质量还是低质量产品？产品的顾客是否为产品的最终消费者？该产品是一种具有广泛吸引力的产品还是只有少数大宗买主？
竞争	谁是企业主要的竞争对手？相对于贵企业而言，他们具有哪些竞争优势？贵企业相对于这些竞争对手又具有哪些竞争优势？面对这些竞争对手，企业在价格、服务、销售渠道、促销手段和产品品质保证等方面如何应对？贵企业产品是否存在替代品？你认为竞争对手对贵企业的兴起会有何反应？
市场	如果你打算拿到一定的市场份额，你会如何去做？在企业的营销计划中，关键的要点是什么？该营销计划主要遵循的是一种零售营销战略还是一种产品市场营销战略？在贵企业的营销计划中，广告的重要性如何？当产品或服务步入成熟期时，企业的营销战略会如何变动？直销对贵企业产品的推广重要吗？
销售	产品或服务的客户群有多大？在全部客户中，哪些人是最典型的顾客？从产品最初与顾客接触到形成实际销售，这中间的时滞有多长？
生产	产品的生产能力有多大？当规模发展到何种程度时会出现生产瓶颈？产品质量控制的重要性如何？目前积压的订单有多少？产品是流水线生产还是按照顾客定制进行生产？产品生产过程中对员工的健康和安全是否会造成影响？主要包括哪些影响？
供应	贵企业目前共有多少供应商？这些供应商和贵企业的合作关系有多长时间？目前还可以找到哪些供应商？现在还有哪些零部件或原材料是短缺的？
人员	贵企业目前共有多少雇员？在不久的将来预计对劳动力的需求将是多少？这些劳动力的主要供给来源是什么？企业员工的构成如何？即全职员工和兼职员工各占多少？从事管理的员工有多少？从事后勤的员工有多少？在生产或服务一线的员工又有多少？培训员工的成本有多高？全部员工主要是由熟练工人还是非熟练工人构成？企业是否存在工会？如果存在，工会与企业的关系如何？
财务	贵企业主要生产设备的新旧程度如何？这些设备每年的维护成本是多少？5年之后企业对资本的需求将会怎样？贵企业的竞争对手在设备方面是否具有优势？企业的设备、房屋建筑物等是租赁的还是自有的？如果是租赁的，租期有多长？企业背负的抵押贷款有多少？企业现有的生产设施是否能够满足未来建立在"创业计划书"基础上的扩张需要？这种扩张是否还需要重新设厂？有哪些专利许可安排？企业现在的研究开发能力如何？每年的研究开发支出是多少？研究开发在多大程度上影响着企业未来的销售？

9.1.6 融资决策原则

对于中小企业而言，如何选择融资方式，怎样把握融资规模以及各种融资方式的利用时机、条件、成本和风险，都是企业在融资阶段必须考虑的：

(1) 融资总收益大于融资总成本

融资成本既有资金的利息成本，还有可能是昂贵的融资费用和不确定的风险成本。因此，只有经过深入分析，确信利用筹集的资金所预期的总收益要大于融资的总成本时，才有必要考虑如何融资。这是企业进行融资决策的首要前提。

(2) 企业融资规模要量力而行

筹资过多,或者可能造成资金闲置浪费,增加融资成本;或者可能导致企业负债过多,无法承受,出现偿还困难,增加经营风险。而如果企业筹资不足,则又会影响企业投融资计划及其他业务的正常开展。在实际操作中,企业确定筹资规模一般可使用经验法和财务分析法。

经验法是指企业在确定融资规模时,首先要根据企业内部融资与外部融资的不同性质,优先考虑企业自有资金,然后再考虑外部融资。财务分析法是指通过对企业财务报表的分析,判断企业的财务状况与经营管理状况,从而确定合理的筹资规模。

(3) 企业最佳融资机会选择

一般来说,要充分考虑以下几个方面:第一,由于外部融资环境复杂多变,企业融资决策要有超前预见性,为此,企业要能够及时掌握国内和国外利率、汇率等金融市场的各种信息,了解国内外宏观经济形势、国家货币及财政政策以及国内外政治环境等各种外部环境因素,合理分析和预测能够影响企业融资的各种有利和不利条件,以及可能的各种变化趋势,以便寻求最佳融资时机,果断决策。第二,企业在分析融资机会时,必须要考虑具体的融资方式所具有的特点,并结合本企业自身的实际情况,适时制订出合理的融资决策。

9.2 天使投资

在西方国家,天使投资(business angel)以其特有的优势成为中小企业创业融资最重要的资金来源,也被称为创业企业的"婴儿奶粉"。但在我国,人们对于天使投资的认识几乎是空白。

9.2.1 天使投资的概念

所谓天使投资,是指富有的个人直接对有发展前途的创业初期小企业进行权益资本投入,在体验创业乐趣的同时获得投资增值。从时间上来看,天使特指企业创业过程中的第一批投资人,资金在产品或服务形成之前注入,此时企业处于很不成熟的种子期。投资天使必须具备一定的伯乐眼光、一定的风险承受能力和成熟的投资心态。投资天使的共同特点是拥有雄厚的经济基础。根据美国证券交易委员会(SEC)的规定,个人投资者的资产净值必须在100万美元以上或个人年收入20万美元、夫妇双方年收入30万美元以上,才有资格成为天使投资人。

天使投资的获利及资金退出方式主要包括:首次公开发行股票(简称IPO),由发起人或创业企业售出股票或股票回购,买壳上市或借壳上市,转让给其他投资者,并购,清算等。

9.2.2 天使投资的特点

这种民间自发的投资方式与其他投资方式相比,具有如下特点:

① 投资者不同。天使投资人一般以个体形式存在。目前国内的天使投资人主要有

三个来源：第一类是大型高科技公司或跨国公司的高级管理者，如前"微软"副总裁李开复博士就以天使投资的身份创办了"创新工场"来支持中国创业者，"微软"中国研究院张亚勤博士曾投资清华大学的学生创业团队"东方博远"。第二类是曾经的创业者。很多创业者曾经接受过风险投资的资助，在企业上市后，这些创业家就开始转型做天使投资。携程、如家的合伙人沈南鹏后来就转型做天使投资，先后投资了"一茶一坐"等企业，后期他还转型做风险投资。第三类是国内成功的民营企业家。目前很多的温州商人、泉州商人都开始酝酿从实业转型开始探索如何做好自己熟悉行业的天使投资。

② 投资金额不同。天使投资的投资额相对较少，在中国，每笔投资额约为5万～50万美元。

③ 投资审查程序不同。天使投资对创业项目的审查不太严格，大多是基于投资人的主观判断或喜好而决定，手续简便，而且投资人一般不参与管理。

④ 投资阶段不同。天使投资比较偏早期，创业投资更多偏成长期和Pre-IPO阶段。

9.2.3 天使投资的类型

天使投资人可以分为如下几种类型：富有的个体投资者、家族型投资者、天使投资联合体、合伙人投资者。从天使投资人的背景来划分，天使投资人可以分为如下几类：管理型投资者、辅助型投资者、获利型投资者。依据项目的投资量的大小，天使投资可以分为：

① 支票天使——他们相对缺乏企业经验，仅仅是出资，而且投资额较小，每个投资案约1万～2.5万美元；此类天使投资人相对缺乏企业经验，而且仅仅是出资，因此投资额较小。

② 增值天使——他们较有经验并参与被投资企业的运作，投资额也较大，约5万～25万美元；此类天使投资者较有经验并能够有效参与被投资企业的运作，投资额也较大，但相对于超级天使投资者要低一点。

③ 超级天使——他们往往是具有成功经验的企业家，对新企业提供独到的支持，每个投资项目的投资额相对较大，在10万美元以上。根据具体拿到的项目资金选择合理的对象，这是很关键的。该类投资人往往是具有成功经验的企业家，对新企业的发展能提供独到的支持，每个投资项目的投资额相对较大。

创业标杆

洗游记完成千万级融资

2016年10月，汽车后市场服务品牌洗游记宣布完成A轮千万级融资。资金将用于城市扩张、团队建设、联盟店深度合作、品牌塑造以及供应链建立等商业模式探索。

洗游记成立于2015年4月，是杭州莲藕科技有限公司旗下用于发展汽车后市场服务的品牌。洗游记线上App是一款集洗车、美容、违章、代驾、ETC办理等诸多功能为一体的平台，用户可以通过洗游记合作商户进行线上门店的搜索选择，完成项目支付，并且可以通过线上乐游卡加入车主俱乐部，洗游记可以提供杭州本地的吃穿住行等优惠，还会定期提供洗游记发起的自驾游等活动。

据了解，目前洗游记在杭州有1 000家合作店、200家加盟商户、6家直营店和1家直营中心，覆盖杭州6个区，服务杭州10多万车主。并将在半年内继续扩张，通过城市合伙人体系，实现10 000家合作商户，服务100多万车主。2016年8月改整体方案执行后，洗游记开始进军厦门、上海等主要城市。

（资料来源：https://36kr.com/p/5053969.html.）

9.3 创业投资

9.3.1 创业投资概况

创业投资又称风险投资(Venture Capital, VC)。全美创业投资协会(NVCA)对VC的定义是："创业投资是指由专业投资者提供的投资于极具增长潜力的创业企业并参与其管理的权益资本。"

这个定义体现了创业投资的5个特点：

① 投资管理专业性。专业人士管理，分工专业化，运作模式专业流程化。

② 投资对象高成长性。投资对象是创业企业，以区别于对非创业企业的投资。

③ 投资服务高参与性。不仅提供资本支持，而且提供创业管理服务，但不介入日常的经营管理。

④ 投资方式权益性。一旦企业度过创业期就退出投资，以一方面获得资本增值，另一方面进行新一轮投资。这种权益性还体现在VC本身就是一种为卖而买的行动。

⑤ 高风险高收益性。严格意义上来说，所有的投资行为都具有风险和收益性。只不过由于投资对象的高成长性和不确定性，才使得这种投资行为更加富有高风险和高收益。

在政府的主导和部分企业家的努力下，近些年国内风险投资行业的发展成果应该是显著的。从1999年风险投资快速起步以后，2006年开始，我国风险投资进入了一个高速发展的时期，无论是投资总额还是投资项目数都有了明显的增长。

9.3.2 创业投资过程

斯通贝里(Stomberg, 2000)曾经把创业投资分解为三个步骤：筛选—缔约—监管。为了更详细地分析整个投资阶段的创业投资过程，可以把它分解为五个步骤(见图9.3)：第一步是交易发起，即创业资本家公开项目计划书并获取投资机会。第二步是项目筛选，即创业资本家从不同的投资项目选定部分项目作为投资对象。第三步是调查评估，即对筛选的项目进行摸底调查和风险收益评价。第四步是建立合同，即在评估通过的基础上确定交易的规模、交易的定价，使用金融工具(股权形式还是债权)的种类以及其他条款，最终签订协议。经过交易构造后就进入了第五步——投资后的增值服务与项目监管。这一步主要是设立控制机制以保护投资、为创业企业提供管理咨询、募集追加资本、将创业企业带入资本市场运作，以顺利实现必要的兼并收购和发行上市。最后一步就是退出与收益分配阶段。我们把最后的这部分工作放在创业投资退出中来深入阐述。

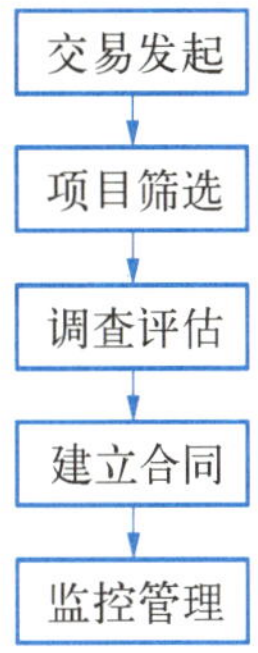

图 9.3 创业资本投资步骤

(1) 交易发起

在交易发起阶段，创业资本家获取投资机会的方式主要有三种：第一种是创业家主动提出投资申请和商业计划，大约 1/4 的投资方式是如此获得的。第二种是通过其他创业资本家、银行或是投资中介者推荐介绍，有大约 1/2 项目是通过推介获得的。第三种是由创业资本家主动搜寻潜在机会，他们往往通过非正式的业内网络、参加贸洽会或展览会等方式了解情况。

(2) 项目筛选

面对潜在的投资机会，创业资本家要对项目进行筛选，这其实是确定投资流向的问题。筛选的标准一般包括四个方面：① 投资规模。既不能把基金分配到过多的小额交易中，影响规模效益，也要考虑基金规模过大可能引起的风险问题。克服的办法就是与其他创业资本家进行联合投资。② 创业企业的技术和市场定位。创业资本家筛选项目时要考虑其技术专长和偏好的投资企业类型(是高新技术企业还是比较成熟的技术企业)。③ 创业企业的发展阶段。前面已经将创业企业分为种子期、创业期、扩张期和成熟期阶段，每个阶段的风险和收益都是不一致的，所以创业资本家在筛选时要着重考虑这个问题。④ 地理位置。创业资本家筛选项目往往倾向于选择位于主要城市附近的项目，这主要是从方便管理的角度出发的。

整个项目筛选的程序可以分成三步：① 项目初审，从 1 000 个项目中选出 100 个；② 会晤，从初审的 100 个项目中选出 50 个；③ 谨慎调查，从会晤的 50 个项目中选 10 个左右项目进行投资。

(3) 调查评估

通过筛选的项目将会进入审慎调查和评估过程，这个过程是创业基金对该项目的所有特点和细节进行详细考察和分析的过程。主要工作包括：① 市场前景评估；② 产品特点分析；③ 创业企业家的管理能力评价；④ 环境适应性分析。经过这番评估，创业资本家得出预期的风险和收益，然后依据自己的偏好做出是否投资的决策。

(4) 建立合同

创业资本家做出投资决策后，必须与创业企业家经过协商达成双方都可以接受的投资协议。从创业资本家而言，投资合同具有三方面的用途：确定交易价格；规定保护性契约，如什么情况可以接管董事会、改变企业管理以及限制股份摊薄等措施；规定激励创业企业家的措施，如设计一种赚出(earn-out)机制，将创业企业家股份与实现企业目标挂钩。

这些交易设计其实是创业企业治理机制的设计，主要有阶段投资、可转换债券(即投资工具种类选择问题)、联合投资和特殊退出权等方面的内容。交易合约的构造是为了保证一个有效的治理结构(主要是控制权分配)的实施,克服信息不对称性的干扰以及对创业企业家相应的激励和约束作用,其根本目的仍然着眼于创业利润的实现。

可转换优先股是指允许优先股持有人在特定条件下把优先股转换成一定数额的普通股。这是近年来日益流行的一种优先股。以下案例是详细的可转换优先股清单描述:

创业视点

创业投资条款清单(Term Sheet of Equity Investment)样本

Z 投资基金

ABC 公司第一轮融资出售可转换优先股条款清单

发行方:ABC 公司或其海外注册的母公司。

投资额:200 万美元以内。如果高于此金额,需经双方同意。

购股方:Z 基金或 XYZ 投资公司管理的其他基金。

投资方式:以 200 万美元购买 A 系列可转换优先股。

第一轮可转换优先股条款

股票形式:A 系列可转换优先股可以 1∶1 的比率按原购买价转换为普通股。原购买价为充分稀释后投资后作价 800 万美元,其中包括 200 万美元的融资款。

预计交易达成日期:预计投资达成时间为 2005 年 11 月底。

股息:A 系列优先股的持有者将获得季度股息,按以下两种分成计算方法金额较高的一种计算:(1) 年利率为 8%的非累积的股息;(2) 相当于转换后的比例与普通股有同样的分红额。

清算优先权:在公司清盘、解散、合并、被收购、出售控股股权,以及出售主要部分或全部资产时,A 系列优先股的持有者参与分配权有三种:无参与权(non participation)、完全参与分配权(full participation)、附上限参与分配权(capped participation),相应的就有三种清算优先权:(1) 不参与分配优先清算权,即在公司清算或结束业务时,A 系列优先股股东有权优先于普通股股东获得每股 X 倍于原始购买价格的回报以及宣布但尚未发放的股利(清算优先权);(2) 完全参与分配优先清算权,即完全参与分配权的股份在获得清算优先权的回报之后,还要同普通股按比例分配剩余清算资金;(3) 附上限参与分配优先清算权,即附上限参与分配权表示优先股按比例参与分配剩余清算资金,直到获得特定回报上限。

转换办法:A 系列优先股的持有者有权选择在任何时间将所持的优先股转换成普通股,转换比率是 1∶1,但要按下一条款进行调整。转换时公司必须付清所有应付的分红,转换时如果有不足 1 股的零头,公司当以等值的现金支付给投资者。

自动转换:在公司上市公开发行股票时,A 系列优先股按当时适用的转换价格自动转换成普通股股票,前提是新股发行值不低于 1 000 万美元(扣除承销费和上市费用之前)(有效的 IPO)。

反稀释条款:如果新发行的股权的价格低于 A 系列优先股(董事会同意的用于员工期权计划的股权和其他用于特殊目的的获免股权除外),A 系列优先股的股价需按平摊加权平均法做相应调整。A 系列优先股在拆股、股票分红、并股,或者以低于转换价格增发新股,以及其他资产重组的情况下也要按比例获得调整。

回购保证:A 系列优先股的持有者有权选择在 A 系列优先股发行 5 年后任何时间要求公司回购其股权。回购价格为股票本金加上 15%的溢价,以及到期的和尚未支付的固定分红。在以下情况下,A 系列优先股的持有者有权选择强迫回购执行。

董事会和投票权:公司的董事会由 5 人组成,其中一个席位保留给 A 系列优先股的持有者。A 系列优先股的持有者具有与普通股持有者相同的投票权。在下列情况下,A 系列优先股的持有者有权指派董事会的多数席位:

(1) 任何单个季度的账面损失大于或等于 25 万美元;

(2) 合并报表的净资产低于 250 万美元;

(3) 达到回购条件但回购人无法实施回购;

(4) 连续两年无法支付股息;

(5) 创业者辞职;

(6) 创业者聘期因故终止;

(7) 创业者死亡或无行为能力。

投资方因上述原因拥有的权利于企业公开上市或合并时终止。

保护条款

以下事项需有 A 系列优先股的持有者 2/3 以上的赞同票方能通过,包括但不限于:

(1) 改变 A 系列优先股的权益;

(2) 增加或减少 A 系列优先股的股数;

(3) 增发可转换债券、优先股或普通股,或者重新分级股票;

(4) 公司回购普通股(不包括公司向服务供应商回购奖励性股票);

(5) 公司章程的修改;

(6) 导致公司债务超过 50 万美元的事由;

(7) 超过 50 万美元的一次性资本支出;

(8) 公司购并、重组、控股权变化,出售公司大部分或全部资产;

(9) 董事会席位数变化;

(10) 分红计划;

(11) 公司管理层工资福利的重大变化;

(12) 新的员工股票期权计划;

(13) 公司与第三方签订限制分红或股票回购的协议;

(14) 向优先股股东以外的证券持有人分配股息或红利;

(15) 公司购入与主营业务无关的资产或进入非主营业务经营领域;

(16) 公司出售子公司的股权。

优先购股权:A 系列优先股持有者有权与其他股东一样按比例优先受让任一股东欲出让的股权和购买公司以后增发的股票(员工期权计划除外)。

一般性条款

购买协议：本次投资交易的进行必须先满足交易达成的前提条件（见后），并经ABC公司的董事会和XYZ投资公司的投资委员会同意有关投资合同条款内容。

股东协议：企业的所有股东将签订一份协议，这份协议应包括：

(1) 首先是公司，其次是各股东按照股份比例，有权优先认购受让其他股东出让的股权（特需的股权转让除外）；

(2) 对外出让股权须按比例共同出售，除非股票持有人放弃此权利；

(3) 股东按照前述方法选举董事会董事；

(4) 公司将设立股票期权计划，经董事会认可，并由公司的CEO管理。

前三条在股票公开上市时自动取消。

雇员协议：企业的每位创办人以及管理人和股东及企业的主要雇员应与企业签订不竞争协议，并保证在其任职期间及离职后2年内不得从事与本企业有竞争的行业。

投资前提条件：投资交易的达成必须满足以下前提条件：

(1) 投资人认可下列法律文件，包括股权购买协议、股东协议和修改后的公司章程；

(2) 完成尽职调查并对调查结果满意；

(3) 投资人决策委员会的审批；

(4) 通过有关的政府审批程序；

(5) 不与其他交易相冲突；

(6) 没有对公司有负面影响的事由变化和业务进展；

(7) 公司在境外重新注册。

信息披露和保证：企业保证提供以下材料，包括但不限于工商登记注册文件、生产销售资格或许可、财务报表、重大合同协议、生产使用许可、未了结诉讼、产品责任和质量保证、知识产权、或然债务、债务结构、环保要求等合法性证明，企业保证本条款清单与现有合同协议及公司章程不冲突、没有隐瞒债务、及时披露企业实质性的业务或资产变动。

知情权：A系列优先股股东或其委派人有随时检查公司资产，检核报表，拷贝相关文件，与政府、股东、董事、重要雇员、会计师磋商公司事务的权利，费用由优先股股东自理。

A系列优先股持有者将获得以下信息：

(1) 每月结束后15天内获得未经审计的月度财务报表；

(2) 每季度结束后25天内获得未经审计的季度财务报表；

(3) 在上一年结束后45天内获得经审计的年度财务报表；

(4) 每一财政年度开始之前45天之内获得经董事会批准的新的一年的财务预算，这一条在公司公开上市后自动取消。

费用承担：企业的财务审计费由企业承担。如果投资交易不成，双方各自承担自己一方的费用；如果交易达成，公司将补偿投资方合理的法律费用、第三方咨询费用和尽职调查费用，但总金额不超过8万美元。但如果是因为企业事前所提供的有关企业的信息不正确和不精确而使投资方放弃投资，所有已发生但不超过8万美元的费用应由企业承担，即企业应该向投资方支付这一费用。

适用法律：本条款清单的适用法律为香港特别行政区法律

股权结构表（只用于演示目的）在公司重新注册并发行A系列优先股后的股权结构如下：

总股数	10 000 000
原股东和融资中介	7 000 000
预留四年的员工期权	500 000
Z投资基金	2 500 000

(5) 监控管理

创业投资机构和传统金融机构的最大区别就在于，完成投资后它还有参与被投资企业管理的意愿，这样做是保证投资者获得创业利润的需要。对被投资企业的监督是为了通过预测和防范可能出现的问题以及获取及时的决策信息来使损失最小化。据普雷穆斯(Premus，1984)的调查，在美国的有限合伙制基金和子公司型创业投资机构中，愿意频繁地介入被投资企业管理活动的比例分别为97%和95%。就管理的范围来说，创业资本家利用在产品市场、原料市场和资本市场的优势来帮助企业。但是大多数创业资本家不倾向于过多干预企业的日常管理，只有在出现财务危机或管理危机时才会进行干涉，这是由交易合同所决定的。

9.4 其他融资①

(1) 众筹

现代众筹是指通过互联网方式发布筹款项目并募集资金。相对于传统的融资方式，众筹更为开放，能否获得资金也不再是由项目的商业价值作为唯一标准。只要是网友喜欢的项目，都可以通过众筹方式获得项目启动的第一笔资金，为更多小本经营或创业的人提供了无限的可能。众筹涉及主体包含发起人、支持者和平台。发起人是指有创造能力但缺乏资金的人，支持者是指对筹资者的故事和回报感兴趣的、有能力支持的人，平台是指连接发起人和支持者的互联网终端。众筹形式主要有股权众筹和实物众筹。其规则就是在设定天数内，达到或者超过目标金额，项目即成功，发起人可获得资金；筹资项目完成后，支持者将得到发起人预先承诺的回报，回报方式可以是股权，也可以是实物或服务，如果项目筹资失败，那么已获资金全部退还支持者。

---

① 杰弗里·蒂蒙斯、小斯蒂芬·斯皮内利著，周伟民等译：《创业学》(第6版)，机械工业出版社2005年版。

创业视点

Kickstarter：众筹鼻祖

众筹的兴起源于2009年4月成立的美国网站Kickstarter，该网站通过搭建网络平台面对公众筹资，让有创造力的人可能获得他们所需要的资金，以便使他们的梦想有可能实现。这种模式的兴起打破了传统的融资模式，每一位普通人都可以通过该种众筹模式获得从事某项创作或活动的资金，使得融资的来源者不再局限于风投等机构，而可以来源于大众。在欧美逐渐成熟并推广至亚洲、中南美洲、非洲等开发中地区。

Kickstarter相信，一个好的创意，通过适当的沟通，是可以快速地广为流传的；同时，集结众人的力量来集结资金与精神上的鼓励，可以让你更实际也更有勇气地实践自己的好点子。

（2）信用担保贷款

目前，全国已有100多个城市建立了中小企业信用担保机构。会员企业向银行借款时，可以由中小企业的担保机构担保。担保基金一般由当地政府财政拨款、会员自愿缴纳的会员基金、社会募集的资金、商业银行的资金等组成。另外，中小企业还可以向专门从事中介服务的担保公司寻求担保。与银行担保相比，担保公司对抵押品的要求更为灵活。当然，担保公司为了保障自己的利益，往往会要求企业提供反担保措施，有时担保公司还会派人到企业监控资金流动情况。

（3）买方贷款

如果企业产品有固定的销路和可靠的收入，银行可以按照销售合同，对其产品的购买方提供贷款支持。卖方可以向买方收取一定比例的预付款，以解决生产过程中的资金困难，或者由买方签发银行承兑汇票，卖方持汇票到银行贴现。

（4）异地联合协作贷款

有些中小企业产品销路很广，或者是为某些大企业的拳头产品提供配套的零部件，或者是企业集团的松散型子公司。它们在生产协作过程中，需要补充生产资金时，可以首先寻求一家主办银行牵头，对集团公司提供贷款，再由集团公司对协作企业提供必要的资金，当地银行进行合同监督；也可由牵头银行同异地协作企业的开户银行结合，分头提供贷款。

（5）项目开发贷款

具有重大商业价值的科技成果转化项目，如果初始阶段需求资金数额较大，中小企业自筹资本难以承受时，可以向银行申请项目开发贷款。商业银行对拥有成熟技术及良好市场前景的高新技术产品或专利项目的中小企业以及利用高新技术成果进行技术改造的中小企业，可以给予积极的信贷支持，以促进科技成果的迅速转化。对与高等院校、科研机构建立有稳定的项目开发关系或自己拥有专门的研究机构的高科技中小企业，银行除了提供流动资金贷款外，也可办理项目开发贷款。

(6) 自然人担保贷款

2002年8月，中国工商银行率先推出了自然人担保贷款业务。即工商银行的境内机构在对中小企业办理3年期限以内的信贷业务时，可以由自然人提供财产担保并承担代偿责任。自然人担保可采取抵押、质押、抵押加保证三种方式。可做抵押的财产包括个人所有的房产、土地使用权和交通运输工具等。可做质押的个人财产包括储蓄存单、凭证式国债和记名式金融债券。抵押加保证则是指在财产抵押的基础上，附加抵押人的连带责任保证。如果借款人未能按期偿还全部贷款本息或发生其他违约事项时，银行将有权要求担保人履行担保义务。

(7) 个人委托贷款

近年来，中国建设银行、民生银行、中信实业银行等商业银行相继推出了一项融资业务新品种——个人委托贷款。个人委托贷款即由个人委托提供资金，由商业银行根据委托人确定的贷款对象、用途、金额、期限、利率等代为发放、监督使用并协助收回的一种贷款。

(8) 无形资产担保贷款

依据《中华人民共和国担保法》的有关规定，依法可以转让的商标专用权、专利权、著作权中的财产权等无形资产可作为贷款质押物。

(9) 票据贴现融资

票据贴现融资，是指票据持有人将商业票据转让给银行，取得扣除贴现利息后的资金。在我国，商业票据主要是指银行承兑汇票和商业承兑汇票。这种融资方式的好处之一是银行不是按照企业的资产规模来放款，而是依据市场情况(销售合同)贷款。企业收到票据至票据到期兑现之日，少则几十天，多则300天，资金在这段时间处于闲置状态。企业如果能充分利用票据贴现融资，远比申请贷款手续要简便，而且融资成本很低。票据贴现有关手续一般在3个营业日内就能办妥，对于企业来说，这是用明天的钱赚后天的钱。这种融资方式值得中小企业广泛、积极地利用。

(10) 金融租赁

在经济发达国家，金融租赁已经成为设备投资中仅次于银行信贷的第二大融资方式。金融租赁是一种集信贷、贸易、租赁于一体，以租赁物件的所有权与使用权相分离为特征的新型融资方式。简言之，金融租赁就是不求物归我所有，只求物归我使用，它是融资与融物相结合的产物。设备使用厂家看中某种设备后，即可委托金融租赁公司出资购得，然后再以租赁的形式将设备交付企业使用。当企业在合同期内把租金付清后，最终还将拥有该设备的所有权。通过金融租赁，企业可用少量资金取得所需的先进技术设备。这对于资金缺乏的企业来说，不失为加速投资、扩大生产的好办法；而对某些产品积压的企业来说，又是促进销售、拓展市场的有效手段。

(11) 典当融资

典当是以实物为抵押，以实物所有权转移的形式取得临时性贷款的一种融资方式。与银行贷款相比，典当贷款成本高、规模小，但也有其优势。第一，与银行对借款人的资信条件近乎苛刻的要求相比，典当行对客户的信用要求几乎为零，典当行只注重典当物品是否货真价实;而且一般商业银行只做不动产抵押,而典当行则可以动产与不动产质押两者兼为。第二,典当行典当物品的起点低,千元、百元的物品皆可。与银行相反,典当行更注重对个人客户和中小企业服务。第三,与银行贷款手续繁杂、审批周期长相比,典当贷款手续十分简便,大多立等可取。即使是不动产抵押,也比银行便捷许多。第四,客户向银行借款时,贷款的用途不能超越银行指定的范围;而典当行则不干涉贷款的用途,资金使用起来十分自由。

(12) 远期销售融资

许多向购买其设备的购买方提供分期付款条件的经销商或制造商自己不能提供分期付款融资或条件销售合同融资。在这种情况下,他们把分期付款合同出售或转让给银行或销售融资公司(一般非常大的制造商可通过被自己控制的金融公司融资。多数非常小的零售商只能把他们的客户的分期付款合同提交给销售融资公司,销售融资公司可提供许多这类融资,条件也更灵活)。从制造商或经销商的观点来看,远期销售融资实际上是从长期分期付款应收款获得短期融资的一种方式。从购买方的观点来看,它为购买新设备提供了融资方式。

(13) 众创空间融资

具体的融资工具和渠道如图 9.4 所示①。

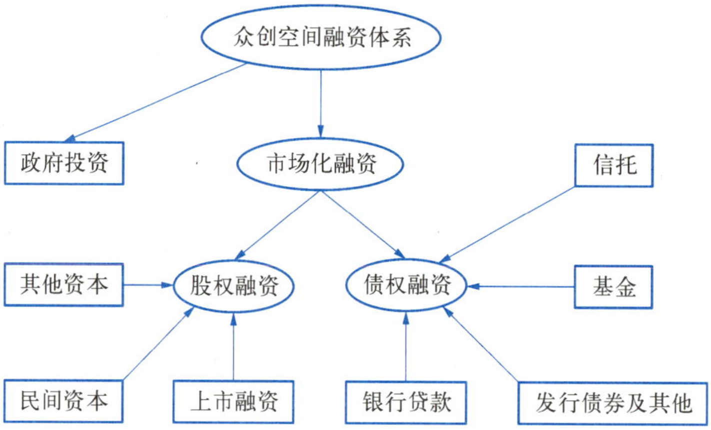

图 9.4 众创空间融资体系

孵化企业成长至少要经过四个阶段:种子(研制开发)阶段、初创(事业开创)阶段、幼稚(早期发展)阶段和产业化(成熟)阶段。从不同阶段的资金筹集情况来看,在进入产业化阶段后企业逐渐成熟,其技术和产品展示出较好的前景,此时企业可能筹集到发展资金。但在前三个阶段,孵化企业规模小,市场前景不明显,投资风险较高,较难获得资金投入进行发展。

就对孵化企业的投资来看,由于孵化企业大多是处于初创期的科技企业,因此所吸收的投资基本上是愿意承担较大风险并追逐高收益的资本。孵化企业早期通常盈利较为困

① 叶永刚、龚伟:《中国孵化器融资体系研究、设计与实施》,中国金融出版社 2004 年版。

难,甚至会产生亏损,但是一旦成功,却会带来几十甚至几百倍于投入资金的高回报。

从融资对象而言,众创空间融资可以分为两个层面:第一个层面是以众创空间整体为对象进行的融资,第二个层面是以众创空间的单项资产为对象进行的融资。由于众创空间的特殊性,以众创空间的单项资产作为融资主体对投资者可能更具有吸引力。

对于众创空间不动产而言,存在规模大和周期长的特点,存在一定的投资风险,由此获得银行贷款和发行债券存在一定难度,较好的方式是采取证券化方式来融资。运用证券化融资一方面可以筹集到足够资金,另一方面可以为中小企业投资者参与高科技企业和创业投资创造机会。

本章要点

1. 创业投资是创业企业成长过程所需的重要的资源。

2. 融资决策包括融资前准备、测算融资需求、确定融资方式、制定最佳融资期限四个过程。

3. 融资决策要坚持融资总收益大于融资总成本、融资规模量力而行、选择最佳融资机会等原则。

4. 天使投资是指富有的个人直接对有发展前途的创业初期小企业进行权益资本投入,在体验创业乐趣的同时获得投资增值。可以分为支票天使、增值天使和超级天使三类。

5. 创业投资过程基本可划分为三个阶段:融资阶段、投资阶段和退出阶段。融资阶段主要是理解有限合伙制这一创业投资基金典型组织形式的制度优势。投资阶段经历了交易发起、项目筛选、调查评估、交易构造、投资后的监管几个步骤。投资阶段的具体策略包括可转换优先股股权安排策略、阶段投资策略、联合投资策略和组合投资策略。退出阶段主要是退出方式和退出时机的选择问题。

6. 企业还可以通过综合授信、信用担保贷款、买方贷款、异地联合协作贷款、项目开发贷款、出口创汇贷款、自然人担保贷款、个人委托贷款、无形资产担保贷款、票据贴现融资、金融租赁、典当融资、远期销售融资、债券融资、众创空间融资、众筹等方式获取融资。

思考题

1. 创业融资决策都有哪些步骤?
2. 什么是创业资本?创业资本具有哪些本质特征?
3. 创业资本运行过程包括哪几个阶段?
4. 如何理解可转换优先股?其优点都有哪些?
5. 创业企业有哪些融资渠道?

延伸性阅读

[1] Kerr, W. R., Lerner, J., & Schoar, A. (2014). The Consequences of

Entrepreneurial Finance: Evidence from Angel Financings. *Review of Financial Studies*, 27(1), 20-55.
[2] Mitra, D. (2012). The Role of Crowdfunding in Entrepreneurial Finance. *Delhi Business Review*, 13(2), 67.
[3] 吉姆·斯坦塞著,邹琪译:《创业融资》,复旦大学出版社 2008 年版。
[4] 刘志阳:《风险资本的金融政治经济学》,经济管理出版社 2005 年版。
[5] 罗国锋等:《创新创业融资:天使、风投与众筹》,经济管理出版社 2016 年版。
[6] 勒纳、利蒙、哈迪蒙著,路跃兵、刘晋译:《风险投资、私募股权与创业融资》,清华大学出版社 2015 年版。

第10章

企业创建

关键词

新创弱性　合法性获取　营销管理　财务管理　投资者关系管理

学习目标

学完本章后，你应该能够：

1. 了解企业的新进入缺陷；
2. 了解如何进行合法性获取；
3. 知道创业企业创建流程；
4. 知道创业企业如何进行营销管理；
5. 知道创业企业如何进行投资者关系管理；
6. 知道创业管理与传统管理的区别。

创业需要与现行管理方式不同的管理。但同现行的管理方式一样，创业也需要有系统、有组织、有目标的管理。

不懂得管理的创业家，不能存活很久；而不懂得如何创新的管理者，也不会存活很久。

——彼得·德鲁克

案例导读

聚美优品创建过程

聚美优品是一家化妆品限时特卖商城，其前身为团美网，由陈欧、戴雨森等创立于2010年3月。

陈欧先后毕业于南洋理工大学计算机专业和斯坦福大学MBA。陈欧从斯坦福毕业回国进行创业时，斯坦福师弟戴雨森也放弃学位回国追随陈欧。陈欧选择游戏行业，成立了Reemake公司，创业项目是在社交游戏中内置广告。他们很快发现，搬来的国外模式在中国行不通。

后来，陈欧发现中国的广大女性消费者对于线上购买化妆品的信心不足，线上化妆品行业没有领头羊企业存在，化妆品就是“新大陆”。他总结出了三个“可行条件”：首先，电子商务在中国正在高速发展是不争的事实；其次，化妆品需求很大，但市场上还没有一个可信的化妆品网站；最后，做这个别的男人不好意思做的行业反倒给了自己机会。

合伙人之间有了激烈的争吵，陈欧要做电商，戴雨森提议做社区。在他们争执不休之际，国内刮起了团购热。陈欧提议先借着团购的方式做着玩，凭感觉一步一步来。由于公司的流动资金只剩下30万元，只好一边继续游戏广告业务，一边用了两天时间，在技术上让团美网(聚美优品前身)上了线。

2010年3月31日，团美网作为中国首家专业女性团购网站上线，以正品平价形象口碑相传，在短时间内取得飞速发展，不到5个月注册用户突破10万人。9月9日，团美网正式启用顶级域名，更名为聚美优品，成为国内领先的女性时尚限时折扣购物平台。

陈欧将代理商的化妆品买断，存放在仓库，以限时团购的形式卖出，价格比专卖店低了四成。同年5月，陈欧全面停掉了之前的游戏内置广告业务，同时再次获得了来自徐小平的200万元投资。

同年销售额达到2 000万元。2011年3月，公司成立不到一年总销售额突破1.5亿元，同时也获得了来自红杉资本千万美元级别的投资。5月，聚美优品转型为团购化妆品的B2C网站。

2014年4月12日，聚美优品向美国证券交易委员会递交了IPO申请。5月16日在纽交所正式挂牌交易，股票代码为“JMEI”，开盘报价为27.25美元，收盘价为24.18美元，较22美元的发行价上涨近10%。CEO陈欧也成为美国纽交所史上最年轻的中国CEO。

创业者发现创业机会，撰写创业计划书，组建创业团队后，就要创建新企业了。创业者对新创企业的管理会在创建流程中涉及克服新创弱性、获取合法性以及新创企业的营销管理、财务管理、投资者关系管理等方面。本章我们将围绕这些内容展开。

10.1 新创弱性

新企业成长过程中充满了不确定性和复杂性，而新企业创建则是企业生命周期中最危险、失败率最高的阶段。新企业创建面临着巨大的失败风险，数据显示，2015年中国创业企业的失败率为80%左右，企业平均寿命不足3年①。

新创弱性(liability)这个概念最早是由斯汀康比(Stinchcombe)提出的。新创弱性指的是新创企业缺少成熟企业所拥有的资源、人员以及合法性以与供应商、顾客发展关系(Stinchcombe，1965)。缺少组织间联系以及行业内部的信任，新创企业在形成战略合作伙伴上处于不利地位以及要忍受不稳定的关系。这种情况被认为是新创企业死亡率较高的主要原因。新创弱性表明随着时间的延长，企业的死亡率逐渐降低。除了斯汀康比所识别的组织弱性，新创企业还可能缺少要做什么或是应该做什么的知识。

新创弱性是解释新创企业高死亡率的一个重要理论。新创企业弱性理论的核心是初始资产或是组织资本的概念。由于企业早期成长阶段往往缺乏财务资源、组织资源等初始资源，以及缺乏获得这些初始资源的渠道、积累资源所需的时间和经验。因此，企业的存活或失败取决于能否在初始资源消耗完之前开发新的关键性资源。因此，我们可以这样描述，相对于大型企业，新创企业更容易面临资金或人力资本缺失的困境。大量研究证明，在企业初创阶段，财务资本缺失对企业有致命的影响。

表10.1 新创弱性的核心内容体系

维　度	新创弱性	说　　明
内部弱性	对目标和使命认识不足	新企业，特别是属于新类型或具有新模式的企业，往往涉及确定角色定位、设定新目标或使命，从而要求企业进行学习和探索
	过程不确定性高	实现新目标和完成新任务的过程(犹如价值链)充满着不确定性，而且具有高成本和低效率的特点
	组织结构的可再生性低	组织结构的可再生性是一种组织结构化能力，随着组织的成长而增强，在新企业初创阶段往往处于低水平
	资源不足	资源包括财务资源、物质资源、组织资源和精神资源。新企业往往缺乏足够的资源来实施其战略
	内部关系与信任方面成本高、效率低	处理组织内部个人与个人的关系以及个人与组织的关系会产生协调成本，新企业在处理这两种关系时往往表现出高成本和低效率的特点
外部弱性	适应小生态环境的能力较低	新企业适应小生态环境的能力较低；即使在密度很低的小生态环境中，新企业也会面临形式构造合法性的约束
	嵌入大环境的能力较低	新企业还无法有效地嵌入其所处的大环境，因而缺乏社会政治合法性
	外部信任与关系不稳定	新企业必须与陌生的外部人建立社会关系，主要是组织间关系。因此，新企业的外部信任与关系相对于成熟企业而言比较不稳定

资料来源：韩炜、薛红志，《基于新进入缺陷的新企业成长研究前沿探析》，《外国经济与管理》2008年第5期。

① 据网易财经报道：数据显示中国每分钟诞生8家公司，创业失败率达80%。

斯汀康比把导致新企业失败率高的这些方面问题归结为新进入缺陷，并且总结了新创弱性产生的四方面原因①：

① 在新角色到位和任务的执行期间，新企业较易犯大错误，因而需要一定的学习成本。对于某些创新程度较高的新企业，有时这种“学费”会很高，因为没有现成的样板可供借鉴和参考，必须摸索着开展试验。

② 新企业为了获得尽可能好的绩效，需要界定新角色、建立员工关系和制订薪酬体系，但这需要花费很大的精力和较多时间，并且还会出现冲突和暂时无效率的问题；而创造一些新的岗位和方法来运作新企业可能会受现有的创造力和资源的制约，这就影响了新企业业绩表现的稳定性。

③ 新企业的成员主要由新人组成，成员之间的信任基础较为薄弱，进而会影响员工为了适应新企业价值体系、组织目标和行为规范而调整自己态度和行为的学习过程。此外，一个新的组织与外界环境中的其他组织打交道，就像两个陌生人之间开始交往一样，交易成本非常高昂。

④ 当新企业刚开始运作时，往往与顾客、供应商等利益相关者尚未确立稳定的联系，而既有企业的主要资源之一就是与利益相关者已经确立了一系列稳定联系，因此新企业不易与既有企业展开竞争。

新创弱性是导致新企业失败率高的主要原因，创业者在创建企业时需要全面考量自身面临的新创弱性，并从以下两方面设法进行克服②：

① 从外部环境视角来看，新企业要注重关系渠道的培养和维护，获得外部合法性。这些关系包括顾客、供应商、投资者等利益相关者，是新企业从外部获得资源的重要渠道。

② 从资源角度来看，新企业需要在其薄弱的初始资源用完之前，开发出新资源，并且积累获得资源的渠道和经验。

10.2 合法性获取

10.2.1 新创企业合法性

“合法性”是组织制度理论中的核心概念，组织制度理论拓宽了经济学角度对组织存在合理性的界定。该理论认为，生产效率仅仅是组织存在合理性的一个方面，稀缺资源的投入还将对组织的合法性(Legitimacy)进行评估，并做出最终决策。也就是说，组织的存在是由于组织内部拥有较高的生产效率，同时，组织被所在的环境所接受、认可、信任。

韦伯(Weber)是第一位将“合法性”概念引入社会学理论，进而影响组织制度理论的学者，他认为，合法性是与社会权威、统治、政治制度等命题密切相关的，并通过社会标准和正式法律的遵从而获得。1995 年，萨奇曼(Suchman)系统地提出了“合法性”的定义，认

① 张玉利：《创业管理》，机械工业出版社 2014 年版。

② 李静薇：《新进入缺陷理论：新企业成长研究》，《企业管理》2012 年第 1 期。

为合法性是指在由规范、价值、信念等组成的社会体系内，一个实体的行为被认为是正确的、恰当的或适宜性的总体的感知或假设。

新创企业属于环境的新进入者，其具有高失败率的原因正在于它们的新创弱性(Stinchcombe，1965)、外部合法性的不足，而不是内部协调过程因素。新创企业通常需要跨越“合法性门槛”，以获得所在社会体系的认可，从而获得生存与发展的制度环境，在战略上以更有利于企业获得社会网络的认可，从而获得技术、社会资本等关键资源，促进企业持续成长。

对于新创企业来说，其合法性来源一般包括规制合法性、规范合法性和认知合法性三种。

(1) 规制合法性

规制合法性来源于组织对于制度管制的遵守，作为治理系统的制度以国家强制力作为其维持社会稳定的主要手段。虽然制度分为正式制度与非正式制度，但当代社会的主要管制规则还是来源于国家，国家通过保障守规则交易和惩罚不守规则行为等方式来约束组织遵守规则和准则，因此获得规制合法性意味着组织的交易行为受到制度的保障，从而增强其运作的稳定性。

(2) 规范合法性

规范合法性来源于人们对于社会道德框架和共同价值的承诺，与制度管制要素的外部强制性不同，制度的规范准则要素是一种内化到社会参与者行为中的要素，从而使得参与者会主动遵守社会共识性的规范，主动形成交易和交往的秩序，这种秩序被嵌入在强调相互义务的准则之中，规范合法性既有利于维持组织交易的稳定性，同时赋予组织行为以“符合社会价值”的意义。

(3) 认知合法性

认知合法性来源于人们对于象征符号体系和共享意义系统的共同认知，人们总是生活在一张自己编织的意义之网中，当组织的行为被认为是具有社会共享意义时，组织就具备了认知合法性，因此，试图建立组织公众形象的行为能够提升组织的认知合法性。

10.2.2 新创企业合法性获取战略

对于新创企业来说，至少可以通过两种途径主动获得合法性：一是对自身进行改变，如建立新的组织架构、管理团队和操作流程等；二是对所在的外部环境进行改变，如企业通过广告和公关来改变规制环境等。具体来说，新创企业可以采取4种有效的战略来获取合法性[①]。

(1) 遵从环境

新创企业可以将自身置于现有的制度框架之内来寻求合法性。采用这种战略的企业应在生产经营活动中严格遵守既定的文化次序和制度逻辑，不违背已约定俗成的认知框架。通过服从而不是改变其所在的社会结构，新创企业就能够获得相应的规制、规范和认知合法性。

---

① 曾楚宏、朱仁宏、李孔岳：《新创企业成长的组织合法性获取机制》，《财经科学》2009年第8期。

(2) 选择环境

每一个新创企业所面对的环境都是复杂的，既包括不同的行业，又包括不同的区域。因此，企业可以通过选择对其最有利的细分环境作为生产经营的制度结构。但是，一旦企业选定了具体的细分环境之后，还需要通过服从这个细分环境中既定的文化次序和制度逻辑来获得合法性。

(3) 控制环境

对于一些新创企业来说，与其被动地遵从环境来获得合法性，还不如主动地改变环境来获得合法性，而能够实现这种目的的战略就是控制环境。它要求新创企业通过对其所在的细分环境进行部分改变以取得组织与环境的一致性。

(4) 创造环境

有一些新创企业，由于其从事的是“前无古人”的开创性商业活动，所面对的外部环境并没有现成的规律可循，因此它们要想获得合法性，必须通过自身的主动性创造建立一套为后来者所接受和遵守的合法性基础。

不同的合法性获取战略对企业能力的要求是不同的，同样，不同行业和组织特征的新创企业对合法性获取战略的选择倾向也是存在差异的。有效的战略选择必须同时考虑新创企业的行业特征和自身的组织特征(见表 10.2)。

表 10.2 合法性获取战略

成熟行业、无相关经验：遵从环境	成熟行业、有相关经验：选择环境
新兴行业、无相关经验：创造环境	新兴行业、有相关经验：控制环境

10.3 营销管理

创业者筹集资金、创建企业并组织生产的主要目的是为了赚取利润，如果企业缺乏营销能力，生产的产品不能被消费者接受和购买，企业便无法实现利润。很多创业者失败，不是因为产品的质量，也不是因为缺少资金，而是因为产品没有被市场接受。

现代策略营销的核心可称为 STP 营销，即市场细分(segmenting)、目标市场选择(targeting)和目标市场定位(positioning)。

10.3.1 市场细分

在市场上，由于受许多因素影响，不同的消费者通常有不同的欲望和需要，因而不同的消费者有不同的购买习惯和购买行为。正因为如此，创业企业营销人员可以按照这些因素把整个市场细分为若干个不同的子市场。每个子市场都是一个有相似需要的消费者群。事实上，任何一个市场，只要有两个以上的购买者，都可以细分为若干子市场。

创业企业实行市场细分的好处如下：

① 市场细分有利于创业企业发现最好的市场机会，发展市场营销战略，提高市场占有率。

② 市场细分还可以使创业企业用最少的经营费用取得最大的经营效益。

企业在进行市场细分时，可按如下步骤进行：

(1) 依据需求选定产品市场范围

每一个企业，都有自己的任务和追求的目标，作为制定发展战略的依据。企业一旦决定进入哪一个行业，接着便要考虑选定可能的产品市场范围。

产品市场范围应以市场的需求而不是产品特性来定。比如一家住宅出租公司，打算建造一幢简朴的小公寓。从产品特性如房间大小、简朴程度等出发，它可能认为这幢小公寓是以低收入家庭为对象的，但从市场需求的角度来分析，便可看到许多并非低收入的家庭也是潜在顾客。举例来说，有的人收入并不低，市区已有宽敞舒适的居室，但又希望在宁静的乡间再有一套房间，作为周末生活的去处，所以公司要把这幢普通的小公寓看作整个住宅出租业的一部分，而不应孤立看成只是提供低收入家庭居住的房子。

(2) 列举潜在顾客的基本需求

选定产品市场范围后，公司的市场营销专家们可以通过“头脑风暴法”从地理变数、行为和心理变数几个方面大致估算一下潜在顾客有哪些需求。这一步能掌握的情况有可能不那么全面，却为以后的深入分析提供了基本资料。

比如，这家住宅出租公司可能会发现，人们希望小公寓住房满足的基本需求，包括遮蔽风雨，停放车辆，安全，经济，设计良好，方便工作、学习与生活，不受外来干扰，足够的起居空间，满意的内部装修、公寓管理和维护，等等。

(3) 分析潜在顾客的不同需求

然后，公司再依据人口变数做抽样调查，向不同的潜在顾客了解，上述需求哪些对他们更为重要？比如，在校外租房住宿的大学生，可能认为最重要的需求是遮风避雨、停放车辆、经济、方便上课和学习等；新婚夫妇希望的是遮蔽风雨、停放车辆、不受外来干扰、满意的公寓管理等；大家庭则要求遮蔽风雨、停放车辆、经济、足够的儿童活动空间等。这一步至少应进行到有三个细分市场出现。

(4) 移去潜在顾客的共同需求

现在企业需要移去各分市场或各顾客群的共同需求。这些共同需求固然很重要，但只能作为设计市场营销组合的参考，不能作为市场细分的基础。比如，遮蔽风雨、停放车辆和安全等项，几乎是每一个潜在顾客都希望的。公司可以把它作为产品决策的重要依据，但在细分市场时要移去。

(5) 为细分市场暂时取名

公司对各细分市场剩下的需求，要做进一步分析，并结合各细分市场的顾客特点，暂时安排一个名称。

(6) 进一步认识各细分市场的特点

现在，企业还要对每一个细分市场的顾客需求及其行为做更深入的考察。看看各细分市场的特点掌握了哪些，还要了解哪些，以便进一步明确各细分市场有没有必要再做细分或重新合并。比如，经过这一步骤，可以看出，新婚者与老成者的需求差异很大，应当作为两个细分市场。同样的公寓设计，也许能同时迎合这两类顾客，但对他们的广告宣传和人员销售的方式都可能不同，企业要善于发现这些差异。要是他们原来被归属于同一个细分市场，现在就要把他们区分开来。

(7) 测量各分市场的大小

以上步骤基本决定了各细分市场的类型。企业紧接着应把每个细分市场同人口变数结合起来分析，以测量各细分市场潜在顾客的数量。因为企业进行市场细分，是为了寻找获利的机会，这又取决于各细分市场的销售潜力。不引入人口变数是危险的，有的细分市场或许根本就不存在顾客。

10.3.2 目标市场选择

通过对不同的细分市场进行评估，公司会发现一个或几个值得进入的细分市场。公司必须决定要进入哪几个细分市场：

(1) 密集单一市场

简单的方式是企业选择一个细分市场集中营销。比如，企业本来就具备了在该细分市场获胜必需的条件；企业资金有限，只能在一个细分市场经营；这个细分市场中没有竞争对手；这个细分市场会成为促进细分市场继续发展的开始。

公司通过密集营销，更加了解本细分市场的需要，并树立特别的声誉，因此便可在该细分市场建立巩固的市场地位。另外，公司通过生产、销售和促销的专业化分工，也获得了许多经济效益。如果细分市场选择得当，公司的投资便可获得很高的收益。

但是，密集市场营销较之一般情况风险更大。个别细分市场可能出现一蹶不振的情况，或者某个竞争者决定进入同一细分市场。鉴于这些原因，许多公司宁愿在若干个细分市场分散营销。

(2) 有选择的专门化

公司采用此法选择若干个细分市场，其中每个细分市场在客观上都有吸引力，并且符合公司的目标和资源。但在各细分市场之间很少有或者根本没有任何联系，然而每个细分市场都有可能盈利。这种多细分市场覆盖优于单细分市场覆盖，因为这样可以分散公司的风险，即使某个细分市场失去吸引力，公司仍可继续在其他细分市场盈利。

(3) 产品专门化

公司用此法集中生产一种产品，并向各类顾客销售这种营销产品。例如，显微镜生产商向大学实验室、政府实验室和工商企业实验室销售显微镜。公司准备向不同的顾客群体销售不同种类的显微镜，而不去销售生产实验室可能需要的其他仪器。企业通过这种策略，在某个产品方面树立起很高的声誉。如果产品——这里指显微镜，被一种全新的显微技术代替，就会产生滑坡的风险。

(4) 市场专门化

市场专门化是指企业专门为满足某个顾客群体的各种需要服务。例如，公司可为大学实验室提供一系列产品，包括显微镜、示波器、本生灯、化学烧瓶等。公司专门为这个顾客群体服务，获得良好的声誉，并成为这个顾客群体所需各种新产品的销售代理商。如果这个顾客群体——这里指大学实验室,突然发现经费预算已经削减,它们就会减少从这个市场专门化公司购买仪器的数量,这就会产生滑坡的风险。

(5) 完全市场覆盖

完全市场覆盖是指企业想用各种产品满足各种顾客群体的需求。只有大企业才能采用完全市场覆盖策略,如国际商用机器公司(计算机市场)、通用汽车公司(汽车市场)和可口可乐公司(饮料市场)。

对于新创企业而言,前述四种方式较为适用,第五种方式只适用于已有竞争力的大企业。

10.3.3 目标市场定位

进行市场细分和确定目标市场后,企业面临的一个新问题就是"市场定位",即创业企业全面了解、分析竞争者在市场上的位置后,把自己的企业和产品定在哪些市场。

企业要依据所生产产品的不同,制定不同的目标市场定位战略,不能主观臆断。

若企业只生产某种产品,并且这种产品只是针对唯一消费群体时,企业就要采取单一的细分市场集中化战略,企业的目标市场就是针对这一特定消费群体的市场,针对这一特定群体进行产品的营销。

若企业只生产某种产品,但是这种产品是向不同的消费者提供的,那么企业可以选择产品专门化战略,集中精力在选择产品的销售地点和推销产品上。

若企业同时生产多种产品,专门供应某一消费群,企业选择市场专门化战略;而这多种产品有选择地供给对产品有吸引力的消费群体,要采取有选择的专业化战略。以上几种目标市场定位战略适合新创企业。当新创企业快速成长到成熟期,若开发了更多的新产品、面对所有的消费群体,企业更应该选择全面覆盖战略。

创 业 标 杆

农夫山泉营销策略

1998年,娃哈哈、乐百氏以及其他众多的饮用水品牌大战已是硝烟四起,而且在娃哈哈和乐百氏面前,刚刚问世的农夫山泉显得势单力薄,另外,农夫山泉只从千岛湖取水,运输成本高昂。

农夫山泉在这个时候切入市场,并在短短几年内抵抗住了众多国内外品牌的冲击,稳居行业前三甲,成功要素之一在其差异化营销之策。而差异化的直接表现来自"有点甜"的概念创意——"农夫山泉有点甜"。

农夫山泉真的有点甜吗?非也,营销传播概念而已。农夫山泉的水来自千岛湖,是从很多大山中汇总的泉水,经过千岛湖的自净、净化,完全可以说是甜美的泉水。但怎样才能让消费者直观形象地认识到农夫山泉的"出身",怎样形成美好的"甘泉"印象?这就需要一个简单而形象的营销传播概念。

"农夫山泉有点甜"并不要求水一定得有点甜,甜水是好水的代名词,正如咖啡味道本来很苦,但雀巢咖啡却说"味道好极了"说明是好咖啡一样。中文有"甘泉"一词,解释就是甜美的水。"甜"不仅传递了良好的产品品质信息,还直接让人联想到了甘甜爽口的泉水,喝起来自然感觉"有点甜"。

(资料来源:http://www.renead.com/hangyezhitong/511.html.)

10.3.4 新创企业的营销组合(4P)

企业确定目标市场,并在目标市场建立了定位后,就要开始确定营销组合。营销组合一般分为四类:产品、价格、促销、渠道。

(1) 产品

产品是能够满足消费者需求和欲望的东西,它不仅指有形的商品和无形的服务,还包括经验、信息、创意等能为消费者带来效用的事物。

一般来讲,从新产品投入市场开始,到从市场上消失为止,大致要经历四个阶段,即投入期、成长期、成熟期和衰退期。针对产品不同的阶段,企业可以采取不同的营销战略。在投入期,企业可以选择快速掠取、缓慢掠取、快速渗透、缓慢渗透四种战略;在成长期,企业可以通过不断改善产品性能,提高产品质量,开发新品种、新款式,增加新用途等战略来扩大产品的销售;在成熟期,企业可以选择产品改革策略、市场改革策略和营销组合改革策略;在衰退期,企业可以采用集中策略、持续策略和撤退策略。

(2) 价格

价格是影响消费者做出购买决定的一个关键因素,也决定了企业的市场份额和盈利率。创业者在定价过程中要注意以下几点:

第一,要决定产品的成本,保证产品的价格高于成本。

第二,创业者需要关注市场条件。根据产品的需求曲线,消费者在不同价格下对产品的需求不同,一般商品的市场容量都是有限的,这就决定了产品价格的上限和下限。如果产品的成本过高,定价超过了上限,那么企业就应该放弃生产该产品。

第三,创业者应该搞清楚顾客如何权衡产品的特征与价格。顾客比较一个或两个层面上的产品特征相对容易些,但是如果替代品之间的特征差别过多,顾客在进行权衡时就比较困难,特别是对于售后服务、品牌这类无形特征的比较。例如,顾客愿意为 IBM 的品牌支付更高的价钱。

第四,创业者在定价时还应该将隐性成本或折扣因素考虑进去。因为赊销增加了筹资的成本,应该将该成本考虑到价格中去。①

另外,创业者在进行定价时,还要考虑企业的战略目标,选择合适的定价方法等。

(3) 促销

促销是指企业就产品特征向目标市场传达所采取的活动,其最终目的在于说服消费

---

① 罗伯特·A、巴隆、斯科特·A、谢恩著,张玉利等译:《创业管理:基于过程的观点》,机械工业出版社 2005 年版。

者购买产品。创业者进行促销常用的活动有：广告、销售促进和公共关系。

① 广告。广告是最常见的一种促销手段。许多创业者会请广告代理公司来制作和安排广告促销活动，这里需要提醒创业者的是，随着标准化生产的发展，产品同质化现象日益蔓延，广告代理公司为了规模发展、专业发展，制定了一整套的标准和作业模式，导致了广告同质化的现象，促销效果也大打折扣。创业者在展开广告促销前，要先在一个小的范围内测试一下广告效果，通过比较开展广告促销活动的地区与未开展广告促销活动的地区，估计出广告促销带来的大概收入的增加。只有当这个收入增量大于促销活动的成本时，这个广告促销手段才可能是有效的，可以在更大范围内进行推广。

② 销售促进。销售促进就是刺激消费者尽早地做出购买(或试用)决定，或频繁地、较多地购买或试用某一特定产品或服务。销售促进的工具主要有样品、优惠券、现金返回、价格减价、赠品、奖品、人员促销。

由于促销被企业高层更多地接受，并且竞争对手频繁使用促销手段，消费者更看重交易中的优惠，经销商要求更多的优惠，以及广告的低效率，促使销售促进发展迅速。

③ 公共关系。公共关系指通过建立和维持企业公众形象，让社会公众认知产品或服务的活动。与广告相比，公共关系不用直接付费，其成本就是企业建立和维持与媒体、社区、公众代表等的关系网络时产生的支出。同时，公共关系处于相对中立的位置，推销的意味没有广告那么浓烈，可信度较高。基于其成本低、可信度高等优点，公共关系受到了创业者的普遍重视和欢迎。创业者要正确处理企业与消费者、政府、内部员工、其他企业、社区及新闻媒介等之间的关系。新创企业由于实力有限，很难组织大型的公关活动，但公共关系仍然是中小企业树立自身形象和品牌形象的重要手段。新创企业可以使用的营销公关工具有公开出版物、事件、新闻、演讲、公益服务活动、贸易博览会、形象识别媒体等，另外，网络也是一个非常重要的工具，各大门户网站对企业事件的报道，以及网友在论坛、BBS、博客等网络空间中对企业产品的评价，都会对消费者做出购买决策产生影响。

(4) 渠道

渠道是产品从生产地转移到顾客手中的所有活动。在选择渠道时，企业首先要决策是采取直接销售还是通过中间商将产品销售给消费者。这主要取决于目标市场愿意用哪种方式购买产品。

① 直销销售。很多企业选择向消费者直接销售产品，如安利、雅芳等。直接销售有利于生产者与顾客的信息沟通。顾客可更好地了解和掌握产品的性能、使用方法等；生产者则能直接了解顾客的需求、购买特点及竞争对手的营销策略。同时，直接销售由于去掉了商品流转的中间环节，大大减少了产品在流通过程中的损耗和销售损失，有利于降低商品的价格。但是采取直接销售的方式，会增加销售网络运营费用成本，增加对分支机构管理的难度。

② 通过中间商销售。就是产品先到批发商，再到零售商，最后到最终用户的手里。企业通过中间商，有助于产品广泛分销，缓解企业人力、财力、物力等方面的不足。而且好的中间商更能理解顾客需求、对顾客的需求做出的反应也更好。但是企业利用中间商会提高产品的价格，同时对顾客需求变化的反应会滞后。

创业者可以根据企业发展的需要，以及所掌控的资源情况，改变企业创业初期的销售渠道，或者选择新的渠道。但是，创业者在做出这些决策时，一定要考虑到可能与现有渠道发生的冲突。因为企业改变渠道的决策会影响现有渠道的既得利益，势必会遭到现有渠道的反对，而企业也很难绕过现有的渠道。创业者在决策时，最好能够将现有渠道和新渠道放在一起考虑，重新整合渠道，使其更有效地运行。

创业视点

销售漏斗

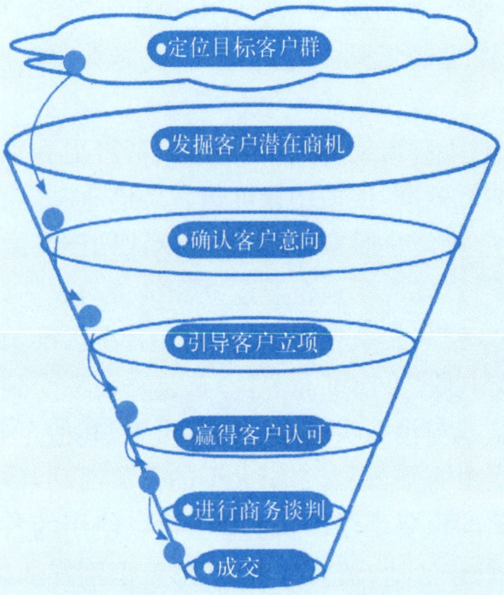

销售漏斗（也称销售管线）是科学反映机会状态以及销售效率的一个重要的销售管理模型。通过对销售管线要素的定义（如阶段划分、阶段升迁标志、阶段升迁率、平均阶段耗时、阶段任务等），形成销售管线管理模型；当日常销售信息进入系统后，系统可自动生成对应的销售管线图，通过对销售管线的分析可以动态反映销售机会的升迁状态，预测销售结果；通过对销售升迁周期、机会阶段转化率、机会升迁耗时等指标的分析评估，可以准确评估销售人员和销售团队的销售能力，发现销售过程的障碍和瓶颈；同时，通过对销售管线的分析，可以及时发现销售机会的异常。

销售漏斗是一个科学有效的管理手段和方法，意义在于通过直观的图形方式，指出公司的客户资源从潜在客户阶段发展到意向客户阶段、谈判阶段和成交阶段的比例关系，或者说是转换率。

10.4 财务管理

财务管理是有关资金的筹集、投放和分配的管理工作，是以取得最高的回报率的方法筹集资本并管理公司资本的过程。创业者在进行创业的过程中，从融资到资金的使用，再到利润的分配，都需要创业者具备良好的财务管理能力，财务对创业能否成功起着举足轻重的作用。如果创业企业在财务上发生问题，就很容易导致创业失败或难以成长。

10.4.1 创业企业财务管理的特点

与传统的财务管理相比，创业企业的财务管理伴随着企业的成长不断完善，实现动态平衡的成长型财务，这不同于传统企业的维持型财务管理。[①] 创业企业财务管理的特点主要有：

(1) 为企业实施成长战略提供支持

创业企业的财务管理是为了配合与支持初创企业的成长战略而开展的活动。新创企业在成长过程中，为了提高企业的核心竞争力，需要不断进行技术开发、市场营销等活动，不断进行融资，来满足企业发展的需要，这就要求企业的财务部门不断拓宽融资渠道来满足企业发展过程中资金方面的需要。另外，在企业的成长过程中，企业如果需要通过并购等资本运营的方式来进行扩张，以获取或增强企业的核心竞争力，则企业的财务部门还需要发挥财务在并购中的协同效应，做好并购的财务分析。

(2) 财务管理的目标定位于可持续的价值创造

创业者创建和管理初创企业，目标不是追求企业的当期利润最大化，而是追求企业能够顺利地生存下来，并实现高速的成长，在成长过程中持续地为企业创造价值。因此，创业企业的财务目标一般都设定为可持续的价值创造。

(3) 财务管理具有阶段性

企业的财务生命周期可分为研发期、创立期、成长早期、快速成长期和成熟期。在不同的阶段，企业财务管理的内容也不尽相同。以筹资为例，新创企业在创立初期因其产品的市场潜力没有得到广泛认知或接受，可抵押资产少，或管理团队的管理水平不高等多种原因，很难从银行获得贷款；进入创立期和成长早期，新创企业需要更多的资金，但其融资渠道依然很窄，而且要获得风险投资家的青睐也并非易事。新创企业更多是通过自筹的方式来筹集资金；进入快速成长期和成熟期后，新创企业的产品已经被市场广泛接受，企业的经营模式也被证明是成功的，这时银行贷款和风险投资开始大量注入企业，有的企业甚至得以成功上市，企业因此可以筹集到更多的发展资金。企业要根据每个阶段面临的不同的筹资渠道和筹资问题来开展企业的财务活动。同样，企业的分配政策也有明显的阶段性。从创立期到快速成长期，初创企业需要大量的发展资金，经营活动带来的利润大多作为盈余公积，而未用于利润分配。企业的股东也希望公司将利润主要用于扩大再生产，以便在将来分得更大的收益。到了成熟期，企业的利润分配就趋于正常化，为公司忠诚的股东提供满意的回报。

(4) 财务管理具有激励性

一方面，创业企业拥有的核心技术人员和核心管理人员是创业企业生存和高成长的决定性力量，他们使创业企业有了坚实的人力资源保证；另一方面，创业企业的高成长性为股票期股期权制的实施提供了良好的条件，高成长的现状和前景可以提供巨大的利益刺激，这是成熟企业所无法比拟的。因此多数新创企业都会选择用期股、期权计划激励和留住核心员工。财务管理的激励作用还表现在新创企业利用其高成长性，通过可转换债券，引导和激励投资者行权从而成为股东。

(5) 财务治理结构需要不断完善

初创企业在创立初期，财务治理结构并不完善，财务管理工作主要是管理者依靠其经

---

① 涂建明：《创业企业财务的特征及其成长性》，《上海会计》2003年第11期。

验和能力来开展的。当企业引入风险投资时,风险投资者为了维护自身的利益,会帮助企业建立和完善其财务管理结构和制度,并且随着企业的成长,风险投资者会加强对企业财务管理的监督和指导。当企业准备上市时,企业必须依照国家对上市公司治理结构的严格要求,完善企业的财务管理结构和制度。可以看出,新创企业的成长过程就是其财务管理结构不断完善的过程。

10.4.2 创业企业财务管理中的常见问题

(1) 创业企业的融资能力差,导致资金短缺

新创企业从创立期到快速成长期,需要不断地进行产品研发、市场推广等活动,是企业对资金需求最强烈的一段时期。但是由于企业自有资本不足,可用于抵押的资产较少,初创时期信用水平低或尚未建立起信用机制,加之财务信息透明度不高等原因,企业很难从银行争取到贷款或贷款的成本很高;由于企业抗击市场的风险能力差,不能产生持续、稳定的收入,也很难取得股权融资;而且企业获取风险资本的青睐也并非易事。因此,企业对资金的强烈需求与企业的融资能力有限产生的差距导致了企业资金的严重短缺。

(2) 创业企业的资产管理松散,财务控制能力差

首先,很多初创企业对企业的现金管理随意,缺乏科学的计划和使用,致使企业要么因现金不足,陷入财务危机;要么现金闲置过多,造成浪费。其次,企业在创业初期,为了增加产品的销量,提高产品的市场份额,普遍采用赊销的方式进行促销,产生大量的应收账款,而企业如果对应收账款的管理不严,便会隐含严重的坏账风险,甚至出现“黑字破产”等现象。再次,初创企业对存货的计划安排和管理也较缺乏,从而造成资金的闲置浪费。最后,初创企业普遍缺乏科学的成本控制体系,增加了产品的成本,造成了浪费。

(3) 创业企业的财务管理人员缺乏、素质不高,使用的财务管理技术和方法落后,致使财务管理的职能很难发挥作用

许多新创企业是个人独资企业或合伙制企业,企业的所有者同时也是企业的经营者,创业者通常不具备专门的财务知识,而是依靠自己的能力和经验选择传统的财务管理方法和技术进行管理。另外,由于新创企业的资金有限,可能没有配备专门的财务管理人员,没有采用先进的财务管理技术和方法,导致财务管理水平不高,无法发挥其计划、决策、控制等职能,财务管理失去了真正的意义。

(4) 投资决策盲目,且效率低下

初创企业由于财务人员素质差、技术落后,很难获得决策所需要的资料,决策程序简单随意,在进行投资决策时缺乏明确的战略指导,或心怀投机的心态偏离了战略的方向,或被初创期的成功冲昏了头脑,致使对投资的项目缺少系统的考虑和详细的调查研究,盲目决策,从而将大量的资源投入不相关的项目中,不但对提高企业的核心竞争力没有帮助,反而浪费了企业发展所需的宝贵资源。

(5) 财务预测不准确,或很难进行预测

如果新创企业提供的是新产品(或服务),可能会因为对其产品生命周期时间不确定,或过于乐观,出现向产品分摊的固定成本不准确,或参照行业的数据,与企业实际情况不

符，造成成本预测不准确。由于产品在市场上的表现不确定，销量是个未知数，或很难预测，造成销售预测不准确。生产情况和销量的不确定性，使得企业的存货很难进行预测。

10.4.3　创业企业的现金管理

现金流就像是一个企业的血液，企业一旦出现现金流的断裂，将会对经营造成重大的影响，很多创业企业都是因为缺乏现金这一重要资产而破产的。对于新创企业来说，管理者不能只将目光放在企业的资产负债表和损益表上，因为即便从表上来看企业是获得了利润的，企业也有可能因现金短缺而破产，即所谓的“黑字破产”。

新创企业必须保证有足够的现金来及时偿还债务、支付员工工资等，同时，企业现金持有量也不易过高，以免造成大量现金的闲置，降低企业的盈利能力。企业要做到对现金的有效管理，必须要尽力缩短现金周转期。如图 10.1 所示，现金周转期是指支付供应商的货款与收回客户的货款之间的时间间隔。周期越长，企业越容易陷入现金危机，因此企业必须尽力缩短这个周期。

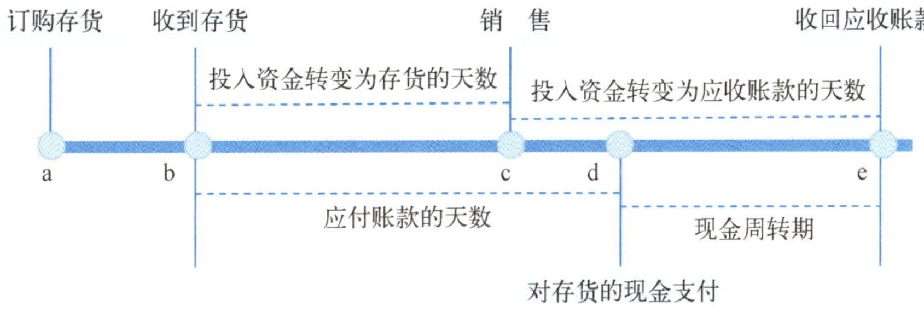

图 10.1　营运资本周转时间

新创企业为了能够始终拥有适量的现金来保证其经营活动的正常进行，避免出现现金过多或过少的情况发生，需要进行现金预算，编制现金预算表。编制现金预算表的步骤主要有：①

① 新创企业可以根据类似企业的情况来确定最低现金余额。

② 新创企业在进行预测时，由于没有经营历史，使用常用的定量技术（如线性回归法、最小二乘法、时间序列法、指数平滑法）可能会遇到障碍，但是可以通过参考类似企业的销售情况或通过市场调查来进行预测。创业者可以做出乐观的估计、悲观的估计和最可能的估计，然后分别对每种估计制定现金预算。

③ 预测现金流入量。现金流入量指的是实际收到的货款数或利息、租金、股息等收入，通过赊销产生的应收账款不能被确认为现金。

④ 预测现金流出量。在预测现金流出量时要注意将租金支出、贷款归还、利息等定期的固定支出按月来计，而不是等到支出发生时才做记录。为了避免因预测不准发生的危机，创业者还应该对每一项现金的流出设置余量，一般为 25%～50%。

---

① 诺曼·M. 斯卡泊莱、托马斯·W. 齐曼拉著，楼尊等译：《小企业的有效管理：创业实务》（第 7 版），清华大学出版社 2006 年版。

⑤ 估计月末现金余额。月末现金余额就是用月初现金余额加上现金流入总额，减去现金流出总额求出。

准确的资金需求表能够帮助创业者制订合理的借款和偿还计划，并提高企业的信用水平，与借款人或投资者建立良好的关系，还能有效地利用企业宝贵的创业资金。但是，引起资金问题的因素很多，创业者不能也不可能事事关心。创业者应尽力做到在赊销之前先核实客户的信用度，建立严格的信用制度，及时开具发票，以有利于客户及早地付款，并及时开展催款工作，加快应收账款的回收；同时，企业应该在不影响企业信誉的情况下，尽可能晚地支付供应商货款；最后，创业者还应加强对存货的控制，避免存货过多，占用大量的资金。只要做好以上三个方面的工作，企业就能够有效地避免出现现金短缺的情况。

10.4.4 财务比率分析

财务比率分析提供了一种检验新创企业财务实力的有效工具，能够评价企业财务状况的好坏，但是对于不同的行业，各财务比率的指标标准各不相同，而且这些比率也不易单独使用。单独使用可能造成偏差，综合使用能使创业者全面了解企业的财务状况。

(1) 流动比率

流动比率用于测量企业的短期偿债能力。

$$流动比率=\frac{流动资产}{流动负债}$$

流动负债必须用现金及其等价物偿还，否则，创业者只能另外贷款还债。此比率既不是越大越好，也不是越小越好，比率过大意味着现金闲置没有得到很好的利用，比率过小说明企业短期偿债能力较差，一般认为流动比率为 2 比较适中。

其中能够较好地反映出企业在特定时间内变现偿债的能力的比率是速动比率。速动比率要求剔除流动资产中变现能力最差的存货。

$$速动比率=\frac{流动资产-存货}{流动负债}$$

(2) 杠杆比率

负债比率有助于创业者正确评价企业履行长期和短期偿债的能力，由于许多新创企业都通过对外融资渠道融资，所以这一比率对于衡量企业的风险有指导意义。

$$负债比率=\frac{总负债}{总资产}\times 100\%$$

负债—权益比率反映了企业的资产结构，是对债权人的投入和投资者的投入比率的测量，这一比率衡量了债权人的风险。债权的比例越高，说明债权人的风险越大。

$$负债—权益比率=\frac{总负债}{股东权益}$$

(3) 获利能力比率

评价新创企业能否生存、成长和发展的关键指标就是企业的获利能力，企业的获利能力比率能从一个方面反映企业获利能力。

净利润率是企业将销售额转化为利润的能力。这一比率也要结合行业的标准判断企业获利能力的好坏，有时也采用毛利来替代净利。

$$净利润率=\frac{净利润}{净销售额}\times 100\%$$

投资回报率衡量了企业管理其资产投资的能力，反映了新创企业投资管理的有效性。

$$投资回报率=\frac{净利润}{总资产}\times 100\%$$

为了反映企业给股东带来收益的能力，分母有时用股东权益代替总资产，反映股东权益回报率。

(4) 存货周转期

存货管理对于新创企业的现金流和获利能力都相当重要，该比率反映了企业库存管理和销售库存管理商品的效率。

$$存货周转期=\frac{销售成本}{存货}$$

周转率高表明企业能够快速销售自己的存货，但太高也可能出现存货水平过低，导致企业产品脱销。

10.5 投资者关系管理

创业标杆

投资者关系管理帮助 Adolph Coor 康胜成功重组

美国康胜公司(Adolph Coors)是一家资产超过20亿美元的集团公司，其业务范围包括陶瓷、铝制品、包装和啤酒，非啤酒业务占公司销售收入的27%，但是，股票价格并没有反映出这些非啤酒业务的价值。原因是那些跟踪该公司的分析师们只对啤酒业务感兴趣，而对陶瓷、铝、包装等业务既不熟悉又不愿意去学习和了解，因而导致该股票表现不佳。

为了改善投资者关系管理，这个具有120年历史的财富500强企业聘请了专业公关公司，这在公司百年历史上还是第一次。专业的公关公司认为，这是因为分析师对公司不了解而造成的股价低估，公关公司为它提出的第一个建议是将非啤酒业务剥离出来形成一个新的公司，从而使公司不同业务的价值获得更公正的评价。公司董事会于1992年5月在税务和其他组织结构问题得到满意答复的基础上同意了此建议，并于当年12月7日完成重组。

由于分立出来的新公司以前在投资圈中不为人知，因此如何使新公司被投资者接受成为投资者关系管理的重点，公关公司为此专门设计了积极的投资者关系促进计划。计划的目标包括：第一，将新公司命名为科技公司，以期获得一个较高的市盈率；第二，创造新公司独立的企业形象，脱离老东家的影子；第三，以那些有可能对公司感兴趣的分析师为目标受众；第四，通过媒体报道和来自咨询公司的独立分析报告迅速建立起公众信任度；第五，最终的目的是新公司的股票在开始交易后能有上佳表现。

投资者关系管理的结果是：1992年12月10日公司股票的开盘价为每股10.75美元，月底放量上涨到每股21.75美元；权威财经媒体《华尔街》给予大量正面报道，公众信任度迅速提升；另外，通过两周的路演，分析师对企业的态度非常积极，并拟撰写5篇分析报告；新公司不但确定了自己的目标受众，也确立了自己的企业形象，并得到了投资者的关注和接受。

（资料来源：http://www.dajunzk.com/touzizhegx.htm/.）

新创企业面临的一个重要缺陷是资源不足，因此，新创企业在建立和成长过程中都需要不断地进行外部资源整合及利用，以弥补自身资源不足的缺陷。而对新创企业来说，外部资源的主要构成者是投资者，既包括股东、债权人和潜在投资者，也包括资本市场各类中介机构。

所以，如果创业者重视投资者关系管理，在创业时就更有可能获得创业所需的资源。现在的风险投资家带给企业的不只是资金，而且还有市场关系、管理经验和技能。风险投资家越来越积极地参与公司的管理，不仅是为了控制道德风险，同时还可以及时了解经营风险。这时投资者关系管理就显得尤为重要了，创业者必须积极地与投资者进行沟通，建立长期的信任，获得投资者更多的资源，得到投资者更多的支持。因此，我们说创业者应该也必须尽早地关注投资者关系管理，为以后企业的发展打下良好的基础。

10.5.1 投资者关系管理的基本概念

投资者关系诞生于美国20世纪50年代后期，既包括上市公司与股东、债权人和潜在投资者之间的关系管理，也包括在与投资者沟通过程中，上市公司与资本市场各类中介机构之间的关系。

投资者关系管理是指综合运用金融、市场营销的原理，通过管理公司同财经界和其他各界进行信息沟通，实现相关利益者价值最大化，并如期获得投资者的广泛认同、规范资本市场运作、实现外部对公司经营约束的激励机制、实现股东价值最大化和保护投资者利益，以及缓解监管机构压力等。投资者关系管理还经常被通俗地理解为公共关系管理。

10.5.2 投资者关系管理的步骤①

初创企业在完成了首次公开发行后，就必须有专门的机构和人员与投资者进行沟通，

① 杨华：《投资者关系管理与公司价值创造》，中国财政经济出版社2005年版。

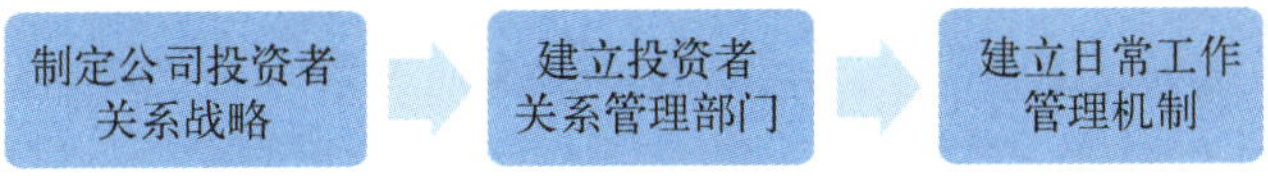

图 10.2 投资者关系管理步骤

使其了解和认同公司的战略，以便公司价值不被低估，并实现公司价值的最大化。

(1) 制定公司投资者关系战略

企业在实行投资者关系管理之前，首先要根据企业的总体战略制定科学的投资者关系战略。

第一，根据公司的总体战略以及公司的其他职能战略，包括产品战略、财务战略、营销战略、人力资源战略等，制定投资者关系管理战略，保证战略之间的相互一致和协调，只有这样才能真正地为公司的发展做出贡献。第二，进行市场研究，掌握资本市场的基本数据和特点，并识别市场的需求和愿望，围绕市场的需求和愿望来制定投资者关系管理战略，以提升公司的价值。第三，进一步分析公司所在的行业状况，以及公司的财务和经营状况，对公司未来的业绩进行预测，保证投资者关系管理战略更切合公司的实际情况，同时也有助于投资者了解投资行业的前景。第四，通过调查公司的投资者、媒体、分析师、机构投资者，以及公司股票的成交量、换手率、股价走势等，分析公司的投资者关系现状。投资者关系管理负责人还应在此基础上对公司的投资者关系状况进行分析，形成分析报告，供决策层参考。第五，在前面分析的基础上，制定投资者关系战略。投资者关系管理战略要坚持实事求是的原则，讲求诚信，同时要能够有效地配合公司总体战略。

(2) 建立投资者关系管理部门

对于创业初期的企业来说，由于资源有限，投资者较少，沟通的工作相对较为简单，可以由管理者或财务人员兼职负责。但是，当企业上市以后，企业面对股市上众多的投资者和投资机构，需要通过多种途径与其沟通，而且沟通的内容也是方方面面的，因此企业必须建立专门的投资者关系管理部门来从事这项工作。

(3) 建立日常工作管理机制

投资者关系管理的日常工作是依据公司投资者关系管理的相关规定，维持和管理公司与投资者关系的工作。主要包括：① 主持公司年报、中报和季报的编制、设计、印刷和寄送工作。② 汇集公司生产、经营、财务等相关的信息，根据法律法规、上市规则的要求和监管部门关于上市公司信息披露、投资者关系管理的相关规定，及时进行披露。③ 拟订、修改有关信息披露和投资者关系管理的规定，报公司有权部门批准实施。④ 通过电话、电子邮件、传真、接待来访等方式回答投资者的咨询。⑤ 筹备年度股东大会、临时股东大会、董事会，准备会议材料。⑥ 定期或者在出现重大事件时组织分析师说明会、网络会议、路演等活动，与投资者进行沟通。⑦ 在公司网站中设立投资者关系管理专栏，在网上披露公司信息，方便投资者查询和咨询。⑧ 与机构投资者、证券分析师及中小投资者保持经常联系，提高市场对公司的关注度。⑨ 加强与财经媒体的合作关系，引导媒体的报道方向，安排高级管理人员和其他重要人员的采访与报道。⑩ 跟踪、学习和研究公司资本市场的发展战略、经营状况、行业动态和相关法规，补充自身知识，并通过适当方式与投资者沟通。⑪ 与监管部门、行业协会、交易所等保持密切接触，形成良好的沟通关系。⑫ 与其他上市公司的投资者关系管理部门、专业投资者关系管理咨询机构、财经公关公司等保持良好的合作、交流关系。⑬ 调查、研究公司的投资者关系状况，跟踪反映公司与投资者关系状况的关键指标，定期或不定期撰写反映公司投资者关系状况的研究报告，供决策层参考。

本章要点

1. 新企业创建过程中面临着新创弱性，具体包括内部弱性和外部弱性。

2. 合法性是指在特定的信念、规范和价值观等社会化建构的系统内对事物的行动是否合乎期望及恰当性、合适性的一般认识和假定。合法性获取是新企业克服新创弱性的关键。

3. 对于新创企业来说，其合法性来源一般包括规制合法性、规范合法性和认知合法性三种。

4. 新创企业可以采取遵从环境、选择环境、控制环境、创造环境四种有效的战略来获取合法性。

5. 现代策略营销的核心可称为STP营销，即市场细分(segmenting)、选择目标市场(targeting)和市场定位(positioning)。

6. 营销组合一般分为四类：产品、价格、促销和渠道。

7. 导致资金短缺、财务控制能力差、财务管理人员缺乏、财务管理技术和方法落后、投资决策效率低下、财务预测不准确等问题是新创企业财务管理中常见的问题。

8. 投资者关系管理包括制定公司投资者关系战略、建立投资者关系管理部门、建立日常工作管理机制三个步骤。

思考题

1. 企业创建流程有哪几个步骤？
2. 初创企业如何做好合法性获取？
3. 初创企业如何克服新进入者缺陷？
4. 初创企业如何做好营销管理？
5. 初创企业如何做好财务管理？
6. 初创企业如何做好投资者关系管理？

延伸性阅读

[1] Danes, S. M., Craft, S. M., Jang, J., & Lee, J. (2013). Liability of Newness: Assessing Couple Social Support When Starting a New Business Venture. *Journal of Marital and Family Therapy*, 39(4), 515-529.

[2] Huang, L., & Knight, A. (2015). Resources and Relationships in

Entrepreneurship: An Exchange Theory of the Development and Effects of the Entrepreneur-investor Relationship. *Academy of Management Review*.
[3] 贾斯廷·朗格内克、卡洛斯·穆尔、小威廉·佩蒂著,郭武文等译:《小企业管理: 创业之门》(第 12 版),人民邮电出版社 2006 年版。
[4] 杨华:《投资者关系管理与公司价值创造》,中国财政经济出版社 2005 年版。

第 11 章
企业成长

关键词

成长阶段　成长战略　成长特点　企业传承　创业失败

学习目标

学完本章后,你应该能够:

1. 了解创业企业成长的不同阶段及其发展瓶颈;
2. 了解创业企业可以选择的发展战略;
3. 知道创业企业成长过程中应该如何应对不确定性;
4. 知道创业企业应该如何传承发展;
5. 知道创业管理与传统管理的区别。

高速增长的公司与它们不太成功的竞争者之间的区别在于各自对于战略的设想不同。不太成功的公司的经理们所依照的是传统逻辑,高速成长公司的经理们所依循的是价值创新的逻辑。

——W. 詹金和雷尼·莫博涅

案例导读

复星成长历程

复星集团创建于1992年，是中国市场经济改革中涌现出的代表企业之一。复星成长大体经历了四个阶段。

(1) 创立期(1992～1993年)，从“三无创业者”3.8万元启动资金到赚100万元

1992年11月，郭广昌与梁信军等复旦留校的师兄弟下海创业，成立了广信科技咨询公司，启动资金3.8万元，为一些公司做市场调查，他们被称为无钱、无经验也无商科背景的“三无创业者”。依靠蹬自行车大街小巷寻找客户，太阳神、乐凯胶卷、天使冰王等诸多品牌当时都成了他们的客户。到1993年6月，广信成立不到10个月，公司靠做市场调查已经赚到了第一个100万元。

(2) 内生成长期(1993～1998年)，从赚100万元到1亿元，再到医药、地产两大业务成型

1993年，郭广昌团队迅速转型，广信更名为复星，汪群斌、范伟、谈剑相继加入，业务主攻房产销售和生物制药。试水房产销售让复星在当年年底赚到了第一个1 000万元。

1 000万元仍然无法让郭广昌团队止步，1995年，复星的几位研发人员在汪群斌和范伟的带领下，经过半年的总结，把一个已经研究了三年的课题“种子”转化成了成品，这就是在复星历史上大名鼎鼎的PCR乙型肝炎诊断试剂；复星凭借这一产品在1995年年底就赚到了1亿元，而且还在这个过程中建立了一个覆盖全国的药品销售网络。

1998年，复星医药在上海证券交易所上市，成功融资3.5亿元；复星地产正式成立；至此，复星企业医药和房地产两大板块完美成型。

(3) 并购扩张期(1999～2007年)，从1亿元到320亿元，开始资本经营，多产业组合发展

复星医药的上市让复星初尝资本“盛宴”，此后的复星不在供研产销这条价值链上单纯地卖房子、卖药，资本经营的“灵魂”已经深深植入这家高速成长的企业中。

收购豫园商城可以看作复星借用资本链条进行产业扩张的一个典型。豫园商城是上海国资委下属企业，也是当时为数不多的股权相对分散的上市公司，加上零售行业相对稳定的现金流、充裕的土地资产，使其成为理想的产业收购对象；更重要的是，豫园商城虽是上海的老商业股，但在两年前已涉足生物医药领域，并拥有上海童涵春制药厂53.33%的股权。

通过收购豫园商城，复星有了稳定的现金流、充裕的土地资产，间接控制了童涵春，完善了医药产业链。

(4) 整体上市扩张期(2007年至今)

2004年的危机让复星暂时收缩了战线，也让复星开始思考整体上市。几经周折

后，复星最终于2007年7月16日在香港实现整体上市。复星以9.23港元上限招股，公开发售12.5亿股，占公司扩大股后的20%，净集资额约111亿港元。

2007年，复星不仅完成了整体上市，而且大举进行了并购扩展。

（资料来源：和君咨询。）

企业成长是所有创业企业必须经历的一件痛苦的事情，能否跨越成长的栅栏，应对创业阶段的众多复杂和不确定的工作，是对创业企业家最重要的挑战。案例中，复星集团在不同的成长阶段采取了不同的战略以应对不同的挑战。本章将主要介绍创业企业的不同成长阶段、创业企业的基本成长战略、企业如何传承，本章也将概括创业管理与一般传统管理的区别。

11.1 成长阶段

企业生命周期理论最早是由马森·海尔瑞于1959年提出的，他认为如同生物学中的"生命周期"一样，企业的发展也符合生物学中的成长曲线。按照成长阶段划分，通常可以分为培育期、成长期、成熟期和衰退期。几十年来，各国学者从不同的视角，结合企业实践经验，提出了很多企业生命周期模型，对模型中的各阶段及其阶段特征进行了不同的区分，但这些模型的思路却大体相同。

企业生命周期理论中最有代表性的是伊查克·爱迪思的十阶段成长模型。伊查克·爱迪思在1989年率先全面、系统地阐述了企业生命周期理论，在他的著作《企业生命周期》中，他将企业成长过程分为孕育期、婴儿期、学步期、青春期、盛年期、下滑期、贵族期、官僚化早期、官僚期以及死亡期十个阶段。每个阶段各有特点。

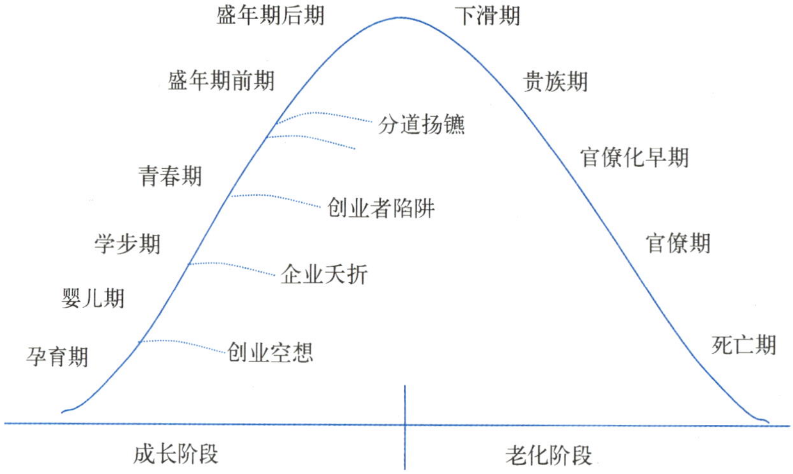

资料来源：伊查克·爱迪思著，赵睿译，《企业生命周期》，华夏出版社2004年版。

图11.1 爱迪思的企业生命周期模型

(1) 孕育期

这一阶段先于企业出现。在这个阶段,企业还没有诞生,整个企业只是作为概念存在。孕育期强调企业创业的意图和未来能够提供的可能性。在孕育期,创业者需要确立相应的责任,使创业者和投资者都愿意承受风险,这样企业才有生命力。

在孕育期有疑虑是正常的事情,相反,如果在任何情况下都没有疑虑,就很有可能产生如下病态:企业所承担的责任没有经过现实检验;没有进行从头至尾的细节考虑,创业者狂热而不现实;纯粹的利润导向,只考虑投资回报;责任心与风险不对应;创业者的控制地位不稳固。创业者在面对疑虑时,要能够回答为什么做(why)、谁来做(who)、做什么(what)、怎么做(how)、什么时候做(when)的"5w"问题。

没有经得起现实考验的孕育期只能算是一场创业空想。只有在创业者承担了风险之后,企业才算诞生了。当创业者遇到并承担了实实在在的风险时,企业就进入下一阶段——婴儿期。

(2) 婴儿期

婴儿期关注的焦点从构想和可能性转移到了成效的产生上。虽然为了做到这一点,企业必须扩大销售,但在现实中,婴儿期的企业却不是以销售为导向的,而是以产品为导向,因为企业必须在大规模销售开展之前将产品稳定下来。婴儿期的企业缺乏明确的方针制度,也没有程序或预算,表现不稳定,并且这种不稳定使得企业非常脆弱,一不留神问题就会变成危机,因此,婴儿期的企业实行的是危机管理。管理工作是受危机左右的,企业高度集权,可以说上演的是一场"独角戏"。

健康的婴儿期企业在成长与资金获得方面是均衡的。但是,一旦创业者的责任心被危机破坏,过早地授权甚至失去控制,或者失去资金支持,就会出现"婴儿夭折"的情况。

当企业的现金和经营活动达到稳定水平时,企业就会脱离婴儿期,进入下一阶段——学步期。

(3) 学步期

爱迪思认为,在孕育期,创业者形成设想;在婴儿期,富有责任心的创业者将设想变成现实;到了学步期,创业的构想开始真正体现价值,无论是现金流还是销售量都是很可观的,企业不仅生存下来,而且十分兴旺。正是因为这样,一些创业者会以为自己无所不能,仍然以机会优先,做出一些不明智的决策,如进入其他并不了解的领域。学步期的企业将重点从产品转向市场,但表现的还是一种被动的销售导向。此外,学步期的企业还存在缺乏连续性和重点、因人设事、责任和任务重叠、组织分工混乱等问题。因此,如果企业不能形成自己的行政管理制度,将领导行为制度化,就会落入"创业者陷阱"中。

(4) 青春期

青春期对于企业来说是情感意义上的再生,企业像一个正设法脱离家庭、确立独立性的小青年。但是,比起婴儿期实体意义上的诞生,再生充满了痛苦,时间也会拖得更长。冲突与行事缺乏连续性,是青春期企业的特点,这使得学步期到青春期的转变变得十分艰难。企业面临着三个方面的挑战:职权的授予、领导风格的转变和企业目标的替换。

上述三个因素最终导致的结果就是冲突。冲突表现自己的形式就是派系行为,可能最终导致企业成员分道扬镳,使企业陷入"未老先衰"的境地。

为了避免异常和病态，组织必须由人员导向调整为结构导向，组织人员必须根据组织需求找到自己的定位，亦即必须将企业活力予以制度化，并将其导入管理制度与程序的框架之内。[①] 这样，企业就会走向下一个发展阶段——盛年期。

(5) 盛年期

盛年期是企业生命周期中最为理想的状态。在这个阶段，企业的自控力和灵活性达到平衡。盛年期企业的特点有：企业的制度和组织结构能够充分发挥作用；视野的开拓与创造力的发挥已经制度化；注重成果，能够满足顾客需求；能够制订并贯彻落实计划；企业表现超群是预料之中的事；无论是在销售还是在盈利能力方面，企业能够承受增长所带来的压力；企业分化出新的婴儿期企业，衍生出新的事业。

在盛年期，需要关注的病态是企业的自满。如果盛年期的企业背离了创新精神，就会丧失活力，进入下一阶段——下滑期。

(6) 下滑期

下滑期是企业走向衰老的第一个阶段，是增长停止、衰退开始的转折点。下滑期的企业已经有了一种自满的感觉，企业虽然依旧强盛，但是开始失去灵活性和变革的欲望。企业开始有了"只要没有坏，就别去修它了"的心态。处于下滑期的企业虽然还是以成果为导向，组织完善，但是冲突却比以前少了很多。人们办事循规蹈矩，到处都井井有条，倾向于保守。

在下滑期，企业中的权力中心向负责财务和法律事务的人员偏移。企业对人际关系的兴趣也超过了对冒险创新的兴趣，虽然销售还在上升，但新产品产生的收入已经不存在了。即使存在所谓的新产品，也不过是对现有产品的充实，企业家的创新精神在萎缩。如果企业家的创新精神进入了休眠状态，那么最终会大大影响企业满足客户需要的能力，企业将进入下一阶段——贵族期。

(7) 贵族期

贵族期的企业为了减少冲突，要把变化保持在最低水平，与顾客的距离不断拉大，自我保护意识不断增加。贵族期的企业主要有如下特征：对企业成长的预期减小；对于占领新市场、新技术和新的领域没有兴趣；关注的是过去的成就而非未来的梦想；钱被花在控制系统、福利措施和一般设备上；对于做事方式的关心胜于所做内容和原因；在衣着、称谓方面越来越注意形式，并拘泥于传统；聘用关心企业活力的个人，但经营信条却是"别兴风作浪"；企业内部缺乏创新，甚至为了获得新产品、新市场，会选择兼并其他企业；企业资金充裕，成为被兼并的目标。

贵族期的企业宁可依赖外部因素而不愿意自己采取行动，企业一直在通过兼并或者涨价来弥补损失，最终销售量下降，企业陷入市场份额、收入和利润持续下降的绝望之中，企业进入下一阶段——官僚化早期。

(8) 官僚化早期

处于官僚化早期的企业具有如下特征：强调是谁造成了问题，而不去关注应采取什么措施补救，问题被个人化；人际冲突、背后中伤、彼此怀疑的事情层出不穷；偏执狂束缚了企业，人们不再承担应负的责任；人们的注意力集中于内部权力的争夺，忽视了外部顾

---

① 张勇：《现代企业生命力——现代企业生命周期论》，机械工业出版社 2007 年版。

客的需求。

从贵族期到官僚化早期,一个很重要的因素可以看出两者的区别,那就是其是否存在管理偏执。偏执会加剧企业的衰败,管理人员为了保全个人,彼此争斗,企业的业绩下滑,而偏执却仍然在加强。这样的情况会一直持续到企业最终破产,或收归政府所有及至步入下一阶段——成为完全的官僚化企业。

(9) 官僚期和死亡期

补贴和国有化可以延缓企业的生命,企业本该死亡,却靠人为的手段活了下来。在官僚期,企业根本无法自力更生,唯一关注的事情就是规章制度。官僚化的企业有这样一些特征:制度繁多,行之无效;与世隔绝,只关心自己;丝毫没有控制意识;强迫自己的顾客想出各种办法避开或者突破制度障碍。官僚期的企业所做的事情几乎没有任何价值,由于缺乏变革和团队工作的倾向,人们的工作充斥着制度、表格、程序、规章,这些窒息了革新和创造力。

企业死亡的定义是企业已经没有资源鼓励人们为自己工作。当没有人或政府为了企业承担义务和责任时,企业就进入了死亡。

11.2 成长战略

为什么有的企业可以历经风雨成为百年老店,而大多数企业却只是"各领风骚七八年"呢? 选择的价值创新战略和成长战略不同,是其中的一个重要原因。

11.2.1 价值创新战略

欧洲工商管理学院的两位教授 W. 詹金(W. Chan Kim)和雷尼·莫博涅(Renee Mauborgne)花了5年的时间研究了全球30多家公司后发现:高速增长的公司与它们不太成功的竞争者之间的区别在于各自对于战略的设想不同。不太成功的公司的经理们所依照的是传统逻辑,高速成长公司的经理们所依循的是价值创新的逻辑。

传统的战略逻辑与价值创新逻辑的区别在于战略的5个基本维度[①],如表11.1所示。与传统战略不同的是,价值创新战略通过追求价值创新,提供符合大多数顾客要求的产品和服务来控制市场,而不去考虑行业条件的限制、竞争对手确定的战略思路参数以及顾客之间的差异性等因素,也不会根据现有的资产和能力来评价商业机会。

表11.1 传统战略逻辑与价值创新战略逻辑的区别

战略的5个维度	传统战略逻辑	价值创新战略逻辑
行业假设	行业条件已经给定	行业条件可以改变
战略重点	一个公司应该培养竞争优势,其目标是在竞争中获胜	竞争不是基准。一个公司应该在价值上追求创新以主导市场的发展

① 小乔治·斯托尔克等著,赵锡军等译:《企业成长战略》,中国人民大学出版社2004年版。

（续表）

战略的5个维度	传统战略逻辑	价值创新战略逻辑
顾　　客	一个公司应该通过进一步的市场分割和营销手段来保持和扩大其顾客群。它应关注顾客评价的差异	一个价值创新者的目标是赢得大多数的顾客，并愿意为此放弃一些原有的顾客。它注重顾客评价的基本共同点
资产与能力	一个公司应该平衡其现有资产和负债	一个公司一定不能受其过去的约束。它必须问自己，如果重新开始，该怎么做？
提供的产品和服务	行业的传统界限决定了一个公司提供的产品和服务。公司的目标是使其提供的产品和服务的价值最大化	一个价值创新者根据顾客的要求来考虑其提供的产品和服务，即使这样做可能会使公司超越该行业的传统界限

创新意味着要打破常规，摆脱传统思维的束缚。创业者的创业过程以及对新创企业的管理，更不能缺少创新，而且，打破行业固有惯例的创新也是企业最有力的增长方式。① 波士顿咨询集团的小乔治·斯托尔克（George Stalk, Jr.）、大卫·K. 毕高特（David K. Pecaut）和本杰明·伯内特（Benjarmin Burnett）在《打破惯例：寻求增长契机》一文中指出，任何行业的企业都可以采取至少7种方式来寻找和开发打破惯例的创新机会。这7种方式是：

① 按照顾客购物的方式购物。管理人员必须清楚顾客是如何购物的，公司的雇员与顾客同样使用本公司的产品和服务，正是这些雇员成为公司洞察发展方向的最重要源泉。比如，商店为了给顾客提供便利而推出的每天24小时、每周7天的运作体制。

② 关注顾客实际使用产品和服务的方式。公司通过这种方式，可以发现公司产品和服务不能满足客户需要的漏洞，并对其进行完善。

③ 找出顾客潜在的不满，挖掘顾客深层次的不满。

④ 寻找不同寻常的分母。根据客户对企业的重要性进行分类，提供不同的产品和服务，收取不同的费用；而不是均摊成本。

⑤ 密切关注异常情况。比如，一些不被看好的地区的销售业绩显著优于其他地区，又找不到明显的原因；有些产品的质量、价格等没有明显的优势，却受到更多顾客的青睐。通过对类似事件的调查，企业很可能发现顾客真正的需求。

⑥ 寻找行业中价值链上的不经济点，按照更有利于顾客的方式来改革企业对价值链的管理。

⑦ 寻找打破行业内惯例的相似方法。从其他行业打破惯例的方法中得到启示，寻找类似的方式打破本行业的惯例。

管理者将创新战略逻辑运用于企业成长过程中的具体做法就是创造一条新的价值曲线。② 首先，管理者要回答4个问题：

① 本企业被赋予的要素中，哪些要素已经没有价值，应该取消？

---

① 小乔治·斯托尔克等著，赵锡军等译：《企业成长战略》，中国人民大学出版社2004年版。

② 同上。

② 哪些要素应该削减到行业标准之下？（企业的产品和服务在这些方面过剩，且顾客并不看重）

③ 哪些要素应该提升到行业标准之上？（这些是顾客更希望得到的）

④ 哪些要素是该行业从未提供过而应该由企业创造的？（这些新的因素更能满足顾客的需要）

企业通过对以上问题的回答，可以创造出一条新的价值曲线。

创业标杆

雅高Ⅰ号计划

下图是法国酒店管理集团雅高(Accor)Ⅰ号计划的价值曲线。雅高Ⅰ号计划通过增加提供大多数法国顾客最需要的服务，大大减少他们不需要的服务，从而提供了原来没有的价值。

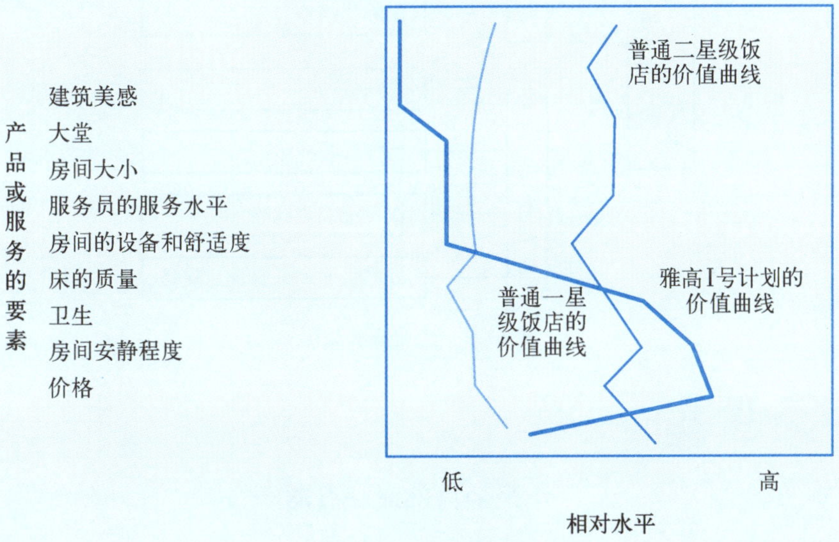

雅高Ⅰ号计划的价值曲线

企业创造了一条新的价值曲线后，就要在更大区域内推广这条曲线，获得规模经济，并提高企业的市场份额。这样，一方面可以打击行业内的模仿者，另一方面还可以最大限度地挖掘这次价值创新的潜力。但是，企业的价值创新曲线早晚会被竞争者模仿，并夺取企业一部分的顾客。因此，企业要不失时机地创造出更新的价值曲线。在进行价值创新时，企业要从三个方面着手考虑：产品、服务和交货。比如，康柏公司在服务器市场上不断地创造新的价值曲线，先从产品的兼容性、性能、价格上创新；接着又从产品的可靠性、可配置性、管理能力方面创新；第三次创新时，康柏又考虑了产品的存储能力、适用性和安全性。每一次的创新都扩大了康柏的市场，使得康柏一直都保持全球第一大服务器制造商的地位。

成长性是创业企业的一个重要特征。当创业者创建起一个企业后，需要考虑的问题就是如何制定和实施成长战略，使新创企业顺利地成长起来。企业获得成长是实现创业者梦想的基本前提。有研究表明，我国企业的平均寿命只有 3～4 年，而只有 10%的新创企业能活过 5 年，1%的新创企业能活过 10 年。由此可以看出，新创企业成长的道路是曲折的，创业者制定和实施适合创业企业的成长至关重要。

11.2.2 内部成长战略

企业的成长战略包括内部成长战略和外部成长战略，见图 11.2。

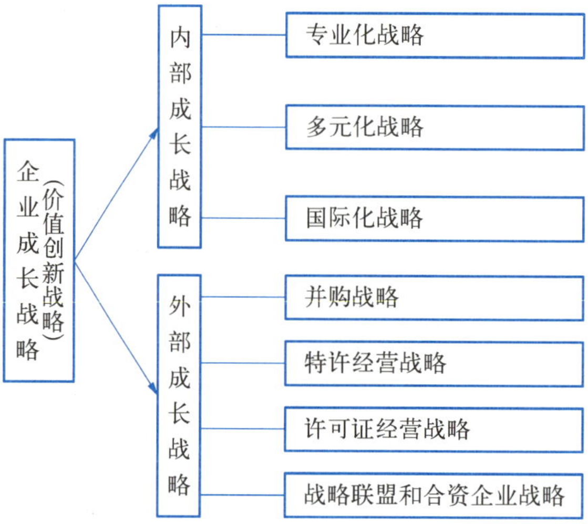

图 11.2 企业成长战略

创业标杆

小米的内部成长战略

小米科技有限责任公司（以下简称小米）成立于 2010 年 4 月，是一家专注于智能产品自主研发的移动互联网公司。通过专注于智能手机和移动操作系统业务，聚焦于中低端消费市场，小米创建不久便实现了爆发式增长。2011 年 1 月 8 日，公司因扩张迅速，迁至新址望京卷石天地大厦。2011 年 12 月 18 日，小米手机 1 第一次正式网络售卖，5 分钟内售完 30 万台。

后来，通过多元化战略和国际化战略，将产品线扩展至电视、家电和电脑等数码产品领域，并成功进入印度、巴西等国际市场，这进一步加快了小米的成长步伐。到 2014 年，4 年时间小米就从一家名不见经传的小公司，发展成估值 100 亿美元、拥有 2 500 多名员工，包括手机、电视、电视盒子等多条产品线的新型公司。据不同渠道统计，2014 年，小米手机在国内智能手机市场的占有率已经迅速追赶华为、中兴这样的传统手机大户，也将多年品牌积累的 OPPO、金立等抛在了身后。2015 年小米手机出货量已超 7 000 万台。

(1) 专业化成长战略

专业化战略是最普遍的一种企业成长战略类型。采取专业化战略的企业将发展重心集中在自己最为优势的某项业务、某类市场或是某种技术之上，为此投入大部分甚至全部的资源，力求取得最佳的业绩，成为行业内的领先企业。

① 市场渗透战略

市场渗透是指扩大市场份额，即在既定的目标市场上扩大现有产品的销售额在整个市场中的比例。对于新创企业而言，选择中等成长水平的市场比较适宜。因为在一个低成长水平的市场，企业销售额的增加必然以竞争对手市场份额的减少为代价，这会引起竞争的加剧。而在高速发展的市场中，新创企业可能会在一开始迅速扩张，遭遇的竞争压力比较小，但很快会有众多的新竞争者加入，尤其是实力雄厚的大企业，新创企业竞争的成本随之提高。而在中等成长水平的市场中，新创企业既可以得到很大的成长空间，又不会吸引有实力的大企业进入竞争。

② 市场开发战略

在企业创立初期，企业资源有限，只能集中于比较固定的狭窄市场，并建立资金的竞争优势。在获得稳定的地位之后，为了获得更大的市场空间，企业就会趋于进入新的市场，如进入新的地区、进入新的行业、进入新的消费群等。

企业初创期，一般都服务于当地市场，空间有限。因此，进入其他地区市场是市场开发的一个必然选择。企业在将产品推入新的地区时，要考虑目标地区的市场规模、竞争状况和企业实力。特别是当国内市场增长缓慢，或竞争过于激烈时，进入国际市场不失为一个好的选择。例如，美国杜邦公司生产的尼龙产品，20 世纪 40 年代初期只用于军用市场，生产降落伞、绳索等；第二次世界大战后，尼龙产品迅速转入民用市场，企业生产尼龙袜、妇女内衣、服装、蚊帐、窗纱等日用品；20 世纪 60 年代后，又用来生产轮胎、地毯、包装物等工业用品。

(2) 多元化战略

多元化战略是指企业的产品或服务跨一个以上产业的经营方式或成长行为。企业在选择多元化战略时，常常是为了分散专业化的风险，或是为了充分发挥企业资源的效益，但却很少考虑到多元化的风险。多元化后，企业将面对更多的陌生环境，面临来自各个行业的激烈竞争，管理者在进行决策时也将遇到更多的不确定性，这些都增加了企业的风险。“冰柜大王”澳柯玛就是败在了多元化的道路上。澳柯玛在多元化的过程中，在空调、锂电、海洋生物、电动自行车、房地产、金融、IT 等 19 个门类的八百多种规格型号的产品上投资失败，出现了资金链断裂等问题，只得挪用上市公司资金，最后被青岛市政府接管。

创业标杆

乐视的多元化发展

乐视创建于 2004 年，创始人为贾跃亭。作为一家致力打造基于视频产业、内容产业和智能终端的“平台+内容+终端+应用”完整生态业务的公司，乐视走上了多元化发展模式。

2004年成立乐视网，成为国内主流视频网站之一；2011年成立乐视影业，成为中国电影行业最具商业价值和创新能力的电影公司之一；2011年成立网酒网，不断颠覆传统酒类电商发展模式；2012年成立乐视投资，是乐视网集团旗下的专业投资平台；2013年成立乐视TV，推出乐视超级电视；2014年成立乐视云计算有限公司；2014年，正式宣布打造超级汽车，2016年，超级汽车概念车正式亮相；2015年，乐视正式进入手机领域，推出乐视超级手机；2016年5月，在短短不到两周的时间里，从成立体育赛事票务公司、进军房地产领域、推动新能源汽车平台建设到冠名电竞赛事WCA，乐视在各个领域再次展开密集型的布局。

乐视已经成为中国互联网公司成功多元化发展的一个典范，其多元化步伐之快、行业跨度之大，已经超越很多公司。目前乐视业务已经涵盖互联网视频、影视制作与发行、智能终端、大屏应用市场、电子商务、互联网智能电动汽车、房地产、新能源等，旗下公司包括乐视网、乐视致新、乐视影业、网酒网、乐视控股、乐视投资管理、乐视移动智能等，被业界称为“乐视模式”。

(3) 国际化战略

创业企业要有国际化的视野，走创新型的路线，依托国际化市场扩大产品发展空间，向水平和垂直两个维度发展。

水平维度是指创业企业地理上的扩张，许多创业企业取得一定的发展后，便从原始地点扩张到了新领域，这种扩张在零售产业和服务业上都较为常见，在中国做得比较好的“俏江南”就是从一地走向全国甚至走向世界的成功典范。

所谓垂直维度，就是产品生产线的扩张，此种扩张战略是制造其他规格的产品，尤以吸引国际高端消费者为主要目标。如果企业生产低端产品，生产其他类型的该产品可能会获益，就可以生产高端产品，以满足国际市场对此种高端产品的需求，同时增加了产品的附加值，有利于创业企业的快速成长。

11.2.3 外部成长战略

(1) 并购

并购是一个企业购买另一个或多个企业的资产或股票，吸收其成为自己的一部分的行为。在大多数情况下是创业企业被其他的企业并购。但也有很多时候是创业企业通过并购其他企业而获得成长的。并购对于创业企业来说，不仅可以使创业企业得以迅速扩张规模，而且这是企业迅速增强或获得核心竞争力的有效途径，企业通过并购其他企业，可以获得企业所需的专利和专有技术、扩张企业的产品线、获得销售渠道等。

并购战略类型分成两类：一是在现有业务的基础上进行横向扩展，实现规模的扩大；二是进行纵向扩展，向前或向后延伸，进入目前业务的供应环节或使用环节，实现产品链的延长。

并购是企业在高速成长过程中经常采用的一种手段，它更是一把“双刃剑”。一方面，企业可以通过并购实现其高速增长的梦想；另一方面，并购的成功率很低，大多数并购都没有达到预期的效果。因此，创业者要谨慎地开展并购工作。

创业标杆

滴滴并购优步中国

2016年8月1日，滴滴出行宣布与Uber全球达成战略协议，滴滴出行将收购优步中国的品牌、业务、数据等全部资产在中国内地运营。这一里程碑式的交易标志着滴滴进入崭新的发展阶段，合并后，新公司估值达350亿美元。

图片来源：旗讯网

双方达成战略协议后，滴滴出行和Uber全球将相互持股，成为对方的少数股权股东。Uber全球将持有滴滴5.89%的股权，相当于17.7%的经济权益，优步中国的其余中国股东将获得合计2.3%的经济权益。滴滴也因此成了唯一一家由腾讯、阿里巴巴和百度共同投资的企业。同时，滴滴出行创始人兼董事长程维将加入Uber全球董事会。Uber创始人特拉维斯·卡兰尼克(Travis Kalanick)也将加入滴滴出行董事会。

滴滴出行创始人兼CEO程维表示，在过去的两年多时间里，滴滴出行和Uber在中国这片创新的赛场上不断过招比拼，相互学习砥砺。作为植根中国的科技领袖，滴滴出行希望不断推进科技创新，改变人类出行的未来。与Uber的合作，将让整个移动出行行业走向更健康有序、更高层次的发展阶段。此次合作后，滴滴出行将继续与监管者、广大用户和各界伙伴一起不懈努力，为解决城市的交通、环保和就业挑战贡献力量。

（资料来源：http://auto.qq.com/a/20160801/039384.htm.）

并购交易的结束，并不意味着并购的结束。大量的并购失败案例表明：并购后整合的失败是并购失败的主要原因。《企业成长战略》一书告诉我们：在交易签署前就要开始整合工作；任命一位全职负责整合过程管理的人；尽快实施任何必要的重组工作；不仅要整合公司的业务，还要整合企业文化。

(2) 特许经营

特许经营是一种商业经营模式，就是企业通过契约的形式授权其他企业在特定地区购买其产品，使用其商标和企业经营方法，并通过契约的形式规定双方的权利和义务。授予特许经营权的人为特许权授予人，得到特许经营权的人为特许权持有人。特许经营既是创业者的扩张战略之一，也是创业者进行创业的重要途径之一；在前者的情况下，创业者是特许权的授予人；在后者的情况下，创业者是特许权持有人。

新创企业作为特许权授予人，选择特许经营这一方式来实现企业成长的好处在于：

通过收取特许经营费来积累资金；通过大规模的采购节约采购成本或通过自己生产并向特许权持有人提供零部件、附件、外包装及原材料等节约成本；不需要庞大的公司管理机构等。同时，选择这一方式的缺点主要有：必须对每个特许权持有人进行监督和控制，包括质量、服务、价格等，控制的成本随企业经营规模的扩大而增加；特许权持有人在任何环节出现问题，都会对特许权授予人的声誉和经营造成不利影响。

新创企业在构建特许经营体系时，需要选择合适的时机。一方面，企业提供的产品或服务要被市场广泛认可，得到顾客的普遍欢迎，甚至追捧，而企业现在的规模远远不能满足市场的需要；另一方面，企业现有的资源不能支持企业建立自己的新店面，构建特许经营体系就是一个不错的选择。

(3) 许可证经营①

许可证经营是一家企业允许另一家企业在严格界定的条件下使用其特定形式的知识产权。企业所拥有的受专利、商标和版权保护的所有的知识产权几乎都可以许可给第三方。拥有知识产权的企业是许可证授予商，购买知识产权使用权的企业是许可证接受商。

通常情况下，许可证的接受商要为知识产权的使用权向授予方支付一定的初始费用和连续的版税。创业企业通过许可证经营，一方面可以取得收入，另一方面还能够分散新技术开发的风险和成本。许可证经营也存在风险，那就是它会创造出自己的竞争对手，这个竞争对手将不再使用这种许可，反而开始销售一种不相似程度足以规避违反许可证经营协议的产品。对于许可证授予商来说，关键是要找到那些愿意使用这种技术并且不会成为竞争对手侵蚀其市场份额的企业。

(4) 战略联盟和合资企业

有调研显示，75%以上的技术企业积极开展战略联盟，而且一般平均建立 7 个联盟。常见的联盟形式是技术联盟和市场营销联盟。技术联盟主要是指在研发、工艺和制造上的合作。技术联盟通常将拥有特定技能的创业企业及拥有开发和营销经验的大型成熟企业联合在一起，通过互补资产组合，能够更快地生产出产品，且价格也更便宜。市场营销联盟是将拥有分销系统的企业和拥有产品的企业匹配起来，以促进产品或服务的销售。通过为产品找到更好的分销渠道，负责产品生产的合作方能够发挥规模经济并减少单位成本。当创业企业没有财务资源或没有时间来开发能将最终产品迅速带到市场上所需的所有竞争力时，战略联盟对这些企业来说就很有吸引力。正如处于创业时期的戴尔公司一样，它没有资金生产电脑组件，但是可以从厂家那里购买组件，专注于它擅长的设计方案和系统，并向顾客销售。通过这样的联盟，戴尔获得了快速的成长。

同样，合资企业也常常是企业获得快速成长的一种方式。特别是为了进入国外市场，企业可以通过与当地企业合资来达到这一目的。另外，合资企业还包括专业化合资企业，像辉瑞、微软、IBM 等合作创立的一家用于处理医生办公室杂事的软件开发和服务的合资公司，就属于专业化合资企业，它们通过在价值链的某项活动上的合作，以取得生产和分销的规模经济。创业企业建立合资企业的目的一般是为了加快进入市场，并利用创新和学习机会。

---

① 布鲁斯·R. 巴林格、R. 杜安·爱尔兰著，杨俊等译：《创业管理：成功创建新企业》，机械工业出版社 2010 年版。

11.3 成长特点

创业企业成长是一种复杂的社会经济现象，在企业的成长过程中，既有量的积累，也有质的变化，是企业个体通过主动适应经济、社会环境来实现企业扩张的一个动态过程。在现代社会背景下，企业的经营环境越来越呈现出不确性，社会活动以及企业自身的情况亦具有复杂多样性，企业成长必须提高自身的动态适应能力和持续成长能力。因此，有必要分析企业成长遇到的不确定性和复杂性，并提出新企业该如何面对这样的问题，化挑战为机遇，实现企业个体的主动性成长。

11.3.1 不确定性

(1) 什么是不确定性

在企业成长的过程中，创业企业总会遇到环境各种各样的变化，甚至有学者认为这是企业成长面临的痛苦的根源。

简单来说，不确定性是指企业内、外部环境的多变性。单个企业对一般环境是无法产生影响的，企业是一般环境的被动接受体。企业应尽可能准确地估计一般环境的特点和变化规律。环境的不确定性提示着企业应注重战略的适应性。

(2) 不确定性的来源

企业不确定性的来源有机会、资源、企业管理、团队本身等。

宏观方面：如政府政策的变化，新的法律法规的颁布，国际和国内政治、经济形势的变化，技术的进步等，都可能影响企业面对的机会、拥有的资源，进而给企业带来不确定性。

微观方面：所依据的基本信息、基础数据不足，历史资料积累不充分；统计偏差、预测方法有局限；管理人员经验缺乏；确实无法定量而只能定性可能给团队的管理带来影响。对成长中的企业来说，要想彻底消除不确定性是不可能的，只有通过合理的方法最大限度地减少或降低不确定性。

(3) 新创企业不确定性主要可能发生的环节

对于新创企业来说，企业在成长的过程中，大多会面对高度不确定性。台湾政治大学科技管理研究所指出，针对产品市场生命周期，传统企业的管理追求纵向的功能性管理，以达到增加效率和效益，降低成本的目的(见图 11.3)。

然而在知识经济时代，产品市场的生命周期缩短，环境的不确定性增加，企业关注的重点是如何快速进入和退出市场，迅速推出升级产品，竞争的关键转向产品生命周期的前端，新事业、新产品策略包括研发管理、创新管理、知识产权管理等应该成为企业管理的重点。

不确定性对新创企业来说，主要在前面阶段产生影响：

在导入期，由于企业在财务上没有盈利还在亏损，这一时期的市场增长率较高，需求增长较快，技术变动较大，产业中各行业的用户主要致力于开辟新用户、占领市场，但此时技术上有很大的不确定性，在产品、市场、服务等策略上有很大的余地，对行业特点、行业竞争状况、用户特点等方面的信息掌握不多，企业进入壁垒较低，对初创企业的威胁与机遇都比较大。

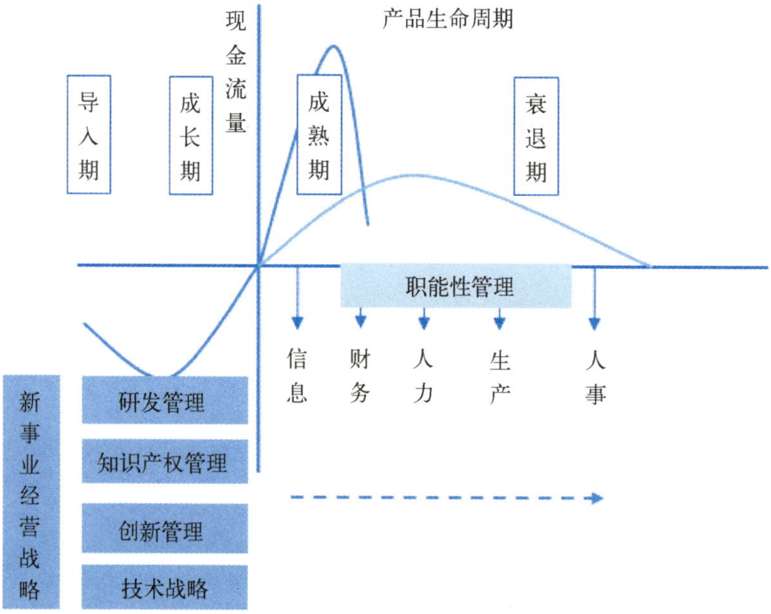

图 11.3 企业生命周期与不确定性

在成长期，新产业的产品经过广泛宣传和消费者的试用，市场需求开始上升，新产业也随之繁荣起来。与市场需求变化相适应，供给方面相应地出现了一系列变化。由于市场前景良好，投资于新产业的厂商大量增加，产品也逐步从单一、低质、高价向多样、优质和低价方向发展。但总的来说，由于受不确定因素的影响较少，产业的波动也较小。

在成熟期，市场增长率不高，需求增长率不高，技术上已经成熟，行业特点等非常清楚和稳定，买方市场形成，行业盈利能力下降，新产品和产品的新用途开发更为困难，企业面对的环境相对稳定。

在衰退期，由于企业多开始转向其他产品或行业，这时期虽然会有市场增长率下降、需求下降、产品品种及竞争者数目减少等变化情况，但不确定性对企业的影响已不大。

(4) 如何正视不确定性

企业在机会创造和利用时，应注意在不同经营环境下的情况(见表 11.2)。

表 11.2 不同企业类型的确定性

企业阶段	确定性	机会创造与发现	机会识别与应用	机会整合
成熟企业	相对确定性	情景预测具有少数几种变化	对多种进行适度投资	巩固成功，不进行长期资源投入
初创企业	高、中度不确定性	有多种预测	巩固明显成功	尽量转向低可变性，保持资产可移动性

资料来源：爱文·杜迪克著，王德忠译，《战略创新——形成创造性成功战略的革新思想和工具》，机械工业出版社 2003 年版，第 145 页。

由于初始资源条件、决策特征和市场机遇的巨大差异,初创企业的成长战略不同于成熟企业的成长战略。面对不确定的环境,应对初创企业进行 SWOT 分析(见表 11.3)。

表 11.3 初创企业 SWOT 分析

劣势	优势	威胁	机会
中小企业在创建之初,人力和物力都较为缺乏。初创企业不能像成熟企业一样,展开周密的市场调查和预测并制定决策	中小企业的优势主要是机会成本低,同时,对不确定性的容忍度较高。因为投入的成本较少,因而组织的机会成本较低	在成熟的、较确定的市场中,成熟企业基本形成了竞争格局,有相对确定的产品和市场。这些市场是初创企业难以打开的市场	存在许多细小的、不确定的潜在机会市场,相对于初创企业来说,在这种不确定的环境中,成熟企业并不见得具有竞争优势

可见,在不确定的经营环境中,初创企业成功的关键在于发现成熟企业未关注的细小市场并根据市场的变化和对市场的探索,快速地丢弃失败的方案,并对新方案进行调整。缩短产品开发的阶段,在产品推出之时就对产品的市场进行检验。在企业成长过程中,当一个机会还未被开发完,就要在这项机会的基础之上挖掘新的机会,而不能等到完全开发后再去寻找机会,那时为时已晚,创业企业应当避免。

11.3.2 复杂性

(1) 什么是快速成长中的复杂性

很多新企业的快速成长靠的是对市场机会的识别,有的是凭借市场细分法寻找到成熟企业的空白市场,有的是依靠创新产品开拓的新市场。这种对市场的依赖,很容易使企业忽视对企业内部结构和外部环境的动态调整。

随着企业的快速成长,企业的动态变化表现在多个方面:内部资源结构变化,员工管理变化,所需要的资金变化,管理职能权利的扩张和收缩,行业市场结构的转变,竞争者策略的改变,宏观环境的变换,等等。简单来说,复杂性就是企业受影响变化的因素很多。

(2) 复杂性的具体表现

① 内部管理、运营的复杂性

企业快速发展,市场扩大,顾客变多,企业也吸引到其他组织机构的注意力(包括管制部门),创业企业家很多时候会感到人员不够用,自己很大的精力要投入解决多而繁杂的管理事务中去。然后发现自己一个人实在分身乏术,就会考虑重新设置企业内部管理职能机构。在这种企业规模扩大的情况下,企业往往难以在短时间内找到合适的人员来胜任这些岗位,即使通过较大的成本招聘到外部人员,短时间内也难以有适应这个企业的一套职责分工和管理控制系统。这种从无到有的摸索,各个部门间的磨合配合,加上企业家自己管理的困难,更增加了企业内部管理的复杂性。

客户的需求大了,需要供应的产品自然就多了,企业也就需要扩大供应规模。这里存在两种情况:有的企业是委托其他厂商加工生产,可能原先的小厂家不能满足需求,要联系大厂家;有的企业是自己生产,此时就要购置机器,招聘人员并对其进行培训,以扩大生产能力。在这两种情况外,再加上原先的供应链在扩大供给的情况下难以适用,于是又会带来其他方面的变动调整，这些都加大了企业内部运营的复杂性。

创业警示

顺丰优选的苦恼

前不久，几乎从不和媒体打交道的顺丰速递召开了新闻发布会——宣布旗下高端产品的电子商务网站“顺丰优选”2012 年 6 月 1 日上线。其实早在 2 年前，顺丰就开始了在电商行业的尝试。现在，顺丰开始了计划中的第一步，推出专门售卖高端食品的网站。虽说顺丰在速递行业做得风生水起，而现在将手伸向一个新的市场，顺丰自己也不得不考虑其面对的内部环境的各种影响因素。据“顺丰优选”的负责人刘森称，优选部门的配送员配备的是 iPad，以面对遇到的供应链问题，全盘电子化操控；由于其推出了生鲜食品，需要做冷链物流，而本身并未在冷链物流上有太多的资源，所以，顺丰为此也必须自建物流体系等；由于前期的投入太大，能否有足够的资金链支持，也困扰着顺丰。

资料来源：《第一财经周刊》总第 208 期。

② 外部环境和竞争的复杂性

快速成长显然会给企业招来更多的竞争对手，甚至给整个行业的市场竞争带来影响。在这样的情况下，一些成熟的大企业可以依靠自己的资金、人力、创新研究等优势，凭借自己已经占有的大部分市场，对这些后起的新企业发起“攻击”。而对于行业内一些不起眼的小企业来说，它们可以通过模仿加低价形成价格优势，抢占一方市场。两面夹击的情况给新创企业带来了很大的挑战。同时，随着竞争者的增多、竞争形势的激烈，卖方原先有的优势就有可能丧失，消费者有了更多的选择以后，供应商就要想办法保持原有的顾客并调整策略去赢得更多的顾客。然而，将手伸向新市场的时候，成长中的企业对这个市场并不是很了解，于是新环境又影响企业的策略，这些又给企业成长过程中面对的环境增加了复杂性。企业要想继续快速地成长，就必须正确地面对和解决企业快速成长带来的复杂性问题。

企业的复杂性加强了企业经营决策的风险性，这就要求企业提高决策能力和企业运作的规范性和灵活性，还要有迅速整合资源的能力。这些都是新企业成长中遇到的挑战。

创业警示

小米面临的复杂环境和竞争

2015 年小米定下了 8 000 万台到 1 亿台的销售目标，但最终 2015 年手机出货量只有 7 000 万台。当初设定这一目标，小米希望能够在国内市场的基础之上扩大西方市场。

但由于专利短板，进军海外市场的路并不顺利。由于中国智能机市场竞争激烈，再加上小米进军低端机市场存在库存压力，导致小米需要降价来完成销售额，小米现在很可能在亏损，利润率同比下降了至少2～3个百分点。

11.3.3 不确定性和复杂性的应对策略

在新企业成长的过程中，由于不确定性和复杂性的存在，创业者会面临不同的问题和困难。但是，创业的前提和背景正是不确定性和未知数，成功的创业者应该善于在不确定性和复杂性中寻求机会。因此，创业者要正确地认识和看待所面对的不确定性和复杂性，应积极应对不确定性和复杂性。具体而言，创业者可以采取以下四个方面的应对策略：

(1) 机会创造与利用

表 11.4 不确定性环境下的机会创造与利用策略

	确定性环境	低可变性环境	高可变性环境	不确定性环境
机会创造与发现	有唯一正确选择，可采用持续竞争优势概念	战略假设有少数几种变化	需要非常多样化的多种假设	大量的假设，检验与产品推出阶段几乎不可区分
机会识别、突破与利用	对唯一正确选择进行大量投资	对若干方法进行适度投资	巩固明显的成功	迅速放弃失败的方法
机会整合	设立障碍，利用类似垄断的条件	巩固成功，但不进行长期资源投入	通过检验尽力转向低可变性，保持资产的可移动性	此阶段被精简，在利用阶段已获得收益
机会分解与循环	逐渐、系统地撤出资源，转移到相关或类似业务	当检验发现投资收益率可能下降时开始进行分解	随时迅速组织重新部署资产	在利用阶段的顶峰开始进行分解

(2) 决策模式①

熊彼特(Schumpeter)指出，创业者的成功依赖于"直觉"，即使在做决策时并不能够获得全部信息，创业者也可以排除非重要事实来发现重要事实，就算不知道为什么要这样做。因此，比起一般管理者，创业者应该更广泛地采用启发式思维模式，使得创业者能够在复杂、不确定条件下更迅速地采取措施，并且产生具有前瞻性的决策模式。

(3) 商业模式

创业者在确定商业模式的过程中，如果面临着不确定性和复杂性条件，可以通过先小步骤试验，然后逐步地加大投入以对机会进行反复锤炼，直到商业概念得到完美展现为止。这就是所谓的"试错"过程。

---

① 赖晓、丁宁宁、徐荃子：《创业过程中不确定性问题及其处理方式研究述评》，《商业时代》2010年第7期。

(4) 资源获取

在不确定性条件下，创业者通过嵌入社会网络、积累社会资本，帮助自己识别更好的创业机会，以及由外部获取资源。通过网络关联而进行的社会交易能帮助创业者以更低的价格获取资源。

11.4 企业传承

研究表明，全世界只有2%的公司能够活50年以上。一个出色的创业企业凭借其完善的管理机制、具有前瞻性的商业发展模式、稳定积极的企业文化等因素，有可能成为基业长青的百年老店。但是作为创业企业的领导者，作为一个自然人，终究会因为年龄、疾病、心理等原因而不得不退出企业的管理领导工作，那么创业企业将不得不面临着一个重大的变革和挑战——企业传承。能否把握好企业传承的内容和核心，能否妥善地采用合理的传承方式以及是否培养恰当的接班人，都将关乎企业未来的命运和发展。

创业标杆

连捷集团董事长许清流谈家族传承

我们是改革开放30年来的第一拨二代接班人，我们这代人承上启下的作用显得更加重要。如今正在交接班的还有更年轻的90后一代人，他们也开始在各个行业的舞台崭露头角。相对于欧美企业来说，受儒家文化影响较深的中国企业有比较强的父业子承的观念。作为比较年轻的一代人，我们可能都面临着同样的问题——“这个年轻的二代能扛起大任吗？”

年轻的二代应该和父辈形成怎样的沟通心态？又应该以什么样的心态去传承基业？我认为：第一，请承认，你的就是我的。年轻人要大胆说出自己内心的想法，你跟父辈说“你的东西早晚是我的”。作为老一辈，当他听到年轻一代有自信，并有想法来找他们要资源，他们一定也很乐于助你一臂之力。每一个父辈都希望能给予子女更多的帮助和支持，就像我父亲许连捷一样。作为年轻人，我们要做的是，大胆说想说的，大胆去做想做的。第二，年轻人要学会勇敢担当。作为家中的长子长孙，作为公司和家族企业的负责人，或者尽管自己只是“打工的”，但是当上一代人给予了你丰富的资源和高起点的平台，你就要为你所获得的一切去勇担当，敢担当。更重要的一点是，年轻人不仅要有担当，还要有回馈社会的责任心。第三，请父辈们相信，信任比规定更有用。记得我刚毕业从家中承担家业，父亲给予我信任，也给予我无形的压力。但是我相信，压力的反面就是动力，这更容易激励年轻人去闯。对于父辈们来说，其实要懂得选择恰当的时机放手，让我们这些年轻人自己去试试看。第四，允许年轻人犯错，越早犯错成本越低。有人说，30岁之前赚到大钱是一种悲哀，这话有一定道理。年轻人创业之初，父辈给了你一笔钱，你不用担心这笔钱是不是能赚到更多的钱，最好你把这笔钱全亏了。在这个过程中，你摔得越痛，越能总结经验教训。请相信，越早犯错，成本越低。当父辈们把企业做到100岁了再交给接班人，届时犯错成本会急剧攀升。

（许清流系恒安集团CEO许连捷之长子，1979年出生的他现任连捷国际投资有限公司董事长，专注于公用事业、股市、国内金融行业的投资，目前系福建亲亲股份有限公司最大股东，泉州商业银行大股东。）

11.4.1 企业传承的内容

一个能够持续发展的企业必然有着合理的可传承的要素和内容，因此，把这些经过前人总结过的经验和教训认真地传承下来，必定对企业将来的发展大有好处。传承内容的基础是技术，关键是管理，核心则是文化。

(1) 技术的传承

技术传承相对而言是最简单的一项传承内容。目前技术传承的问题主要有：一是人的传帮带坚持不好，特别是新进员工的培训提高不系统，专家、专业人才的培养体系不完善。二是资料的总结、积累、整合不够，这不仅是一个技术积累的过程，更是一个技术提炼升华的过程，这是传承的基础，更是创新的基点。三是技术成果的总结推广力度不够，技术信息的采集传播渠道不畅，致使企业外部已经成型的成果内部还要去研发，企业内部这个地方已经解决的问题在其他地方出现时还要重新组织攻关，甚至最后都解决不了。四是专有技术的市场优势体现不够、专利意识不够，作为专业化的企业集团，专业不是挂在嘴上的，是需要一些专有技术和专利技术做支撑的。

(2) 管理的传承

企业的发展需要管理相对稳定，企业的管理需要在继承中不断提高，需要循序渐进。盲目改变或者没有合理继承管理的方式很可能造成很多不必要的成本。

① 管理模式的传承

企业有很多种管理模式，每种模式都有不同的优势。但是，一个企业的基本管理模式需要保持相对稳定，一经选定就不可随意更改，多变必乱，因为每次管理模式的大的调整都意味着一系列管理思路的变化。

② 管理思路的传承

思路决定出路，思路变则出路变。如果不是非常成熟的变化决策，出路变则即便不走歧路，也要走弯路。再大的企业也是有限企业，能力有限，实力有限，歧路、弯路走多了，企业还能走多远？

③ 管理体系的传承

管理体系是各项管理思路得以落实的基础。但是，这种架构肯定也是在经过很多论证和检验之后做出的选择，必然有其科学合理的一面，每个系统都有其独特的功能。一方面，要挖掘和发挥好其科学合理的作用；另一方面，要知道一个体系功能发挥的好坏，不仅取决于本身的科学性，同时也与执行体系的人、执行体系的思路有很大关系，对于我们企业目前尚未完善的管理体系来说，后者更是影响巨大。事实上，仔细观察一下身边的企业，或者对比一下我们企业内部基层子分公司的发展轨迹，应该不难发现这一事实。因此，目前来说，与其花费大量精力去考虑这些系统存在是否必要，不如集中精力思考如何更好地发挥其作用。

(3) 企业文化的传承

企业文化正是凝员工之心、旺员工之志、聚员工之力、盛企业之事的根本。企业文化的养成不是一朝一夕的事，需要随着企业的发展不断积淀、不断挖掘、不断整合，也需要随着社会的进步不断总结、不断创新、不断升华，因此需要传承。

11.4.2 企业传承的形式

(1) 家族信托

家族信托是一种信托机构受个人或家族的委托，代为管理、处置家庭财产的管理方式，以实现富人的财富规划及传承目标。在家族信托中，资产的所有权与收益权相分离，富人一旦把资产委托给信托公司打理，该资产的所有权就不再归他本人，但相应的收益依然根据他的意愿收取和分配。家族信托能够更好地帮助企业家规划“财富传承”，并确保家族企业的控制权不因继承、子女出售等原因而分散。洛克菲勒家族、肯尼迪家族，都已借道家族信托、家族基金会的财富传承机制，成就了家族财富的基业长青。

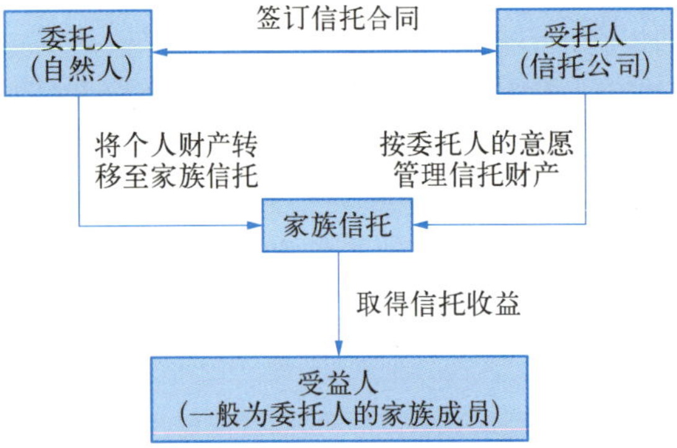

图 11.4 家族信托机制

(2) 内部传承(高管晋升)

① 内部职业经理人。子女不适合接班时，可以考虑从企业选拔内部经理人。内部经理人在企业历练多年，在能力、业绩、人脉上都能帮他建立足够的威信，赢得大家的信服。他的继任有利于增强企业的凝聚力、向心力，有利于调动人才的积极性，有利于企业的稳定和发展。

② GE 模式。这是从内部原有员工中选取优秀继任者的经典模式。通用电气公司在接班人选择方式上形成了一套制度，这套制度有四个特点：一是接班人是集体选拔出来的；二是制度化选拔，接班人是经过严格的竞选机制选拔出来的；三是有效的继任规定；四是制度化的人才保证。公司留住候选人的办法包括无投票权的股票和入股权证，而不是某种承诺。

(3) 外部传承(职业经理人)

通过挑选外部优秀的职业经理人来继承企业的领导权。从能力上看，外部寻找要强于内部培养。这是因为外部可选的空间大，选到能力强的职业经理人的概率较高。当然，由于企业的产权属性，难以让职业经理人真正施展才华，这就要求家族企业谨慎地选择外部经理人。

从西方的家族企业成功传承的案例中我们不难看到，职业经理人传承制度无疑是一种行之有效的传承模式。在我国，要建立健全职业经理人市场，一方面要破除民营企业继承模式的单一化，逐渐引入、深化职业经理人继承制度；另一方面要努力培育职业经理人市场，积极培养优秀的职业经理人队伍。国家必须制定相应的法律法规，建立较为完善的职业经理人的诚信机制和相应的制约机制：既要赋予职业经理人适度的权利，从制度上保护职业经理人的合法权益，又要保障企业的根本利益。

(4) 家族内部的继承

这种传承方式又称"子承父业"，是指创始人退休以后，由其子女直接即位，担任企业的领导者。这种接班模式在中国目前较普遍，它不仅是感情上的偏向所致，更是传统伦理、市场环境、产权属性等多种因素决定的。它比较符合中国的传统伦理和现实情况，是一种较现实和能够接受的选择方式。基于东方文化的影响，许多民营企业家早早便认定了"子承父业"的宿命。

创业标杆

洛克菲勒家族

洛克菲勒家族发展到现在已经是第六代了，依然如日中天、独"富"天下。在今天的美国，要完全躲避这个家族的影响几乎是不可能的。毫不夸张地说，洛克菲勒家族在过去150年的发展史就是整个美国历史的一个精确的缩影，并且已经成为美国国家精神的杰出代表，影响着世界各地的人们。

假如老洛克菲勒活到今天，他的财富将比全球前十大富豪的总资产还多10%。这些惊人的财富除了用于慈善，大部分被他传给了儿子小洛克菲勒。小洛克菲勒又分别在1934年、1952年设立一系列信托，把财富传给妻子、子女和孙辈。在信托委员会和别名"5600房间"的家族办公室的打理下，老洛克菲勒当年积累的财富已传递给家族第六代成员。

经历了一个多世纪的洛克菲勒家族，仍在续写着辉煌的历史，洛克菲勒的后代们没有整天躲在房间里计划如何守住自己的财富，不让金钱落入别人口袋，而是积极地参与文化、卫生与慈善事业，怀着富有的负罪感将大量的资金用来建立各种基金，投资大学、医院，让整个社会分享他们的财富。

在20世纪的绝大部分时期，"洛克菲勒"就是"美国财富和权力"的同义词。"富不过三代"似乎是铁一样的定律，然而洛克菲勒家族从发迹至今已经绵延了六代。

11.5 创业失败

企业会成长，但更多的是失败，如何从失败中学习是创业者在成长道路上必须学会的重要课题。

11.5.1 创业失败的概念

(1) 狭义的创业失败

创业企业因为资不抵债而不能继续经营，创业者被迫关闭企业或者出售企业，这是狭义上的创业失败。公司的破产(bankruptcy)、清算(liquidation)、注销(cancellation of registration)等都是狭义创业失败在实践中的表现形式。然而,无论破产、清算还是注销,都不能表明创业者是被迫关闭企业。一种可能是尽管创业者决定对企业实施破产、清算或者注销,但这是一个主动的选择,因为创业者已经盈利,甚至超出之前的预期。另一种可能是创业者由于年龄或健康问题而主动关闭企业。还有一种可能是创业者希望经营另一家企业而主动关闭当前企业。因此,创业者关闭或出售企业并不一定是因为创业失败。此外,破产、清算或者注销本身只是创业退出方式(entrepreneurial exit),也可能为创业者带来收益(或者避免损失)。因此,我们不能将破产、清算、注销等同于创业失败,混淆企业关闭、企业失败、创业者失败等概念,要能辨识创业失败现象。

(2) 广义的创业失败

部分创业者在创业过程中没有取得预期结果,如未获得融资、研发失败、谈判破裂等,这是一种广义的创业失败。创业过程中存在大量的不确定性,创业者制定决策常会出现失误,因此阶段性的创业失败在所难免。与狭义创业失败相比,广义创业失败给创业者的打击适度,对创业者来说具有更高的学习价值。“但凡没有打败你的,将使你变得更为强大(What doesn't kill you makes you stronger)。”创业者正是经历一次次的创业失败,并从中恢复、学习,才逐渐成长、成熟起来的。

虽然广义创业失败时常发生并有宝贵的学习价值,但狭义创业失败对创业者有更严重的负面影响。因此,本章主要讨论如何从狭义创业失败中恢复、学习,以及如何管理创业失败。

11.5.2 创业失败的原因

无论是否愿意承认这个事实,多数创业企业会在三年内倒闭。换言之,只有少部分创业企业可以成功。多数研究都发现大多数创业失败的原因是在创业者能够控制的范围之内的,布鲁诺(Bruno)、雷德克(Leidecker)及哈德(Harder)发现了三类主要的创业失败原因:产品/市场问题、财务困难及管理问题。

有很多原因导致创业失败,理解创业失败的真实原因对于创业者从失败中学习非常重要。但是创业者并不是从失败原因本身学习,而是从自己对失败的主观认知(或解释)中学习。因此,创业者如何解释(归因)创业失败比“失败事实或真相”本身更重要。

多数创业者认为自己可能会将创业失败归为内因或外因,但实际情况可能更加复杂。一是创业者不仅会考虑失败因素的根源(内部或外部),还会考虑失败因素的稳定性(稳定或者变化);二是创业者可能会有“辩证思维”,不会简单地将失败原因归于某个单一因素,而是同时归因于多个因素。社会心理学家海德(Heider)认为任务绩效取决于个体力量(能力与努力)和环境力量(难度与运气)的匹配,四个力量可以组成一个归因矩阵。归因矩阵的一个维度被称为因果根源,分为个体内部和外部因素;另一个被称为相关因素的稳定性,分为稳定与可变因素,如图11.5所示。

创业者把创业失败归因于外因还是内因会受到当地文化的影响,包括对新事物的包容度、对失败的包容度、文化开放度等。

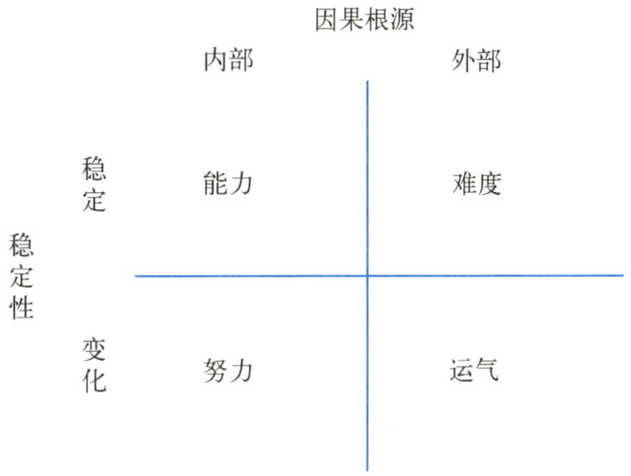

资料来源：Heider，Fritz. *The Psychology of Interpersonal Relations*. New York：Wiley. 1958.

图 11.5 成功与失败的归因

11.5.3 创业失败学习

创业者为培育和发展自己的创业能力或技能会学习与创业有关的直接和间接经验。学者斯米勒(Smilor)认为："高效的创业者都是杰出的学习者，他们从一切事物中学习。更重要的是，他们善于从失败中学习。"创业失败给创业者提供重要的学习机会，从失败中学习比从成功中学习更具价值。经历创业失败等非常事件可以增加创业者的主观知识积累，因此，失败情境下的创业学习是有必要的。

一般认为，创业者通过分析失败原因，进而充实创业和企业管理知识。但实际并非如此简单，创业者如何从失败中学习是个复杂的过程。

研究发现，创业失败归因方式决定了创业者能否从失败中学习以及如何学习，创业学习的方式影响了随后的创业意向和创业绩效，如图 11.6 所示：

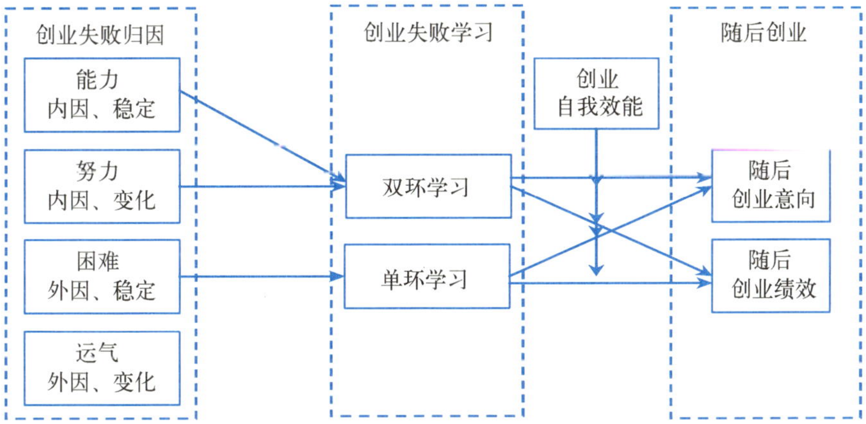

资料来源：于晓宇、李厚锐、杨隽萍，《创业失败归因、创业失败学习与随后创业意向》，《管理学报》2013 年第 8 期。

图 11.6 创业失败归因、创业失败学习以及随后创业意向、创业绩效概念模型

模型描述了创业者从创业失败中恢复、学习的过程。首先，创业者对创业失败原因进行解释，有四种归因可能(能力、努力、困难和运气)。如前所述，归因结果可能并不唯一，

但创业者一般会将某一种原因归为导致创业失败的主要因素。其次，归因结果决定了创业者从创业失败中学习的方式。如果将失败归因为能力或者努力，则创业者更倾向于双环学习，对创业动机、关键决策的前提和假设进行反思。如果创业者将创业失败归因为困难，那么更倾向于单环学习，对错误进行反思并提出可能的解决方案。最后，双环学习往往产生很高的负面情绪，因此会降低创业者的随后创业意向。虽然双环学习获得的知识可能提高随后创业绩效，但可能得不到检验这些知识的机会。单环学习很少伴随强烈的负面情绪，创业者通过单环学习对问题、错误提出解决方案，因此常会提高随后创业的意向。当然，这些解决方案可能“治标不治本”，并可能导致再次失败。

以上过程部分解释了为什么有的创业者对创业失败有了深刻反省，但却“无心恋战”，放弃再次创业；而有的创业者仅从创业失败中学到一些皮毛，很快重整旗鼓，选择再次创业，结果却是“一败再败”。打破这个“魔咒”的途径是创业者提高自我效能，抵抗双环学习对随后创业意向的磨损，通过再次创业检验学习成果。

11.5.4 创业失败管理

创业失败为创业者提供了宝贵的学习和成长机会。创业教育家蒂蒙斯(Timmons)曾说，“即使创业失败，但是创业者并未失败。创业失败常常是创业者的学习经验和职业领悟提炼的过程。”创业者必须认识到，创业失败是创业实践的重要组成部分，创业者不应该回避失败，而是主动管理失败。以下是如何管理创业失败的建议：

(1) 具备创业失败的心理准备

创业充满着不确定性，而失败本质上就是探索不确定性的一种方式。创业失败是普遍存在于创业过程中的现象，给创业者带来沉重的失败成本。面对这样一个事实，创业者应该提前做好创业失败的心理准备，降低失败带来的心理打击，从容应对失败并快速从失败阴影中走出来。

(2) 洞察创业失败前的信号

创业失败之前会出现一些预警信号，创业者应谨慎地洞察这些信号。这些信号包括财务管理松弛、糟糕的现金流、资金周转困难、公司核心人员接连离职、客户持续流失、供应商突然要求现金付款等。创业者洞察到这些失败的预警信号后，就要采取行动，寻求避免失败的方法，或者提前制定应对创业失败的计划。

(3) 敢于面对、承认创业失败

当创业企业资不抵债濒临破产时，创业者应敢于面对失败，承认失败在所难免，并有计划地做好失败准备和应对措施，尽快失败。创业者不要升级承诺，对濒死企业不断“输血”，可以选择“主动失败”，避免创业企业陷入“死而不僵”导致更多财务损失的困境。

(4) 选择合适的创业退出方式

创业退出是创业过程的重要环节，创业者在创业之前就应该想到的，而不是在创业失败的时候才去考虑。选择合适的创业退出方式是管理创业失败的重要举措，有助于规避创业失败带来的巨大损失。以下列出创业者可能采取的退出方式，主要包括破产、出售、清算和被收购。

本章要点

1. 企业成长阶段分为孕育期、婴儿期、学步期、青春期、盛年期、下滑期、贵族期、官僚化早期、官僚期和死亡九个阶段。

2. 企业成长战略包括价值创新战略、内部成长战略、外部成长战略。

3. 企业成长是一种复杂的社会经济现象，在企业的成长过程中面临着不确定性和复杂性。

4. 企业可以在机会创造与利用、决策模式、商业模式和资源获取等方面采取措施应对不确定性和复杂性。

5. 企业传承内容的基础是技术，关键是管理，核心则是文化。

6. 企业传承的形式包括家族信托、内部传承、外部传承、家族内部的继承等形式。

7. 狭义上的创业失败是指创业企业因为资不抵债而不能继续经营，创业者被迫关闭企业或者出售企业；广义的创业失败是指部分创业者在创业过程中没有取得预期结果，如未获得融资、研发失败、谈判破裂等。

8. 创业失败给创业者提供重要的学习机会，从失败中学习比从成功中学习更具价值，但创业者如何从失败中学习是个复杂的过程。

9. 创业者必须认识到，创业失败是创业实践的重要组成部分，创业者不应该回避失败，而是主动管理失败。

思考题

1. 企业成长有哪几个阶段？要克服哪些障碍？

2. 创业企业成长战略都有哪些？

3. 如何克服企业成长的复杂性和不确定性？

4. 创业管理和传统职能管理有哪些区别？

延伸性阅读

[1] Kiss, A. N., & Barr, P. S. (2015). New Venture Strategic Adaptation: The Interplay of Belief Structures and Industry Context. *Strategic Management Journal*, 36(8), 1245 - 1263.

[2] 弗拉姆豪茨、兰德尔著，黄震亚、董航译：《企业成长之痛：创业型企业如何走向成熟》，清华大学出版社2011年版。

[3] 伊迪丝·彭罗斯著，赵晓译：《企业成长理论》，上海人民出版社2007年版。

[4] 张维迎：《竞争力与企业成长》，北京大学出版社2006年版。

[5] 张玉利等：《创新型中小企业成长基因》，经济科学出版社2015年版。

第 12 章
创业法务

关键词

知识产权　劳动法　合同法　财会制度　法律诉讼　互联网创业与法律

学习目标

学完本章后,你应该能够:

1. 了解知识产权的主要内容及其运用;
2. 掌握创业涉及的基本法律常识;
3. 了解创业各个阶段可能会遇到的法律问题;
4. 知道经济纠纷的解决途径;
5. 创业过程中若遇到法律问题,懂得该如何求助。

要使事物合乎正义(公平),须有毫无偏私的权衡;法律恰恰正是这样一个中道的权衡。

——亚里士多德

案例导读

滴滴深陷入知识产权纠纷

小桔科技的滴滴打车最初称为“嘀嘀打车”,“嘀嘀”是手机 APP 一大成功案例,2012 年从一个名不见经传的小公司,在 2014 年便获得了腾讯集团千万美元的投资。仅仅几年时间,滴滴打车的市场份额已经达到 60%以上,甚至一度订单数狂超淘宝等企业,如此迅速的成功速度,让很多高新企业望尘莫及。

然而就在市场美誉度、收益度获得巨大成功的同时,其面临的商标隐忧和知识产权纠纷也不断上演。2014 年浙江两家公司向中级人民法院提起诉讼,认为该打车软件侵犯了其商标权,要求其停止侵权并赔偿近亿元人民币。此案公布之日起,嘀嘀打车也立即做出反应,不得不将打下半壁江山的“嘀嘀”更名为“滴滴”。除去大家已经熟知的“滴滴”“滴滴打车”“滴滴专车”“滴滴拼车”和“滴滴顺风车”等品牌外,滴滴打车还布局了“滴滴大学”“滴滴地图”“滴滴导航”“滴滴公交”“快滴之家”和“滴米”等品牌。

图片来源:中商情报网

更名之后,“滴滴”并未摆脱商标侵权的官司,同年,广州某公司又对“滴滴”提起商标侵权诉讼,广州某公司拥有 38 类“滴滴”、35 类“滴滴”商标。小桔科技公司在各大软件平台向公众提供“滴滴”“嘀嘀”字样,与原告的商标核准使用的服务相同和近似。目前法院已经受理此案。

很多公司创业之初,“商标”仅仅是起一个贴合市场的便于打入市场的名字,然而这个名字却涉及了知识产权的范畴。小桔科技公司在花巨大精力布局商业模式、研究市场需求、多方获得融资的同时,却忽略了知识产权的战略布局。在中国市场经济新兴的大环境下,众多高新企业蓬勃发展,知识产权却时常被忽略。在公司运行之初,没有知识产权的管理意识,运行之中不注重知识产权的保护已经是很多公司的常态,只有在进行巨额赔偿或致命的打击时才意识到当时的重大失误。可见增强知识产权的保护意识是多么的重要,无疑是众多创业公司必修的一课。

(资料来源:http://www.haotm.cn/news.htm?id=6959.)

创业离不开法律,即使是现在的市场“独角兽”滴滴也在创建之初陷入过知识产权纠纷。因此,创业者必须知道:创业者市场主体(企业)的确立、公司治理与终止以及创业者之间的权利义务关系、企业与员工的关系、企业运营中的风险防范等。

本章将把创业的法律问题展现给您,帮助您规避法律风险,为您的创业之路保驾护航。

12.1 知识产权

12.1.1 知识产权概述

知识产权(intellectual property right)是指人们对于自己的智力活动创造的成果和经营管理活动中的标记、信誉依法享有的权利。知识产权是一种无形财产权,它与房屋、汽车等有形财产一样,都受到国家法律的保护,都具有价值和使用价值。

知识产权主要包括四个方面:专利权(包括发明专利、实用新型、外观设计)、商标权、版权和商业秘密。

12.1.2 专利权

专利权是知识产权中的主要部分,指专利权人对发明创造享有的专有权,即国家依法在一定时期内授予发明创造者,或者其权利继受者,独占使用其发明创造的权利。专利权是一种专有权,这种权利具有独占的排他性。非专利权人要想使用他人的专利技术,必须依法征得专利权人的授权或许可。专利被喻为 21 世纪角逐世界市场的“利刃”,在市场竞争中的作用巨大。专利在各种知识产权中受到的保护最强,一项发明创造一旦申请并获得了专利权,就受到了国家强有力的保护。我们可以说拥有了专利权,创业的企业就拥有了核心竞争力。创新产品的专利保护是科技型创业企业发展壮大的重要保障。

专利权的法律保护具有地域性。一个国家依照其专利法授予的专利权,仅在该国法律的管辖范围内有效,对其他国家没有任何约束力,外国对其专利权不承担保护的义务,如果一项发明创造只在我国取得专利权,那么专利权人只在我国享有独占权或专有权。专利权的法律保护具有时间性。我国的发明专利权期限为 20 年,实用新型专利权和外观设计专利权期限为 10 年,均自申请日起计算。

专利权保护的对象有发明、实用新型和外观设计。我国专利法有如下规定:发明,是指对产品、方法及其改进所提出的新的技术方案,包含产品发明、方法发明和改进发明;实用新型,是指对产品的形状、构造或者其结合所提出的适于实用的新的技术方案;外观设计,是指产品的形状、图案或者其结合以及色彩与形状、图案的结合所做出的富有美感并适于工业应用的新设计。

(1) 专利与创业

2008 年 6 月 5 日,国家知识产权局颁布了《国家知识产权战略纲要》,确定我国要实施知识产权战略,提高自主创新能力。在这种形势下,科技型创业企业对专利的重视程度直接与企业的生存能力相关。对于创业团队而言,要避免侵犯其他企业的专利权。若创业企业取得了初步成功,却遭到相关专利权人起诉基础技术侵权,实际查证后发现也确实侵权了,而且权利人有可能不肯和解,坚持要求创业企业停止侵权,或者要求巨额赔款,或者要求很高比例的股份给专利权人入股,此时创业企业会陷入巨大的困境。因此,企业应采取规避专利侵权风险的措施。例如,在项目的立项阶段就应该做专利检索,避免侵犯同行业相关技术的专利权;条件许可的话,可以请专业的专利法律服务机构进行专利检索,即使检索出问题,专利律师还可以在产品上线前进行补救,即便将来发生诉讼,因为之前有专业的补救措施,企业也可以主动很多。

此外,创业企业也应该特别重视专利申请。在各种知识产权中,专利申请的时间较长,牵涉的精力较多、费用较高。但申请专利的好处也显而易见,最大的好处是专利建立的竞争壁垒非常高,如果成功,企业的独占优势会非常大,在市场竞争中相对会比较轻松。这方面,华为是中国企业的代表,华为利用专利与外资博弈频频取得胜利,但创业企业毕竟没有充足的人力、财力来申请,应该根据自身的特点制定合适的专利申请方案。发明专利申请费时、费力、通过率低,而实用新型专利无须实质性审查,相对申请费用低、时间短、符合形式要求就可以获得注册。此时,创业者可以把最核心的技术申请发明专利,周边技术申请实用新型专利。这样既节省费用和时间,也把自己最核心的技术用发明专利保护起来。

专利申请的时机和保护范围也非常重要。首先,专利申请的时机要恰当。世界上除美国和菲律宾外的大多数国家实行先申请制,但并非越早申请越好,企业应根据自身市场及技术发展战略来选择恰当的时机,但最迟应在产品上市之前将产品所包含技术方案申请专利,否则可能被其他企业抢先申请。其次,申请的权利范围要合适,权利范围窄,则专利覆盖范围窄,经济效益受影响,但专利较容易通过审查,获得授权;权利范围宽,专利不容易获得授权,但授权后覆盖范围宽,经济效益好。专利申请的地域范围很重要,要与企业的国际市场战略一致,掌握适度原则,在保护范围与成本之间合理平衡。

(2) 专利检索

专利检索的方法和技巧多样,快捷准确的检索方式可以使创业者对创业领域有更好的理解。简单来说,专利文献检索可分三种方法说明,分别是注意选词、考虑同义词、注意歧义。

专利检索的数据库很多,这里做简单介绍,各个企业和个人可以根据自身条件,综合应用这些数据库。① 各国的知识产权局官方网站。一般各国的知识产权局官网都提供专利检索及全文下载的服务,而且这些数据都比较权威,可信度高。缺点是只能查询某个国家或者地区的专利文献,且每个网站的查询方式和效率不同,只适合对特定区域某一专业领域专利技术的查询。② 德温特世界创新专利索引(Derwent Innovations Index, DII)是由德温特(Derwent,全球最权威的专利文献信息出版机构)共同推出的基于网络(Web)的专利信息数据库,这一数据库将德温特世界专利索引(Derwent World Patents Index, WPI)与专利引文索引(Patents Citation Index)加以整合,以每周更新的速度提供全球专利信息。德温特世界创新专利索引收录来自全球 40 多个专利机构(涵盖 100 多个国家)的 1 000 多万条基本发明专利,2 000 多万条专利情报,资料回溯至 1963 年。德温特世界创新专利索引提供德温特专业的专利情报加工技术,协助研究人员简捷有效地检索和利用专利情报,鸟瞰全球市场,全面掌握工程技术领域创新科技的动向与发展。但 DII 是一个付费的数据库,国内只有几家重点高校和中科院等大机构购买了版权。③ Google 是一个功能非常强大的网站，它设立了很多专业的分网站。比如在2006年，它推出了一款专门针对专利检索的分网站——www.google.com/patents，利用这个网站你能很方便地查询，尤其是针对美国专利，界面清晰，而且查询栏目全面。利用 http://scholoar.google.com 这个 Google 专门设立的科技网站，直接输入要查询的内容，不仅可以查到很多专利文献，而且可以查到许多国外期刊、杂志上记录的非专利文献。

12.1.3 商标权

商标作为一种私有财产权，受法律的承认和保护，并成为一种法律制度，始于19世纪。现代社会，商标是区别商品和服务不同来源的标记，是企业竞争力和市场价值的载体和表现形式，对企业的生存发展意义重大。

创业警示

三公司争“微信”商标

2010年11月，腾讯公司推出微信产品前，创博亚太公司就对计算机软件和通信服务两类业务提出了注册“微信”商标的申请。

图片来源：网易新闻

申请提出后，一位名叫张新河的年轻人，以个人名义提出异议。商标局审理后认为，创博亚太公司申请注册的“微信”商标容易使消费者产生误认并导致不良的社会影响，不予核准注册。创博亚太公司不服，经过商标评审委员会复议，依然裁定不予核准。

在此期间，一家名为北京联智昭阳文化传播公司的企业也参与到了“微信”商标的争夺中。腾讯公司的微信产品是2011年1月21日正式推出的，而在此之前，腾讯就已经对微信进行了一段时间的内测。但让人费解的是，微信正式推出三天后，腾讯才正式向商标局提出商标权申请。

因此，联智昭阳以7天的微弱时间优势抢了先，将“微信”商标权收入囊中。而联智昭阳公司在取得商标公告的半年前，就因未按规定参加年检而被工商局吊销了营业执照。目前，联智昭阳公司的“微信”商标已经被宣告无效。

根据商标局网站的查询结果，腾讯公司已经在2013年取得了“微信”注册商标。

（资料来源：http://news.xinhuanet.com/local/2015-03/11/c_127570848.htm.）

商标（trademark）是商品的生产者、经营者在其生产、制造、加工或者经销的商品上所采用的标志，用于区别商品的来源；商标由文字、图形、字母、数字、三维标志、颜色组合，或上述要素的组合组成。商标对于服务业同样非常重要，每一家银行、咨询公司或是旅行社的名称标识都是其品牌的体现，便于人们识别区分、提高竞争力。经国家核准注册的商标为“注册商标”，受法律保护。

与专利的期限规定不同，商标的持有可以通过续展而无限期拥有，只要该商标能持续地发挥其功能，其所有人就可以一直拥有该商标。根据《商标法》第二十三条规定，注册商标的有效期为10年，自核准之日起计算。有效期期满之前6个月可以进行续展并缴纳续展费用，每次续展有效期仍为10年。续展次数不限。如果在这个期限内未提出申请的，可给予6个月的宽展期。若宽展期内仍未提出续展注册的，商标局将其注册商标注销并予公告。

商标分类方式有多种：以人们感知商标的方式为准，可以划分为视觉商标、听觉商标和嗅觉商标（但目前我国法律明确规定商标的构成要素只能是可视性的，所以以声音为构成要素的音响商标和以气味为构成要素的气味商标不属于我国商标法意义上的商标）；以商标是否核准注册为标准，可以划分为注册商标与未注册商标；以商标的构成要素为标准，可以划分为文字商标、图形商标、立体商标和组合商标。

商标权的获得方式分为原始取得和继受取得两种。原始取得，又称直接取得，是指市场经营者依照《商标法》规定直接取得商标权的方式。继受取得，又称传来取得，是指市场经营者依法享有的商标权是依据法律规定或者合同约定从其他经营者那里获得的，其权利范围、内容等都以原有的权利为依据。商标注册应遵循自愿注册原则、单一申请原则、先申请原则、同日申请先使用原则和优先权原则。

(1) 商标与创业

商标通过确保商标注册人享有用以标明商品或服务，或者许可他人使用以获取报酬的专用权，而使商标注册人受到保护。保护期限为自商标注册公告之日起10年，但期满之后，另外缴付费用即可对商标予以续展，次数不限。续展的费用各国不同，续展要在规定的续展期内办理。商标保护一般由当地工商局配合调查，协商不成是由法院来实施的，在大多数制度中，法院有权制止商标侵权行为。从广义上讲，商标通过对商标注册人加以奖励，使其获得承认和经济效益，而对全世界的积极和进取精神起到促进作用。商标保护还可阻止诸如假冒者之类的不正当竞争者用相似的区别性标记来推销低劣或不同产品或服务的行为。这一制度能使有技能、有进取心的人在尽可能公平的条件下进行商品和服务的生产与销售，从而促进国际贸易的发展。

企业商标权的获得要重视商标的设计与选择及注册工作。商标的设计要具有显著性、避免与他人的合法权利相冲突、遵守法律的相关规定。商标注册过程中，一定要及时，以防被抢注，而且要有的放矢进行国际注册，并充分使用条约来保护自身商标权。

(2) 商标检索

商标检索是注册商标前非常重要的一个流程，通过检索在同个类别中是否存在相同或者相似的商标，可以大大降低商标注册被驳回的风险，提高通过率。商标检索的方式略不同于专利，这是因为商标除了文字形式外，还可以是图片、字母组合、三维形状等。文字商标的检索方式可以参照专利检索方式，图形商标的检索方式则比较复杂。由于图形商标检索查询的技术要求和工作难度决定了不可能以简单方式得出查询结论，因此图形商标在以往申请注册中基本是不予以查询的。近年来检索条件有所改善，但图形商标的简要查询也只是对某些容易识别的字头或图形进行直观查询和主观判断而已，通常不会特别仔细。现在主要的商标检索还是依赖于各国的知识产权局官方网站及马德里国际商标体系。通过输入商标名称文字，在所属类别内查看是否有相同或相似的商标。

12.1.4 版权

版权(copyright)即著作权，是指文学、艺术、科学作品的作者对其作品享有的权利(包括财产权、人身权)。版权是知识产权的一种类型，由自然科学、社会科学以及文学、音乐、戏剧、绘画、雕塑、模型、地图、拼贴画、拼图游戏、摄影和电影摄影等方面的作品组成。在学理上，根据性质不同，版权可以分为著作权及邻接权。简单来说，著作权是针对原创相关精神产品的人而言的，而邻接权的概念，是针对表演或者协助传播作品载体的有关产业的参加者而言的，如表演者、录音录像制品制作者、广播电视台、出版社等。

版权具有专有性、时间性、地域性和多项权力性等特点。根据我国法律规定，版权是给予作品原作者的权利，保护其作品不受非法印刷、复制或出版。版权有保护期限，且各个国家可能不同。在我国，版权的保护期限为作者终生及其死后50年。然而，版权只能对原创作品提供有限的保护。例如，对于计算机软件公司，虽然自身已取得软件著作权，且知道竞争对手的软件与自己的非常相似，也只有在完全抄袭他人代码时，法院才会判决其为侵犯他人著作权。也就是说，对于软件产品的功能性，如基础算法、数据结构及多媒体技术协议，著作权只能提供有限的保护。

版权可以自动取得或登记取得。按照著作权法规定，作品完成之时就自动取得版权。所谓完成，是相对而言的，只要创作的对象已经满足法定的作品构成条件，即可作为作品受到著作权法保护。关于版权登记，版权自作品创作完成之日起产生，版权登记不是取得版权的前提条件，但是版权登记证明文件是登记事项的一种初步证明，可以作为主张权利或提出权利纠纷行政处理或诉讼的证明文件。计算机软件，可由中国版权保护中心负责登记；其他具有独创性的作品，如文字、美术、摄影、电影、音乐、建筑作品及工程设计图等，可由省版权登记部门负责登记。在某些国家，作品如未登记，会产生一些不利后果。

随着互联网的普及，从获取软件、盗版游戏到免费下载的音乐拷贝，各种版权侵权事件此起彼伏，给各类科技型和基于创意的创业企业，特别是计算机软件类公司，造成了严重的损失。因此，依靠版权法维护自己的版权，建立并维持自身在市场中的竞争地位，对于每一个创业者都至关重要。那么创业者该如何行动，保护其知识产权呢？我们可以从以下几个具体公司类型来了解：

对于软件公司而言，对公司开发的软件进行及时登记是最重要的。公司首先向有关部门进行软件著作权登记，以确定自己对该软件的所有权。另外，对于盗版等侵权行为，可以寻求政府和法律部门的援助。必要时，采取法律手段维护自己的权益。此外，还应该知道取得的软件著作权的保护期限，以判断对方是否构成侵权。

对于各类唱片公司和音乐创作者而言，互联网的出现，使得创业者要控制盗版音乐变得难上加难。对于唱片公司，可以通过登记版权，并要求顾客为每首下载或拷贝的歌曲支付一定的费用，来减少自身的损失，虽然这种做法无法从根本上遏制盗版问题，但也不失为将损失降到最大限度的好办法。

当然，除了以上提到的计算机软件、歌曲等，对于书籍、文章、雕塑、模型、地图等，创业者也可以采取相应的措施，实现对自身创意、概念和智慧的保护。而对于别人已取得的版权，企业也可以通过购买、收购、兼并甚至合作开发来获得，以免造成对他人权益的侵犯，由此实现公平竞争、互利共赢。

12.1.5 商业秘密

随着市场竞争的日益激烈，在商战中决胜千里的关键在于对技术与经营信息的掌握。因此，商业秘密与商标、专利等知识产权一样，已成为企业取得并保持竞争优势的一个重要法宝。然而，对于商业秘密，潜心开发者有之，采取不正当手段获取者也有之。为保证商业秘密持有人的权利，制止蔓延的侵权，国家制定了专门的商业秘密保护法。

商业秘密(business secret)指在不为公众所知悉、能为权利人带来经济利益、具有实用性并经权利人采取保密措施的技术信息和经营信息。按照所涉及的领域和应当具备的标准，商业秘密可分为技术性商业秘密和经营性商业秘密。前者指技术诀窍或专有技术，是凭技能或经验产生的，如各种设计、程序、化学配方、工艺流程、制作方法等内容的信息；后者指具有秘密性质的经营管理方法及与经营管理方法密切相关的产品策略、客户名单、商业策划方案、货源情报、招标、投标中的标底及标书内容等信息。

并非所有的技术信息和经营信息都可以构成商业秘密，要成为商业秘密，必须符合秘密性、价值性、实用性、保密性等构成要素。

商业秘密虽能够为权利人带来经济利益，但其受法律保护的前提是企业已采取了保密措施。对于刚起步的创业企业或其他中小型企业而言，保护商业秘密的重要性不亚于大型公司。因此，每一个创业团队都要做到未雨绸缪、防患于未然，尽一切努力消除商业秘密泄露的隐患。例如，建立完整的保密规章制度，包括对产品的保密、对载体的保密、对过程的保密、对人员信息的保密、对供货渠道的保密等；与合作伙伴签订必要的保密协议、条款；公司内部限定网络的使用权限，防止网络泄密，包括黑客入侵和公司内部人员将涉密信息公布于网络；与公司员工签订保密协议，在雇员合约中规定哪些归属企业所有、哪些归属员工所有。例如，某电路板销售公司通过严守生产方法和工艺的秘密在竞争中占据优势地位，但公司员工学会了该方法和工艺后，创办自己的公司与原公司竞争，如果公司与该员工签订了保密协议，公司可以就该员工的上述行为以违反保密协议为由提起诉讼。

即使采取以上措施，也不能保证创业团队就可以高枕无忧，事实上，大部分商业秘密的泄露都是无意识的，这可能来源于员工的过分热情。为控制这类问题，创业者可以采取以下预防措施：训练员工就敏感性问题要向专人请示；避免在公共场所讨论业务；所有到办公场所的访客都必须有专人陪同；使用必要的简单的保密工具，如给文件柜上锁、为计算机设置密码、废弃文件粉碎、U 盘加锁等。

竞争，是客观存在的一种社会现象，反映了一种求胜心理。在商场上，竞争可分为正当竞争和不正当竞争。在创业时，我们鼓励创新，在经营活动中按照公平、公正、自愿、平等、诚实信用的原则和公认的商业道德进行合法的竞争。而面对不正当竞争，特别是面对商业秘密的侵权，要采取相应的法律措施，进行合法的自卫。

12.2 劳动法

创业警示

王茁的劳动关系纠纷

2014年5月13日，王茁被上海家化解除总经理及董事职务，理由是王茁的工作责任心不强，导致普华永道对该公司内部控制出具否定意见的审计报告，并被媒体负面报道，对公司造成恶劣影响，为严重失职。王茁于2014年6月4日向上海市虹口区劳动人事争议仲裁委员会申请仲裁，要求恢复劳动关系。仲裁裁决支持了王茁的要求，上海家化不服起诉。

一审法院认为，上海家化并无证据可证明《内部控制审计报告》中指出的重大缺陷是由于王茁个人严重失职、严重违纪造成，其诉求未得到一审法院的支持。上海家化不服上诉。2015年9月25日，上海二中院做出了终审判决，维持了一审上海家化联合股份有限公司与王茁恢复劳动关系的判决。随后上海家化给王茁安排了新职务，要求他每周提交不少于2万字关于中国文化研究的进展报告，薪酬为6 000元/月。

（资料来源：http://www.haufe.cn/news/d-21023.html.）

12.2.1 劳动合同事务

随着国家的发展和经济的进步，劳资关系越来越复杂，出现了许多新问题和新情况，1994年《劳动法》中的许多规定已经不能适应现实，因此新《劳动合同法》于2007年6月29日由第十届全国人民代表大会常务委员会第二十八次会议通过，2008年1月1日正式施行。新的法律规定带给企业许多新的保证，同时也提出了许多新的要求。新《劳动合同法》共8章，98条。其主要内容包括总则、劳动合同的订立、履行和变更、解除和终止、特别规定（集体合同、劳务派遣、非全日制用工）、监督检查、法律责任、附则等。

(1) 关于试用期和签订劳动合同

签订劳动合同的期限在3年之内的，试用期不得超过2个月。与以前相比，同样条件下的试用期从原来的3个月减少到现在规定的2个月，缩短了1个月。同时新《劳动合同法》规定，企业和员工必须在1个月之内签订劳动合同，否则企业应当按2倍的工资向劳动者支付。

(2) 劳动合同备案制度

用人单位和劳动者签订劳动合同，在解除劳动关系之后，企业应当保存该劳动合同2年以备查。

(3) 劳动者向用人单位支付违约金问题

以前劳动法不允许企业向劳动者收取培训方面的违约金，在实践中显失公平，不利于企业。比如，企业招聘新的人员进行了系列培训，在培训刚结束能使用的时候，劳动者便辞职跳到同行,给企业造成直接经济损失。新《劳动合同法》规定,今后就类似问题,企业可以要求劳动者支付违约金。

(4) 关于劳务派遣

新《劳动合同法》在第五章"特别规定"中,从第57条到第67条专门规定了劳务派遣制度。这是针对企业的非核心员工和国内劳务市场的实际设立的一种制度,值得关注。

(5) 合同期限

新《劳动合同法》的出发点是稳定和谐的社会方式,因为规定了几种不固定期限的劳动合同的条件。

12.2.2 新《劳动合同法》下企业要注意的问题

(1) 对核心员工和非核心员工要区别管理

核心员工是企业的骨干力量,企业80%的利润来自20%的核心员工。在这种情况下,对核心员工的各种顾虑、福利、待遇等,应当处理到位。非核心员工的管理,有条件的企业建议采用劳务派遣的方式操作,其实等于人事风险和所有事务的外包。这种情况下,企业只要每月缴纳每个员工几十元的管理费用给人才服务机构即可,所有的相关问题包括社会保险、福利、薪资等全部外包处理。当前在欧美发达国家,除了营销之外,生产、销售、财务、采购、人事等基本采用外协群处理即外包的方式。

(2) 对劳动合同中培训违约金做出约定

许多企业都存在类似的问题。企业刚培训完员工,员工就离职了,还不支付违约金,这给企业带来了很大的损失。新《劳动合同法》的出台,有效解决了这个问题:一方面,员工如果在培训期间离职,企业可以要求支付违约金,能收回成本;另一方面,员工经过培训必然能提高工作能力和整个工业的能力,此外还可以促进培训业的规范发展。

(3) 缴纳员工社会保险问题

许多员工也许会提出将社会保险的费用加在工资里,以提高收入水平。在新《劳动合同法》施行之后,企业尤其要注意,因为新《劳动合同法》中有许多强制的规定,例如,在订立劳动合同时要写明社会保险缴纳,在劳动合同制度监督检查时尤其要对用人单位参加各项社会保险和缴纳社会保险费的情况进行检查。因此,企业如果漏缴或未缴社会保险的话,还需要补缴。

12.3 合同法

创业警示

两家工厂的合同纠纷

2000年5月12日,甲、乙两厂签订购销合同。双方约定:乙厂供应甲厂洗衣机零配件5万套,每套价格10元;乙厂于同年6月10日,每月交货1万套;甲厂于签约后10天内付乙厂定金5万元;乙厂每月月底交货,甲厂收货后10天内验货付款;违约责任为未履行货物价款的5%。甲厂依约付给乙厂定金。在乙厂履行了第一、二批交货义务后,适逢一外商紧急求购这种洗衣机零配件,出价远远高于甲厂在合同中约定的价格。于是乙厂就另和外商签订了以这种洗衣机零配件为标的的购销合同。由于生产能力有限,乙厂遂不再履行其与甲厂签订的购销合同,要求解除第三、四、五批的合同。甲厂不同意解除合同,并要求乙厂支付违约金并双倍返还定金。乙厂认为,甲付给其的5万元定金根本没有投入使用,况且合同才签订3个月,也没有给甲厂造成实际经济损失,双倍返还定金并支付违约金显失公平。因此,乙厂只同意返还甲厂的5万元定金。于是甲、乙两厂发生纷争,甲厂起诉到法院。

12.3.1 合同概述

签订合同是许多创业者都会面临的现实问题。如何签订一份高质量的合同,就需要在签订合同时注意许多细节。

(1) 合同的含义

合同是现代民法最重要的法律概念之一,有广义和狭义之分。广义的合同是指一切以明确权利和义务为内容的协议,包含所有法律部门中的合同关系,不仅包括民法中的合同,还包括行政法规中的行政合同、劳动法中的劳动合同等。狭义的合同是将合同仅仅看成民事合同,即民事主体设立、变更、终止民事权利义务关系的协议。《合同法》对合同的定义:"本法所称合同是平等主体的自然人、法人、其他组织之间设立、变更、终止民事权利义务关系的协议。"可见,合同法中的合同是狭义的合同。

(2) 合同的形式

即合同双方当事人关于建立合同关系的意思表示的方式。中国的合同形式有口头合同、书面合同和经公证、鉴证或审核批准的书面合同等。

① 口头合同:即以口头的(包括电话等)意思表示方式而建立的合同,但发生纠纷时,难以举证和分清责任。不少国家对于责任重大的或一定金额以上的合同,限制使用口头形式。

② 书面合同:即以文字的意思表示方式(包括书信、电报、契券等)而订立的合同,或者把口头的协议做成书契、备忘录等。书面形式有利于分清是非责任、督促当事人履行合同。中国法律要求法人之间的合同除即时缔结者外,应以书面形式签订,其他国家也有适用书面合同的规定。

③ 经公证、鉴证或审核批准的书面合同:合同公证是国家公证机关根据合同当事人的申请,对合同的真实性及合法性所做的证明。经公证的合同,具有较强的证据效力,可作为法院判决或强制执行的依据。对于依法或依约定须经公证的合同,不经公证则合同无效。合同鉴证是中国工商行政管理机关和国家经济主管部门,应合同当事人的申请,依照法定程序,对当事人之间的合同进行的鉴证。鉴证机关认为合同内容有修改的必要时,

有权要求当事人双方予以改正。鉴证机关还有监督合同履行的权利，故鉴证具有行政监督的特点。目前中国合同鉴证除部门或地方性法规有明确规定的以外，一般由当事人自愿决定是否鉴证。合同的审核批准，是指按照国家法律或主管机关的规定，某类合同或一定金额以上的合同，必须经主管机关或上级机关的审核批准时，这类合同非经上述单位审核批准不能生效。例如，对外贸易合同即应依法进行审批程序。

(3) 合同的内容

合同的内容由当事人约定，依合同的具体含义不同而有所不同。合同作为一种民事法律关系，其内容是指当事人享有的债权和承担的债务。合同作为一种法律文书，其内容是指据以确定合同当事人权利、义务和责任的合同条款。一般包括以下条款：① 当事人的名称或者姓名和住所；② 标的；③ 数量和质量；④ 价款或报酬；⑤ 履行期限、地点和方式；⑥ 违约责任；⑦ 解决争议的方法。当事人可以参照种类合同的示范文本订立合同。

12.3.2 合同订立

(1) 合同的订立

合同的订立，是订立合同双方当事人做出意思表示并达成一致的一种状态。

合同成立是合同订立的重要组成部分。由于合同成立反映的是当事人自由协商的结果，尚不涉及法律的肯定或否定的评价，因此它只需具备以下几个要件即已足够：

① 订约人。订约人是实际订立合同的人，既可以是未来合同关系的当事人，也可以是合同当事人的代理人。

② 意思表示一致。订约人须就合同条款至少是主要条款达成合意，合同才成立。

③ 合同的成立应具备要约和承诺阶段。要约、承诺是合同成立的基本规则，也是合同成立必须经过的两个阶段。如果合同没有经过承诺，而只是停留在要约阶段，则合同未成立。

(2) 合同成立与生效的区别

① 合同的成立

关于合同应具备何种一般要件才可成立，通常有以下几种观点：第一种观点认为，合同的一般成立要件包括双方当事人、意思表示 致和以订立合同为目的。第二种观点认为，合同的成立要件须有双方或多方当事人、对主要条款达成一致、具备要约和承诺阶段。笔者认为，合同的一般成立要件只需意思表示一致即可。所谓意思表示，是指向外部表明意欲发生一定私法上法律效果之意思的行为。

② 合同的生效

合同的生效是指符合法定生效要件的合同，便可以受到法律的保护，并能够产生合同当事人所预期的法律后果。因此，合同的生效要件就是法律判断的标准问题。主要有以下一些要件：一是主体合格。当事人应具备订立合同的条件，这是毋庸置疑的。二是意思表示真实。即表意人的表示行为应当真实反映其内心的效果意思。合同是意思表示一致的产物，是一种当事人之间的合意。这种合意是否产生法律上的效力，取决于意思表示是否真实。三是行为不违反法律及社会公共利益。《合同法》第 52 条规定，违反法律、行政法规强制性规定的合同无效。法律、行政法规中的强制性规定在法律用语上往往表现为“禁止、必须、不得”等，它不允许有任何形式的违反。四是形式合法。《合同法》第 10 条规定，当事人订立合同，有书面形式、口头形式和其他形式。法律、行政法规规定采用书面形式的，应当采用书面形式。当事人约定采用书面形式的，应当采用书面形式。

③ 合同成立和合同生效的区别

合同成立是合同生效的逻辑前提。合同只有在成立之后才能进一步衡量其是否有效的问题。考察合同的生效，首先就必须考察该合同是否成立。合同虽已成立，但是否生效有待于进一步的判断。合同的生效时间与成立时间是有联系的，生效时间不能脱离成立时间而独立得到确定。

合同不成立和不生效的法律后果不同。合同不具备成立要件，产生的是不成立的后果。合同不具备生效要件，则产生无效等后果。合同如果缺乏某些条款或形式欠缺而不成立，当事人可以通过补正或者实际履行使合同成立。如果当事人没有采取补正措施，有过失的一方当事人则应根据缔约过失责任制度，赔偿另一方当事人所遭受的信赖利益的损失，表现在当事人之间产生民事赔偿责任。对于已成立但未生效的合同而言，无效标志着合同自始至终没有法律上的约束力，当事人必须停止履行。

合同的成立与否在某些情况下可以适用合同的解释方法使之成立，而对合同的效力而言，则不存在适用合同解释方法以使无效的合同转化为有效的可能性。在判断合同是否成立时，法院为避免当事人订立合同的努力全部落空，在符合当事人真实意思的前提下，可以通过合同解释的方法来弥补合同成立中的部分缺陷。这是从鼓励当事人积极从事交易、减少合同的交易成本角度考虑的。合同的生效与否是国家法律评价的结果，反映的是国家对合同的干预，是一种国家强制力的体现，因此不能通过合同解释的方法使本属无效的合同成为有效合同。

12.4 财会制度

我国《公司法》第 164 条规定：公司应当依照法律、行政法规和国务院财政部门的规定建立本公司的财务、会计制度。依此规定，公司均应当按照公司法、会计法和经国务院批准财政部颁布的《企业财务通则》《企业会计准则》，建立本公司的财务、会计制度。这是设立公司和管理公司的基本要求，也是必不可少的制度。

公司财务会计制度主要包括两个内容：一是财务会计报告制度，即公司应当依法编制财务会计报表和制作财务会计报告；二是收益分配制度，即公司的年度分配，应当依照法律规定及股东会的决议，将公司利润用于缴纳税款、提取公积金和公益金以及进行红利分配。

(1) 财务会计报告制度

公司应当在每一个会计年度终了时制作财务会计报告，并依法经审查验证。会计年度自公历 1 月 1 日起至 12 月 31 日止。

公司财务会计报告是反映公司财务状况和经营成果的书面文件，应当包括下列财务会计报表及附属明细表：资产负债表、损益表、财务状况变动表、财务情况说明书、利润分配表。

公司财务会计报告应当根据经过审核的会计账簿记录和有关资料编制，并符合有关法律和国家统一的会计制度关于财务会计报告编制的要求。财务会计报告应当由公司法定代表人和主管会计工作负责人、会计机构负责人签名并盖章；设置总会计师的公司，还须由总会计师签名盖章。

公司法定代表人应当保证财务会计报告真实、完整。

公司财务会计报告的提供使用应当执行以下规定：向不同的会计资料使用者提供的财务会计报告，其编制依据应当一致；有限责任公司应当按照章程规定的期限将财务会计报告送各股东；股份有限公司的财务会计报告应当在召开股东大会年会的20日之前置备于本公司，供股东查阅；以募集设立方式成立的股份有限公司必须公告其财务会计报告。

公司应当聘用会计师事务所承办公司的审计业务。会计师事务所的聘用和解聘应由公司的股东会、股东大会或者董事会决定。公司股东会、股东大会或者董事会就解聘会计师事务所进行表决时，应当允许会计师事务所陈述意见。

(2) 收益分配制度

利润是指企业在一定会计期间的经营成果，是企业会计核算的重要组成部分。公司作为企业的一种形式，公司的收益分配，是将公司实现的利润总额，按照国家财务制度和公司章程规定的分配形式和分配顺序，在不同的利益主体之间进行的分配。利润分配的过程与结果，关系到公司不同的利益相关者的利益能否得到保护，关系到公司能否长期、稳定发展。因此，公司必须加强利润分配的管理和核算。

① 利润分配方式

利润分配通常表现为股利分配，股利分配的形式包括现金股利、财产股利、股票股利等。现金股利是以现金形式分配的股利，是最常见、最直观的股利类型。股利增加，意味着公司管理层认为公司盈利前景可观；股利减少，意味着管理层认为公司未来盈利可能趋于下降：投资者根据这样的信号暗示调整自己的投资决策。财产股利是公司以现金以外的资产发放的股利，发放的股利形式包括股票、债券等有价证券，或者公司的存货、服务、流动资产等。财产股利的发放不会影响企业的现金流，但在实际中却很少被采用。股票股利是指将本公司股票发放给股东作为股利，俗称“送红股”或者“无偿配股”。股票股利增加了股份总量，降低了每股收益率，但公司的资产未实际流出、发生减少，公司净值、财务杠杆等并未发生变化，现金流也不受影响，同时由于成比例地增加了每个股东的持股数额，股东的控制权比例也未发生变化。

② 利润分配比例

《公司法》第35条规定：股东按照实缴的出资比例分取红利；公司新增资本时，股东有权优先按照实缴的出资比例认缴出资。但是，全体股东约定不按照出资比例分取红利或者不按照出资比例优先认缴出资的除外。《公司法》第167条规定：公司在弥补亏损和提取公积金后所余税后利润，有限责任公司按照该法第35条的规定分配，股份有限公司按照股东持有的股份比例分配利润，但公司章程规定不按持股比例分配的除外。由此可见，在利润分配比例这一问题上，公司法实行股东自治，尊重股东的契约自由。

③ 利润分配顺序

《公司法》第 176 条规定：公司分配当年税后利润时，应当提取利润的 10%列入公司法定公积金。公司法定公积金累计额为公司注册资本的 50%以上的，可以不再提取。公司的法定公积金不足以弥补以前年度亏损的，在依照前款规定提取法定公积金之前，应当先用当年利润弥补亏损。公司从税后利润中提取法定公积金后，经股东会或者股东大会决议，还可以从税后利润中提取任意公积金。公司弥补亏损和提取公积金后所余税后利润，有限责任公司依照该法第 35 条的规定分配；股份有限公司按照股东持有的股份比例分配，但股份有限公司章程规定不按持股比例分配的除外。股东会、股东大会或者董事会违反前款规定，在公司弥补亏损和提取法定公积金之前向股东分配利润的，股东必须将违反规定分配的利润退还公司。由此可见，公司利润的分配顺序依次是纳税、弥补以前年度亏损、提取法定公积金、提取任意公积金、分配股东股利。

12.5 法律诉讼

12.5.1 如何解决经济纠纷

在我国，解决经济纠纷的途径和方式主要有协商、调解、仲裁、行政复议、民事诉讼、行政诉讼。《合同法》第 128 条规定：当事人可以通过和解或者调解解决合同争议。当事人不愿和解、调解或者和解、调解不成的，可以根据仲裁协议向仲裁机构申请仲裁。当事人没有订立仲裁协议或者仲裁协议无效的，可以向人民法院起诉。

(1) 仲裁

① 仲裁的含义：仲裁机构根据纠纷当事人之间自愿达成的协议，以第三者的身份对所发生的纠纷进行审理，并做出对争议各方均有约束力的裁决的解决纠纷的活动。

② 仲裁的基本原则：自愿原则；以事实为根据，以法律为准绳，公平合理地解决纠纷原则；仲裁组织依法独立行使仲裁权原则、一裁终局原则。

③ 适用范围：《仲裁法》规定，平等主体的公民、法人和其他组织之间发生的合同纠纷和其他财产纠纷，可以仲裁。与人身有关的婚姻、收养、监护、扶养、继承纠纷，以及由强制性法律规范调整的法律关系的争议、行政争议，不能仲裁。

④ 仲裁协议：包括合同中订立的仲裁条款和以其他书面方式在纠纷发生前或纠纷发生后达成的请求仲裁的协议。

⑤ 仲裁裁决：仲裁庭在做出裁决前，可以先行调解。调解书经双方当事人签收后，即与裁决书具有同等的法律效力。裁决按多数仲裁员的意见做出。裁决书自做出之日起发生法律效力。当事人应当履行裁决，一方当事人不履行的，另一方当事人可以按照《民事诉讼法》的有关规定向人民法院申请执行。

(2) 行政复议

① 行政复议的含义：公民、法人和其他组织认为行政机关的具体行政行为侵犯其合法权益，依法向特定行政机关提出申请，由受理该申请的行政机关对原具体行政行为依法

进行审查并做出行政复议决定的活动。

② 行政复议范围:《行政复议法》对公民、法人或其他组织可以申请行政复议的情形,以及不能申请行政复议的情形分别做出了具体的规定。

③ 行政复议程序:

第一步,复议申请。公民、法人或者其他组织认为具体行政行为侵犯其合法权益的,可以自知道该具体行政行为之日起 60 日内提出行政复议申请,但是法律规定的申请期限超过 60 日的除外。

第二步,复议受理。行政复议机关收到行政复议申请后,应当在 5 日内进行审查,并决定是否受理。

第三步,复议决定。行政复议机关应当自受理申请之日起 60 日内做出行政复议决定,但是法律规定的行政复议期限少于 60 日的除外。

行政复议决定书一经送达即发生法律效力。被申请人应当履行行政复议决定,不履行或无正当理由拖延履行的,行政复议机关或有关上级行政机关应当责令其限期履行。

(3) 诉讼

① 诉讼的含义:人民法院根据纠纷当事人的请求,运用审判权确认争议各方权利和义务关系,解决经济纠纷的活动。

② 诉讼管辖:分为地域管辖和级别管辖,其中地域管辖包括一般地域管辖和特殊地域管辖。

③ 诉讼参加人:包括当事人和诉讼代理人。当事人包括原告、被告、共同诉讼人、诉讼中的第三人。代理人包括法定代理人、指定代理人、委托代理人。

④ 诉讼时效:权利人不在法定期间内行使权利而失去诉讼保护的制度。根据《民法通则》的规定,诉讼时效期间从当事人知道或应当知道权利被侵害时起计算;但从权利被侵害之日起超过 20 年的,人民法院不予保护。

⑤ 审判程序:包括第一审程序、第二审程序、审判监督程序等。

⑥ 执行程序:对发生法律效力的判决、裁定、调解书和其他应由人民法院执行的法律文书,当事人必须履行。一方拒绝履行的,对方当事人可以向人民法院申请执行。申请执行的期限从法律文书规定履行期间的最后一日起计算,双方或者一方当事人是公民的为 1 年,双方是法人或者其他组织的为 6 个月。

12.5.2 企业如何聘请法律顾问

随着《公司法》的修改和《劳动合同法》的出台,中小企业面临的法律问题已完全渗透到企业成长的各个领域。以前企业更多关注的是来自外部的矛盾如何依法处理,而今更多的内部矛盾也越来越显示出需要依据法律规范来处理,如投资人、股东、企业高管人员、劳动者等表现出的各类矛盾或纠纷。

为了使企业更规范、更稳健地成长,避免外部或内部的法律风险及矛盾的发生,中小企业应当首先了解常年法律顾问的职责及作用,然后正确地选择适合自己企业的法律顾问服务事项,选择那些认真、敬业、负责任、专业的律师团队成为企业的法律顾问。

(1) 法律顾问的含义和业务范围

法律顾问是指律师依法接受自然人、法人或者其他组织的聘请，以自己的法律专业技能为聘请方提供多方面的法律服务的专业性活动。

法律顾问一般可以分为常年法律顾问和专项法律顾问。

(2) 企业如何选择法律顾问

在市场经济的大环境下，为适应法律服务市场的需求，律师服务逐步走出单枪匹马、单打独斗的阶段，其专业化、团队化为企业对律师服务的选择提供了更为广阔的空间。那么企业该选择什么样的律师服务呢？

① 业务专业性

企业在选择法律顾问时，如何才能考察律师是否专业呢？首先要看你自身在哪个行业，是什么专业，如果你对自身行业有起码的了解，在与律师的沟通中，自然会发现对方是否专业。同时，还应了解对方在行业内服务的业绩和历史，一个服务数量上的量加上一个服务时间上的量，是衡量是否专业的直接标志，再加上其在业内对问题研究的程度和影响，就足以证明其是否基本专业了。

② 服务立体化

法律是分行业、分专业的，企业出现的问题和麻烦却常常是不分专业的。企业虽有大小，问题却有相同之处。因此，为了能够使专业的服务收到最佳的效果，还需服务立体化的辅助。应该认识到的是，专业化分工越细，对合作的要求越高。因此，专业化服务必须是团队型的，而且也只能是团队型的。换言之，如果没有团队，就很难完成真正意义上的律师专业化服务。只有具备“会诊”能力的专业律师团，才能通过立体服务的支持，完成所谓的专业化服务。

③ 团队紧密型

同德则同心，同心则同志，同志则同道，志同道合才会有团队共同愿景，才会众志成城，才能结合成紧密型的合作团队。这不仅是缔造律师团文化的核心，也是企业选择律师团时考察其凝聚力的主要标志。以共同愿景为基础而形成的团队凝聚力，是团队整体内驱的原动力，是立体化服务能够得以持久贯彻的基础。

(3) 企业如何用好法律顾问

选好律师是前提，用好律师是目的。律师一旦受托于某家企业，便与该企业达成了同一个目标，成为同一个利益整体。一方面，作为受托方，应主动与委托方进行积极的沟通，以期在一些主要问题上达成一致和共识；另一方面，作为委托方的企业也应与委托律师保持经常性的联系，沟通情况与信息。在必要的情况下，一些没有内部法律职能部门的企业，还应该把聘用律师的服务纳入企业管理的一部分，不仅可以弥补企业管理缺项的不足，还可以最大限度地发挥外聘律师的作用，使自身投资获得高效回报。

12.6 互联网创业与法律

不同于传统形式的创业，互联网创业面临着独特的互联网法律问题。一般而言，创业者在利用互联网进行创业时需要注意以下几个方面的法律问题①：

(1) 互联网"入口"注册

域名、搜索关键词、APP 名称等就是互联网的"入口"，又被称为企业在互联网的商标，是用户寻找商家、购买产品或服务的入口。对于创业企业来说，通常应采取"保护性注册"加"域名争议解决"的域名策略，以避免品牌域名被他人"抢注"；采取用足在先权利筑起搜索关键词、APP 名称的保护墙。

保护性注册，即在公司名称或商标确定、发布新产品、进入新市场、收购新公司等情形对外公布之前，便将与之相同或相似的文字有选择地注册为域名。域名争议解决，即企业通过谈判、域名仲裁、诉讼等方式，将别人抢注的域名夺回来，其中最常见的方式就是域名仲裁，不同的域名适用不同的仲裁规则。

(2) "电子商务"字样的使用

国家工商行政管理总局发布的《关于电子商务登记有关问题的答复》(工商企字[2002]第 258 号)中认为企业名称中可使用"电子商务"字样，但不宜将"电子商务"作为经营范围予以核定。实践中，对于企业名称使用"电子商务"字样已经基本达成共识，例如纽海电子商务(上海)有限公司(一号店)、北京当当科文电子商务有限公司(当当网)等。

但在实践中对于经营范围中是否可以使用"电子商务"字样，各地工商局则有不同的理解。实践中主要有三类做法：一种是使用"互联网信息服务"或者"在线交易处理"等电信业务分类的描述方式，例如一号店和当当网；另一种模式是"网上经营××"或"网上提供××服务"的总局答复模式；再有一种是对总局答复文件的突破，直接在经营范围中使用"电子商务"字样，例如上海新蛋电子商务有限公司等。

(3) ICP 许可证和备案

我国《电信条例》将电信业务实行分类管理，其中，增值电信业务分为经营性和非经营性业务，经营性增值电信业务应当根据《电信业务经营许可管理办法》办理 ICP 许可证，非经营性增值电信业务应当根据《非经营性互联网信息服务备案管理办法》办理 ICP 备案。

根据商务部《关于外商投资互联网、自动售货机方式销售项目审批管理有关问题的通知》及上海通管局的监管实践(现已基本达成共识)，传统企业通过互联网销售自有产品的，视为传统销售行为的互联网延伸，仅需办理 ICP 备案即可；企业设立网络平台为第三方交易提供服务的，应当办理 ICP 许可证。

(4) 工商网上亮照及公安备案

"网上亮照"，即从事网络商品交易及有关服务的企业，应当在其网站首页或者从事经营活动的主页面醒目位置公开营业执照登载的信息或者其营业执照的电子链接标识。根据国家工商总局 60 号令《网络交易管理办法》之规定，企业未办理网上亮照的，可以警告或罚款。

公安备案，即根据《计算机信息网络国际联网安全保护管理办法》规定，互联网接入单位、信息服务单位及与国际互联网联网的单位(或个人)均应当在网络正式联通后的 30 日

---

① 张涛：《"互联网+"时代　企业不可忽视的八个法律问题》，法邦网。

内，到辖区网安部门登记备案。

(5) 用户注册协议及交易规则的合规性

用户注册协议和交易规则是网站与用户的合同，是双方权利义务的重要法律文件。但是，大多数企业不重视用户注册协议和交易规则的合规性，基本都是网上随便抄来的。一旦发生争议，司法实践中往往会做出对协议及规则提供方不利的解释，例如上海诺盛律师事务所与京东商城的买卖合同纠纷案。

如何防止协议条款被认定为格式条款，实践中有一些规则可循。例如，商家强化提示及信批义务、赋予消费者一定限度的撤销权，等等。此外，交易规则的拟定尤为重要，这涉及买卖合同的生效、特殊买卖（如众筹）的效力、违约责任的承担等核心问题，务必重视。此外，根据《网络交易管理办法》的规定，修改交易规则的，至少应当提前 7 天公示。

(6) 用户数据使用边界

大数据的快速发展推动了电子商务的崛起，但如何把握数据利用的最大化与用户隐私保护的边界，如何协调商业伦理与商业价值的平衡性，一直是大数据发展合法性的重要问题。

我国目前未发布专门的数据保护法案或者用户隐私法案，即边界在哪里没有细则规定。一个风险较小的创新解决机制就是数据拆分使用，即故意将数据模糊、拆分处理，促使对大数据的使用不会泄露用户的精确、完整信息。例如，使用用户的交友习惯时，就必须模糊处理用户好友的真实姓名。这样，数据的获取者永远无法将一个用户完整地裸露于互联网，给用户造成损害后果的可能性最小，数据使用方的法律风险当然也就最小。

(7)《反不正当竞争法》的使用

企业在互联网上的竞争远超线下渠道的竞争，因为你的任何一个竞争点都是面向全行业，而不是某个地区、某个领域。这时，如何有效利用《反不正当竞争法》的矛与盾就显得异常重要，往往会让商家在竞争优势中脱颖而出。

电子商务领域，几种常见的不正当竞争包括商业诋毁、虚假宣传、技术干扰、比价模式、数据盗取等。针对这类不正当竞争，企业应当采取及时保全证据、特定化数据等策略，打击恶性竞争者；针对可能的不正当竞争指控，企业应当采取消除特定化、取消绝对化、避免二次编辑等方式，尽量避免、减轻法律责任。

创业视点

2015 年《网络交易管理办法》

2014 年 1 月 26 日，国家工商总局发布了《网络交易管理办法》(60 号令)（以下简称《办法》)，自 2015 年 3 月 15 日起实施。《办法》加强了对消费者的保护力度，加大了电子商务企业的责任和义务。主要内容如下：

第一，《办法》明确适用范围为对互联网（含移动互联网）上的商品交易及有关服务进行规范，不包括电视购物、电话购物等。

第二，《办法》明确了电子商务市场准入规则，即从事电子商务的主体只有实名制自然人或者依法办理工商登记的企业，不得无照经营；对于从事平台类电子商务的，只能是依法登记的企业法人。

第三，强化了电子商务企业的法律责任，例如，规定开展自营业务的第三方交易平台必须以显著方式对平台自营部分和其他经营者经营部分予以区分和标注。

第四，加强了消费者权益保护力度，例如，新设第十六条即“网购七天无理由退货”制度。

本章要点

1. 知识产权是指人们对于自己的智力活动创造的成果和经营管理活动中的标记、信誉依法享有的权利。主要包括四个方面：专利权（包括发明专利、实用新型、外观设计）、商标权、版权和商业秘密。

2.《劳动法》和《合同法》是公司成立后所面对的主要的法律要约，劳动法涉及员工的福利安全，合同法关系到公司经营的全部。

3. 健全的财务制度是《公司法》的要求，而全面理解破产清算法也是经营过程中所必须掌握的法务。

4. 创业中的法律风险主要涉及：企业设立中的风险、企业治理过程中的风险、企业合同管理过程中的风险、产品责任风险、涉税风险、劳动关系纠纷、知识产权法律风险。

5. 解决经济纠纷的途径和方式主要有协商、调解、仲裁、行政复议、民事诉讼、行政诉讼。

6. 创业企业应当首先了解常年法律顾问的职责及作用，然后正确地选择适合自己企业的法律顾问服务事项，选择一些认真、敬业、负责任、专业的律师团队成为企业的法律顾问。

7. 互联网创业面临着独特的互联网法律问题。

思考题

1. 什么是专利、商标、版权和商业秘密？
2. 如何保护版权和商业秘密？
3. 为什么要学习《劳动法》？
4. 如何理解《合同法》的要件？
5. 如何进行法律诉讼？

延伸性阅读

[1] Smith, D. (2013). Leveraging Old Intellectual Property to Accelerate Technology

Entrepreneurship. *Technology Innovation Management Review*, 3(6).
[2] 孙蕾、周小云、冯勇：《创业法律基础》，中国轻工业出版社 2015 年版。
[3] 詹爱岚：《知识产权法学》，厦门大学出版社 2011 年版。
[4] 张勤、朱雪忠：《知识产权制度战略化问题研究》，北京大学出版社 2010 年版。
[5] 郑璇玉：《商业秘密的法律保护》，中国政法大学出版社 2009 年版。

第13章 社会创业

关键词

社会创业　社会企业　公益创投

学习目标

学完本章后,你应该能够:

1. 理解社会创业的内涵;
2. 了解社会创业的商业模式;
3. 认识社会创业的误区;
4. 理解社会创业的价值;
5. 了解社会创业的发展背景和趋势;
6. 认识公益创投的内涵和重要性。

与慈善捐款相比,社会企业的救助效率更高。

——尤努斯

案例导读

残友集团

残友集团，是5名残疾人士为解决自身以及社会上残疾人朋友安身立命的问题而创办的企业。残友作为现代化集团化高科技企业，以“发展社会民生与高新产业互助发展的和谐科技融入现代产业体系”为历史己任，是社会创业的典范。残友模式，在20世纪90年代从这5位身体残疾的有志之士头脑中生发，试图用脑力劳动弥补体力缺陷，为社会提供互联网服务。深圳残友集团与新浪、搜狐等著名互联网企业同时兴起，并且迅速获得社会认可，实现了残疾人士成功就业、高端就业。

残友集团成立于1999年，目前，已在深圳、北京、上海、广州、珠海、海南和港澳台等地区开办了多家分公司。因员工都是残疾人，所以针对他们的后勤服务模式十分特殊，这一天然属性决定了残友显著的社会企业性质，它是一个“用商业手段解决社会问题”的组织。

经过十多年的发展，公司现在的业务包括软件、动漫、电子产品组装等，雇用残疾人3 700多名，所占比例超过90%。现在残友集团的组织架构非常新颖，由最顶层的郑卫宁慈善基金会控股而非个人控股，以保证社会企业的公益方向，下设企业、基金会和社会组织，这三个部分被称为残友的“三位一体”架构：企业90%的股份由基金会拥有，而基金会下面统辖了32家社会企业和9家社会组织。基金会将企业每年90%的利润给社会组织，社会组织再将这些钱用回到残友的32家分公司里，主要用于为公司残疾人员工提供后勤保障，覆盖所有人的吃、住、行。通过这样的关联设置，社会企业和社会组织的分离保证企业只需考虑盈利，而NGO则全权负责社会责任和慈善事业，这样就保证了企业盈利的本质和公益的目标不相冲突，实现了对残疾人雇员可持续性的全面支持。

此外，因为残友集团主要运营的是软件开发、动漫文化、电子商务等比较先进的产品，并且与跨国大企业如IBM、英特尔、华为等都保持着合作与交流，所以这样的社会企业为残疾人提供了很多工作岗位和保障生活资金。

（资料来源：http://www.youcheng.org/a/xiazaizhongxin/Newsletter/2013/1014/816.html.）

13.1 社会创业

社会创业(Social Entrepreneurship, SE)，也称社会创新、公益创业或公益创新。社会创业作为一种新型的组织形式和解决社会问题的新方法，表现出缓解社会问题的巨大潜力，日渐成为创业的一种新兴形式。

13.1.1 社会创业的内涵

目前，国内外对社会创业的定义非常多，很难对其进行统一的界定。

多数学者认为，社会创业是一种在社会、经济和政治环境下持续创造社会价值的活动，这种活动通过前瞻性地不断发现和利用机会来履行社会使命和实现社会目的。总的来说，社会创业内涵主要有以下几个方面：

① 社会创业是弥补市场失灵和政府失灵的手段之一，以社会责任为导向，解决社会问题。

② 社会创业从根本上受社会利益驱动。社会创业通过商业手段创造价值，社会利益是社会创业追求的最终目标，因此，社会创业兼顾社会效益和经济效益。

③ 社会创业往往借助而并抵制非市场力量。社会创业通过借助市场力量，有助于实现社会企业自我"造血"，而并非传统慈善组织一样，只依靠外界"输血"。

牛津大学社会创业研究中心认为社会创业是指个人、社会组织或网络等在社会使命的激发下，追求创新、效率和社会效果，面向社会需要，建立新的组织，向公众提供产品或服务的社会活动。

13.1.2 社会创业的特征

从社会创业的内涵可知，社会创业是对传统商业创业的延伸和拓展。社会创业与商业创业的主要区别不是创业过程，而是创业价值追求。社会创业除了具有传统商业创业的创新性特点外，更加强调公共利益导向，主要有以下特征：

(1) 社会性

社会创业的首要特点是社会性，具有明确的社会目的和使命。社会创业者进行创业的主要目标是解决社会问题，实现某种社会目标。社会创业是为大众公共利益服务的创业，其特征之一就是不单纯以营利为目的，即不以追求利润的最大化作为根本目标。社会创业最基本的要求是在创业过程中不能伤害社会利益。社会创业并非不涉及经济商业利益，相反还必须遵循市场原则，但是社会性与商业性两者并不矛盾。正如斯密在《国富论》中向世人描绘的一幅生动活泼的社会经济运行原理图：在"看不见的手"的自由市场机制的作用下，在追逐个人财富的过程中，社会财富也源源不断地被创造出来。

名词解读

公益模式的商业与商业模式的公益

杰出的商业发展创造了每年的GDP增长，创造了我们需要的物质。商业在真切地提高每个人的生活水平。公益行动不断使城市和农村、健康和疾病、沿海和内地、富有和贫困缩小差距，让居者有其屋，老者有所养，幼者有可学。商业创造财富，公益优化财富。

一个孟加拉人选择了公益模式的商业，而另一个美国人则选择了商业模式的公益。前者叫作穆罕默德·尤努斯，因为孟加拉乡村银行，这个“穷人的银行家”获得了2006年诺贝尔和平奖。后者叫作约翰·伍德的美国人则被《时代周刊》评为“亚洲英雄”，并荣登《快速公司》杂志20大“社会企业家榜”。

约翰·伍德，一名微软高管，离开微软去创业。他给公益所带来的借鉴意义非常重大。20世纪末，约翰放弃了微软的高薪职位，创建了非营利慈善组织“阅读空间”，旨在提高尼泊尔、印度、柬埔寨、老挝、越南和非洲等地区的文教水平。

约翰在35岁人生高峰时急流勇退，用他在微软7年所培养的商业理念和方法论创新地提出了“合作投资”的概念。约翰建立受捐赠者必须付出的模式，让他捐赠建立的学校、图书馆运营得更好。

(2) 创新性

社会创业同传统的商业创业一样，其本质是创新。社会创业的创新性意味着新思想的产生和新模式的创建。社会创业的创新性体现在三个方面：新产品和新服务；现存产品和服务的更多社会效应的新用途；构造社会问题的新标准、新定义和提出新的解决方案。当我们进行社会创业时，要创造性毁灭，把握机会，应用更好的产品、工序、观念和组织等，这些无一不需要创新。在以市场为导向的活动过程中，社会创业表现出在资源利用、组织运作等方面的创新性。

(3) 价值性

社会创业具有价值性。社会创业是为了抓住已感知到的创新机遇创造价值。创造价值意味着什么？一种解释是，通过社会创业，新产品、服务、交易、方法、资源、技术和市场被创造出来，从而对一个社区、社会或市场贡献一定的价值。且社会创业追求的社会价值创造始终高于经济利益追求。社会创业过程最起码能够达到满意原则。社会创业过程涉及个人、组织、社会、国家、民族乃至人类的价值利益，各方价值利益应该兼顾。社会创业应该遵循价值性，努力达到互补和兼顾，而不能强调无原则的牺牲和价值受损。

(4) 过程性

社会创业是创造价值的过程，不是昙花一现。它包括从创业伊始，到组织或活动的经营管理，甚至到某一时间的退出之间的所有各类决策和行动。社会创业是一个过程，意味着成长。由于社会创业主要解决社会问题，因此社会环境差异将影响社会创业的各个方面。由此可见，社会创业是一个不断变化的过程。

13.1.3 社会创业误区

(1) 社会创业与慈善活动

社会创业与慈善活动的最大区别在于，社会创业不仅追求社会价值，也追求财务回报。慈善事业是人们对爱心的消费，其在本质上不追求任何财务回报，而是追求该慈善活动所产生的社会正效应。一般情况下，某项慈善活动有其明确的方向，财务回报的风险在慈善捐助中可以不用考虑,如无偿献血,为某山区学校捐赠图书、衣物等。因此,人人都可能是慈善家,但并非所有的人都是社会创业者。社会创业者在进行创业活动时,不能像慈善家一样不图任何财务回报,否则无法实现企业的持续发展,也就无法解决更多的社会问题。

社会创业活动所获取的财务回报,可以用于扩大企业规模,向社会提供更多的产品和服务,有助于社会问题的持续性解决;然而,慈善活动需要不断"输血",这也是两者在社会效益的扩展性、效率上的不同。所以越来越多有策略、远见,关注结果和效率的慈善家、基金会也开始采用社会创业,抛弃了传统的单一捐助模式。

(2) 社会创业与履行社会责任

企业社会责任(Corporate Social Responsibility, CSR)是指企业在创造利润、对股东承担法律责任的同时,还要承担对员工、消费者、社区和环境的责任,企业的社会责任要求企业必须超越把利润作为唯一目标的传统理念,强调要在生产过程中对人的价值的关注,强调对环境、消费者、社会的贡献。大多数企业在履行社会责任时,主要目的是树立企业的品牌形象,避免社会公众对其产生不好的印象,防止企业出现负面效应,而不是以获取社会正效应为必要目标。但是从相对角度来看,防止或消除负面效应也即产生正面效应。因此,社会创业与企业社会责任之间存在深层次的联系与区别,对于解决社会问题而言,前者比较主动,后者属于被动。

(3) 社会创业与传统商业创业

与传统商业创业相比,社会创业追求经济价值是为了支撑社会价值的实现,借助商业经营手段实现社会目的。即社会创业有经济效益和社会效益双重追求,社会效益比经济效益更加重要。例如,从创业动机角度出发,传统商业创业动机主要包括创业者想要自己做老板、追求自己的创意以及获取财务回报;社会创业在满足以上创业动机的同时,可以实现社会问题的解决,而获取一定的财务回报是为了实现社会创业的可持续发展,不断地为社会创造新产品和服务。社会创业创造的双重价值是与传统商业创业的本质区别,也是其特色、差异和优势之处。

通过比较,可以看出社会创业处于慈善活动和传统商业创业的中间层,企业履行社会责任是商业企业从单纯的财务追求向双重价值追求的过渡。

从创业的角度看,社会创业者和传统企业创业者有很多相似:不拘泥于当前资源稀缺的约束进行创新创业行为选择(如 Henton, 1997; Dees, 1998)。此外,与传统商业创业者一样,社会创业者具有改变环境的强烈欲望,并把想法付诸实践,对不确定性和风险具有超凡的忍耐力(Prabhu, 1999)。

社会创业者具有六种很明显的品质特征:

- 自我纠错能力。这既需要有冷静的头脑,又需要谦卑和勇气。
- 善于分享。他们与人分享的荣誉越多,就有越多的人愿意帮助他们。
- 自我突破。现实和理想之间的较大差距,使得社会创业者必须超越他们领域的正统观念去看待事物,从而能够发现解决社会问题的方法和手段。
- 善于创新,勇于超越超越。社会创业者善于创新,去创新立业。

创业标杆

社会创业者——乔琬珊

乔琬珊，27岁，毕业于哈佛大学。2006年创办Shokay公司，专门利用牦牛纤维生产家用服饰、儿童服装等。她的公司从偏远地区牧民手中直接收购牦牛纤维，并雇用农村的女编织工。她希望Shokay能引领“既具有异域风情又具有社会责任的奢侈风尚”。

2006年，正在哈佛大学念公共管理与国际发展专业的乔琬珊用了六周的时间，和同学到云南做考察。在那里，她第一次看到了牦牛。“世界上有1.4亿头牦牛，大部分在中国。”随后，她看到了联合国出版的一本书中有这样一句话：“牦牛身上的毛很软，可以与羊毛媲美。”如果是这样，为什么市场上看不到？调查中，她发现，国内纺织厂家，并不善于产品的拓展，基本是国外市场需要什么，厂家就做什么。“但国外的设计师，不知道中国有牦牛绒这种材料，当然也不会有订单。”乔琬珊决定试一试。

那次考察结束后，她逐步确定了自己的方向：用牦牛绒做服装、做饰品，创建自己的品牌。“除了理念和品牌，我一无所有。如果卖原料，我们没有优势，我们不是贩卖者。我们也没有自己的工厂，必须与加工厂合作。”牦牛的英文是Yak，在英文中，这个单词还有“饶舌，废话”的意思。显然，这个单词做品牌不合适。于是，就有了Shokay。

2008年6月15日Shokay隆重开幕。上海是Shokay的家，在上海的两家店中，有着琳琅满目的Shokay编织品，包括儿童系列，成人配件系列，家具系列以及牛绒毛线系列。目前，Shokay经由牛绒合作社，同青海省2 000户藏民家庭一起合作，同时也在上海崇明岛组建了妇女编织合作社，织娘手工编织了绝大多数的织品。这些充满创意的奢侈牦牛绒产品不仅开创了一个奢华品牌，更改善了中国偏远山区牧民和上海织娘的生活，是当今商业目标和社会贡献交织的典范。

（资料来源：http://blog.renren.com/share/335281493/15998724382#nogo.）

社会创业者促使一些非营利组织（NGO）成为社会企业，或者直接创造了社会企业。社会创业者致力于解决问题，挣脱陈旧的模式，努力发明新的组织形式。他们发现了更多的自由，找到了更高效率与更大生产力的结合方式①。社会创业者用企业家精神创新公益，将社会目的与企业运营手段结合，创新出各种模式。英国社会创业者常见的创新模式有：① 发现并直接连接相互关联的社会需求；② 创造和分享利润空间；③ 捐赠；④ 救助并开发人力；⑤ 合作经济；⑥ 社区利益循环。

---

① 戴维·伯恩斯坦著，吴士宏译：《如何改变世界》，新星出版社2006年版。

中国已形成适合社会创业者成长发育的土壤。改革开放以来，我国法制逐渐健全，兴建大量社会福利机构；支持性机构增加，评估系统完善；各种资源越来越丰富。许多优秀杰出的社会创业者出现在不同的领域，创新解决各种社会问题，促进涉及公共利益的价值增长。

13.1.4 社会创业的价值

社会创业主要通过识别、利用机会，突破现有资源的限制，以商业手段创造社会价值。社会创业的价值主要体现在以下几个方面：

(1) 促进创新

社会创业有助于促进社会创新。由于社会创业所关注的重点是如何解决当前的社会问题，而不是单纯复制现有市场中出现的产品和服务，因而通过辨识市场中能够创造社会价值的机会，突破当前资源的限制，开发出新的能够满足社会需求（包含隐性需求和显性需求）的新产品或服务。熊彼特把这个过程称为创造性破坏（creative destruction）。创造性破坏的过程是改进了当前可得到的产品或技术。创造性破坏者被称为创新者或变革推进者。值得注意的是，创造性破坏的过程并不局限于新产品和新技术，也包括新的组织、活动、制度或者模式。

(2) 促进经济发展

社会创业者进行社会创业并不是为了投资者利益最大化。相反，进行社会创业的主要目的是改善社会中存在的各种问题，满足社会中单纯依靠市场和政府难以满足的需求。无论是资源保护、生态环境保护或者教育状况的改善，都有助于实现社会可持续发展。随着社会创业活动的开展，无论何种类型的社会创业活动，都能够实现组织自身可持续发展，并得到社会公众的大力支持。在我国，经过近30年的改革开放，创业高潮促进了经济发展。近年来我国非营利组织迅速发展，如非营利的医院、学校、科研机构等组织规模、数量已经相当可观。但总的来说，非营利组织的发展还处于起步阶段，数量少，实力弱。社会创业已经成为我国经济的一个新的增长点，所创造的经济价值对促进我国经济高速增长、促进我国城市化进程和现代化建设都起到了非常重要的作用。

(3) 促进就业

社会创业对增加就业有重大作用。我国有大量的农村剩余劳动力需要转移，有大量的下岗职工需要安置，有不少机关公务员需要分流，每年有几百万的大学毕业生需要就业。此外，我国相关残障人士的就业也是亟待解决的重要问题，设想在身体健康的人就业都无法解决的情况下，如何解决残障人士的就业问题？中国的就业压力大，任务艰巨。政府和现有企业单位根本无法全部解决这么多人的就业问题。因此，唯一的出路就是鼓励下岗职工、农民、大学生自主创业，改变就业观念，变被动就业为主动创业，以社会创业促进就业。

(4) 促进社会进步

社会创业有助于促进社会进步。社会创业创造了GDP增长和物质财富，提高了我们的生活水平，增加了公共服务供给，改善了公共服务质量，弥补了政府公共服务的不足，使我们生活得更舒适，提升了我们的工作生产率，改善了我们的健康并提供了娱乐。同时，非营利组织和慈善行动不断使城市和农村、健康和疾病、沿海和内地、富有和贫困缩小差距，让居者有其屋，老者有所养，幼者有可学。

社会创业有助于解决民生、社会环境、资源浪费等问题。社会创业精神和创业活动的兴起，将“人”推向了整个社会关注的中心。社会创业以公益(同情和利他主义)为轴心，涉足商业企业不愿涉足，政府部门不能做、做不好的领域，为全社会提供公共产品。无论是在发达国家还是发展中国家，社会创业都致力于各种社会问题的解决。社会创业活动不光为社会提供了新的资源配置体制，满足了社会多元化的需求，而且已成为社会发展的重要力量。

13.2 社会企业

创业标杆

中和农信——专注于农村草根金融的社会企业

中和农信前身为中国扶贫基金会的小额信贷部，由1996年世界银行支持的政府扶贫项目起步，目的是为农村贫困地区农户提供无需抵押、无需公职人员担保的小额信贷。2008年在世界银行集团国际金融公司(IFC)的技术援助下，由一个公益项目转型为一家社会企业，旨在利用市场化的资源和手段解决更多贫困农户的贷款需求。

中和农信作为一家社会企业，一直遵循机构的商业可持续和社会价值并重的双重底线管理原则。一方面在企业化的运作体系下服务社会底层缺乏信贷服务的农户，建立了服务标准化、运营连锁化、管理扁平化、风控信息化的企业运作体系，保证了企业的效率和绩效；另一方面，企业不以自身盈利为目的，以目标客户(农村的中低收入农户)脱贫、发展为目的，助力农村草根微型创业者，积极为客户提供金融教育、农业技术培训等多方面的支持，注重提高客户的综合素质。

中和农信
CFPA Microfinance

数据显示，截止到2016年8月31日，中和农信小额信贷项目已经在全国18个省设立193个分支机构，项目覆盖210个县，其中80%为国家级或省级贫困县。公司目前拥有客户35.5万，贷款余额近39亿元，户均贷款余额1万元左右。20年来，中和农信累计放款150多万笔，共168亿元，300多万农户受益。2016年9月23日，中和农信在第五届中国慈展会的社会企业认证中，摘得唯一的“金牌社企”荣誉。

13.2.1 社会创业的兴起

(1) 兴起缘因

社会创业是近年兴起的一种全新创业理念，是追求社会价值和经济价值并重的创业活动。作为一种新型的组织形式和解决社会问题的新方法，社会创业实际上在 20 世纪 80 年代的欧美国家就已初见端倪。国外社会创业的出现主要有以下两方面的原因：一是 20 世纪 80 年代以来，国外许多国家尤其是发达国家，采取了以市场作为调节资源的新自由主义经济政策，使得政府对非营利组织的直接资助经费逐年减少。而市场失灵导致人们对非营利组织提供社会服务的需求有增无减，非营利组织反而急剧膨胀。在这种传统资源不断减少而获取这些资源的竞争又加剧的情形下，非营利组织面对着改善运作有效性和持续发展的强烈需求和压力，作为释放社会活力、弥补市场与政府失灵的新形式，社会创业应运而生。二是经济的市场化和全球化导致社会财富不断集中在私营组织中，而公共的社会问题却不断加剧，社会迫切要求企业负担起更大的社会责任和更主动地面对复杂的社会问题，从而促使更多的私营企业与非营利组织联盟进行"社会创业"活动，实现投资的经济价值与社会价值的双重回报。

事实上，如同社会创业在国外的发展，国内社会创业的兴起也具有一定的必然性。一方面，公民自助和助人意识的提高，公益慈善理念的增强，基金会、公益创投计划的民间社会企业甚至政府支持体系的逐渐形成，都极大地推动了我国社会创业的发展；另一方面，我国社会创业的发展牵涉到市场因素的引入、社会力量的广泛参与、效率与公正的追求等多方面因素，社会创业将会推动整个社会创新。

(2) 中外概况

基于政府和社会力量所起的作用，可粗略地将海外社会创业的发展划分为政府主导、社会支持力量协助与社会支持力量主导、政府协助两种模式，英国和美国正是这两种模式的典型代表。

① 英国的社会创业

社会企业是英国社会创业的主要形式，虽然对其没有法律上的绝对定义，但就内在含义和主要特征还是形成了较为广泛的社会认识：

- 具有志愿服务性，以社会或环境效益为使命和目标。
- 具有营利性，以商业化方式运作，与传统的慈善组织不同，有偿提供产品或服务。
- 具有资产锁定性，不像传统企业以赚取最大利润为最终目标，其盈利需按照其社会目标再投放于业务本身或所在社区。
- 具有包容协商性，在整个企业治理过程中需充分考虑本社区居民意见。
- 具有可问责性，需接受公众监督，实现透明化管理。英国目前至少拥有 5.5 万个社会企业，每年对英国经济的贡献高达 84 亿英镑，几乎占英国国民生产总值的 1%。社会企业雇用 50 万人左右，约占所有企业雇用人数的 5%，获取商业收入的最常见方式是医疗和社会护理，包括最终护理、儿童护理、福利、指导、膳宿服务等。社会创业也深入参与社区或社会服务、房地产租赁和教育等多个社会经济领域。

总体而言，英国是世界上社会创业最成功和最活跃的国家之一，其社会企业的发展很大程度上得益于政府政策法规上的大力支持。具体表现为：首先，政府从法律上确定社会企业的合法地位。英国政府通过的《公司审计、调查和社区企业法令》，确定社区利益公司为一种新的社会企业形式，将社会企业的法人形式进行了统一，很大程度上助推了英国社会创业组织的发展。其次，政府成立专门机构负责社会企业的发展。最后，政府通过拓宽融资渠道和税收减免等财政支持以及增加业务资源和培训课程对社会企业进行支持。

② 美国的社会创业

美国的社会创业主要采取三种法律形式：非公司形式的社团(unincorporated associations)、公司形式的社团(incorporated organizations)和信托(trust)。而社会创业的实践层主要集中于两个层次：

- 非营利组织在财政日益紧张的情况下与企业联合，各自发挥自身的优势，获得政府的契约外包项目；
- 非营利组织自身参与企业创投活动。

美国的公益事业国际化程度较高，社会创业也非常活跃。美国强调的是市场对资源配置的基础作用，政府只做适当的干预。因此，相对英国的社会创业而言，美国社会创业的发展更加得益于社会力量的支持。美国的社会基金组织、高校与协会以及培训和咨询机构对社会创业的支持是社会创业发展的强大力量来源。自20世纪80年代开始，私营基金组织就已成为美国公益企业发展的最大支持力量之一。这些基金组织一方面通过收集企业基本信息进行网络创造，推动社会创业的启动或者支持其业务竞争，对社会企业者或者所需的人力进行培训来推动社会创业的发展；另一方面，通过合作联合来促进社会创业的发展，享有社会创业"加速器"的美称。

③ 其他典型国家的社会创业

法国的社会创业主要包含两种类型：工作整合的社会企业(work integration social entreprise)和社团及合作社。法国工作整合的社会企业中约有一半归属为"工作整合的社会企业国家委员会"。该组织在1992年采用"提供工作整合机制的社会企业宪章"(The Charter of Work Interation Social Enterprise)，提出了该类型组织的4大特征：雇用长期失业的弱势群体；提供短暂的工作契约及职业训练，以使他们快速回归劳动市场；提供工作整合机制的社会企业生产产品及服务；支持提供工作整合的社会企业宪章。

意大利的社会企业主要是社会合作社(Social Cooperatives)，分为A和B两种类型。A型合作社负责管理社会、医疗及教育服务，该组织提供不同类型的团体服务，如老人、未成年人、残障人、吸毒成瘾者、流浪汉及来自欧盟以外的新移民；B型合作社则通过一段时间的在职训练，让弱势劳动者得以重回劳动市场。

德国的社会企业也很发达，其主要目的并不在于赚取利润，而是将利润转投资于社区，以创造就业并弥补公共需求的缺口。从20世纪70年开始，社会企业就已发展出不同的组织形式，有替代性企业(alternative enterprise)——提供替代部门多元支持、工作整合的社会企业——重整主流劳动力市场的失业问题，并由政府补贴来支付工资、地方社区企业(local communit enterprise)等。

西班牙的社会企业没有明确的定义，更多地称为社会经济企业，是"完全或局部履行有关经济与社会两大方面承诺"活动的经济组织。从行业范围来看，社会经济企业的生产和贸易活动广泛分布在服务业、工业、建造业和农业等各个领域。其社会企业也有多种类型：工人合作社——由工人组成，在民主运作及经营架构下从事商业活动；劳工社团或劳工公司——采取有限责任公司的形式成立，隶属股本公司；互助公积金社团——属非营利组织，有民主架构和管理层，主要从事自愿投资的活动；庇护就业中心（特殊就业中心）——非营利组织经营，为残疾人提供工作；社会介入公司——主要为有可能永久被排挤于劳工市场之外的弱势群体提供工作。

④ 中国的社会创业

中国内地的社会创业表现形式有四种，具体分为非营利组织、志愿公益活动、社会企业以及生态网络混合型。1980 年，旭平兔业集团创始人任旭平开始尝试社会创业，已经坚持三十多年。港台地区政府大力支持社会创业，取得了巨大的社会效果。香港地区的社会创业主要分为两种形式：非营利机构，如慈善团队、宗亲社团，其主要目的提供各种社会服务；社会企业，如企业、合作社或社区经济组织等，其通过商业手段运作，赚取利润用以贡献社会。台湾地区的社会创业主要分为人民团体和民间社会福利机构。台湾地区推出福利产业化政策和多元就业服务方案，一些机构开始尝试社会企业模式，开展营利的业务，以获得收入，弥补运作成本的不足。

2007 年，环球协力社组织中国的社会企业家访问英国社会企业；同年，友成社会创业基金会成立。2008 年，友成基金会与英国议会合作建立了中国首个社会企业家能力训练营。2009 年，中国社会企业家基金会与英国议会以及爱创家（Ashoka）合作举行了首届“大中国企业家论坛”。2013 年，英国大使馆文化协会（BC）主导的社会企业家技能项目及其“社会企业家技能项目”社会投资平台，提供 900 万元人民币的社会投资及辅导机会；同年 11 月，友成基金会等发起设立第一只以社会价值为导向的股权投资基金——社会价值投资基金（The Impact Fund），英国前首相布莱尔参加了启动仪式。

13.2.2 社会企业的内涵

(1) 社会企业的概念

社会企业是社会创业的典型代表。社会企业是无数受各种变革使命驱动，寻求解决社会问题创新途径的总称（Bornstein，2002），其起源代表从传统福利系统转变为混合系统的过程（Thomas，2004）。目前研究主要从以下视角对其进行定义：

第一，从组织形态视角。英国社会企业联盟（The Social Enterprise Coalition）认为社会企业是一种为实现自身社会价值目标而在市场中进行商业活动的特定组织。扬（Young，2003）认为，社会企业是以促进社会进步或对公共财政有所贡献为目标的一个连续体组织。迪斯（Dees）用社会企业光谱图揭示社会企业是介于纯慈善（非营利组织）与纯营利（商业企业）间的连续体。国内有学者认为，社会企业是在政府大力支持和推进下由各类助残、扶老、减贫及非正规就业问题引发的兼具公益性和经营性的组织（范明林，2006），是一种有别于公立机构、营利机构、合作组织的提供公共服务的新组织类型（邓国胜，2009）。

第二，从组织目标视角。英国贸易与工业部（1972）及美国学者罗宾森（Robinson，2009）均认为社会企业是把社会目标放在首位的企业，其盈余主要用来投资于企业本身或社会，并不追求股东或企业持有人的利润最大化。世界经济合作与发展组织（OECD，

1999)提出社会企业是任何为公共利益而进行的私人活动,它依据企业战略以实现一定的经济和社会目标而不追求利润最大化。

第三,从组织运行方式视角。欧洲委员会(EMES,1996)认为社会企业通过作为对公共津贴商品和服务生产的补充而追求一定程度的自负盈亏,主要目标是支援社会而不是为股东创造利润。华莱士(Wallace,1999)指出社会企业是通过建立社会目的机构(social purpose organization, SPO)并像商业机构一样从事商业交易,但将其利润返还该社会组织,它创造经济财富并为处于社会经济边缘的弱势群体提供工作机会。

根据上述定义,结合中国社会企业发展的实际情况,社会企业是社会创业的重要载体,它是以创造社会价值为使命,通过在公共利益领域引入商业运作模式来解决社会问题、服务组织自身可持续发展且兼具社会和经济双重属性的特定组织。

社会企业具有以下特征:一是以社会利益最大化而非经济利润最大化为主要目标且相关参与者不以资本所有权为基础的社会性,二是在运营过程中充分利用市场化商业战略及模式的经济性,三是突破传统资源限制并适应市场竞争的创新性,四是不同文化背景下组织形式的地区差异性。

(2) 社会企业与其他组织的区别

迪斯(Dees,1988)最早清晰地从动机、方法、目标及关键利益相关者等方面对社会企业与纯慈善非营利组织和纯营利商业企业进行了比较(见表 13.1),且得到了大多数学者的认同,其他学者在此基础上进行了拓展。

表 13.1 社会企业与非营利组织及传统商业企业的区别

		纯慈善的非营利组织 ←	社会企业	→ 纯营利的商业企业
比较角度	动机	对公益慈善的诉求	混合动机	对自我利益的诉求
	方法	使命驱动	使命和市场驱动	市场驱动
	目标	社会价值创造	社会和经济双重价值创造	经济价值创造
关键利益相关方	受益者	零支付	按补贴价格支付,或支付和零支付型受益者的混合	按市场价格支付
	资本提供方	捐款和补助	按低于市场利率提供资本,或捐款和按市场利率提供资本的混合	按市场利率提供资本
	人力提供方	志愿者	按低于市场水平支付报酬,或志愿者与付酬员工混合	按市场水平支付报酬
	物资供应方	物资捐赠	按折扣价格获取物资,或捐赠与按市场价格获得物资的混合	按市场价格获取物资

资料来源:Dees(1998)。

首先,社会企业与非营利组织的区别。英国社会企业在商业活动收入上较非营利组织自由,政府在注册为“社会企业”的组织商业活动收入方面没有设限。社会企业与传统非营利组织相比具有以下特点：其一，以解决社会问题为宗旨，兼顾社会价值和经济价值双重底线；其二，组织发展不依赖于外部捐赠，而以企业架构和市场方式获取的利润为主要资金来源；其三，从创新角度出发去高效率地解决各种社会问题；其四，更关注直接利益相关者的感受与成长，最终目标在于授人以渔、助人自助。较社会企业而言，非营利组织不会把经营性活动的收入放在首要位置，他们更多地依赖于外界的资助和捐赠；而社会企业把经营性收入放在首要位置，利润和盈余是组织及公益事业可持续发展的保证。

其次，社会企业与传统商业企业的区别。许广永等(2012)认为社会企业拥有双重营销渠道，提供传统商业企业在社会领域不愿提供的社会产品和服务，并有区别地对不同条件对象采取不同售价，善于社会推销并获取社会的认同、采购或投资。从社会责任角度看，一家较好履行社会责任的传统商业企业不应混同于社会企业，虽在商业性上社会企业与传统商业企业并无明显区别，但其在股东利益与相关人利益间总有先后次序。传统商业企业承担社会责任往往是他们从事经济活动的一种附加责任，是在外界压力下对其负外部性的弥补和纠正，是追求利润最大化的企业对社会的价值关怀；而社会企业从事道德的商业活动是出于内心的社会责任，而不是出于“附加责任”，为达至“助人自助”的目的，他不仅要自负盈亏，还要进一步运用利润和盈余。

13.2.3 社会企业的商业模式

就社会企业的商业模式而言，社会企业的社会性和商业性决定了社会企业商业模式以社会价值创造为主导、以经济价值获取为手段的复杂性。为了更好地研究社会企业商业模式中这些不同价值关系的动态平衡，根据社会价值创造能力和经济价值获取能力维度对社会企业进行商业模式分类是必要的①。据此大致可将社会企业商业模式分为以下几种类型(如图13.1所示)。需要说明的是，能力大小主要是相对于同类型的社会企业而言的。

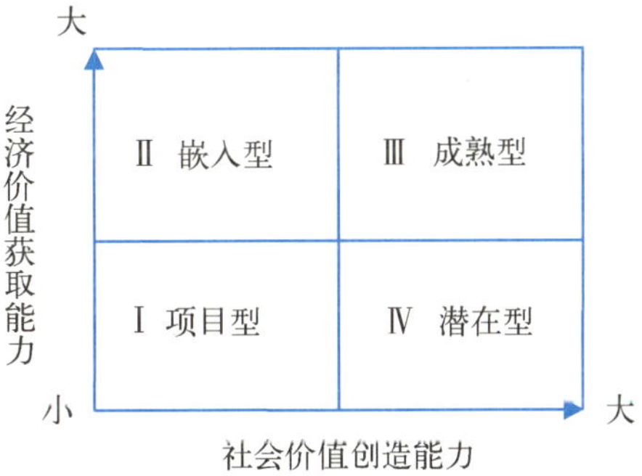

图13.1 社会企业商业模式分类

(1) 项目型社会企业：南京公益家

这种类型的社会企业处在第Ⅰ象限中，其经济价值获取能力和价值创造能力都相对较小。其形式类似于为解决某个特定问题而建立的项目组，经济价值获取和社会价值创造能力都蕴含于某个项目中，其商业模式更接近于非营利组织。目前我国很多社会企业都属于这种类型，典型的代表是南京的公益家。

公益家发现一些家庭有很多不怎么穿的衣服，扔了可惜，放着又占地方。为解决这个

① Santos, F. (2012). A Positive Theory of Social Entrepreneurship. *Journal of Business Ethics*, 111(3): 335-351.

难题，公益家以自身有限的力量举办公益跳蚤会，即首先通过在网站发布信息，以自由买卖、物物交换或捐赠的方式实现闲散资源的再利用，并将获得的有限收入资助农民工子弟学校的孩子，为他们带来英语课程培训。通过这种模式，参与者获取了一定的经济价值，并以资助的方式创造了一定的社会价值。但由于项目的门槛不高，经济获取能力有限，也使得自身收入来源有限。同时，公益家客户界面比较狭窄，伙伴网络单一，服务社会广泛需求者的价值创造能力也有限，造成的后果是较低的经济价值获取和社会价值创造，自身的发展也岌岌可危①。

(2) 嵌入型社会企业：印度联合利华

第Ⅱ象限的社会企业表现为有相对较高的经济价值获取能力和较低的社会价值创造能力组合。需要说明的是，这里所讲的社会价值创造能力低下，除了可以理解为相对于同类型企业所服务的社会人群不多外，也可以理解为只是履行企业社会责任，而非以社会价值为最终目标。这种企业为了凸显其社会价值创造追求，往往会将社会责任部门单独存在于某个独立部门，所以也被称为嵌入型社会企业。典型代表是印度利华有限公司。

联合利华发现在发达国家，肥皂市场接近饱和，而在发展中国家，增长的机会仍然存在，市场规模的扩大有赖于发展中国家消费者使用肥皂次数。印度很多穷人由于没有很好的卫生习惯，导致痢疾流行。印度联合利华公司将这一社会问题与商业机会很好的结合起来，与政府、公益卫生组织联手，推广卫生理念，促使人们养成勤洗手的好习惯，减少了痢疾在穷人中发生的概率，帮助他们得到了健康，同时也获得了巨大的经济利益②。

需要说明的是，嵌入型社会企业往往出现在 BOP 市场中，这种类型的企业其经济获取能力依赖于其善于发现金字塔底端市场的商业价值。尽管其能在商业活动中结合公益组织推广其社会价值主张，间接推动了社会问题的解决，但是由于这种类型的社会企业，其社会价值创造往往附属于经济价值的占有，最终目的不在于解决社会问题，而是获得商业利润，所以我们仍然界定其为相对较低的社会价值创造能力。

(3) 成熟型社会企业：深圳残友

第Ⅲ象限的社会企业表现为经济价值获取能力和价值创造能力都很高。这一象限的社会企业，一方面已经能够获得必要的经济收入实现可持续发展，不需要依靠外部力量；另一方面还能够将自己的社会创造价值能力在发展中不断扩大，所以也被称为成熟型社会企业。深圳残友集团就是一个典型的成熟型社会企业。

残友在其发展中摸索出了一条基金会、公益机构、社会企业“三位一体”的社会价值创造和经济价值获取的能力并行发展路径。基金会是指深圳市郑卫宁慈善基金会，是一家非公募基金；公益机构，包括中华残疾人服务网、深圳市信息无障碍研究会、深圳市残友社工服务社以及中华残疾人服务网义工队；社会企业，包括深圳市残友软件有限公司等。残友以基金会为管理前端，以公益机构和社会企业为发展双翼。基金会控制社会企业 90%股份，为公益机构提供社会服务项目资金支持和监控，以保证其社会性。

---

① http://www.vectorli.st.

② 张耀辉、左小德、朱峰：《新商业模型评析》，暨南大学出版社 2012 年版。

社会企业依托稳定的残疾人团队，在高科技商业领域公平竞争，获取经济价值。残友的价值主张是为促进残障人士的社会参与及创造社会价值而不懈努力，推动残障人士在新知识经济时代的社会进程中成为卓越的发展力量。在残友，1 100 多名残疾人稳定就业，都在各自的岗位上实现了人生价值。残疾人的成功就业创造了经济价值，同时残友也获取一定的经济价值并将其用于企业自身发展以帮助更多的残疾人，实现着更大的经济价值和社会价值创造①。

残友集团作为全国社会企业的典范，其于公益机构之外设立独立的商业企业的商业运营手法对其他社会企业具有极大的借鉴作用。残友模式告诉我们，社会企业要在经济利益与社会目标之间实现可持续平衡，并最终完成其社会使命，从根本上来说要依靠自身合理的企业化运营。但企业化运营必会存在风险，因此其他社会企业或类社会企业要结合自身的实际情况在创新运营模式的过程中制定一条理想的路线，在尽量降低对政府补助和社会捐助依赖性的条件下完成自身的社会使命。

(4) 潜在型社会企业：北京采桑子

第Ⅳ象限的社会企业表现为较高的社会价值创造能力和较低的经济获取能力。这种类型的社会企业经济价值获取能力较低，直接影响了组织的可持续发展。如果长期不能解决此问题，该类企业有可能在竞争中被淘汰，或者只能退化为公益性组织，完全依赖于政府和外部捐赠生存，所以也被称为潜在型社会企业。

北京采桑子文化艺术发展中心于 2003 年 7 月在刘立军的初期运作下成立，中心价值主张包括：① 挖掘、整理、救援苗族民间非物质文化遗产，让苗族民间艺术走出大山，走向世界；② 帮助苗族妇女依靠传统的技能变得富有自信，增加苗族家庭的收入。采桑子扶贫运作先从培训当地的妇女开始，经过几年的实践，参加采桑子培训的妇女已经扩大到 5 个县，由几十人增加到 2 000 人；在大家相互的帮助和学习下，这些妇女规范生产、优质生产的意识越来越强。而公司+农户的运营模式以及订单收购的模式也受到了当地群众的认可与欢迎，很多少数民族妇女因此实现了收入增加，在家庭和社会中的地位也提高了很多。中心此种运营模式的成功极大地调动了当地妇女的积极性，甚至还涌现出了一批有能力、有干劲的组织者。采桑子的发展为苗族的文化传承做出了巨大的贡献，也给当地的贫困妇女带来了福音。依托政府的帮助，采桑子已经使当地越来越多的妇女增加了收入。一般情况下，这些妇女的月收入可以达到四五百元，很多工作了多年的妇女已经盖起了自家的吊脚楼。可以说，是采桑子帮助这些苗族妇女实现了经济地位和家庭地位甚至社会地位的提升。从以上分析中不难看出，采桑子的运营模式取得了可贵的成绩，作为一个社会企业充分发挥了它对社会的价值。然而采桑子在发展成长过程中也正面临着许多不可回避的经济问题，由于客源的不足导致制作、加工规模难以扩张，企业利润难以实现。上述经济占有能力的不足极大地制约了采桑子的自身发展，也影响了社会企业价值创造能力的进一步发挥。

---

① 彭劲松、黎友焕：《社会企业商业模式研究——以广东残友集团为例》，《江西社会科学》2012 年第 4 期。

13.3 公益创投①

创业视点

三家公益创投机构

1. 友成基金会

友成企业家扶贫基金会是经国务院批准，在民政部注册的全国性非营利社会组织。友成基金会以推动社会公正和谐发展为目标，以发现和支持“新公益”领袖人才、建立跨界合作的社会创新网络支持平台为使命，通过研发、实验、资助、合作和倡导，打造新公益价值链，推动更公平、更有效和更可持续的社会生态系统的建立。

2010 年，友成首次提出新的社会、经济和技术时代条件下的新公益七大趋势，倡导回归以人为本、跨界合作的社会创新。2013 年，友成将新公益理念推广到投资领域，成为社会价值投资的倡导者和引领者。

2. 乐平基金会

北京乐平公益基金会成立于 2010 年 11 月，是经北京市民政局注册成立的非公募基金会，注册资金 800 万元人民币。长期专注于培育与投资行业标杆型社会企业、推动社会投资行业发展两大领域。目标是成为中国社会投资的新领军者，有效地推动中国社会企业的治理规范化、投资持续化、成本社会化、经营专业化和服务规模化，有效地推动社会投资这一兼顾社会目标最大化与商业可持续性的新公益投资资本市场成长。

3. LGT 公益创投

LGT 公益创投是 2007 年由列支敦士登皇室家族成立的全球影响力投资基金。基金以提升弱势群体生活质量为宗旨，通过投资于高成长性的社会组织，用商业方式解决社会问题，从而实现可持续和大规模的社会影响力。LGT 公益创投在过去 5 年中通过影响力投资在拉美、欧洲、非洲、印度、东南亚和中国支持了 30 多家社会企业和公益组织，提升了超过 700 万弱势群体的生活质量。投资涵盖领域包括农业、教育、健康/医疗、可再生能源以及信息技术等。

（资料来源：http://www.shanda960.com/shandaguan/article/1213.）

13.3.1 公益创投的内涵

社会企业创业的融资同其他商业创业一样，也会经历种子期、早期、成长期和规模化

① 刘志阳：《社会创业背景下的公益创投发展》，《解放日报》2015 年 10 月 2 日。

几个阶段的融资。所不同的是，社会企业通常会集合公、私各种不同类型的资本。对应商业创业融资不同阶段的天使、VC和PE，一个理想化的社会企业的成长一般遵循以下路径：在种子期有孵化器捐赠或政府采购社会服务；早期阶段有众筹、基金会或企业捐资、社会天使投资；在成长期有公益创投等"耐心资本"；规模化阶段有影响力资本、私募风险投资或企业社会责任资本进入。

公益创投基金也称慈善创投或社会创投。有别于传统的慈善基金与商业创业投资基金，公益创投以支持社会企业创业为前提，同时也追求一定的财务收益，是社会创业发展过程中新兴的市场化支持工具。上述不同类型的社会投资资本在社会创业的不同阶段可以起到不同的作用，但是当前更应该着重发展专业化的公益创投。这是因为：首先，传统上通过非营利组织解决社会问题的模式由于其面临的募资困难已被证明无法解决日益增多的社会问题，需要可持续性的替代模式。而公益创投通过将市场机制和社会企业家精神结合，提供了解决问题的新思路。其次，相比社会天使依靠自身力量创办社会企业、大企业投资出于社会责任投资社会企业和政府支持型社会创业，公益创投是更具市场化和专业化的促进社会创业的形式。它强调项目筛选的科学性、投资的契约性以及退出的可持续性，不仅为社会企业发展提供紧缺资金，而且能有效提高社会企业运营能力。再次，从实践上看，公益创投已被欧美国家证明是社会企业孵化的有效形式。2002年，第一支公益创投基金 Impetus Trust 在英国成立。截至2011年，欧洲共有56家正式注册基金，先后与300多家社会企业达成协议，有效促进了欧洲社会企业的孵化与可持续发展。

13.3.2 公益创投的发展障碍

我国能够获得理想化投资路径并产生规模化影响力的社会企业非常有限。我国54%的社会企业是在最近3年才成立的，而且规模很小，71%的社会企业收入不到50万元。社会企业总体上面临着资金短缺、组织形式缺乏创新、竞争力低下等问题。

公益创投的概念进入中国公众视野已经有8年左右时间，但数量仍旧较少，目前仅有新公益伙伴、恩派、南都基金会、友成企业家扶贫基金会、岚山基金等。其中，岚山基金为国内首支重点关注社会企业的VP基金。相较于欧美公益创投的快速发展，中国公益创投行业仍然处于起步期。公益创投在我国发展受到体制、机制、制度环境和回报率的影响，以及各方参与主体经验能力的限制，存在以下问题：

(1) 市场化运行机制缺失制约了民间公益创投的参与热情

真正市场化运行的公益创投，在项目筛选中往往会强调社会创业的可持续发展，在项目投资中通常会结合股权、债权或可转换优先股等多种投资工具，在项目退出中往往具有清晰完善的退出计划。而在实践中，我国社会创业由于尚未建立以价值为基础的合理收益分配方式和相应的退出机制，导致民间公益创投活力不足，社会创业往往在用完捐赠后就会出现资金短缺的情况。

(2) 政府、企业、社会组织的新型公益伙伴关系的缺乏影响了公益创投的依法自治和自我发展

多数地方政府在进行公益创投时一般委托社会组织或与社会组织共同开展，但行政主导依然过强。并且政府参与公益创投的资金主要来源于各级民政部门的福利彩票公益

金，而福利彩票公益金使用的相关规定导致公益创投的资金投向、使用范围、使用方式严格受限，这种闭锁性使得政府必须把公益创投纳入自己的掌控范围，对公益创投的自我发展形成较大障碍。

(3) 公益创投自身经验不足、人员素质不高限制了社会企业核心能力的提升

公益创投对社会企业的支持除了资金注入外，更为重要的应该是在战略规划、公司治理、人力资源管理、项目管理、财务管理、志愿者管理、信息技术等方面进行全方位辅导。上述辅导作用既受到现实中公益创投合同的约束，也离不开公益创投团队的实际执行。我国公益创投由于自身发展历史不长、人员素质不高，在实践中很难对社会企业发展给予有效的监督和管理支持。

13.3.3 公益创投发展的建议

(1) 完善公益创投市场化运行机制

① 从项目筛选看，公益创投应该强化市场细分。市场细分，一方面能够优化资源配置，形成核心竞争能力；另一方面也可打破公益创投彼此竞争的局面，进一步提高投资收益率，同时也将对未来社会企业的社会价值评估产生巨大帮助。

② 从投资过程看，公益创投要完善多种投资方式，建立以价值为基础的估值机制和收益分配方式。应该改变现有主要以捐赠为主的投资方式，在法律允许的范围内引进债权、股权和可转换优先股等方式。上述金融工具替代选择，不仅可以解决已有捐赠方式所导致的缺乏资金回报和不可持续问题，也可以对投资对象实现更高效的监督激励。要改变以往社会企业盈利不分配的做法，公益创投估值可以结合 SROI 方法(Social Return On Investment)和平衡计分卡方法，综合考虑财务价值和社会价值，也要根据社会企业的生命周期予以准确估值，允许社会投资者在法律范围内按照股权参与社会企业的收益分配。

③ 从基金退出看，要探索建立社会企业交易所，鼓励社会企业之间的并购。传统基金会由于捐赠性质，根本不存在退出方式的考虑。公益创投为了自身的可持续性发展，必须考虑退出方式选择。借鉴欧洲公益创投经验，可以采取社会企业交易所 IPO、股权出售和管理层回购等方式实现退出。英国、德国、南非、葡萄牙、新加坡等国分别成立或开始筹备社会企业交易所，形成了基于市场机制进行社会企业股权交换的场所。随着中国公益创投和社会企业的兴起，中国迫切需要成立专门的社会企业交易所，为公益创投的退出提供有效渠道。

(2) 创新政府、社会组织和企业的新型公益伙伴关系

在新型公益伙伴关系中，社会组织最终应该发挥主体角色，政府要起到引导作用，企业应该起到参谋和补充作用，三者缺一不可。

① 政府要建立公益创投"母基金"，引导社会资金投入公益创投。"母基金"的角色不仅可以大力引导社会基金注入创投事业，而且可以避免传统慈善基金和政府主导所面临的管理无效等缺陷。英国政府注资 1.25 亿英镑建立了英格兰未来建设者基金(Future Builders England)，致力于社会企业的能力建设，为社会企业获得新技术和市场提供种子基金和学习基金。我国为发展科技创投也曾经建设了引导基金。当前，可依照《科技型中小企业创业投资引导基金管理暂行办法》，建立公益创投"母基金"给予四种支持方式(阶段参股、跟随投资、风险补助、投资保障)，"母基金"对投资价值较大但投资风险也很大的

社会企业先期予以资助，后期再由公益创投对这些社会企业进行股权投资。

② 政府要降低法律注册门槛，支持公益创投的设立。当前，制约我国公益创投发展的主要法律法规是《民办非企业单位登记管理暂行条例》，"民办非企业"的规定对公益创投发展产生了明显的阻碍作用，尤其是出资人不享有任何财产权利、不能分红、缺乏银行贷款资格、不得免税、不准设立分支机构的"五不"政策阻碍了民间资本参与公益创投的动力，上述限制性条款需要得到逐步改进。

③ 政府要综合运用政策优惠手段，鼓励更多的创投基金、慈善基金转型为公益创投。

④ 公益创投要重视与慈善基金、商业创投的联合投资。通过慈善基金和商业创投的联合投资，不仅有利于扩大公益创投的基金规模，而且能够在项目筛选上节约成本和精力，并且有利于为社会企业提供高效的增值服务。

(3) 加强社会创业教育，促进社会创业生态系统的构建

① 提高公益创投人员素质。当前社会企业缺乏专业管理人才的现状，对中国公益创投的人力资源专业化提出了更为迫切的要求。借鉴欧洲公益创投的发展经验，公益创投组建时，应恰当安排内部与外部工作人员配比，可借鉴期权、股份等方式吸引更高素质人员加入，分流部分不合格人员，以形成专业化的管理团队。

② 健全社会企业孵化机制。中国多数社会企业成立时间短暂，缺乏一定社会网络支持和专业化运作经验，因而迫切需要公益创投给予全方位帮助。在社会企业成立初期，最重要的支持是帮助其获得更多资金，接触更多的融资渠道，达成一定的投资意向。在社会企业发展过程中，公益创投的孵化功能要逐步从资金提供者角色转向帮助社会企业完善企业治理结构、建立有效的激励约束机制。在社会企业发展后期，公益创投的孵化功能体现在帮助社会企业建立可持续经营和规模化的能力上。上述孵化功能的实现，需要公益创投整合各方平台资源，也有赖于自身专业素质的提高。

本章要点

1. 社会创业作为一种新型的创业形式和解决社会问题的新方法，表现出的缓解社会问题的巨大潜力。

2. 社会创业主要特点有社会性、创新性、价值型和过程性。

3. 社会创业有助于促进创新、促进经济发展、创造就业和促进社会进步。

4. 社会创业从欧美国家兴起迅速蔓延到全球，是政府、传统商业企业和非营利性组织之间的纽带。

5. 社会创业教育致力于培养解决社会突出问题、具有创新创业思维和能力的社会创业者，在政府、市场等相关利益者之间形成创新性社会治理模式。

6. 社会企业具有项目型、嵌入型、成熟型和潜在型四种商业模式。

7. 社会创业需要公益创投支撑，需要从公益创投市场化运行机制、创新政府与社会组织以及企业的新型公益伙伴关系、社会创业生态系统的构建三个方面促进我国公益创投发展。

思考题

1. 何谓社会创业？社会创业的特点是什么？
2. 简述社会创业的误区。
3. 社会企业的商业模式是什么？
4. 为什么要发展公益创投？
5. 如何推动我国公益创投的发展？

案例分析

光明的福祉
——“视觉第一中国行动”公益项目

主办单位：国际狮子总会

咨询单位：凯旋—先驱公共关系公司（香港）

项目背景

总部坐落于伊利诺伊州橡树溪镇（Oakbrook）的国际狮子总会是世界上最大的服务性组织。该会选择凯旋公关公司为其全球性的公关顾问，以宣传和促进它对世界各地视力维护服务活动的投入和贡献。国际狮子总会全球新闻咨询中心始创于1997年岁末，在全世界有十多个国家和地区与凯旋公司的办事机构协同工作。在中国政府和国际狮子总会的合作项目——“视觉第一中国行动”中，国际狮子总会与各方协同努力欲为中国数百万盲人带来光明。

项目调查

中国有900万盲人，其中有400万人身受白内障导致的失明之苦。“视觉第一中国行动”是由港澳303区的国际狮子会率先发起的一个雄心勃勃的五年合作计划，目的是在中国31个省份的偏远贫困地区施行175万次白内障治疗手术。

在过去两年半中，由“视觉第一中国行动”计划培训的眼科医护人员组成的国家级、省级医疗队已完成了近100次医疗任务。其成果令人叹为观止。迄今为止已有91万多例白内障手术得以实施。“视觉第一中国行动”活动所做出的重大贡献最近得到国际防盲协会的认可，且该计划因帮助中国控制积压至1999年年底的白内障病例情况而成为防治失明的最佳典范。

对于像“视觉第一中国行动”（1997～2002年）这样的持续性项目来说，策划者需要独具匠心，才能将媒体的兴趣维系在宣传香港国际狮子会的贡献和该计划的成果上。由于该任务和受益人都基于中国内地，要在香港本地媒体和国际媒体取得举足轻重的新闻覆盖率更是难上加难。凯旋—先驱公共关系公司的挑战就是要创造并贯彻执行宣传创意与谋划，以此吸引聚焦本地、亚洲区内乃至国际媒体和广大公众的注意，从启动的宣传活动中产生最大的新闻报道覆盖率。

项目策划

项目目标：在香港媒体（包括印刷和电子媒体）获得最高质量和有深度的新闻报道，以使国际狮子总会对世界最大规模的防盲治盲计划给予支持的崇高精神和努力得以彰显，也使其执行单位——中国残疾人联合会与中国政府的合作取得的成果倍受瞩目。

项目策略与实施

(1) 1999 年 5 月 16 日，以“视觉第一中国行动”为主题的“中国助残日”

中国在联合国发表宣言：宣布 1999 年 5 月 16 日为以“视觉第一中国行动”为主题的“中国助残日”。为与之配合，国际狮子总会港澳 303 区从日本和香港邀请了十余名资深眼科专家，于当天在中国的 31 个省市提供免费视力检查、白内障手术示范和咨询服务。为强调该活动的意义和规模，凯旋—先驱公共关系公司策划了一个战略性宣传计划，其中包括邀请香港诸家大报刊社，如《明报》和《香港经济日报》以及两家高发行量的公共事务周刊《东周刊》和《亚洲周刊》来报道在北京举行的重要活动。这些活动包括：访问即将接受香港杰出眼科医生实施白内障手术的患者，采访来访的香港眼科医生和中国当地的眼科专家以及拜访那些已恢复视力的受益者及他们的家人。这些独特的经历使受邀记者对“视觉第一中国行动”的恢宏与高效产生了深刻的印象，而且令他们有机会目睹“视觉第一中国行动”如何优于其他组织所承办的相关维护视力计划。其他组织所承办的相关维护视力计划由于基础设施支持匮乏或缺少一套系统性的长期展开办法而无法帮助中国为数众多的盲人重见光明。当然，由此国际狮子总会作为致力于攻克失明顽症的世界龙头服务组织的形象和地位，通过媒体对其所投入时间和精力的理解，也得到进一步的强化。

(2) 1999 年 11 月，香港选美皇后参加“视觉第一中国行动”云南之行

正如人们所言：永远不要低估美的力量。至少对香港公众来说，影星和港姐都被看作在当地社会颇有影响的人物。“视觉第一中国行动”中，虽然每次任务的规模和工作变化不大，但当一支由各省眼科医护人员精锐组成的国家级医疗队来到偏远贫困地区为设备匮乏的县级医院患者手术时，情况就不同了。

11 月的云南之行是 1999 年“视觉第一中国行动”的主要任务之一，此行有国家级医疗队的加盟，目标是完成 1 000 例白内障手术。为了加大此行的宣传效果，凯旋—先驱公共关系公司邀请在任的香港小姐冠军和亚军参加这次任务，并召开记者招待会，介绍此行的具体情况及参与此行的国际狮子总会港澳 303 区的亲善访问团，其中有：“视觉第一中国行动”主席谭荣根博士，1999 年香港小姐郭美妮和亚军王倩以及著名的香港眼科专家周伯展医生。来自《东周刊》《大公报》《文汇报》的香港记者精英应邀报道此行并访问在昆明、漓江、楚雄彝族自治区居住的患者及其家庭，以便把亲历的所有动人时刻融入报道和特写中。

项目评估

1999 年 5 月 16 日，以“视觉第一中国行动”为主题的“中国助残日”和云南医疗之行都获得了意义深远、突破性的宣传效果。

5月16日，活动一经实施，便有来自报界、电台、电视台的整整30多篇报道，《明报》和《香港经济日报》在显要位置刊登了整版的新闻报道，《亚洲周刊》发表了3页之长的特写，《东周刊》则刊登了论及活动重要意义的长达4页的深度报道。此外，中央电视台通过一个全国性新闻节目向全国播送了这次"视觉第一中国行动"活动的亮点，新华社也在当天发送了3篇新闻报道。整个活动媒体报道影响的范围达到3 700万人以上。

凯旋—先驱公共关系公司对云南医疗之行做出的前期、后期宣传计划可谓策划周详、执行得力，此计划已获得包括《南华早报》《苹果日报》《东方日报》和其他香港日报的48篇新闻报道，另外还有两次电台、电视报道(一次是TVB翡翠台报道，一次是RTHK"今日香港"节目的报道)。由于媒体记者随团出行，记者积极参与此次有意义的行动，《东周刊》《文汇报》和《大公报》都刊登了显要特写。媒体报道影响范围已逾上千万人。

(资料来源：根据中国公益创业网的材料改写。)

讨论题：

1. 你认为"视觉第一中国行动"公益项目是否属于社会创业？它有什么意义？
2. "视觉第一中国行动"公益项目有效地利用了哪些资源？具体是怎样实施的？
3. "视觉第一中国行动"公益项目是否成功？你评估的依据是什么？

延伸性阅读

[1] Chell, E., Spence, L. J., Perrini, F., & Harris, J. D. (2016). Social Entrepreneurship and Business Ethics: Does Social Equal Ethical? *Journal of Business Ethics*, 133(4), 619－625.

[2] Grimes, M. G., McMullen, J. S., Vogus, T. J., & Miller, T. L. (2013). Studying the Origins of Social Entrepreneurship: Compassion and The Role of Embedded Agency. *Academy of Management Review*, 38(3), 460－463.

[3] 陈劲、王皓白：《社会创业与社会创业者的概念界定与研究视角探讨》，《外国经济与管理》2007年第8期。

[4] 刘志阳、金仁旻：《社会企业商业模式》，《学术月刊》2015年第3期。

[5] 莱斯特·M.萨拉蒙著，贾西津等译：《全球公民社会——非营利部门视界》，社会科学文献出版社2010年版。

[6] 邬爱其、焦豪：《国外社会创业研究及其对构建和谐社会的启示》，《外国经济与管理》2008年第1期。